■ 知行经管系列 ■

本书由教育部高等学校物流管理与工程类专业教学指导委员会
"物流管理与工程类专业新文科建设试点专业"项目资助

物流成本管理

主　编　姜金德　卢荣花　杨　静
副主编　王桂花　李　燕　欧邦才　桑小娟

东南大学出版社
SOUTHEAST UNIVERSITY PRESS
·南京·

图书在版编目(CIP)数据

物流成本管理 / 姜金德,卢荣花,杨静主编. —南京:东南大学出版社,2021.7(2024.1重印)
(知行经管系列 / 赵玉阁主编)
ISBN 978-7-5641-9504-5

Ⅰ. ①物… Ⅱ. ①姜… ②卢… ③杨… Ⅲ. ①物流管理—成本管理 Ⅳ. ①F253.7

中国版本图书馆 CIP 数据核字(2021)第 075335 号

物流成本管理　Wuliu Chengben Guanli

主　　编	姜金德　卢荣花　杨静
出版发行	东南大学出版社
出 版 人	江建中
社　　址	南京市四牌楼2号(邮编:210096)
网　　址	http://www.seupress.com
责任编辑	孙松茜(E-mail:ssq19972002@aliyun.com)
经　　销	全国各地新华书店
印　　刷	广东虎彩云印刷有限公司
开　　本	700 mm×1000 mm　1/16
印　　张	25.5
字　　数	514 千字
版　　次	2021 年 7 月第 1 版
印　　次	2024 年 1 月第 2 次印刷
书　　号	ISBN 978-7-5641-9504-5
定　　价	68.00 元

(本社图书若有印装质量问题,请直接与营销部联系。电话:025-83791830)

知行经管系列编委会名单

（按姓氏拼音排序）

主　任：赵玉阁

副主任：季　兵　林　彬　刘宏波　张志军
　　　　赵　彤　朱长宏

委　员：陈少英　戴孝悌　高振杨　季　兵
　　　　林　彬　刘宏波　单以红　沈　毅
　　　　席佳蓓　许国银　张美文　张志军
　　　　赵　彤　赵玉阁　周　姣　朱长宏

总 序

胡锦涛总书记在庆祝清华大学建校100周年大会上的讲话中,明确指出了全面提高高等教育质量的战略思路。全面提高高等教育质量,要坚持以提升人才培养水平为核心。高等教育的根本任务是培养人才。要从教育规律、教学规律和人才成长的规律出发,更新教育理念,把促进人的全面发展和适应社会需要作为衡量人才培养水平的根本标准,形成体系开放、机制灵活、渠道互通、选择多样的人才培养体系。

面对新形势对高等教育人才培养提出的新要求,我们一直在思索,作为新办本科院校经济管理专业,在课程设置、教材选择、教学方式等方面怎样才能使培养的学生适应社会经济发展的客观需要。

顾明远先生主编的《教育大词典》对教材的界定为:教材是教师和学生据以进行教学活动的材料,教学的主要媒体,通常按照课程标准(或教学大纲)的规定,分学科门类和年级顺序编辑,包括文字教材和视听教材。由此可见,教材是体现教学内容的知识载体,人才的培养离不开教材。高质量教材是高质量人才培养的基本保障。

鉴于教材质量在高等教育人才培养中的基础地位和重要作用,按照高等院校经济类和管理类学科本科专业应用型人才培养要求,我们深入分析了新办本科院校经济管理类专业本科学生的现状及存在的问题,探索经济管理类专业高素质应用型本科人才培养途径,在明确人才培养定位的基础上,组织了长期在教学第一线从事教学工作的教师进行教材编写。我们在策划和编写本系列教材的过程中始终贯彻精品战略的指导思想,以科学性、先进性、系统性、实用性和创新性为目标,教材编写特色主要体现在强调"新思维、新理念、新能力"三个方面。

1. 新思维

关注经济全球化发展新进程和经济管理类学科发展的大背景,贯彻教育部《普通高等学校本科专业目录(2012年)》对经济类和管理类学科本科专业设置及人才培养的新要求,编写内容更新,汇集了国内外相关领域的最新观点、方法及教学改革成果,力求简明易懂、内容系统和实用;编写体例新颖,注意广泛吸收国内外优秀教材的写作思路和写作方法,图文并茂;教材体系完整,涵盖经济类和管理类专业核心课程和专业课程,注重把握相关课程之间的关系,构建完整、严密的知识体系。

2. 新理念

秉承陶行知先生"教学做合一"的教育理念,突出创新能力和创新意识培养;贯彻以学生为本的教学理念,注重提高学生的学习兴趣和学习动力,如在编写中注重增加相关内容以支持教师在课堂中使用启发式教学等先进的教学手段和多元化教学方法,以激发学生的学习兴趣和学习动力。

3. 新能力

高素质应用型本科人才培养目标的核心是培养学生的综合能力,本系列教材力图在培养学生自我学习能力、创新思维能力、创造性解决问题能力和自我更新知识能力方面有所建树。教材具备大量案例研究分析内容,特别是列举了我国经济管理工作中的最新实际实例和操作性较强的案例,将理论知识与实际相结合,让学生在学习过程中理论联系实际,增强学生的实际操作能力。

感谢参加本系列教材编写和审稿的老师们付出的大量卓有成效的辛勤劳动。由于编写时间紧等原因,本系列教材难免会存在一定的不足和错漏,但本系列教材是开放式的,我们将根据社会经济发展和人才培养的需要、学科发展的需要、教学改革的需要、专业设置和课程改革的需要,对教材的内容不断地进行补充和完善。我们相信在各位老师的关心和帮助下,本系列教材一定能够不断改进和完善,在我国经管专业课程体系建设中起到应有的促进作用。

赵玉阁

2013 年 2 月 1 日

前 言

随着现代物流业在我国的快速发展,企业日益关注物流成本,降低物流成本已经成为现代物流管理的首要任务。现代物流管理被誉为企业的"第三利润源泉"。在许多企业中,物流成本占企业总成本的比重很大,故直接关系到企业利润水平及竞争力的高低。物流成本管理则是降低物流成本、增加企业利润的最有效手段,只有对物流成本进行有效的管理和控制,获取"第三源泉"的利润,才能收到事半功倍的效果。

物流技术和物流管理的发展过程,就是一个追求物流成本降低和经济效益提高的过程。一方面,物流成本是衡量所有物流活动的价值尺度;另一方面,物流成本能忠实地反映物流活动的实态。是否有效地管理物流对物流成本影响很大,如果管理人员能注意到成本的变化,就会及时发现问题,准确评估管理水平。因此,物流成本管理是物流管理的核心,进行物流成本管理,就是以成本为手段来管理物流。

物流成本管理是一项复杂的系统工程,涉及企业生产经营全过程的每一个环节及所有物流活动。因此,将物流成本管理着眼于对物流活动全过程、全方位的系统化管理和控制,才能收到良好的效果。本书以物流管理、物流工程专业本科人才培养方案及课程教学基本要求为依据,将会计学、现代企业成本管理和物流管理理论相结合,对物流与物流成本的关系、物流成本构成与分类、企业物流成本核算、企业物流作业成本核算、物流成本预测与决策、物流成本预算管理、物流成本分析、物流成本控制以及物流成本绩效评价等方面的理论和方法进行了比较全面的阐述。希望能对企业的物流运作,特别是物流成本管理有所裨益和帮助,帮助更多的企业降低物流成本、增加利润。本书主要有以下特色:

(1) 在内容方面,本书充分借鉴财务管理、成本管理、成本会计的思想体系和理论方法,密切结合企业物流成本管理的环境和要求,深入挖掘企业物流成本管理的内涵,力求拓展企业物流成本管理的外延,使读者在掌握企业物流成本管理基本方法的基础上,能够从现代成本会计的角度了解企业物流成本管理的前沿性理论和方法。

(2) 在体系方面,本书在各章中增加了学习目标、导入案例、例题、思考题、案例分析、技能训练等内容,旨在帮助学生明确学习目标,了解学习背景,提高学习效果,掌握物流成本管理的基本方法和技能。

(3) 在内容选择方面,以物流运输、仓储等主要环节为依托,选用物流企业实际案例和实际业务,有助于学生从物流企业实际出发,掌握物流成本核算、分析与控制的方法和技能。

本书可作为普通高等院校物流工程、物流管理、会计学等专业本科生、研究生的教材或教师教学参考书,也可作为生产或流通企业物流管理人员、物流企业经营管理人员的工作手册,以及高级物流管理和运作人员的培训教材。

在本书编写过程中,东南大学出版社为本书的写作提供了多方面的支持,孙松茜编辑对本书的编写给予了极大的帮助,在此表示真诚的感谢。此外,本书在编写过程中参考了大量国内外同行的著作和文献,引用了部分资料,特向这些作者表示衷心的感谢。

囿于作者水平,本书内容难以准确反映和把握物流成本管理理论的整体与全貌,如有疏漏、欠妥、悖谬之处,恳请读者批评指正和不吝赐教。

编 者

2021 年 6 月

目 录

第1章　物流成本管理概论 …………………………………… 1
　第一节　认识物流成本 …………………………………… 1
　第二节　物流成本管理的意义和模式 …………………… 17
　第三节　物流成本管理的内容和方法 …………………… 25
　思考题 …………………………………………………… 29
　案例分析 ………………………………………………… 30
　技能训练 ………………………………………………… 32

第2章　物流成本构成与分类 ………………………………… 33
　第一节　企业物流成本构成 ……………………………… 34
　第二节　企业物流成本的分类 …………………………… 40
　第三节　不同类型企业物流成本的构成内容 …………… 50
　思考题 …………………………………………………… 54
　案例分析 ………………………………………………… 54
　技能训练 ………………………………………………… 57

第3章　企业物流成本核算 …………………………………… 58
　第一节　物流成本核算概述 ……………………………… 58
　第二节　物流成本核算对象 ……………………………… 61
　第三节　物流成本核算方法及其应用 …………………… 64
　思考题 …………………………………………………… 93
　案例分析 ………………………………………………… 94
　技能训练 ………………………………………………… 97

第4章　企业物流作业成本核算 ……………………………… 101
　第一节　作业成本法概述 ………………………………… 102
　第二节　作业成本法的基本原理、特点及实施意义 …… 108

第三节　作业成本法的核算 …………………………………… 111
　　第四节　作业成本法与传统成本核算方法的比较 …………… 119
　　思考题 …………………………………………………………… 124
　　案例分析 ………………………………………………………… 125
　　技能训练 ………………………………………………………… 126

第 5 章　运输成本 ……………………………………………………… 129

　　第一节　运输成本概述 ………………………………………… 129
　　第二节　汽车运输成本核算 …………………………………… 131
　　第三节　海洋运输成本核算 …………………………………… 142
　　第四节　降低运输成本的方法及措施 ………………………… 156
　　思考题 …………………………………………………………… 163
　　技能训练 ………………………………………………………… 163

第 6 章　仓储成本 ……………………………………………………… 167

　　第一节　仓储概述 ……………………………………………… 167
　　第二节　仓储成本的概念、构成与计算 ……………………… 170
　　第三节　降低仓储成本的方法与措施 ………………………… 194
　　思考题 …………………………………………………………… 213
　　技能训练 ………………………………………………………… 214

第 7 章　物流成本预测与决策 ………………………………………… 216

　　第一节　物流成本预测概述 …………………………………… 217
　　第二节　物流成本预测的方法 ………………………………… 219
　　第三节　物流成本决策 ………………………………………… 225
　　思考题 …………………………………………………………… 240
　　案例分析 ………………………………………………………… 240
　　技能训练 ………………………………………………………… 243

第 8 章　物流成本预算管理 …………………………………………… 246

　　第一节　物流成本预算 ………………………………………… 247
　　第二节　物流成本预算的常用方法 …………………………… 249
　　第三节　按不同成本对象编制物流成本预算 ………………… 255
　　思考题 …………………………………………………………… 259
　　案例分析 ………………………………………………………… 259
　　技能训练 ………………………………………………………… 264

第 9 章 物流成本分析 …… 266

第一节 物流成本分析概述 …… 266
第二节 企业物流成本结构分析 …… 274
第三节 物流成本增减变动分析和趋势分析 …… 296
第四节 物流成本比率分析 …… 311
思考题 …… 319
技能训练 …… 319

第 10 章 物流成本控制 …… 321

第一节 物流成本控制概述 …… 325
第二节 目标成本法 …… 329
第三节 标准成本控制法 …… 338
第四节 责任成本法 …… 345
思考题 …… 352
技能训练 …… 353

第 11 章 物流成本绩效评价 …… 355

第一节 绩效评价概述 …… 356
第二节 物流企业绩效评价指标 …… 362
第三节 关键绩效指标法 …… 374
第四节 平衡记分卡法 …… 380
第五节 经济增加值 …… 386
思考题 …… 391
技能训练 …… 391

参考文献 …… 393

第1章 物流成本管理概论

学习指导

1. 明确物流成本的性质与特点；
2. 理解物流成本相关理论学说；
3. 熟悉物流成本的影响因素；
4. 了解物流成本管理的产生和发展；
5. 熟悉物流成本管理的意义；
6. 明确物流成本管理的模式；
7. 掌握物流成本管理的内容，理解物流成本管理的方法。

▶ 导入案例

很多人都在超市里买过矿泉水，你知道为什么定价 3~3.5 元吗？一般生产这瓶矿泉水需要水、塑料瓶等原材料费 0.20 元，固定资产折旧 0.02 元，贴标、人工费用和制造及管理费 0.50 元，获利 0.30 元，那么余下的 2~2.5 元就是采购、运输、仓储、搬运装卸、配送费用。在这里，物流费用竟高达产品总成本的近 75%。而食品、汽车等行业，物流成本甚至占成本的 90% 以上。可见，加强物流成本管理意义重大。

第一节 认识物流成本

物流成本的含义：物流成本（logistics cost）是指物流活动中所消耗的物化劳动和活劳动的货币表现。

一、物流成本的性质

（一）成本含义

人们在日常生产和经营过程中，为了达到一定的目的会开展各种各样的活动。在活动中所消耗的物化劳动和活劳动的货币表现，就称为成本。如在安排考场时，需要搬动桌子和椅子，还需要编写考场号码，也需要监考老师和阅卷老师、统计核算成绩的工作人员,他们所耗费的人力、物力和财力等资源,用货币来表现就是考试的成本。

(二) 成本的作用

成本在经济生活中具有重要的作用,具体体现在以下几个方面:

(1) 成本是补偿生产耗费的尺度。企业为了保证生产的不断进行,必须对其生产进行补偿,而成本就是衡量这一补偿份额的尺度。

(2) 成本是制定产品价格的基础。产品价格是产品价值的货币表现,由于现阶段人们还不能直接、准确地计算产品的价值,而只能在计算产品成本的基础上综合考虑国家价格政策、市场供求关系及市场竞争态势等因素来确定产品价格。

(3) 成本是计算企业盈亏的依据。企业只有当其收入超过其为取得收入而发生的支出时才会有盈利。成本是划分企业盈亏的基本界限,在一定的销售收入中,成本所占比例越低,企业的盈利越多。

(4) 成本是企业决策的依据。企业要想在市场上具有一定的竞争优势并取得经济效益,正确地制定生产经营决策是非常重要的。如前所述,成本作为定价的基础,其高低是决定企业竞争力的关键,因为在市场经济条件下,市场竞争在很大程度上是价格竞争,而价格竞争的实质是成本竞争。

(5) 成本是综合反映企业工作业绩的重要指标。企业经营管理的各个方面都存在不同程度的资源消耗,因此其各个方面的工作业绩,都可以直接或间接地从成本上反映出来,因此企业可以通过加强成本管理来促使企业加强经济核算、改善管理水平、提高经济效益。

(三) 会计成本与管理成本

事实上,成本在不同的领域具有不同的含义,在现实中的应用也是多样化的。了解成本的内涵应从不同领域、不同角度观察成本,尤其要理解与区分会计成本和管理成本,并能根据不同的目的正确运用相关成本。

1. 会计成本

会计成本是随着社会经济的发展而逐渐形成和发展起来的,是特定经济环境下的产物。会计成本既受当时经济条件的影响和制约,又服务于当时的经济社会,所以会计成本的含义也随着经济的发展而变化。

会计成本是指企业在经营过程中实际发生的一切成本,包括工资、利息、土地和房屋的租金、原材料费用、折旧等。一般而言,会计成本是会计记录在公司账册上的客观的和有形的支出,包括生产、销售过程中发生的原料、动力、工资、租金、广告、利息等支出。按照我国财务制度,总成本费用由生产成本、管理费用、财务费用和销售费用组成。

2. 管理成本

管理成本是出于管理目的而产生的成本。具体来说,管理成本是指为组织和管理生产活动而发生的材料、人工、劳动资料等的耗费。可见,会计成本是必须严格遵循企业基本会计准则而界定的含义,原则性很强;管理成本可依据企业的管理实践动态地予以界定和调整,具有较强的灵活性。管理成本既包括会计成本又不限于会计成本,企业完全可以依据不同时期的经营目标和管理要求科学选择和动态调整管理成本的范畴,以达到管理的预期目标。

(四)制造成本

制造成本,亦称生产成本,是指生产活动的成本,即企业为生产产品而发生的成本。生产成本是生产过程中各种资源利用情况的货币表示,是衡量企业技术和管理水平的重要指标,包括直接材料费、直接人工、制造费用、其他直接费用以及分配转入的间接费用等。

(1)直接人工。指在制造过程中直接对制造对象施加影响以改变其性质或形态所耗费的人工成本,即生产工人的工资。

(2)直接材料费。指在制造过程中直接用以构成产品主要实体的各种材料成本。这里所说的材料,是指构成其产品的各种物资,当然也包括外购半成品,而不仅仅指各种天然的、初级的原材料。

(3)制造费用。指为制造产品或提供劳务而发生的各项间接费用,包括直接人工、直接材料以外的为制造产品或提供劳务而发生的全部支出,这部分支出一般情况下需分配计入不同产品。通常包括:

①间接人工。指为生产提供劳务而不直接进行产品制造的人工成本,如设备养护、维修人员的工资。

②间接材料。指在产品制造过程中被耗用,但不容易归入某一特定产品的材料成本,或者是不必要单独选择分配标准以确定其归属某一特定产品份额的材料成本,如各种工具、物料的消耗成本。

③其他制造费用。指不属于直接人工和直接材料的其他各种间接费用,如固定资产的折旧费、维修费、保险费,车间动力费、照明费等。

(五)非制造成本

非制造成本也称非产品成本,也称期间成本或期间费用,是与产品生产活动没有直接联系的成本。期间成本不计入成本,而是直接归入当期损益的本期费用。在账务处理上是于发生的当期,全额列在利润表上作为该期销售收入的一个扣减项目。期间成本包括销售费用、管理费用和财务费用三项。

1. 销售费用

销售费用是指企业销售商品和材料、提供劳务的过程中发生的各种费用,包括保险费、包装费、展览费、广告费、商品维修费、预计产品质量保证损失、运输费、装卸费等，以及为销售本企业商品而专设的销售机构(含销售网点、售后服务网点等)的职工薪酬、业务费、折旧费、固定资产管理费等。

2. 管理费用

管理费用是指企业行政管理部门为组织和管理生产经营活动而发生的各种费用。其包括的具体项目有：企业董事会和行政管理部门在企业经营管理中发生的，或者应当由企业统一负担的公司经费、工会经费、待业保险费、劳动保险费、董事会费、聘请中介机构费、咨询费、诉讼费、业务招待费、办公费、差旅费、邮电费、绿化费、管理人员工资及福利费等。

3. 财务费用

财务费用是指企业为筹集生产经营所需资金等而发生的费用。其具体项目有：利息净支出(利息支出减利息收入后的差额)、汇兑净损失(汇兑损失减汇兑收益的差额)、金融机构手续费以及因筹集生产经营资金而发生的其他费用等。

（六）物流成本

物流是供应链运作中，以满足客户要求为目的，对货物、服务和相关信息在产出地和销售地之间实现高效率和低成本的正向和反向的流动和储存所进行的计划、执行和控制的过程。它包括运输、仓储、包装、装卸、配送、提供信息等诸多活动，涉及企业经济活动的每一个领域。

在物流活动中，为了提供有关的物流服务，所消耗的一切活劳动和物化劳动的货币表现，即为物流成本，也就是物流活动中耗费的原材料、燃料、动力、固定资产等生产资料的价值，支付劳动者劳动报酬以及管理费用的货币表现，是企业维持简单再生产的补偿尺度。在一定的产品销售量和销售价格的条件下，产品成本水平的高低，不但制约着企业的生存，而且决定着利润的多少，从而制约着企业扩大再生产的可能性，这迫使生产者不得不重视成本，努力加强管理，力求以较少的耗费来寻求补偿，并获取最大限度的利润。

由于物流有狭义和广义之分，物流成本也有狭义和广义之别。狭义的物流成本仅指商品被生产出来以后，经过销售进入最终消费的过程中，因商品在空间的移动而产生的运输、包装、装卸等费用。物品在包装、运输、仓储、装卸、搬运、流通加工等物流活动中所产生的费用，一般在企业财务会计账簿中以包装费、运输费、仓储费、装卸搬运费、加工费等形式体现出来。在商品经济中，物流活动是创造时间价值和空间价值的过程，要保证物流活动高质高效有序地进行，成本即为必须消耗的人力、物力、财力的总和。有时候，狭义的物流成本就是指物流过程的显性成本，即会计账本上记录的成本。而广义的物流成本是指生产、流通、消费全过程的物品实体与价值变化而发生的全部费用，即物品从供应商到生产商再到最终消费者全过程物流活动所发生的费用。它具体包括从原材料的采购、供应开始，经过生产制造中的半成品、产成品的仓储、搬运、装卸、包装、运输以及在消费领域的验收、分类、仓储、保管、配送、废品回收等发生的所有成本和占用资金时间价值所发生的费用。由于广义的物流成本是从物流管理一体化的角度来衡量整个供应链上所有物流活动所发生的费用,因此它包括了物流各项活动的成本,如采购成本、仓储成本、运输成本、装卸成本、流通加工成本、包装成本、配送成本、信息系统成本、物流行政管理成本等。

广义的物流成本除包括狭义的显性物流成本外,还包括隐性的客户服务成本。这是由于物流活动就是为了追求客户满意,客户服务是连接和统一所有物流管理活动的重要方面,是提高企业整个客户服务水平的关键因素和重要保障。现实中有企业常因物流服务水平低下不能令客户满意,逐渐失去现有客户与潜在客户,因此产生的企业声誉损失就构成了客户服务成本。

总之,物流成本是指伴随企业的物流过程而发生的各项费用。现代物流成本指的是产品空间位移(包括静止)的过程中所消耗的各种资源的货币表现,是物品在实物运动过程中,如包装、装卸搬运、运输、存储、流通加工、流通信息等各个环节所支出的人力、物力、财力的总和。

二、物流成本的特点

物流成本与其他成本相比具有如下特点:

(一)物流成本是以顾客服务需求为基准的

企业要想在市场中赢得竞争地位,就必须尽可能地满足客户服务要求,必须在物流服务成本和客户服务要求之间进行技术经济权衡,这也是物流管理的使命。因此,物流成本不是面向企业产出,而是面向客户服务的过程,物流成本的大小就具有了以客户服务需求为基准的相对性特点。这是物流成本与企业其他成本在性质上的根本区别。

(二)物流成本的隐含性

在传统上,物流成本的计算总是被分解得支离破碎、难辨虚实。由于物流成本没有被列入企业的财务会计制度中,制造企业习惯将物流费用计入产品成本,流通企业则将物流费用包括在商品流通费用中,因此,无论是制造企业还是流通企业,不仅难以按照物流成本的内涵完整地计算出物流成本,而且连已经被生产领域或流通领域分割开来的物流成本,也不能单独真实地计算并反映出来。任何人都无法看到物流成本真实的全貌,了解其可观的支出。

物流成本的隐含性表现在两方面:一是在现行会计核算制度中并没有单独核算物流成本的项目,而是把物流成本分解到其他成本中,因此很难全面地了解物流成本的真实情况;二是大量的物流成本被疏漏掉了,在物流成本中,比如运输费用、包装材料费用、保管费用、装卸搬运费等一些物流费用支出可以依据单证和计算的显性成本反映出来,但是还有大量的隐性物流成本并不能直接反映出来,如库存商品占用资金利息费用、物流设施设备的闲置损耗等都不能很清楚地体现出来,在进行物流成本核算时容易将这些隐性成本漏掉。物流成本核算项目的这种隐含性特点造成了物流成本核算的不准确、不全面。

(三) 物流活动不创造新的使用价值

在商品经济中,一方面,物流劳动同其他生产劳动一样创造价值,物流成本增加商品的价值,物流成本也必须在产品销售收入中得到补偿;另一方面,它又不完全等同于其他生产劳动,它并不增加产品的使用价值,相反产品数量和质量往往在物流过程中因丢失、损坏、受潮霉变等而受到负面的影响,甚至有些原材料、产成品等过多滞留在库中,造成资金积压,使资金周转受到影响,造成企业的机会成本增加等。物流成本虽然也是一种必要的耗费,但此种耗费不创造任何新的使用价值,只是利润的一种扣除。

(四) 物流成本削减的乘数效应

物流成本类似于物理学中的杠杆原理,物流成本的下降通过一定的支点,可以使销售额获得成倍增长;而其上升一点,也可使销售额成倍地削减。假定销售额为100万元,物流成本为10万元,如果物流成本下降1万元,就可得到1万元的收益。现在假定物流成本占销售金额的1%,如物流成本下降1万元,相当于销售金额增加100万元。这样,物流成本的下降会产生极大的效益。

乘数效应是一个变量的变化以乘数加速度的方式而引起最终量的增加。物流成本的升降对企业利润,尤其是对利润率是以乘数效应发生作用的,即物流成本的下降可以使企业利润率成倍增长,物流成本的上升也可使企业利润率成倍地削减。

(五) 物流成本的效益背反

"背反"现象常称为"交替损益"现象,即改变系统中任何一个要素,会影响其他要素的改变。物流的若干功能要素之间存在着损益的矛盾,某一个功能要素优化和利益增加的同时,必然会存在另一个或另几个功能要素的利益损失,反之也如此。这是一种此长彼消、此盈彼亏的现象,在物流领域中,这个问题尤其严重。通常人们对物流数量,希望最大;对物流时间,希望最短;对服务质量,希望最好;对物流成本,希望最低。显然,要满足上述所有要求是很难办到的。例如,在储存子系统中,站在保证供应、方便生产的角度,人们会提出储存物资的大数量、多品种问题;而站在加速资金周转、减少资金占用的角度,人们则提出减少库存。

物流成本是一个总成本的概念,具有效益背反规律,具体表现在这两个方面:

物流成本与服务水平的效益背反,物流各功能活动的效益背反,即物流服务水平的提高与物流成本降低的背反;物流中运输、包装、仓储、装卸及配送等功能要素处在一个相互矛盾的系统中,一两个功能要素的改善,必然会使另外一些要素的实现受损失(如减少仓储必然带来运输费用的增加),存在着各物流活动的各功能要素的效益背反。因此,在进行物流成本管理时,要求物流系统总成本的最优,而不是物流系统各功能成本的最优。在物流活动过程中,在现行的会计和财务控制的管理方法下,只是把注意力集中于尽可能使每个物流功能达到最低的成本,而很少或没有人注意到总成本,这会割裂系统各环节的相互关联,难以实现整个物流系统的服务目标。由于各种费用互相关联,必须考虑系统整体的最佳成本,这就决定了物流成本是一个总成本的概念,物流的目标就是在尽可能使总成本最低的情况下,实现既定的物流服务水平。

(六)物流成本界定和核算的复杂性

由于物流活动是伴随着企业生产和销售活动而发生的,涉及面广、关联性强,导致很多成本项目都无法准确地区分物流成本的内容。而且企业现行的会计核算制度是按照劳动力和产品来分摊成本的,物流成本被列入不同的成本费用项目中,如在"材料采购""管理费用""销售费用"及"财务费用"等账户中进行核算,没有单独的成本项目,因此很难全面地了解物流成本的信息及构成。比如按照现行会计核算制度,购买原材料所支付的各项物流费用,如运输费用、采购费用等都归集在原材料成本中,与物流有关的利息计入财务费用,厂内运输成本通常被计入生产成本等。

长期以来,物流一直被认为是企业的第三大利润源。在不少企业中,物流成本在企业销售成本中占了很大的比例,因而加强对物流活动的管理关键是控制和降低企业的各种物流费用。但是要加强物流成本管理,应先明确在当今企业活动中物流成本的特点与影响因素。

(七)物流部门难以控制全部物流成本

物流是一个系统工程,具有跨边界和开放性的特点,这使得由一系列相互关联的物流活动产生的物流成本,既分布在企业内部的不同职能部门中,又分布在企业外部的不同合作伙伴那里。从企业产品的价值实现过程来看,物流成本既与企业的生产和营销管理有关,又与客户的物流服务要求直接相关。而在通常的企业财务决算表中,物流成本核算的是企业对外部运输业者所支付的运输费用或向仓库支付的商品保管费用等传统的物流成本,对于企业内与物流中心相关的人员费、设备折旧费、固定资产税等各种费用则与企业其他经营费用统一计算,因而,从现代物流管理的角度来看,一是企业难以正确计算实际的企业物流成本;二是物流部门完全无法掌握的成本很多,例如,保管费中过量进货、过量生产、销售残次品、在库维持以及紧急输送等产生的费用,这些费用都是纳入其中的,从而增加了物流成本管理的难度。先进国家的实践经验表明,实际发生的物流成本往往要超过外部支付额的5倍。

综合以上物流成本的特点可以看出,对于企业来讲,要实施现代化的物流管理,首要的是全面、正确地把握包括企业内外发生的所有物流成本在内的企业整体物流成本,也就是说,要削减物流成本必须以企业整体成本为对象。另外,物流成本管理应注意不能因为降低物流成本而影响对用户的物流服务质量,特别是流通业中多频度、定时进货的要求越来越广泛,这就要求物流企业能够应对流通发展的这种新趋向。例如,为了符合顾客的要求,及时、迅速地配送发货,企业需要进行物流中心等设施的投资。显然,如果仅仅为了减少物流成本而放弃这种投资,就会影响企业对顾客的物流服务水平。

企业物流是企业为满足消费者需求而进行的对原料、中间库存、产品及相关信息从起始地点到消费地点的有效流动与储存的计划、实施和控制的整个过程。加强对物流活动管理的关键是控制和降低企业各种物流费用,要加强物流成本管理,应明白企业活动中物流成本的特点。

在物流成本中,有不少是物流部门不能控制的。例如,保管费中包括了由于过多进货或过多生产而造成积压的库存费用,以及紧急运输等例外发货的费用。从销售方面来看,物流成本并没有区分多余的服务和标准服务的不同。如在物流成本中,常包含促销费用。物流成本之间存在效益背反规律。在物流功能之间,一种功能成本的削减会使另一种功能的成本增多。因为各种费用互相关联,所以必须考虑整体的最佳成本。

降低物流成本会给企业带来额外的利润,同时也可提高企业的竞争力。随着市场竞争的日趋激烈,企业依靠扩大销售、降低原材料和人工成本从而增加利润的空间越来越小,而通过物流合理化来降低物流成本,则成为企业的"第三利润源泉"。

三、物流成本相关理论学说

(一)"黑大陆"学说

在现行财务会计制度中,企业把生产经营费用大致划分为生产成本、营业费用、管理费用、财务费用等部分,营业费用又是按照成本的支付形态进行分类的。物流成本被分解到不同的费用项目中,我们在利润表中所能看到的物流成本在整个销售额中只占非常低的比重,因此物流的重要性没有被认识到,这就是物流被称为"黑大陆"的一个原因。

针对物流成本有效管理对企业赢利和发展的重要作用,以及现在物流成本管理中存在的问题,彼德·德鲁克1962年在《财富》杂志发表的《经济的黑色大陆》

中认为"物流是一块未开垦的处女地",强调应高度重视物流管理,指出"流通是经济领域里的黑大陆"。这里彼德·德鲁克虽然用"黑大陆"泛指流通领域,但是由于物流活动在流通领域中的特殊地位和重要作用,所以"黑大陆"学说主要是针对物流而言的。"黑大陆"学说指出了物流的重要性,认为物流应该从一个不被认知和重视的领域解脱出来。"黑大陆"学说对于研究物流成本领域起到了启迪和动员作用。

"黑大陆"学说是对20世纪经济学界存在的愚昧认识的一种批驳和反对,指出在市场经济繁荣和发达的情况下,无论是科学技术还是经济发展,都没有止境,应该充分挖掘利润潜力。如果用理论研究和实践探索来照亮这块"黑大陆",那么物流带给人们的可能是一片不毛之地,也可能是一片宝藏之地。"黑大陆"学说对物流本身作出了正确评价,即物流这个领域未知的东西还很多,理论与实践皆不成熟,需要进一步开发。

(二)物流成本冰山理论

日本早稻田大学教授西泽修提出了物流成本冰山理论,具体分析了彼德·德鲁克的"黑大陆"学说,指出人们对物流费用的了解是一片空白,他把这种情况比作"物流冰山",人们只看到水面上的一小部分,而沉在水面之下的"黑色区域"却未引起人们的重视。

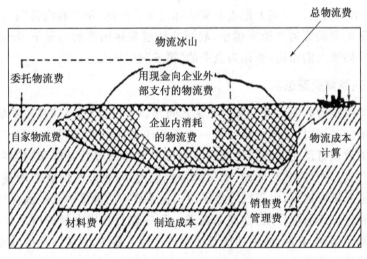

图1-1 物流冰山学说

现行的财务会计制度和会计核算方法把部分物流成本忽略了,从而不能反映出物流成本的真实情况。向企业外部支付的物流成本能通过一些记录和单据体现出来,也会在企业财务会计中有所体现,人们把这部分物流成本称为显性成本;但是发生在企业内部的物流活动所消耗的物流成本费一般是不能在财务会计中体现出来的,我们把这部分物流成本称为隐性成本。所以企业的物流费用就像冰山一样,露出水面的显性部分只是冰山小小的一角,而大部分掩藏在水面之下,人们对它的认识还只是一片空白。如果简单地把会计报表中记载的物流成本看成是企业发生的全部物流费用,把它误解为"冰山全貌",那么企业就会面临很大的危险。

由于长期以来对企业庞大的物流费用不能全面地了解和认识,导致了人们对它的忽视,使得经济的这片"黑大陆"实际上存在着很大的浪费。因此只有对物流成本进行全面充分的了解和核算,才能够清楚地知道企业成本中物流成本的真实情况。

(三) 第三利润源

日本学者还提出了物流费用的降低是企业"第三利润源"的理论。从企业的发展来看,利润的来源曾经先后有过两个重要的领域。第一个利润领域是原材料资源。起初企业是通过获得廉价原材料、燃料来降低成本,其后则是通过依靠科技进步来提高原材料的利用率、节约原材料消耗、挖掘新的原材料、加强原材料回收利用等途径而获取高额利润。习惯上把原材料作为企业的"第一利润源"。第二个利润领域是人力资源。起初企业是通过利用廉价劳动力,降低成本支出,其后则是依靠科技进步,采用机械化、自动化技术来提高劳动生产率,降低人力资源消耗,从而增加利润。习惯上把人力资源称之为企业的"第二利润源"。在原材料和人力资源的利润源潜力越来越小、利润开拓越来越困难的情况下,物流领域的利润潜力开始被人们重视,被称为企业的"第三利润源"。

(四) 效益背反理论

效益背反是指物流的若干功能要素之间存在着损益矛盾,即某一功能要素优化和利益增加的同时,必然会导致另一个或几个功能要素的利益损失,反之也如此。物流的效益背反主要包括物流成本与服务水平的效益背反和物流各功能活动的效益背反。例如,包装问题,如果降低包装费用,企业利润就会增高。但是,一旦商品进入流通之后,由于过度地强调了包装成本的降低而致使商品包装不能很好地起到保护商品的作用,在商品流通过程中就会造成大量的商品损耗,同时也不利于商品储存、装卸、运输功能等活动的进行。显然,包装活动的效益是以其他活动的损失为代价的。

由于物流活动中存在着效益背反的现象,因此对物流各项活动必须从整体出发,追求物流总成本的最优化。

(五) 其他学说

除了上述较有影响的物流理论学说之外,还有一些物流成本学说在物流学界广为流传,如成本中心说、服务中心说、系统说、战略说等。

1. 成本中心说

成本中心说强调的是物流活动的作用体现在降低企业成本方面,物流在整个企业战略中,只对企业成本发生影响。由于物流活动的发生产生了大量的费用支出,因此物流成本是企业成本的重要组成部分。因而对物流的管理主要并不是搞合理化、现代化,而是通过物流管理使物流的一系列活动降低成本。物流是"降低成本的宝库"等说法正是对这种认识的形象表述。

2. 服务中心说

服务中心说代表了美国和欧洲等一些国家学者对物流的认识。他们认为物流活动最大的作用并不在于为企业降低成本,而是体现在物流活动的保障作用。因此,他们在使用描述物流的词汇时选择了"后勤"一词,特别强调其服务保障的职能。通过物流的服务保障,可以提高企业的服务水平,增强客户的满意度,增强企业的竞争力。

3. 系统说

系统说强调的是物流和企业其他方面存在着关系,对物流成本的评价应该用系统的观点。物流成本管理的作用不仅仅体现在数额上,还体现在对企业其他方面的影响中。由于物流成本降低而产生的利润的大部分会间接转移到企业整体效益的提高上,对企业其他方面都会产生影响。比如物料、半成品、产成品在物流各环节停留时间的减少,意味着物资相对于资金流转速度的加快,即同样数额的资金在同样的时间内周转的速度加快,提高了资金的利用率。从另一个角度说是完成相同数额的物资需要的资金减少,节省了资金的支出。同时物流费用的降低还增加了用户的满意度,提升了企业的竞争力。

4. 战略说

战略说是当前非常盛行的一种说法。物流的重要性及其对企业的作用已逐渐被人们认识到,学术界和产业界把物流放在了企业战略的角度上,认为物流是企业发展的战略而不是一项具体操作性任务。高效、合理的物流管理是既能提供成本优势又能提供价值优势的管理领域之一,属于企业战略管理范畴,具有战略性,企业应该给予高度重视。

四、物流成本的影响因素

(一)物流成本的影响因素及优化途径

降低物流成本是现代物流企业的重要研究课题之一。分析物流成本的影响因素,探索降低物流成本的方法是提高企业经济效益的重要途径。

影响企业物流成本的因素很多,对企业物流成本有重大影响的因素包括以下几个方面。

1. 产品特性

产品本身的特性直接影响到物流成本的高低。不同的产品对运输、仓储、装卸搬运、包装等方面的要求是不一样的,其对应的物流成本也是不同的。例如,一些贵重、易碎的产品在物流活动过程中的各项要求都比较高,对应成本开支也会比较大。在进行物流规划时,首先需要考虑的因素就是产品本身的特性,据此来确定运输工具、仓储条件、包装要求、加工程度等。

2. 物流管理水平

物流管理水平也是影响物流成本的重要因素。良好的物流管理可以使物流活动高效率地运行,可以缩短商品的流通时间、降低商品的损耗等,从而降低物流成本的支出。例如,对运输的良好管理可以减少不合理运输的出现,缩短货物的等待时间;对库存的良好管理,可以在满足需要的前提下,尽量减少库存商品的数量、时间、损失等。沃尔玛配送中心建筑的平均面积超过 10 万平方米,配送中心里物品齐全,从牙膏到电视机,从卫生纸到玩具,商品种类超过 8 万种,快捷的配送系统使得沃尔玛的各分店即使维持少数存货,也能保持正常销售,从而大大节省了存储空间和存货成本。

3. 运输距离和运输工具

运输成本占物流成本的比重较大,根据有关调查结果显示,运输成本占物流总成本的 40% 左右,是影响物流成本的重要因素。影响运输成本的两大因素有运输距离和运输工具。

(1) 运输距离

运输距离是影响运输成本的重要因素,两者向同方向变动,即运输距离越远,运输成本越高;反之,运输成本越低。同时,运输距离影响着运输工具的选择、进货批量等多个方面。

(2) 运输工具

不同的运输工具,成本高低不同,运输能力大小不等。运输工具的经济性、迅速性、安全性和便利性之间存在着相互制约的关系。一般来讲,影响运输工具选择的因素主要有运输物品的种类、运输量、运输距离、运输时间、顾客的要求等。因此,在目前多种运输工具并存的情况下,必须注意根据不同货物的特点及对物流时效的要求,对运输工具所具有的特征进行综合评价,以便作出合理选择运输工具的策略,并尽可能选择廉价的运输工具。

4. 物流专业化水平

物流专业化水平越高,物流效率越高,成本开支越低;反之,物流专业化水平越低,物流效率越低,成本开支越高。社会分工的不断加大,专业化水平的不断提高,带给企业和社会的经济效益是非常大的。比如第三方物流随着物流业发展而发展,是物流专业化的重要形式,第三方物流的发展程度反映和体现着一个国家物流业发展的整体水平。

（二）降低企业物流成本的有效途径

由于企业所属行业的不同,其对物流成本的管理也就有所不同。但总的说来,降低企业物流成本的有效途径有以下几个方面:

1. 树立现代物流成本理念,完善物流管理体制

企业要降低物流成本首先要树立现代物流成本理念,完善物流管理体制。

（1）树立现代物流成本理念

对物流的认识要从科学、系统、全面的角度出发。现代物流的作用不仅仅在于完成商品的流通、满足客户和企业的需要,现代物流对企业的生产经营活动还会产生较大的影响,已成为企业的第三利润源。同时,物流是一个很大的系统,由诸多子系统构成,各子系统间相互作用和影响。因此,降低物流成本的努力不能仅仅停留在某一项功能活动上,忽视对物流活动的整合,而应从流通全过程的视点来降低物流成本,把运输、装卸、包装、储存、配送、流通加工、信息处理等各个功能的目标协同起来。例如,运输成本可能不是最小的,或者库存成本不是最小的,但是,把运输和储存合起来的协同成本可能是最小的。

因此,企业应该树立现代物流理念,重新审视企业的物流系统和物流运作方式,吸收先进的物流管理方法,结合企业自身实际,寻找改善物流管理、降低物流成本的切入点。

（2）完善物流管理体制

物流管理体制最重要的功能是从组织上保证物流管理的有效进行,成立专门的物流管理机构,实现物流管理的专门化,把分割到其他部门的物流活动和成本管理集中于专门的物流管理机构,系统、全面地对物流活动及物流成本进行管理。

企业既可以通过发挥物流部门和其他部门之间的"协同效应"来降低物流成本,还可以通过发挥物流功能要素的"协同效应"来降低物流总成本。

2. 引进和培养现代物流人才

人才是企业经营成功的关键因素,只有物流从业人员知识水平和能力普遍提升,才有可能不断提高物流作业水平和效率。由于我国物流发展时间较短,专业物流人才还很匮乏,从而决定了物流缺乏前瞻性认识和运作能力,影响了我国企业物流运作的效率。

企业一方面要不断地引进物流人才,这是获得人才最直接、时间最短的一种方式;另一方面也要提升现有员工的业务知识水平和能力。企业可以加强与大专院校的合作,利用其专业优势,通过"请进来,送出去"等多种形式引进高素质人才,培训在职人员,从而提高企业员工的整体素质,为企业的经营效益和发展提供物流人才保障。

3. 利用物流外包

物流外包是指生产或销售等企业为了把资源和精力集中在自己的核心业务上，把本企业不擅长或没有优势的物流业务部分或全部以合同方式委托给专业的第三方物流公司运作，以此提升企业的核心竞争能力。物流外包是一种长期的、战略的、互利互惠的业务委托和合约执行方式。

随着社会竞争越来越激烈，消费需求的多样性和多变性要求企业必须及时、快速地作出市场反应，从而也决定了一个企业不可能擅长或完成企业的所有业务活动。因此，企业必须有所取舍，集中优势发展自己的核心业务，将部分非核心业务委托给社会专业化部门来完成。从发展核心竞争力的角度看，企业物流外包是一个相当紧迫的问题。物流外包有利于企业集中精力发展核心业务，分担风险，加速企业重组，实现规模效益。因为第三方物流能够优化资源配置，提供灵活多样的顾客服务，为顾客创造更多的价值。因此，物流外包相对于自营物流具有明显的比较优势。同时，企业物流外包不单是业务形式的变化，还有更深层的原因。因为21世纪的竞争不再是企业与企业之间的竞争，而是供应链与供应链之间的竞争，企业需要在物流外包的同时建立自己的供应链，提升竞争力。

物流外包的主要业务形式有：物流业务部分外包、物流业务完全外包、物流系统接管、战略联盟、物流系统剥离、物流业务管理外包等。几种物流外包形式的变化表明了物流外包从低级向高级发展的过程，也是供应链不断成熟的过程。每个企业在开展物流外包时，一定要认真分析自身条件，选择适合自己的物流外包形式，不可盲目照搬其他企业的经验。

4. 实行供应链管理

供应链物流成本管理的核心是从供应链管理思想出发，明确物流成本的管理不能仅限于企业或部门的局部控制，而应建立系统的观点，以供应链为整体进行全局成本控制。对商品流通的全过程实行供应链管理，需要把涉及的经济主体整合为一个虚拟企业，比如对于生产企业来说，把其供应商、销售商纳入企业管理系统中，实现物流一体化，使整个供应链利益最大化，从而有效降低企业的物流成本。

实行物流成本供应链管理，需要供应链的各成员相互信任、共同合作，以整体利益为出发点，加强物流成本的管理和控制。企业在建立供应链系统时，不仅要使本企业的物流体制具有效率化，同时也需要企业协调与其他企业之间的关系，实现整个供应链物流活动的效率化。

5. 借助信息系统

企业生产经营活动中贯穿了两个过程：一个是物流，一个是信息流。物流的推进过程中产生各种运动信息，企业管理者正是通过这些信息作出决策。在传统的人工管理模式下，企业的物流成本控制受到很多因素的影响，比如信息传递的滞后性、信息的不充分和不完全性等,因此,物流成本要实现各个环节的最优控制是非常困难甚至是不可能的。通过借助现代信息技术,以计算机网络为基础的、快速、方便的信息传输系统加快了物流信息的传递速度,扩大了信息传递的范围,提高了信息的处理速度。企业采用信息系统一方面可使各种物流作业或业务处理准确、迅速地进行;另一方面通过信息系统的数据汇总,进行预测分析,可增加降低物流成本的可能性。

企业通过引进现代物流信息技术可以将企业所需商品的要求、价格、数量等信息在网络上进行传输,从而使相关企业可以在较短的时间内看到信息并作出反应,同时及时调整本企业的经营活动,使企业间的协调和合作有可能在短时间内迅速完成,也可以增加从整体上控制物流成本发生的可能性。同时,随着物流业和信息技术的发展,物流管理信息系统迅速发展,能把混杂在其他业务中的物流活动的成本精确地计算出来,使物流成本的真实面目越来越清晰,而不会把成本转嫁到其他企业或部门。

联想集团加大供应链扁平化和多元化建设,积极打造智能化的供应链

从1984年成立至今,联想成为现在服务全球超过10亿用户的全球最大PC商。联想集团建立了以高效、敏捷和智能为特征的供应链来服务客户,以预测分析、人工智能、区块链等方面的创新为基础,能够有效地从数据中获得信息并采取行动,具备可持续性、多样性和包容性。当前,联想通过供应链驱动全球30多个生产基地和2000多家供应商高效协同,同全球400多家核心供应商实现了数字化平台协同运作。

2020年5月,联想凭借其供应链的全球化运营和混合制造模式再度入围Gartner供应链全球25强,位列第15。联想通过供应链建立了自有工厂/ODM/OEM高效协同的混合制造模式,提升了产品质量和运作效率。凭借其高效、敏捷、智能的全球供应链,联想得以灵活利用全球不同国家和地区的资源优势来满足市场需求,动态协调生产、销售、服务等环节的优势资源,实现"全球资源、本地交付、卓越运营"。

联想集团供应链的三大特征处处体现在其实践中。外部的高效、敏捷、智能性以联宝科技为例,其与全球数百家供应商互信互通,以信息透明打破种种数字壁垒,建立端到端的运作体系和物流体系,构建高效供应链,特别设立大客户绿色通道,实现了订单精细化高效管理,产品供应全球五大洲、126个国家、270多个重点城市。本土供应链生态体系建设逐步完善,近60%的直接物料实现本地化及时供应,4小时内可以到达,形成了产业上下游集聚效应,推动了当地经济的发展。

内部的高效、敏捷、智能性以联想武汉产业基地为例。与PC、服务器等产品不同,手机平均每隔4到6个月就会被更新的产品取代。这对联想在较短的制造周期内，生产出低成本、高质量、多样化产品的柔性制造能力提出了更高的要求。联想自主开发的自动化"量子线"项目已于2020年6月中旬在武汉基地投入使用。作为业界首条5G IoT自动化组装线，量子线包含手机组装/测试/检验产出工艺，通过设备与设备、人与设备的灵活互换，可快速调整产线的工艺流程以及参数，实现生产不同型号产品间的自如切换。目前，在武汉基地，每秒就有一部手机或平板下线。每天超过10万部手机从这里下线，九成出口，从武汉运往世界各地，用户遍布160多个国家。

在这次疫情期间，我国在全球供应链中的重要地位凸显。我国完善的供应链体系与企业危机预警及管理能力，向世界证明了我们国家强韧的抗风险能力和灵活机动的配置能力。

例如，联想集团在这次疫情期间，通过先进的供应链管理系统率先实现国内所有工厂全面复工复产，以技术创新和模式创新为疫情下供应链的可持续发展提供了有力支撑。统计数据显示，从2020年2月初的复工，至4月初联想（武汉）基地的实现满产，合肥联宝科技和深圳工厂在2020年第一季度创下发货量的历史新高，为全球各个国家、各个行业的PC、智能手机、智能设备、服务器等产品需求提供了稳定可靠的供应保障。

（资料来源：https://www.360kuai.com/pc/9b740ffd83647beb9? cota＝3&kuai_so＝1&sign＝360_57c3bbd1&refer_scene＝so_1）

6. 增强企业职工的成本管理意识

降低企业物流成本，需要把降低成本的工作从物流管理部门扩展到企业的各个部门，把物流成本管理思想贯穿于产品生产到产品销售的各个阶段和环节，使企业员工具有长期发展的"战略性成本意识"。降低企业物流成本还需要全体员工参与进来，让每个员工都树立起现代物流成本的意识，形成控制和降低物流成本的习惯；培养合作精神，使每个员工都理解物流成本管理是一项集体的努力过程，不是个人活动，必须在共同目标下同心协力。每名员工都能够正确理解和使用物流管理的方法和技术，据以改进工作，提高工作效率。

7. 建立科学合理的物流成本核算体系

随着物流专业化分工的发展和企业竞争的加剧，物流对企业生产和经营活动的重要性将越来越大，也使得物流成本的核算越来越重要和复杂，对物流成本状况的客观描述也将越来越困难。

从现代物流管理的角度看，现有的会计核算体系已不能适应物流发展的需要。比如在我国企业现行的财务会计制度中，没有单独核算物流成本的会计科目，以职能为基础的成本核算体系一般将所有的物流成本都归入相关费用中，物流系统诸环节被拆分到不同的费用项目中，导致一些物流费用无法计量与控制，造成物流成本信息失真，从而形成"物流的黑大陆"和"物流冰山"。为此，应建立科学合理的物流成本核算体系,设立物流成本的费用项目,实行物流费用单独核算;明确物流成本的核算内容和核算方法,使物流成本管理与财务会计在系统上联结起来;以成本会计为基础,完善物流成本分类。

第二节　物流成本管理的意义和模式

一、物流成本管理的产生和发展

（一）物流成本管理的产生

物流活动必然会带来相应的物流成本,然而最初提出物流管理时并没有将物流成本放在一个重要的位置,这与当时物流管理产生的背景有直接的关系。物流管理的概念是在第二次世界大战期间提出的,其出发点是为美国军队解决一些后勤问题。但是由于在军事上,首先注重的是军用物资供应的可达性和及时性,成本的考虑是放在第二位的,因此在这个阶段,物流成本管理没有得到较大的发展。

随着生产技术的发展,产品成本的下降,流通成本问题开始逐渐浮现,分销领域物流成本控制的问题也产生了。同时,随着人们开始通过加强物流管理挖掘第三利润源,物流成本的问题也开始引起人们的注意,物流成本管理成为成本管理的一个新的组成部分。目前物流发展较好的国家有美国和日本,物流成本管理在我国则处于刚刚起步阶段。

（二）物流成本管理的发展

从欧美国家的企业物流成本管理的一般发展过程来看,大致经历了物流成本认识阶段、物流项目成本管理阶段、引入物流预算管理制度阶段、物流预算管理制度确立阶段、物流业绩评价制度确立阶段。

在日本,物流技术兴起于20世纪50年代,发展至今已形成了一套完整的体系,由重视功能变为重视成本,进而重视服务。日本著名物流研究专家菊池康也教授在《物流管理》一书中,认为日本物流成本管理发展可分为5个阶段:第一,了解物流成本的实际状况,对物流活动的重要性提高认识;第二,物流成本核算,了解并解决物流活动中存在的问题;第三,物流成本管理,物流成本的标准成本管理和预算管理;第四,物流收益评估,评估物流对企业效益的贡献程度;第五,物流盈亏分析,对物流系统的变化和改革作出模拟模型。从该教授的观点看,日本目前处于第三和第四阶段。而我国目前还处于第一和第二阶段。

（三）我国物流成本管理存在的问题

我国物流起步较晚,自从物流的概念从日本被介绍到国内后,一开始人们对物流的研究远远落后于物资系统,对物流成本的认识也只是停留在概念认识的层面上。进入 21 世纪，我国的物流业有了蓬勃发展，第三方物流企业大量涌现，特别是近几年网络经济的发展，我国物流业开始走向国际化、全球化。但从整体上看，目前我国在物流总成本与物流服务水平的研究方面还处于起步阶段，对物流成本的研究相对比较贫乏，还存在以下问题：

第一，对物流成本的构成认识不清。只见树木，不见森林。目前我国现行的企业财务会计制度中，没有单独核算物流成本的科目，一般所有的成本分布在"费用"一栏中，无法分离。这使得企业仅将外包服务的运输和仓储费用作为企业的物流成本。这种计算方式使得大量的物流成本，如企业内与物流活动相关的人员费、设备折旧费等不为人所知。企业连自己的物流总成本都无法说清楚，这种情况下无论采用什么先进的物流管理模式和技术，都不可能真正实现企业物流系统的合理化。

第二，物流成本的计算与控制由各个企业分散进行，缺乏相应的权威统计数据。我国的企业是根据自己对物流成本的理解进行计算与控制的，缺乏统一的口径，全国甚至各个行业都有有关物流成本的统计数据。目前一些发达国家可以根据自己的统计数据，计算出其物流成本占 GDP（国内生产总值）的比重，而我国却做不到这一点，只有一些由世界银行等国际组织估算的数字。此外，由于企业计算标准的不同，我国各行业的平均物流成本水平也无法计算得出。

2010—2020 年中国社会物流总费用及占 GDP 比重情况

国家统计局数据显示，自 2018 年到 2020 年上半年，我国的物流总费用/GDP 值分别为 14.8%，14.7%，14.2%，而美国日本等发达国家该比值稳定在 8%～9%。这反映出目前我国经济运行中的物流成本依然较高但有相当的优化空间。《国家物流枢纽布局和建设规划》提出，到 2025 年，要"推动全社会物流总费用与 GDP 比率下降至 12% 左右"。

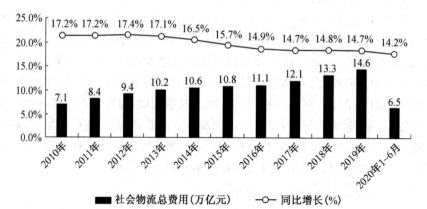

图 1-2　2010—2020 年中国社会物流总费用及占 GDP 比重

（资料来源：https://bg.qianzhan.com/wuliu/detail/616/201103-3cb30aec.html）

二、物流成本管理的意义

(一) 宏观意义

1. 有利于提高经济运行质量和总体竞争力

随着经济全球化和信息技术的迅速发展,企业生产资料的获取与产品营销范围日益扩大,社会生产、物资流通、商品交易及其管理正在不断发生深刻的变革。物流成本管理水平的高低,将直接影响物流成本水平,进而影响产品成本。对于我国工商企业而言,在各国企业都寻求客户服务的差异化或成本最小化战略之时,可以利用高质量的现代物流系统,降低物流成本,提高企业及其产品参与国际市场活动的竞争力。如果全行业的物流效率普遍提高,物流成本平均水平降低到一个新的水平,那么,该行业在国际上的竞争力将会得到增强。对于一个地区的行业来说,可以提高其在全国市场的竞争力。

全行业物流成本的普遍下降,将会对产品的价格产生影响,导致物价的相对下降,减轻消费者的经济负担,这有利于保持消费物价的稳定,相对提高国民的购买力,刺激消费,提高经济运行的整体效率。物流业越发达,物流成本越低,物流总成本在 GDP 中所占的比例就越低。物流业水平的高低是一个国家综合实力、竞争力、经济效率与宏观调控力的重要标志。物流成本管理对于优化资源配置、提高经济运行效率具有十分重要的意义。

2. 加速产业结构调整,支撑新型工业化

加强以物流成本为手段的物流管理,可以促进新兴的产业形态形成,优化区域产业结构。现代物流产业本质上是第三产业,是现代经济分工和专业化高度发展的产物,其发展将对第三产业发展起到积极的促进作用。实践表明,现代物流的发展,推动和促进了当地经济的发展,既解决了当地的就业问题,又增加了税收,促进了其他行业的发展。

加强物流成本管理还可以促进以城市为中心的区域市场的形成和发展。现代物流可以促进以城市为中心的区域经济形成,促进以城市为中心的区域经济结构的合理布局和协调发展,有利于以城市为中心的经济区吸引外资,有利于以城市为中心的网络化的大区域市场体系的建立,有利于解决城市的交通问题,有利于城市的整体规划,有利于减少物流对城市环境的不利影响。

3. 有利于进一步调整商品价格

加强物流成本管理是保持物价稳定的重要举措。物流成本是商品的重要组成部分,通过物流成本管理,使用于物流管理领域的人力、物力、财力的耗费不断下降,这将对商品价格产生积极的影响,导致社会物价相对下降,从而起到平抑通货膨胀、进而相对提高国民购买力的作用。

4. 有利于节约大量社会财富

对于全社会而言,物流成本的下降,意味着创造同等数量的财富,在物流领域消耗的物化劳动和活劳动得到节约,也意味着以尽可能少的资源投入创造出尽可能多的物质财富,减少资源消耗。此外,加强物流成本管理,还可以降低物品在运输、装卸、仓储等流通环节的损耗,为企业带来利润,为国家创造财富,增加资金积累,这也是社会扩大再生产的基础。

近年来,我国提出了建设资源节约、环境友好型社会的目标和要求,而加强物流成本管理工作,不断降低物流管理领域的各类耗费,节约各类资源,以最少的耗费换取最大的物流收益则是建设节约型社会的具体举措。

撕开中国物流界最大、传播最深远的谬误

曾经互联网企业的大佬们有一个宏愿:要把中国全社会物流成本占比GDP的比重降到5%。因为他们发现"中国现有的物流成本占比远大于发达国家",于是心怀使命感并以此立志。那么大佬们是否能实现这个"宏愿"呢?

一、"5%"的由来

不知从何时开始,在物流这个领域就一直有一个对比:美国、日本、中国三国物流成本与本国GDP的占比对比。每年该项指标都显示:中国的社会物流总成本占GDP的比重约是美国的两倍、日本的三倍(日本小于5%,5%对标的是日本)。当然,近些年中国的经济发展和产业结构有所优化调整,这个指标也有所优化,如表1-1。

表1-1 美国、日本、中国三国物流成本占GDP的比重

年份	物流成本占GDP的比重		
	美国	日本	中国
2012	8.4%	4.84%	18%
2013	8.4%	4.78%	18%
2014	8.27%	4.88%	16.6%
2015	8.12%	4.62%	16%
2016	7.43%	4.52%	14.9%
2017	7.63%	4.58%	14.6%
2018	7.87%	4.56%	14.8%
2019	7.61%	4.12%	14.7%

二、中国物流界最大、传播最深远的谬误

"中国物流成本居高不下,物流成本与 GDP 占比是美国的 2 倍。"这句话的推论就是:中国的物流成本有着极大的改善和优化空间。专家学者引出这句话时,可能会代表理论上有无尽的优越感:中国的物流企业实操能力太弱,导致社会总物流成本太高。应该在专家学者的指导下向美、日的物流企业学习,应用他们的理论。而创业者引用这句话就暗示着其创业解决方案能在这个"巨大的成本洼地"挖出金子来:14.6 万亿元,能降低 1 个点就是多少利润的憧憬。成熟的互联网企业引用这句话,就代表了企业信心满满,通过自己企业的努力可以为国家和人民分忧。而物流实操人听到这句话就五味杂陈:拿着最低的报酬,干着最苦、最累的活儿,一年从头辛苦到尾,还拖着国家的后腿。

但是这个推论是中国物流界最大的谬误!因为这是只看比例结果不看分母结构的错误推论。社会物流总成本(专业术语:社会物流总费用)占比 GDP 比例的计算公式是:

物流费用占 GDP 比例＝社会物流总费用÷GDP,如表 1-2 所示。

表 1-2　2018 年中国、美国社会物流总费用占比 GDP 的比例

2018 年	GDP	物流总费用	物流费用占 GDP 的费用
中国(万亿人民币)	91.43	13.3	14.55%
美国(万亿美元)	20.58	1.62	7.87%

中国经过这么多年的进步,中美之间的比例差距有所缩小,不过悬殊依然很大。中美的产业结构对 GDP 的贡献分布如表 1-3 所示。

表 1-3　2018 年中国、美国产业结构对 GDP 的贡献分布

	中国		美国	
	数量(万亿美元)	构成	数量(万亿美元)	构成
2018 年 GDP 总量	13.24	1	20.58	1
第一产业	0.95	0.07	0.18	0.01
第二产业	5.39	0.41	3.84	0.19
第三产业	6.91	0.52	16.57	0.81

注:美元兑人民币汇率为 6.8。

虽然各国对表 1-3 中的一、二、三产业的划分有所不同,但是稍有常识的人都知道:

第一产业指生产水生、土生等农业原始产品的行业,如农业、林业、渔业等。

第二产业指对第一产业和本产业提供的产品原料进行加工的产业,如采矿

业、制造业、建筑业、工业生产等。

第三产业指第一产业、第二产业以外的其他行业,主要包括交通运输业、餐饮业、金融业、IT信息服务、互联网、文化服务业等。

哪个产业更需要物流服务的支持才能完成GDP的创造?而哪个产业即使没有物流支持也能完成GDP的创造?第一产业、第二产业以及第三产业各自相对于物流的需求是完全不一样的。

但是,我们在计算物流成本占比GDP的时候却不管那么多,都被平均了!如同我们和大佬们一起计算平均财富一样。

三、如何降低物流成本对GDP的占比?

1. 最有效的方式是调整产业结构

大力发展第三产业,即不需要物流或者少物流交付就能创造巨大社会财富的高端产业:创意设计、IT信息、生物医药、航空航天、金融服务等。如同美国曾经一样,放弃制造业,大力发展第三产业。只有这样我们才能在所谓的"物流成本对GDP的占比"上追平甚至超越美国。但是,能放弃制造业吗?

2. 优化制造业的产业集群

通过优化制造业的产业集群以及合理化布局,降低原材料、半成品以及产成品的物理空间周转流动从而降低制造业的物流成本。这种方式和方法显然没有上面的方法更有效,但是在保留制造业的前提下,也是有效降低物流成本的方法。

3. 充分利用信息来优化物流体系、降低物流成本

通过社会信息的互联互通可以降低商品的"折返跑",也可以优化社会商品的供应链体系从而降低因"牛鞭效应"所带来的社会物流损失。另外,通过互联网的管理还可以提高车辆使用效率和装载率,在一定程度上也能降低物流成本等。这些都是信息化和互联网所能做到的,但是这种方式并不能对物流成本的降低产生"质"的改观。

(资料来源:https://www.headscm.com/Fingertip/detail/id/19610.html)

(二)微观意义

1. 降低物流成本,增加企业利润

物流成本在企业总成本中占有比较高的比重,对于每个企业来讲都不是一个小数目。目前物流企业利润率仅在5%左右。以公路运输为主的企业来说,能够明显感觉到油费上升带来的压力。此外,人力成本也在增加,普通装卸工的工资大约上涨了1 800元,货车司机的工资已上涨到5 000~10 000元。

2. 提高物流运作效率,全面提高服务质量

物流成本的降低需要系统化的物流管理,要求企业各物流活动环节(如运输、仓储、包装、装卸搬运等)实现作业的无缝衔接,减少各种物流活动环节的一切浪

费,避免待工、待料、设备闲置,尽量减少库存和运输的浪费,要求对客户的需求实施快速反应等。为了有效地降低物流成本,企业纷纷寻求降低成本的各种途径(如整合企业内部资源、优化作业流程等),从而全面提高服务质量。

3. 降低库存,加速资金周转

加强物流成本管理,可以提高物流各活动环节的运作效率,降低库存,减少库存资金的占用,加速企业资金周转。我国企业库存量大,库存占用资金已超过了20%,资金周转速度低。据有关部门统计,我国工业企业资金年平均周转速度为1.2~1.3次,商业流动资金年平均周转为2.3~2.4次,与国外企业资金周转速度相差甚远。

在日本,由于建立了现代物流体系,日本制造业(包括批发、零售)流动资金年平均周转为15~18次。一些跨国连锁企业,如沃尔玛、家乐福等公司,做到了零库存,使企业的资金周转速度提高到1年15次。

4. 提高企业的物流管理水平,增强竞争力

企业竞争优势的来源之一是低成本优势,如果企业进行的所有生产经营活动的成本累计低于竞争对手的成本,企业就具有了低成本优势,成本优势会带来超额收益。企业进行有效的物流成本管理,持续不断地降低物流成本,可以提高物流管理水平,为客户提供更好的服务,增强竞争力。

沃尔玛天天平价的营销政策,就源于它所建立的物流系统的低成本。当然,由于企业本身资源所限,企业物流系统的低成本有赖于高效率的社会物流系统的支持。

三、物流成本管理的模式

为了降低物流成本、提高企业利润率,物流理论界和企业都在不断地探讨物流成本管理的模式。下面重点介绍几种较有影响力的管理模式。

(一)成本效益模式

成本效益模式是从成本—效益的角度出发进行物流成本的管理。有些物流费用的支出从短期来看是非常高的,但其带来的长期收益是远远大于成本的,现在的成本支出是为了今后更加省钱。比如企业在仓储保管中,引进了新设施设备,从短期看这可能是一笔较大的支出,但在今后设备使用期间,因设备利用可使工作效率提高、缩短工作时间、减少货物损耗;从长期来看,新设施设备所带来的长期收益远远大于其当初支付的成本,那么就可以判定新设施设备的引进是经济的。

(二)成本节省模式

成本节省模式是成本降低的一种初级形态,即力求在物流作业现场不消耗无谓的成本,并改进现有物流工作方式以节约成本支出。物流成本节省模式的核心是不断探索降低现有物流成本的方法。要达到成本节省的目的,需要对整个企业而不仅仅是一个物流活动过程进行综合评价。物流成本节省不是一项短暂性措施,而是一个持续过程。成本节省一般表现为成本维持和成本改善两种执行形式。

(三) 成本避免模式

成本避免模式是通过各种方法,防止物流成本的发生,从源头控制成本,避免一些成本的发生,是成本降低的高级形态。比如在运输过程中,采用直达运输,防止由于货物周转而发生装卸搬运活动、货物损伤等。对中国物流企业的调查显示:物流资源闲置浪费现象非常严重,车辆利用率在90%以上的企业占被调查企业的39.0%,利用率在70%～90%的占26.6%,利用率在50%～70%的占22.7%;仓库利用率达到90%以上的物流企业仅为39.3%左右。可见,我国物流资源利用不充分,存在很大的浪费。企业应该用成本避免模式进行物流资源投入分析,减少不必要的成本支出。

(四) 物流外包模式

物流外包又称第三方物流,是指将本企业的物流业务交由物流供需双方之外的第三方物流企业负责。由于第三方物流企业的专业性,他们往往能以比本企业自营物流更低的成本提供更好的服务。

市场竞争日趋激烈,企业面临的压力越来越大。企业为了生存和发展,提升竞争力,应充分发挥自己的特长,避免自己的劣势。企业应该把所有资源集中在能使企业取得竞争优势并能为客户和企业自身带来利益的核心业务之上,将一些非核心的、企业不擅长的,而社会上又能以更低的成本提供的业务分离出来,交给社会第三方企业来做。比如美国的耐克公司,公司只负责设计、生产、销售等活动,其他活动全部实行外包。

(五) 物流质量管理模式

物流质量就是企业根据物流运动规律所确定的物流工作的量化标准与根据物流经营需要而评估的物流服务的顾客期望满足程度的有机结合。

完善的物流质量管理可以提高顾客对服务的满意度,增强顾客信任感和忠诚度;可以为企业赢得市场,扩大经营规模,从而为降低成本创造良好的条件;可以减少物流过程的消耗,逐步消除各种差错事故,提高物流效率。

(六) 供应链管理模式

21世纪的竞争是供应链的竞争。物流成本管理不应只着眼于本企业,而应把控制成本的领域扩展到与企业相关的外部环境,通过改进供应链管理来降低物流成本。

供应链管理就是对整个供应链中的供应商、制造商、销售商和消费者之间的物流、信息流与资金流进行计划、协调与控制等,其目的是通过整合,提高所有相关过程的速度和确定性,使所有相关过程的净增价值最大化,以提高组织的运作效率和效益。

第三节 物流成本管理的内容和方法

一、物流成本管理的内容

(一) 物流成本核算

物流成本核算是根据企业确定的成本计算对象,采用相适应的成本计算方法,按规定的成本项目,通过一系列的物流费用汇集与分配,从而计算出各物流活动成本计算对象的实际总成本和单位成本。物流成本核算过程,既是对实际发生的各项费用进行如实反映的过程,也是对费用支出信息进行反馈和控制的过程。

(二) 物流成本预测

物流成本预测是指根据现有的物流成本资料、顾客的服务要求及其他资料,结合企业具体的发展情况,运用一定的专门方法,对未来的成本水平及其变动趋势所进行的科学预测和测算。预测是决策、预算和控制的基础工作,可以提高物流成本管理的科学性和预见性。

在物流成本管理的许多环节都存在成本预测问题,如仓储环节的库存预测、流通环节的加工预测、运输环节的货物周转量预测、物流信息系统成本预测等。

(三) 物流成本决策

物流成本决策是在物流成本预测的基础上,根据其他有关资料,运用决策理论和方法,从各种备选方案中选择最优方案的过程,以便确定目标成本,制订成本计划。它是实现成本的事前控制,提高经济效益的重要途径。

从物流的整个流程看,有库存、采购决策,配送中心新建、改建、扩建的决策,装卸搬运设备、设施购置的决策,流通加工合理下料的决策,物流信息系统软硬件投资、维护决策等。

(四) 物流成本预算(计划)

物流成本预算(计划)是指根据成本决策所确定的方案、计划期的生产任务、降低成本的要求以及有关资料,通过一定的程序,运用一定的方法,以货币形式规定计划期物流各环节耗费水平和成本水平,并提出保证成本计划顺利实现所采取的措施。

通过成本计划管理,可以在降低物流各环节成本方面给企业提出明确的目标,推动企业加强成本管理责任制,增强企业的成本意识,控制物流环节费用,挖掘降低成本的潜力,保证企业降低物流成本目标的实现。

物流成本有月度计划、季度计划、年度计划和短期计划、中期计划、长期计划等计划体系。

(五) 物流成本分析

物流成本分析是根据物流成本核算及其他有关资料,按照一定的原则,运用一定的分析方法,对物流成本的各种影响因素及影响程度进行分析,以揭示物流成本变动的原因,寻求降低物流成本的途径,采取有效的措施,合理控制企业物流成本。

(六) 物流成本控制

物流成本控制是根据物流成本计划目标,对成本形成和发生过程以及影响物流成本的各种因素和条件加以引导和限制,以保证物流成本目标实现的一种管理活动。从物流活动过程来看,物流成本控制包括事前控制、事中控制和事后控制。

(七) 物流成本绩效评价

物流成本绩效评价是指对考核对象的成本计划以及有关指标的实际完成情况进行总结和评价。物流成本绩效评价首先要求明确考核对象的经济责任,制定责任成本,然后才能对其业绩进行考核。绩效评价的目的在于调动各责任者的积极性,促使其改进工作,降低成本,提高效率。为了发挥物流成本绩效评价的激励作用,绩效考核应与奖惩制度相结合。但需要指出的是,对责任单位的物流成本绩效评价应当建立在其可控的基础上。对不可控因素,如不可预见的自然灾害以及在本责任中心发生的成本但属于其他责任中心的控制范围,应当予以剔除,使物流成本绩效更加合理。

上述各项成本管理的内容是相互配合的、相互依存的有机整体:预测是成本决策的前提,成本计划是成本决策所确定目标的具体化,成本控制是对成本计划的实施进行监督,以保证目标的实现,成本核算与分析是对目标是否实现的检验和评估。

二、物流成本管理的方法

为了达到物流成本管理的目的,必须应用正确的物流成本管理方法。物流成本管理方法一般有以下几种:

（一）比较分析法

比较分析法是指对两个或几个有关的可比数据进行对比，揭示差异和矛盾的一种方法。比较分析法可以分为横向比较、纵向比较和计划与实际比较。

1. 横向比较

横向比较法又称水平分析法，是指将处于同一层次的物流活动成本进行对比，可以用各项物流成本的绝对数相比较，也可以用各项物流成本在企业总成本或物流总成本中所占比重的相对数进行比较。

比如，企业物流成本分为供应物流、生产物流、销售物流、回收物流和废弃物物流，分别统计出各物流活动所发生的费用，然后进行横向比较（可以是绝对数，也可以是相对数），通过分析比较，看看哪部分物流发生的成本最高。根据比较结果，找到成本最高的部分，然后查明详细原因，及时采取措施，改进管理方法，以便降低物流成本。

企业也可以从物流活动划分，对运输成本、仓储成本、包装成本、流通加工成本、装卸搬运成本等进行分析比较。

2. 纵向比较

纵向比较法是将两个或两个以上处于不同层次或不同阶段的事物进行比较的方法。它们之间经常是层次的延伸或时间的连续。

把企业历年的各项物流费用与当年的物流费用加以比较就属于纵向比较的方法。比如把供应物流、生产物流、销售物流、回收物流和废弃物物流进行纵向比较，看各项费用是增加了还是下降了。如果增加了，再分析一下增加的原因，是企业扩大业务的需要还是一些无效物流的发生，通过分析原因，剔除无效物流费。采用纵向比较法可以把握企业物流费用的趋势走向。

3. 计划与实际比较

这种方法是把实际发生的物流费用与计划的物流费用进行对比，以此找出差距，分析差距产生的原因，从而掌握企业物流管理中的问题和薄弱环节，探索改进的措施，提高物流成本管理的水平。

只有结合使用这三种比较法，才能更好地发现企业物流管理中的问题，并加以改进。

（二）综合评价法

综合评价法是指运用多个指标对多个参评单位进行评价的方法，称为多变量综合评价方法，简称综合评价方法。其基本思想是将多个指标转化为一个能够反映综合情况的指标来进行评价。运用综合评价法进行物流成本管理是通过对物流成本的综合效益研究分析，发现问题，解决问题。

由于物流活动之间是相互影响、相互制约的，存在着效益背反的关系，所以运用综合评价法对物流活动进行管理时,要求企业用系统的观点对物流活动进行综合评价。比如对订货成本进行评价时,除了订货费用这一指标外,还应该考虑库存费用、缺货成本等指标,因为订货成本下降、订货批量上升,则库存费用增加,缺货成本下降。那么,降低订货成本是好还是坏呢?就要用物流成本计算这一统一的尺度来综合评价,分别算出订货费用、仓储费用、缺货费用,经过全面分析后得出结论,这就是综合评价法。

(三) 排除法

在物流成本管理中有一种方法叫作活动标准管理法,活动标准管理法中有一种方法叫作排除法。排除法的原理就是把与物流相关的活动划分为两类:一类是有附加价值能创造价值的活动,如配送、包装、运输、流通加工等活动;另一类是不能创造价值、只是消耗资源的活动,即非附加价值的活动,如开会、改变运输工具、机械设备的维修等活动。如果将非附加价值的活动加以排除或尽量减少,就能节约物流费用,达到物流管理的目的。邮政企业由于物流作业成本核算复杂,普遍采用排除法进行物流成本的管理。

(四) 责任划分法

在生产企业里,由于物流涉及的部门多,进行管理非常复杂,不能清楚地区分物流成本的责任到底归属于哪个部门。虽然物流部门应该负有物流成本管理的职责,但物流部门从本质上来说只是为生产部门和销售部门服务的一个机构,其发生的物流活动也是适应生产和销售的需要。以生产物流为例,一般情况下,由生产部门制订生产物流计划,包括何时需要、需要多少货物。若该企业过于强调生产的重要性,为了保证生产的顺利进行,则可能决定频繁订货。这样的话,订货批量大时,物流部门的送货成本少;订货批量小时,送货成本就增大,甚至过于频繁。过少数量送货造成物流费用增加,这种浪费和损失,应由生产部门负责。因此,在物流成本管理中一定要分清类似的责任,使物流成本控制有的放矢,做到责任明确,防止无意义、不产生任何附加价值的物流活动的发生。

(五) 活动优化法

活动优化法就是通过物流过程的优化管理来达到降低物流成本的管理方法。物流过程就是一个创造时间性和空间性价值的经济活动过程,为使其能提供最佳的价值效能,就必须保证物流各个环节的合理化和物流过程的迅速、通畅。优化物流系统不仅是物流部门自身的工作,还涉及生产、销售等部门,物流部门在企业地位的高低直接关系到物流系统化工作的质量。

多方联动降低物流成本

通过物流合理化降低物流成本。物流合理化是指使一切物流活动和物流设施趋于合理,以尽可能低的成本进行高质量的物流活动。物流的各个活动的成本往往此消彼长,若不综合考虑必然会造成物流费用的极大浪费。物流合理化要根据实际物流流程来设计规划,不能单纯地强调某一个环节的合理、有效、节省成本,而是要从企业经营的整体考虑。正因为如此,设计一个合理的物流运营方案,需要广博的知识及广泛的调查,这里包括运输方式、运输路线的选择,还有仓库位置的选择、货物的堆码技术等各个领域的知识。

通过加快物流速度降低物流成本。提高物流速度,可以减少资金占用、缩短物流周期、降低存储费用,从而节省物流成本。海尔公司提出"零运营资本"就是靠加快采购物流、生产物流、销售物流的速度来缩短整个物流周期,提高资金的利用率,从而达到零运营成本。美国生产企业的物流速度平均每年16~18次,而我国企业还不到2次,也就是说,生产同样的东西,我们需要的物流资金是对方的8~9倍。可见,通过提高物流效率来降低物流成本的空间非常巨大,这里蕴藏着一个亟待开采的金矿。

通过优化流通全过程降低物流成本。对于一个企业来讲,控制物流成本不单单是本企业的事,一个企业不应该仅仅追求本企业物流的效率,而应该考虑从产品制成到送达最终用户的整个供应链过程的物流成本效率,即物流设施的投资或扩建与否要视整个流通渠道的发展和要求而定。

(资料来源:杨晓军.企业物流成本分析与问题对策[J].中国物流与采购,2019(15):31-32)

思考题

1. 会计成本与管理成本的区别是什么?
2. 期间成本包括哪些?分别有什么含义?
3. 什么是物流成本?物流成本属于会计成本还是管理成本?为什么?
4. 物流成本具有哪些特点?
5. 与物流成本相关的理论学说有哪些?
6. 影响物流成本的因素有哪些?
7. 物流成本管理的模式有哪几种?分别适用于何种情形?
8. 物流成本管理的主要内容都有哪些?
9. 物流成本管理具体有哪些方法?

案例分析

上海通用打倒存货"魔鬼"降低物流成本

上海通用汽车有限公司(以下简称"上海通用")作为最大的中美合资汽车企业,非常重视物流的发展。随着汽车市场竞争越来越激烈,很多汽车厂商采取价格竞争的方式来应战。在这个背景下,汽车制造厂商不得不降低成本。而要降低成本,很多厂家都是从物流来入手,提取物流这个"第三大利润源泉"。并且,有资料显示,我国汽车工业企业,一般物流的成本起码占整个生产成本的20%以上,差的公司基本在30%到40%。国际上物流做得比较好的公司,物流的成本都是控制在15%以内。

上海通用生产控制与物流分部副总监徐秋华分析,国内汽车业的竞争其实基本上是国外汽车巨头在国内的竞争。在产品方面,不可能说自己的产品比人家领先几十年,只能说在某些技术方面暂时比人家领先,也有可能在某些地方比人家落后。现在越来越多的竞争涉及汽车产业的各个方面,物流方面的竞争也显得相当重要。上海通用在合资当初就决定,要用一种新的模式,"建一个在'精益生产'指导方式下的全新理念的工厂",而不想再重复建造一个中国式的汽车厂,也不想重复建造一个美国式的汽车厂。精益生产的思想包括多个方面,最重要的一个方面就是像丰田一样——及时供货(JIT, just in time)。及时供货的外延就是缩短交货期。所以上海通用成立初期,在物流方面的思路就是用现代的物流观念,在现代信息技术的平台支撑下,做到缩短交货期、柔性化和敏捷化。

物流的核心就是缩短供货周期来达到低成本、高效率。这个交货周期包括从原材料到零部件,再从零部件到整车,每一段都有一个交货期,这是对敏捷化至关重要的一个方面,利用"牛奶取货"方式,降低库存成本。上海通用目前有4种车型。不包括其中的1种刚刚上市的车型在内,另外3种车型零部件总量有5 400多种。上海通用在国内外还拥有180家供应商,还有北美和巴西两大进口零部件基地。那么,上海通用是怎么提高供应链效率、减少新产品的导入和上市时间并降低库存成本的呢?为了把库存这个"魔鬼"赶出自己的供应链,上海通用的部分零件,例如有些是本地供应商所生产的,会根据生产的要求,在指定的时间直接送到生产线上去生产。这样,因为不进入原材料库,所以保持了很低或接近于"零"的库存,省去大量的资金占用。有些用量很少的零部件,为了不浪费运输车辆的运能,充分节约运输成本,上海通用使用了叫作"牛奶圈"的小小技巧:每天早晨,上海通用的汽车从厂家出发,到第一个供应商那里装上准备的原材料,然后到第二家、第三家……依此类推,直到装上所有的材料,然后再返回。这样做的好处是,省去了所有供应商空车返回的浪费。

传统的汽车厂,以前的做法是要么有自己的运输队,要么找运输公司把零件送到公司,这种方式并不是根据需要来供给,有几个方面的缺点:有的零件根据体积或数量的不同,并不一定正好能装满一卡车。但为了节省物流成本,他们经常装满一卡车才给你,这样就导致了库存高、占地面积大。而且,不同供应商的送货缺乏统一的标准化的管理,在信息交流、运输安全等方面,都会带来各种各样的问题,如果想要管好它,必须花费很多的时间和大量的人力资源。所以上海通用就改变了这种做法,聘请一家第三方物流供应商,由他们来设计配送路线,然后到不同的供应商处取货,再直接送到上海通用。通过"牛奶取货"或者叫"循环取货"的方式,上海通用的零部件运输成本可以下降30%以上。这种做法的优点是非常显而易见的,同时这也体现了上海通用的一贯思想:把低附加价值的东西外包出去,集中精力做好制造、销售汽车的主营业务,即精干主业。

与供应商共赢,建立供应链预警机制。上海通用所有的车型国产化都达到了40%以上,有些车型已达到60%甚至更高。这样可以充分利用国际国内的资源优势,在短时间内形成自己的核心竞争力。所以,上海通用非常注意协调与供应商之间的关系。上海通用采取的是"柔性化生产",即一条生产流水线可以生产不同平台多个型号的产品。比如可以在同一条生产流水线上同时生产别克标准型、较大的别克商务旅行型和较小的赛欧。这种生产方式对供应商的要求极高,即供应商必须时常处于"时刻供货"的状态,这样就会给供应商带来很高的存货成本。而供应商一般不愿意独自承担这些成本,就会把部分成本打在给通用供货的价格中。如此一来,最多也就是把这部分成本赶到了上游供应商那里,并没有真正地降低整条供应链的成本。为了解决这个问题,上海通用与供应商时刻保持着信息沟通,制订半年或一年期滚动式生产计划,基本上每个星期都有一次滚动,在滚动生产方式的前提下不断地对产量进行调整,这个运行机制的核心就是要让供应商也看到我们的计划,让其能根据通用的生产计划安排自己的存货和生产计划,减少对存货资金的占用。如果供应商在原材料、零部件方面由于种种原因出现问题,也要给我们提供预警,这是一种双向的信息。万一某个零件预测出现了问题,在什么时候跟不上需求了,公司就会利用上海通用的资源,甚至全球的资源来做出响应。

作为整车生产的龙头企业,上海通用建立了供应商联合发展中心,在物流方面也制作了很多规范、标准的流程,来使供应商随着公司产量的调整而调整他们的产品。目前市场上的产品变化很大,某一产品现在很热销,但几个月后可能需求量就不大了,上海通用敏捷化的要求就是在柔性化共线生产前提下能够及时地进行调整。但这种调整不是整车厂自己调整,而是让零部件供应商一起来做调整。

思考:分析上海通用降低物流成本采取了哪些措施?

(资料来源:https://wenku.baidu.com/view/f52cd6ec102de2bd9605881f.html)

技能训练

1. 顺达公司是一家水果批发公司,在正常情况下销售毛利为5%。最近公司内部审计发现,公司22%的运营成本与物流成本有关。如果提高物流运作效率可以把物流成本降低10%,那么能够增加多少利润?如果不能降低物流成本,为了增加同样的利润,销售量必须提高多少?

2. 宏通和顺通两个物流公司都需要经常性地将客户的货物从A地运往B地,两个公司都有自己的仓库。

宏通物流公司为自己的仓库的每一个库位编号,将货物按照先后入库时间从仓库最里侧一直向外码放,并对仓库进行计算机化管理,随时更新库存库位数据。在每次送货前,公司还会给送货司机一张派送单,上面写着所送货物的名称或者编号、数量、送货地址、客户联系人电话等相关信息,并注明货物送达时间。为了将货物及时送到客户手里,该公司的司机总是提前出发,一般会在预订时间之前半个多小时将货物送至客户指定地点,等待客户卸货。公司的服务使客户非常满意。

顺通物流公司对库存商品的记录更复杂,除了不断更新库位货物信息外,还对库存货物的周转频率进行统计,根据周转频率不断调整货物库位。整体说来,周转频率高的货物靠近仓库门,码放位置首先考虑下层货架。每次送货时,除了在派送单上说明相关送货信息以外,还指定送货路线、油耗、时间耗费等信息,长此以往,该公司掌握了翔实的路况信息,并据此制定了相对较精确的送货时间和路线及油耗标准。

要求:根据以上资料分析,在最初企业规模较小、业务量很少的时候,相对而言,哪家公司的成本较低?随着公司规模越来越大,业务越来越多,货物种类越来越丰富,配送区间范围越来越广,哪家公司成本会更低?

第2章 物流成本构成与分类

1. 掌握企业物流成本的构成；
2. 掌握企业物流成本的分类；
3. 理解不同类型企业物流成本的构成内容。

导入案例

为什么共建游泳池反而费用增大呢？一位住在英国伦敦郊区的经济学家与周围的邻居们合资建了一个游泳池共同使用，说好费用分摊。本来这是一个不错的安排，不料等到分摊费用的时候，大家发现高得惊人。这时，那位经济学家连连顿足叹曰："此事有失，责任在我，因为这里只有我一个人是经济学家，而作为一个经济学家，我理应事先考虑到出现这样一种结局的必然性。"按照经济学家的解释，游泳池固然是大家共享，可以分摊费用，因而合算，但游泳后的淋浴却是一种"私人"消费，若将它也混在一起公用，人人都会有"反正水电费用均摊，不用白不用"的想法，于是一定会产生类似沾光、揩油、搭便车的行为，出现"公家的东西坏得快"的浪费现象，导致"需求旺盛""费用膨胀"。那么，解决问题的办法就是，立即取消公共淋浴室，游泳后各自回家洗澡。

资料来源：樊纲.走进风险的世界[M].广州：广东经济出版社，1999.

物流成本核算不仅越来越重要，而且越来越复杂，对物流成本状况进行客观描述越来越困难。为了避免物流成本核算的模糊性，有必要研究物流成本的构成与分类，为不同企业、不同范围的物流成本核算提供依据。

第一节 企业物流成本构成

企业物流成本构成包括企业物流成本项目构成、企业物流成本范围构成和企业物流成本支付形态构成三种类型。

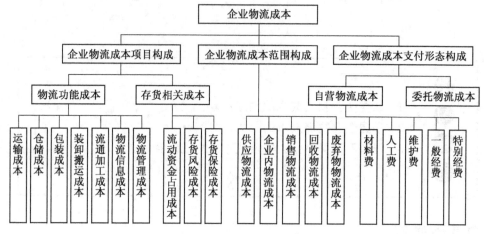

图 2-1 企业物流成本构成

一、企业物流成本项目构成

按成本项目划分,物流成本由物流功能成本和存货相关成本构成。其中物流功能成本包括物流活动过程中所发生的运输成本、仓储成本、包装成本、装卸搬运成本、流通加工成本、物流信息成本和物流管理成本;存货相关成本包括企业在物流活动过程中所发生的与存货有关的流动资金占用成本、存货风险成本、存货保险成本。具体内容如企业物流成本项目构成表(表 2-1)所示。

表 2-1 企业物流成本项目构成表

		成本项目	内容说明
物流功能成本	物流运作成本	运输成本	一定时期内,企业为完成货物运输业务而发生的全部费用,包括从事货物运输业务的人员费用,车辆(包括其他运输工具)的燃料费、折旧费、维修保养费、租赁费、养路费、过路费、年检费、事故损失费、相关税金等
		仓储成本	一定时期内,企业为完成货物储存业务而发生的全部费用,包括仓储业务人员费用,仓储设施的折旧费、维修保养费、水电费、燃料与动力消耗费等

续表 2-1

	成本项目	内容说明
物流功能成本	物流运作成本 — 包装成本	一定时期内,企业为完成货物包装业务而发生的全部费用,包括包装业务人员费用、包装材料消耗、包装设施折旧费、维修保养费、包装技术设计、实施费用以及包装标记的设计、印刷等辅助费用
	物流运作成本 — 装卸搬运成本	一定时期内,企业为完成装卸搬运业务而发生的全部费用,包括装卸搬运业务人员费用、装卸搬运设施折旧费、维修保养费、燃料与动力消耗费等
	物流运作成本 — 流通加工成本	一定时期内,企业为完成货物流通加工业务而发生的全部费用,包括流通加工业务人员费用、流通加工材料消耗、加工设施折旧费、维修保养费、燃料与动力消耗费等
	物流信息成本	一定时期内,企业为采集、传输、处理物流信息而发生的全部费用,指与订货处理、储存管理、客户服务有关的费用,具体包括物流信息人员费用、软硬件折旧费、维护保养费、通信费等
	物流管理成本	一定时期内,企业物流管理部门及物流作业现场所发生的管理费用,具体包括管理人员费用、差旅费、办公费、会议费等
存货相关成本	流动资金占用成本	一定时期内,企业在物流活动过程中负债融资所发生的利息支出(显性成本)和占用内部资金所发生的机会成本(隐性成本)
	存货风险成本	一定时期内,企业在物流活动过程中所发生的物品跌价、损耗、毁损、盘亏等损失
	存货保险成本	一定时期内,企业支付的与存货相关的财产保险费以及因购进和销售物品应交纳的税金支出

二、企业物流成本范围构成

按物流成本产生的范围划分,物流成本由供应物流成本、企业内物流成本、销售物流成本、回收物流成本以及废弃物物流成本构成。具体内容如企业物流成本范围构成表(表 2-2)所示。

表2-2 企业物流成本范围构成表

成本范围	内容说明
供应物流成本	指经过采购活动,将企业所需原材料(生产资料)从供给者的仓库运回企业仓库为止的物流过程中所发生的物流费用
企业内物流成本	指从原材料进入企业仓库开始,经过出库、制造形成产品以及产品进入成品库,直到产品从成品库出库为止的物流过程中所发生的物流费用
销售物流成本	指为了进行销售,产品从成品仓库运动开始,经过流通环节的加工制造,直到运输至中间商的仓库或消费者手中的物流活动过程中所发生的物流费用
回收物流成本	指退货、返修物品和周转使用的包装容器等从需方返回供方的物流活动过程中所发生的物流费用
废弃物物流成本	指将经济活动中失去原有使用价值的物品,根据实际需要进行收集、分类、加工、包装、搬运、储存等,并分送到专门处理场所的物流活动过程中所发生的物流费用

三、企业物流成本支付形态构成

按物流成本支付形态划分,企业物流总成本由自营物流成本和委托物流成本构成。其中自营物流成本按支付形态分为材料费、人工费、维护费、一般经费和特别经费。

具体内容如企业物流成本支付形态构成表(表2-3)所示。

表2-3 企业物流成本支付形态构成表

成本支付形态		内容说明
自营物流成本	材料费	资材费、工具费、器具费等
	人工费	工资、福利、奖金、津贴、补贴、住房公积金等
	维护费	土地、建筑物及各类物流设施设备的折旧费、维护维修费、租赁费、保险费、税金、燃料与动力消耗费等
	一般经费	办公费、差旅费、会议费、通信费、水电费、煤气费等
	特别经费	存货资金占用费、物品损耗费、存货保险费和税费
委托物流成本		企业向外部物流机构所支付的各项费用

四、按物流成本项目构成来分析企业物流成本的基本构成

不同企业类型,其物流成本构成内容都会有所不同,但是,从物流功能、存货相关的角度来谈物流成本的基本构成,不同类型的企业基本是趋同的。下面我们按物流成本项目构成来分析企业物流成本的基本构成,然后再分析不同类型企业物流成本的构成。

(1) 运输成本包括支付外部运输费和自有车辆运输费。具体包括三部分内容:

人工费:主要指从事运输业务的人员费用。

维护费:主要是指与运输工具及其运营有关的费用。

一般经费:在企业运输业务过程中,除了人工费和维护费之外的其他与运输工具或运输业务有关的费用,如事故损失费等。

就物流范围而言,运输成本存在于供应物流、企业内物流、销售物流、回收物流和废弃物物流全过程。

(2) 仓储成本包括支付外部的仓储费和使用自有仓库仓储费。具体包括三部分内容:

人工费:主要指从事仓储业务的人员费用。

维护费:主要是指与仓库及保管货物有关的费用。

一般经费:在企业仓储业务过程中,除了人工费和维护费之外的其他与仓库或仓储业务有关的费用,如仓库业务人员办公费、差旅费等。

这里的仓储成本是指狭义的仓储成本,仅指为完成货物储存业务而发生的全部费用。就物流范围而言,仓储成本通常发生于企业内物流阶段。

(3) 包装成本包括运输包装费和集装、分装包装费。具体包括:

材料费:主要指包装业务所耗用的材料费。

人工费:主要指从事包装业务的人员费用。

维护费:主要指与包装机械有关的费用。

一般经费:在包装过程中,除了人工费、材料费和与包装机械有关的费用外,还发生了一些诸如包装技术费用和辅助费用等其他杂费,这部分费用通常列入一般经费。

就物流范围而言,包装成本存在于供应物流、企业内物流和销售物流阶段。

(4) 装卸搬运成本具体包括:

人工费:主要指从事装卸搬运业务的人员费用。

维护费:在装卸搬运过程中需要使用一些起重搬运设备和输送设备等,维护费是指这些装卸搬运设备的折旧费、维修费以及能源消耗费等。

一般经费:指在物品装卸搬运过程中,除了上述人工费和设备维护费外,发生

的其他与装卸搬运业务有关的费用,如分拣费、整理费等。

装卸搬运活动是物流各项活动中出现频率最高的一项作业活动。对劳动力需求量大,且需用装卸设备,其成本在整个物流成本中占有较大的比重。装卸搬运成本存在于供应物流、企业内物流、销售物流、回收物流和废弃物物流全过程。

(5) 流通加工成本具体包括:

人工费:主要指从事流通加工业务的人员费用。

材料费:主要指流通加工过程中所耗用的辅助材料、包装材料等材料费。材料成本的计算方式与包装作业中材料成本的计算相同。

维护费:流通加工过程中需要使用一定的设备,例如电锯、剪板机等,维护费指与这些流通加工设备有关的折旧费、摊销费、维修保养费以及电力、燃料、油料等能源消耗费。

一般经费:一般经费指在流通加工过程中,除了上述人工费、材料费和维护费之外,所发生的与流通加工有关的其他费用支出,例如流通加工作业应分摊的车间经费以及其他管理费用支出。

流通加工的对象是进入流通领域的商品,所以流通加工成本仅存在于销售物流阶段。

(6) 配送成本是配送过程中所支付的费用总和。配送成本费用的核算是多环节的核算,是各个配送环节或活动的集成。

正因为配送是一个"小物流"的概念,集若干物流功能于一身,所以配送成本分散在运输、仓储、包装、装卸搬运和流通加工成本中,具体的费用支付形态包括人工费、材料费、维护费和一般经费,就物流范围而言,配送成本存在于供应物流、企业内物流和销售物流阶段。

这里,配送成本不作为物流功能成本的构成内容,而是将与配送成本有关的费用支出在其他各项物流功能成本中进行分配。

(7) 物流信息成本具体包括:

人工费:主要指从事物流信息管理工作的人员费用。

维护费:主要是指与物流信息软硬件系统及设备有关的费用,包括物流信息系统开发摊销费、信息设施折旧费以及物流信息软硬件系统维护费等。

一般经费:在物流信息活动过程中,除了人工费和与物流信息软硬件系统有关的维护费外,所发生的其他与物流信息有关的费用,例如在采购、生产、销售过程中发生的通信费、咨询费等。

物流信息活动贯穿于企业物流活动全过程,因此,物流信息成本存在于供应物流、企业内物流、销售物流、回收物流和废弃物物流全过程。将物流信息与其他信息区别开来,将物流信息费用从其他费用中分离出来是极其困难的,但同时也是极为必要和重要的。

(8) 物流管理成本包括物流管理部门及物流作业现场所发生的管理费用,具体包括:

人工费:主要指从事物流管理工作的人员费用。

维护费:指物流管理过程使用的软硬件系统及设施的折旧费、摊销费、修理费等。

一般经费:指物流管理活动中,除了人工费、维护费外的其他费用支出。如物流管理部门、物流作业现场及专门的物流管理人员应分摊的办公费、会议费、水电费、差旅费等,还包括物流企业的物流营销费,国际贸易中发生的报关费、检验费、理货费等。

物流管理活动贯穿于企业物流活动全过程,因此,物流管理成本存在于供应物流、企业内物流、销售物流、回收物流和废弃物物流全过程。

(9) 流动资金占用成本是指一定时期内,企业在物流活动过程中因持有存货占用流动资金所发生的成本,包括存货占用银行贷款所支付的利息(显性成本)和存货占用自有资金所发生的机会成本(隐性成本)。

就物流范围而言,因流动资金占有成本主要是指产品被锁闭在物流环节而导致事实上被企业所占用的资金成本,所以,流动资金占用成本主要存在于供应物流、企业内物流和销售物流阶段。

(10) 存货风险成本指一定时期内,企业在物流活动过程中所发生的物品损耗、毁损、盘亏以及跌价损失等。

广义上说,无论会计核算体系是否反映,只要存货发生了风险损失,都应计入存货风险成本。但从可操作性和重要性角度考虑,这里仅将显性成本即会计核算体系中反映的存货损失成本计入存货风险成本;对于会计核算体系中没有反映的贬值、过时损失等,则不计入存货风险成本。

就物流范围而言,因存货风险损失在运输、仓储、装卸搬运等环节都可能发生,所以,存货风险成本存在于供应物流、企业内物流和销售物流阶段。

(11) 存货保险成本指一定时期内,企业在物流活动过程中,为预防和减少因物品丢失、损毁造成的损失,而向社会保险部门支付的物品财产保险费。

就物流范围而言,物品丢失、损毁主要发生于采购、保管和销售过程中;就存货实物形态而言,既包括在途存货,也包括库存存货,因此,存货保险成本存在于供应物流、企业内物流和销售物流阶段。

第二节　企业物流成本的分类

按不同的标准和要求，企业物流成本有不同的分类。综合来讲，企业物流成本分类的主要目的有两个：一是满足物流成本计算的要求，二是满足物流成本管理的要求。下面分别从物流成本计算和物流成本管理两方面来介绍企业物流成本的分类。

一、基于成本计算的企业物流成本分类

（一）按物流成本计入成本对象的方式分类

物流成本按计入成本对象的方式，可划分为直接物流成本和间接物流成本。这种分类的目的是为了经济合理地将物流成本归属于不同的物流成本对象。

成本对象是指需要对成本进行单独测定的一项活动。物流成本对象可以是物流功能、物流活动范围以及物流成本支付形态等。

直接物流成本是直接计入物流范围、物流功能和物流支付形态等成本对象的成本。一种成本是否属于直接物流成本，取决于它与成本对象是否存在直接的关系，并且是否便于直接计入。因此，直接物流成本也可以说是与物流成本对象直接相关的成本中可以用经济合理的方式追溯到成本对象的那一部分成本。

间接物流成本是指与物流成本对象相关联的成本中不能用一种经济合理的方式追溯到物流成本对象的那一部分成本。例如，若以物流范围作为物流成本计算对象，不能直接计入特定物流范围的物流管理成本、物流信息成本都属于间接成本。

一项物流成本可能是直接成本，也可能是间接成本，要根据物流成本对象的选择而定。例如，对于从事运输业务的司机的工资支出，若以物流功能和物流成本支付形态作为成本计算对象，上述支出为直接成本；若以物流范围作为成本计算对象，上述支出则为间接成本。再如，供应物流阶段发生的物流成本支出，若以物流范围作为成本计算对象，则为直接成本；但若以物流功能或物流成本支付形态作为成本计算对象，则为间接成本。所以，一项物流成本是直接成本还是间接成本，不是一成不变的，通常要随物流成本计算对象的变化而变化。

（二）按物流活动的成本项目分类

物流成本按物流活动的成本项目，可划分为物流功能成本和存货相关成本。这种分类方式实际上是对传统的物流成本按物流功能分类的细化。传统物流成本可分为运输、仓储、包装、装卸搬运、流通加工、物流信息、物流管理等成本，其中仓储成本是一个"大成本"的概念，既包括真正意义上的仓储运作成本，也包括与存货有关的流动资金占用成本、风险成本和保险成本等。现实中，随着业务分工

的细化及管理精细化的要求越来越迫切,将与存货流动即与物的流动有关的成本支出从仓储成本中分离出来,使仓储成本和其他物流功能成本意义等同,仅反映在仓储环节所发生的物流运作支出,同时,将与存货有关的物流成本支出单独进行分析和管理,积极探寻加速存货资金周转,减少存货风险损失,从而降低物流总成本,已成为现代物流成本管理的方向和工作着力点。另外,与存货有关的利息支出、风险损失和保险费用支出贯穿于物流活动全过程,而不仅仅发生在仓储环节,基于以上两点,这里将传统意义上的物流成本做了分解和细分,将仓储成本还原为物流运作意义上的仓储成本。

物流成本按物流活动的成本项目分类,可以了解在物流总成本中,物流功能成本和存货相关成本各自所占的比重,明确物流成本改善的取向;了解物流功能成本内部不同功能成本的内部结构,明确降低物流成本的功能环节;了解存货相关成本内部各成本所占比重,探索物流功能活动之外的物流成本降低渠道。

(三) 按物流活动发生的范围分类

物流活动范围对于物流成本的计算而言,是对物流起点和终点的界定。现代物流,其范围包括从原材料采购开始,经过企业内的生产周转,到产品的销售乃至退货以及废弃物的处理等这样一个宽泛的领域。期间,是截取其中一部分、不同部分还是将整个领域作为物流成本计算对象,都能引起物流成本的巨大差异。

物流成本按物流活动的范围,可分为供应物流成本、企业内物流成本、销售物流成本、回收物流成本和废弃物物流成本。

物流成本按物流活动范围进行分类,可以了解每个范围阶段所发生的成本支出,掌握成本发生的聚集点,并通过趋势分析和与其他企业的横向比较,把握成本改善的阶段取向,明确企业内供、产、销链条上不同部门的职责和要求,为确定相关责任部门提供依据。

(四) 按物流成本的支付形态分类

按支付形态的不同对物流成本进行分类,是以财务会计中发生的费用为基础,首先将物流成本分为企业本身发生的物流费和物流业务外包支付的委托物流费用,其中,企业本身发生的物流费又有不同的支付形态,包括材料费、人工费、折旧费、修理费、办公费、差旅费、水电费等。虽然物流成本计算属于管理会计的范畴,但计算物流成本必须以会计核算资料为基础,从基本的费用支付形态出发,逐一提取和分离物流成本信息,这是物流成本计算的难点,同时也是物流成本计算的起点。

在财务会计上,费用支付形态多种多样,非常繁杂。鉴于物流成本计算更多地服务于管理,这就需要将形式多样的费用支付形态予以抽象和归类,从而可以从大类上了解物流成本的支付形态构成。结合我国会计核算惯例,将物流成本按支付形态分为材料费、人工费、维护费、一般经费和特别经费。

二、基于成本管理的企业物流成本分类

（一）按物流成本是否具有可控性分类

按物流成本是否具有可控性分为可控物流成本与不可控物流成本。

可控物流成本是指在特定时期内、特定责任中心能够直接控制其发生的物流成本。其对称概念是不可控物流成本。

可控物流成本总是针对特定责任中心而言的。一项物流成本，对某个责任中心来说是可控的，对另外的责任中心则是不可控的。例如，物流管理部门所发生的管理费，物流管理部门可以控制，但物流信息部门则不能控制。有些物流成本，对下级单位来说是不可控的，而对于上级单位来说则是可控的，例如从事运输业务的司机不能控制自己的工资，他的上级则可以控制。

从整个企业的空间范围和很长的时间范围来观察，所有成本都是某种决策或行为的结果，都是可控的，但是对于特定的责任中心或时间来说，则有些是可控的，有些是不可控的。

从管理的角度看，将物流成本分为可控物流成本与不可控物流成本对于加强物流成本管理、持续降低物流成本具有重要的意义。可控物流成本对于特定责任中心而言既然是可以控制的，该责任中心就理应成为控制和降低这部分成本支出的责任单位，有利于明确责任，明确成本改进对象。同时，从整个企业看，既然所有的成本都是可控成本，就应调动企业经营者及物流管理人员，发挥其主观能动性，进一步降低物流成本。

（二）按物流成本习性分类

物流成本习性是指物流成本总额与物流业务量之间的依存关系。物流成本总额与物流业务总量之间的关系是客观存在的，而且具有一定的规律性。企业的物流业务量水平提高或降低时，会影响到各项物流活动，进而影响到各项物流成本，使之增减。在一定范围内，一项特定的物流成本可能随着业务量的变化而增加、减少或不变，这就是不同的物流成本所表现出的不同的成本习性。

物流成本按成本习性进行分类，可分为变动物流成本、固定物流成本和混合物流成本。

变动物流成本指其发生总额随物流业务量的增减变化而近似成比例增减变化的成本，例如材料消耗、燃料消耗、与业务量挂钩的物流业务人员的工资支出等。这类成本的最大特点是成本总额随业务量的变动而变动，但单位成本保持原有的水平。

例 2.1 假定某单个包装箱的直接材料成本为 20 元,当产量分别为 1 000 件、2 000 件、3 000 件、4 000 件时,材料的总成本和单个包装箱的材料成本如表 2-4 所示。

表 2-4 材料成本表

产量/件	材料总成本/元	包装箱的单位材料成本/元
100	2 000	20
200	4 000	20
300	6 000	20
400	8 000	20

变动物流成本根据其发生的原因,又可进一步划分为技术性变动物流成本和酌量性变动物流成本两大类。

技术性变动物流成本指其单位物流成本受客观因素影响,消耗量由技术因素决定的变动物流成本。例如,物流设施设备的燃料动力消耗支出,在一定条件下,其成本就属于受设计影响的、与物流作业量成正比关系的技术性变动成本。若要降低这类成本,一般应当通过改进技术设计方案等措施从而降低单位消耗量来实现。

酌量性变动物流成本指单耗受主观因素决定,其单位物流成本主要受企业管理部门决策影响的变动物流成本。例如,按物流作业量计算工资的各项物流作业的人员费用。其主要特点是单位变动物流成本的发生额可由企业管理层来决定。要想降低这类成本,应通过提高管理人员的素质,来提高决策的合理化水平而实现。

固定物流成本指其发生总额不随物流作业量的变化而变化的成本,其主要特点是物流成本总额保持不变,但单位物流成本与物流作业量成反比关系。

例 2.2 某企业包装一种产品,其包装设备的月折旧额为 1 000 元。该设备最大生产能力为每月 400 件,当该设备分别生产 100 件、200 件、300 件、400 件时,单位产品所负担的固定成本如表 2-5 所示。

表 2-5 产品的成本分布

产量/件	总成本/元	单位产品负担的固定成本/元
100	1 000	10
200	1 000	5
300	1 000	3.33
400	1 000	2.5

固定物流成本按其支出数额是否受管理当局短期决策行为的影响,又可细分为酌量性固定物流成本和约束性固定物流成本。

酌量性固定物流成本指通过管理当局的短期决策行为可以改变其支出数额的成本项目,例如物流管理人员的培训费等。这类费用的支出与管理当局的短期决策密切相关,即管理当局可以根据企业的实际情况和财务状况,考虑这部分费用的支出数额。

约束性固定物流成本指通过管理当局的短期决策行为不能改变其支出数额的成本项目,例如仓库、设备的折旧费、租赁费、税金、存货保险费等。这部分费用是与管理当局的长期决策密切相关的,具有很大的约束性,一经形成,长期存在,短期内难以发生重大改变。

混合物流成本指全部物流成本介于固定物流成本和变动物流成本之间,既随物流作业量变动又不与其成正比变动的那部分成本。在实务中,有很多物流成本项目不能简单地归类为固定物流成本或变动物流成本,很多物流成本项目兼有变动物流成本和固定物流成本两种不同的特性。按照其随物流作业量变动趋势的不同特点,混合物流成本又可分为半变动物流成本、半固定物流成本和延期变动物流成本。

1. 半变动成本

此类成本的特征是:当业务量为零时,成本为一个非零基数,当业务发生时,成本以该基数为起点,随业务量的变化而呈比例变化,呈现出半变动性态。企业的公用事业费,如电费、水费、电话费等,均属于半变动成本。企业支付的上述费用,通常都有一个基数部分,超出部分则随业务量的增加而增大。

例 2.3 假设企业每月电费支出的基数为 1 000 元,超基数费用为每千瓦 0.9 元,每生产 1 件产品需耗电 5 千瓦。那么,当企业本月共生产 2 000 件产品时,其支付的电费总额为:1 000 元+9 000 元=10 000 元。

2. 半固定成本

此类成本的特征是:在一定的业务量范围内,其发生额的数量是不变的,体现固定成本性态,但当业务量的增长达到一定限额时,其发生额会突然跃升为一个新的水平,然后在业务量增长到一定限度内(即一个新的相关范围内),其发生额的数量又保持不变,直到另一个新的跃升为止。

在每一个相关范围内,半固定成本均体现为固定成本性态。那么,半固定成本与前述固定成本有何差异呢?就特定企业而言,两者的差异表现在针对固定成本的业务量相关范围较大,直接取决于企业的经营能力,而针对半固定成本的业务量相关范围相对较小。

从另一个角度讲,固定成本的相关范围可以分割为若干个半固定成本的相关范围,半固定成本在这若干个相关范围内呈阶梯式跃升,因而被称为"阶梯式变动成本"。企业工资费用中,化验员、质检员的工资,受开工班次影响的设备动力费,按订单进行批量生产并按开机次数计算的联动设备的折旧费等,均属于这种成本。

例 2.4 假设某企业的产品生产下线之后,需经专门的质检员检查方能入成品库,每个质检员最多检验 500 件产品,也就是说产量每增加 500 件就必须增加一名质检员,而且是在产量一旦突破 500 件的倍数时就必须增加,该项成本呈阶梯式跃升。假设质检员的工资标准为 2 000 元,则质检员的工资支出见表 2-6。

表 2-6 质检员的工资支出表

产量/件	0	500	1 000	1 500	2 000	2 500
成本/元	0	2 000	4 000	6 000	8 000	10 000

3. 延期变动成本

此类成本的特征是:在业务量的某一临界点以下,表现为固定成本,超过这一临界点则表现为变动成本。比较典型的例子是,当企业实行计时工资制时,其支付给员工的正常工作时间内的工资总额是固定不变的,但当职工的工作时间超过正常水平,企业需按规定支付加班工资,并且加班工资的多少与加班时间的长短存在正比关系。

例 2.5 假设某企业职工正常工作时间为 3 000 小时,正常工资总额为 30 000 元,即小时工资率为 10 元,加班时按规定支付双薪。此时,临界点就是 3 000 小时。3 000 小时以内,是固定成本;超过 3 000 小时,就是变动成本了。

把企业的全部物流成本根据成本习性划分为固定物流成本、变动物流成本和混合物流成本是管理会计规划与控制企业物流成本的前提条件。通过上述成本类型的划分,可以明确不同类型物流成本改善的最佳途径。对于变动物流成本,其成本总额随物流作业量的变动而成倍数变动,降低这类成本的途径,应是采取多种举措包括改进技术工艺设计、改善成本效益关系等,在一定物流作业量下,努力降低成本单耗。对于固定物流成本,其成本总额在一定范围内保持相对稳定,这类成本的降低途径,主要在于改善管理当局的决策水平,提高固定成本支出项目的使用效率,合理利用生产能力,提高产品质量,实现相对节约。对于混合物流成本,因其性质的特殊性,首先应根据其与作业量之间的变动关系,将其划分为半变动物流成本、半固定物流成本和延期变动物流成本,然后再结合变动和固定物流成本的特征,对其逐一进行分析,寻找成本改善的途径。

(三) 按物流成本是否在会计核算中反映分类

按物流成本是否在会计核算中反映,分为显性成本和隐性成本。

显性成本是物流成本在管理会计和财务会计两大领域中的共性成本,这部分成本支出是企业实际发生的,既在财务会计核算中反映,又为物流成本管理决策所需要的成本支出。在物流活动过程中实际发生的人工费、材料费、水电费、折旧费、保险费等都属于显性成本。这部分物流成本的计算以会计核算资料为依据,是对会计核算资料的分析和信息提取的过程。所有显性物流成本的数据均来源于财务会计资料。

隐性成本是财务会计核算中没有反映,但在物流成本管理决策中需要考虑的成本支出,它是管理会计领域的成本。隐性物流成本的含义较为宽泛,例如,存货占用自有资金所产生的机会成本,由于物流服务不到位所造成的缺货损失、存货的贬值损失、回程空载损失等,这些成本支出和损失确实客观存在,但由于不符合会计核算的确认原则、难以准确量化和缺少科学的计量规则等原因,这部分支出没有在财务会计中反映。但是在管理会计领域,为了保证管理决策的科学合理性,又要求将这部分成本支出纳入物流总成本范围予以考虑。

(四) 按物流成本管理对象分类

物流成本按管理对象不同,可以分为事业部物流成本、营业网点物流成本、部门物流成本和作业物流成本等。企业可以根据物流成本管理实践,选择成本管理对象,通过计算和分析管理对象的物流成本,寻找物流成本管理的薄弱环节,制定措施,改进成本管理。例如企业若想通过对各区域分公司物流成本的绩效考核来进行物流成本管理和控制,就应该以区域作为物流成本管理对象;若想完善事业部制度,加强事业部的内部利润考核,就应该以各事业部作为物流成本管理对象;若要完善物流作业系统,则应以各物流作业作为物流成本管理对象。总之,成本管理对象的选择应密切配合物流成本管理工作。根据工作需要和管理目标,不同时期的物流成本管理对象可以有不同的选择。例如:

1. 按顾客计算物流成本

此种方法是根据物流活动服务的顾客来核算物流成本的大小。按顾客计算物流成本的方法,又可分按标准单价计算和按实际单价计算两种方式,以此可作为选定顾客、确定物流服务水平等制定顾客战略的参考。

2. 按商品计算物流成本

此种方法是根据发生物流活动的商品来核算物流成本的大小。如果发生活动的商品只有一类或一种,计算物流成本比较简单;当发生物流活动的商品种类繁多时,物流成本的核算较麻烦一些。此时可以把按功能计算出来的物流费用,以各自不同的分配基准,分配给各类商品的办法计算出每类商品的物流成本。这种方法可以用来分析各类商品的盈亏,作为商品生产或销售决策的依据。

（五）其他成本概念

1. 机会成本

企业在进行经营决策时，必须从多个备选方案中选择一个最优方案，而放弃另外的方案。此时，被放弃的方案所可能获得的潜在利益就称为已选中的最优方案的机会成本。也就是说，不选其他方案而选最优方案的代价，就是已放弃方案的获利可能。选择方案时，将机会成本的影响考虑进去，有利于对所选方案的最终效益进行全面评价。

例 2.6 某公司现有一空置的车间，既可以用于 A 产品的生产，也可以用于出租。如果用来生产 A 产品，其收入为 35 000 元，成本费用为 18 000 元，可获净利润 17 000 元。用于出租则可获得租金收入 12 000 元。在决策中，如果选择用于生产 A 产品，则必然放弃出租方案，其本来可能获得的 12 000 元应作为生产 A 产品的机会成本，由生产的 A 产品负担。这时，我们可以得出正确的判断结论：生产 A 产品将比出租多获净利润 5 000 元。

可见，机会成本产生于公司的某项资产的用途选择。具体来说，如果一项资产只能用于实现某一职能而不能用于实现其他职能，则不会产生机会成本，如公司购买的一次还本付息债券，只能在到期时获得约定的收益，因而不会产生机会成本。如果一项资产可以同时用来实现若干职能，则可能产生机会成本，如公司购买的可转让债券，既可以在到期时获得约定的收益，又可以在到期前中途转让以获得转让收益，从而可能产生机会成本。

此外，应注意的是，由于机会成本只是被放弃方案的潜在收益，而非实际支出，因而不能据以登记入账。但由于公司资源的有限性，必须充分利用资源效益，所以机会成本在经营决策中应作为一个现实的重要因素进行考虑。

2. 边际成本

边际成本是指产量或业务量向无限小变化时，成本的变动数额。由于事实上产量不可能向无限小变化，至少应为一个单位，因此，边际成本也就是产量每增加或减少一个单位所引起的成本变动数额。

例 2.7 某企业每增加 1 个单位产量的生产引起总成本的变化及追加成本的变化，如表 2-7 所示：

表 2-7 边际成本表

产量/件	总成本/元	边际成本/元
100	800	—
101	802	2
102	804	2
103	806	2
104	808	2
105	918	110
106	920	2

3. 沉没成本与付现成本

沉没成本,指过去已经发生并无法由现在或将来的任何决策所改变的成本。由于沉没成本是对现在或将来的任何决策都无影响的成本,因此决策时不予考虑。

例 2.8 某企业有一台旧设备要提前报废,其原始成本为 10 000 元,已提折旧 8 000 元,折余净值为 2 000 元,这 2 000 元的折余净值就是沉没成本。假设处理这台旧设备有两个方案可以考虑:一是将旧设备直接出售,可获得变价收入 500 元;二是经修理后再出售,需支出修理费用 1 000 元,但可获得 1 800 元。

在进行决策时,由于旧设备折余价值 2 000 元属于过去已经支出再无法回收的沉没成本,所以不予考虑,只需要将这两个方案的收入加以比较。直接出售可得收入 500 元,而修理后出售可得净收入 800 元(1 800－1 000),显然,采用第二种方案比采用第一种方案可多得 300 元。所以,应将旧设备修理后再出售。

可见,沉没成本是企业在以前经营活动中已经支付现金,而在现在或将来经营期间摊入成本费用的支出,如固定资产、无形资产、递延资产等均属于企业的沉没成本。

付现成本是指由现在或将来的任何决策所能够改变其支出数额的成本。付现成本是决策必须考虑的重要影响因素。

例 2.9 某企业计划进行 A 产品的生产。现有甲设备一台,原始价值 50 000 元,已提折旧 35 000 元,折余净值 15 000 元。生产 A 产品时,还需对甲设备进行技术改造,为此需追加支出 10 000 元。如果市场上有乙设备出售,其性能与改造后的甲设备相同,售价为 20 000 元。

在是否改造旧设备的决策中,如果简单地用旧设备的折余净值及追加支出之和(25 000 元)与新设备买价(20 000 元)进行比较选择,就会做出错误的决策:选择新设备将比改造旧设备节约支出(5 000 元)。因为旧设备的折余净值属于沉成本,不影响我们的决策。正确的决策应该是:将改造旧设备的付现成本 10 000 元和购买新设备的 20 000 元进行比较,选择改造旧设备将比购买新设备节约支出 10 000 元。当然,如果在买新设备的同时可以将旧设备以 12 000 元的价格变卖,那么正确的决策应该是:将改造旧设备的成本 10 000 元及变卖旧设备的收入 12 000 元(机会成本)之和与购买新设备的价款 20 000 元比较,从而做出正确的决策:改造旧设备将比购买新设备多支出 2 000 元,应选择购买新设备。

4. 专属成本与联合成本

固定成本按其所涉及范围的大小,划分为专属成本和联合成本。

专属成本,是指可以明确归属于企业生产的某种产品,或为企业设置的某个部门而发生的固定成本。没有这些产品或部门,就不会发生这些成本,所以专属成本是与特定产品或部门联系的特定的成本。例如,专门生产某种产品的专用设备折旧费、保险费等。

联合成本,是指为多种产品的生产或为多个部门的设置而发生的,应由这些产品或这些部门共同负担的成本。例如,在企业生产过程中,几种产品共同的设备折旧费、辅助车间成本等都属于联合成本。

在进行方案选择时,专属成本是与决策成本有关的成本,必须予以考虑;而联合成本则是与决策无关的成本,可以不予考虑。

5. 相关成本与无关成本

相关成本,是指对决策有影响的各种形式的未来成本,如机会成本、边际成本、付现成本、专属成本、差量成本、酌量性成本等。

无关成本,是指那些对决策没有影响的成本。这类成本过去已经发生,或对未来决策没有影响,因而在决策时不予考虑,如沉没成本、联合成本、约束性成本等。

需要指出的是,某项成本到底属于相关成本还是无关成本,必须结合具体的决策来论。抛开决策内容而论成本的相关性是没有意义的。换句话说,成本的无关性是相对的,相关性是绝对的。举例来说,假设一条货船不幸沉入海底,当决策内容是应购买一条多大吨位的、哪里生产的、以什么作为燃料的货船时,沉没货船的公允市价当然是无关成本;但当决策内容是应否将沉船打捞上来时,沉没货船的公允市价当然就是相关成本,人们至少会将其与打捞费用进行比较。

第三节 不同类型企业物流成本的构成内容

由于物流活动所处的领域和发生的范围不同,物流成本的构成内容也是有很大区别的。物流成本从其所处的领域看,可分为流通企业物流成本、生产企业物流成本和物流服务企业物流成本。

一、流通企业物流成本的构成

流通企业的物流成本主要由以下几部分费用构成:

(一) 人工费用

人工费用是在进行物流活动中所消耗的劳务支出。人工费用包括从业人员的劳动报酬(含不在岗员工生活费)、社会保险费用、住房费用、福利费用、教育经费、劳保护费和其他人工成本。

(二) 营运费用

营运费用包括能源消耗费、运杂费、折旧费、办公费、差旅费、保险费等。企业为经营活动顺利进行,需要消耗一定的能源,如水、电、燃料等;在采购商品和销售商品过程中还要支付运输费用;此外还有经营场地的费用支出、人员的办公费用和差旅费用、为销售商品所支付的保险费等。

(三) 财务费用

财务费用指经营活动中发生的资金使用成本。企业在经营活动中借贷资本支出的利息和手续费用等都记入企业财务费用中。

(四) 其他费用

流通企业的物流成本除了包括上述内容外,还应包括企业缴纳的各项税金、固定资产的损耗、为达成商品交易支付的信息费等。

二、生产企业物流成本的构成

生产企业的物流成本主要由以下几部分费用构成:

(一) 人工费用

人工费用包括供应、仓储、搬运和销售环节的职工的劳动报酬(含不在岗员工生活费)、社会保险费用、住房费用、福利费用、教育经费、劳动保护费和其他人工成本。

（二）生产材料的采购费用

在采购材料过程中所发生的各项费用都记入采购费用中。生产材料的采购费用主要包括运杂费、保险费、合理损耗成本等。

（三）产品销售费用

产品销售费用是指企业销售产品和提供劳务等主要经营业务过程中所发生的各种费用，包括运输费、装卸费、包装费、保险费、展览费、广告费以及为销售本企业产品而专设的销售机构的职工工资、福利费、业务费等经常性费用。

（四）仓储保管费用

仓储保管费用包括仓库维护费、搬运费等。

（五）维护费用

维护费用包括有关设备和仓库的折旧费、维修费、保养费等。

（六）营运费用

营运费用包括能源消耗费、物料消耗费、折旧费、办公费、差旅费、保险费、劳动保护费等。企业为了经营活动顺利进行，需要消耗一定的能源，如水、电等；在采购商品和销售商品过程中还要支付运杂费；此外，还有人员的办公费用和差旅费用、为产品和各种固定资产购买保险的支付等。

（七）财务费用

除了企业在生产活动中借贷资本支付的利息和手续费外，仓储物资占用的资金利息也应记入企业财务费用中。

（八）回收物流成本

回收物流成本包括企业由于回收废品、不合格产品所发生的物流成本。

三、物流服务企业物流成本的构成

物流服务企业是第三产业服务业的重要构成部分，是通过为生产企业或销售企业提供专业的物流服务来赚取利润的。物流服务业利润的来源是通过专业的物流服务降低生产或销售企业的物流成本，并从中获得利润。可以说，物流服务企业的整个营运成本和费用实际上就是货主企业物流成本的转移。物流服务企业包括第三方物流服务企业、仓储公司、运输公司、货代公司等。

京东物流成本构成

京东物流IPO吸引了投资人的大量关注，其以遍及全国的仓配网络为基础，树立了高效、优质的物流服务口碑。京东物流成本如何？其中仓配网络是核心。

1. 仓配网络

京东物流数十年重资产投入,仓配网络规模和密度领先同行。从2007年开始,京东持续对物流进行自建投入,截至2020年9月30日,公司的仓储网络几乎覆盖全国所有区县,总仓库数达2 200个(自营仓库数800+、云仓数1400+),总面积约2 000万平方米,规模和密度领先同行。京东物流单仓面积约9 000平方米,同时公司拥有超过19万名配送人员以及约5万名仓库工作人员。京东物流自营仓库数见图2-2。

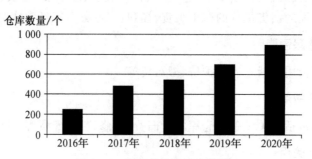

图2-2 京东物流自营仓库数

京东物流近几年通过社会化开放、收购跨越等动作,加强了综合物流服务的能力,可提供包括仓配、快递、大件、冷链、跨境等综合服务。公司核心业务是仓配服务,主要服务内容包括:将产品存储在多地点仓库中、库内产品拣选、产品包装及贴标、集单及装载、产品的配送及交付。

京东物流的仓配竞争优势在于仓库布局、智能仓管和直营配送。

(1) 京东的仓库布局广泛,并采取了多级仓的布置理念,在全国设置区域配送中心(RDC,数量约300个)、前端配送中心(FDC)及其他仓库,京东物流凭借运营经验及算法优化向客户推荐最近、最优仓储方案,建立履约效率基础;

(2) 京东物流的仓库具备较高程度的自动化、智能化水平,国内的28座亚洲一号智能仓库中大规模应用AGV、机器人、智能仓库管理系统;

(3) 19万人的直营配送团队,有效地支持京东的211限时达配送,京东平台约90%的订单可于下单当日或次日送达。

2. 京东物流的仓配费用

京东物流的综合单票成本约16元,考虑到该成本包括了公司各项物流服务,实际仓配成本应更低。根据京东物流披露,2019年营业成本为464.2亿元,同比增加26.2%,主要包括:员工薪酬(占比42%)、外包成本(占比35%)、租金成本(占比10%)、折旧及摊销、其他。京东物流2019年业务量约27.6亿票,单票成本约16.8元,因为公司提供大件、冷链等综合物流服务以及面向外部提供物流服务,实际的仓配业务成本应更低。

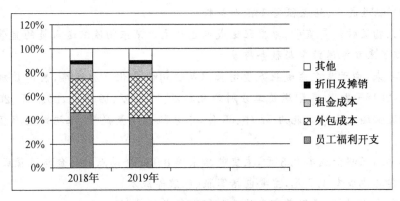

图 2-3 京东物流的仓配成本构成

京东物流综合单票成本拆分来看:(1) 单票员工薪酬 7.1 元,包括仓库管理、运输、配送等环节的人工成本;(2) 单票外包成本 5.9 元,主要集中在仓库管理、运输等环节的外包;(3) 单票租金成本 1.7 元,包括仓库及配送站点的租金;(4) 单票折旧及摊销 0.4 元;(5) 单票其他成本 1.7 元。

在分析京东物流的综合成本结构之后,聚焦京东物流的核心——仓配,其单票成本及结构如何?通过直接法构建京东物流的仓配费用模型。

京东仓配单票成本约 12 元,大幅低于平均综合成本。其中京东物流单票仓储成本 4.0 元,单票运输成本 1.1 元,单票配送成本 4.9 元,单票末端站点租金 0.3 元,单票其他成本 1.7 元(包装耗材等)。

(1) 仓储成本

仓储成本分为租金成本、人工操作成本、设备折旧成本。根据测算,2019 年京东物流的单票仓储成本合计为 4.0 元,其中单票租金 2.1 元(占比 52%),单票人工 1.5 元(占比 38%),单票折旧 0.4 元(占比 10%)。

租金与人工构成仓储环节的主要成本,存在优化空间。①京东物流仓储租金成本占比较高,而折旧成本占比较低,主要由于京东物流的仓库以租赁形式为主(部分仓库向京东集团租赁);②仓储中人工成本相对合理,我们测算京东物流单个仓库约配备 23 名员工,人均效能约 227 件/天(2020 年),或与较高程度的自动化水平有关,预计未来仍有提升空间。

(2) 运输成本

我们将运输成本划分为司机成本、燃油成本、车辆折旧、其他成本。根据测算,2019 年京东物流的单票运输成本合计为 1.1 元,其中单票燃油 0.4 元,单票人工 0.5 元,单票折旧 0.03 元,单票其他 0.15 元。

京东物流的自营运输车队包括约 7 500 辆卡车及其他车辆,同时公司还使用部分第三方运输服务供应商车队承运,满足额外的运力需求。

（3）配送成本、站点租金及其他成本

京东物流快递员直营，单票配送成本 4.9 元。京东物流配送人员的直营化管理，保障了末端派送效率与服务质量。

近年来，由于京东商城业务量增长以及公司社会化开放战略，快递员规模持续增长，2018—2020 年配送员工分别为 9.5 万、13.2 万、19 万人，2019 年、2020 年京东物流快递员人均效能为 57 件、60 件，未来随着单量提升，人均效能有望继续提升。

单票站点租金成本 0.3 元，主要包括末端 8 000 个站点的租金与运营成本。

单票其他成本 1.7 元，主要包括客服、包装等成本。

结合上述材料，请思考京东物流如何进行成本控制。

（资料来源：https://www.headscm.com/Fingertip/detail/id/19611.html）

思考题

1. 请分别从成本项目、成本范围和成本支付形态三个维度描述企业物流成本的构成。
2. "特别经费"主要用于反映哪些物流成本项目？
3. 存货相关成本包括哪些内容？将存货相关成本从仓储成本中予以分离，有何意义？
4. 基于成本计算的企业物流成本分类有哪几种？基于成本管理的企业物流成本分类有哪几种？

案例分析

百胜物流降低连锁餐饮企业运输成本之道

对于连锁餐饮业来说，靠物流手段节省成本并不容易。然而，作为肯德基、必胜客等业内巨头的指定物流提供商，百胜物流公司抓住运输环节大做文章，通过合理的运输安排，降低配送频率，实施歇业时间送货等优化管理方法，有效地实现了物流成本的"缩水"，给业内管理者指出了一条细致而周密的降低物流成本之路。

对于连锁餐饮业（QSR）来说，由于原料价格相差不大，物流成本始终是企业成本竞争的焦点。据有关资料显示，在一家连锁餐饮企业的总体配送成本中，运输成本占 60% 左右，而运输成本中的 55% 到 60% 又是可以控制的。因此，降低物流成本应当紧紧围绕运输这个核心环节。以下介绍的是百胜物流降低运输成本的途径。

一、合理安排运输排程

运输排程的意义在于，尽量使车辆满载，只要货量许可，就应该做相应的调整，以减少总行驶里程。

由于连锁餐饮业餐厅的进货时间是事先约定好的，这就需要配送中心就餐厅的需要，制作一个类似列车时刻表的主班表，此表是针对连锁餐饮业餐厅的进货时间和路线详细规划制定的。餐厅的销售存在着季节性波动，因此，主班表至少有旺季、淡季两套方案。有必要的话，应该在每次营业季节转换时重新审核运输排程表。安排主班表的基本思路是，首先计算每家餐厅的平均订货量，设计出若干条送货路线，覆盖所有的连锁餐厅，最终达到总行驶里程最短、所需司机人数和车辆数最少的目的。规划主班表远不是人们想象的那样简单。运输排程的构想最初起源于运筹学中的路线原理，从起点 A 至终点 O 有多条路径可供选择，每条路径的长度各不相同，要求找到最短的路线。实际问题要比这个模型复杂得多，首先，需要了解最短路线的点数，从图上的几个点增加到成百甚至上千个，路径的数量也相应增多到成千上万条。其次，每个点都有一定数量的货物流需要配送或提取，因此要寻找的不是一条串联所有点的最短路线，而是串联几个点的若干条路线的最优组合。另外，还需要考虑许多限制条件，比如车辆装载能力、车辆数目、每个点在相应的时间开放窗口等，问题的复杂度随着约束数目的增加呈几何级数增长。要解决这些问题，需要用线性规划、整数规划等数学工具，目前市场上有一些软件公司能够以这些数学解题方法为引擎，结合连锁餐饮业的物流配送需求，做出优化运输路线安排的软件。在主班表确定以后，就要进入每日运输排程，也就是每天审视各条路线的实际货量，根据实际货量对配送路线进行调整，通过对所有路线逐一进行安排，可以去除几条送货路线，至少也能减少某些路线的行驶里程，最终达到增加车辆利用率、增加司机工作效率和降低总行驶里程的目的。

二、减少不必要的配送

对于产品保鲜要求很高的连锁餐饮业来说，尽力与餐厅沟通，减少不必要的配送频率，可以有效地降低物流配送成本。

如果连锁餐饮餐厅要将其每周配送频率增加1次，会对物流运作的哪些领域产生影响？在运输方面，餐厅所在路线的总货量不会发生变化，但配送频率上升，结果会导致运输里程上升，相应的油耗、过路桥费、维护保养费和司机人工时都要上升。在客户服务方面，餐厅下订单的次数增加，相应的单据处理作业也要增加，餐厅来电打扰的次数相应上升，办公用品（纸、笔、电脑耗材等）的消耗也会增加。在仓储方面，所要花费的拣货、装货的人工会增加。如果涉及短保质期物料的进货频率增加，那么连仓储收货的人工都会增加。在库存管理上，如果涉及短保质期物料进货频率增加，由于进货批量减少，进货运费很可能会上升，处理的厂商订单及后续的单据作业数量也会上升。由此可见,配送频率增加会影响配送中心的几乎所有职能,最大的影响在于运输里程上升所造成的运费上升。因此,减少不必要的配送,对于连锁餐饮企业显得尤其关键。

三、提高车辆的利用率

车辆时间利用率也是值得关注的。提高卡车的时间利用率可以从增大卡车尺寸、改变作业班次、二次出车和增加每周运行天数四个方面着手。由于大型卡车每次可以装载更多的货物,一次出车可以配送更多的餐厅,由此延长了卡车的在途时间从而增加了其有效作业的时间。这样做还能减少干路运输里程和总运输里程。虽然大型卡车单次的过路桥费、油耗和维修保养费高于小型卡车,但其总体上的使用费用绝对低于小型卡车。

运输成本是最大的物流成本,所有别的职能都应该配合运输作业的需求。所谓改变作业班次就是指改变仓库和别的职能的作业时间,适应实际的运输需求,提高运输资产的利用率。否则朝九晚五的作业时间表只会限制发车和收货时间,从而限制卡车的使用。

如果配送中心实行 24 小时作业,卡车就可以利用晚间二次出车配送,大大提高车辆的时间利用率。在实际物流作业中,一般会将餐厅分成可以在上午、下午、上半夜、下半夜 4 个时间段收货,据此制定仓储作业的配套时间表,从而将卡车利用率最大化。

四、尝试歇业时间送货

目前城市的交通限制越来越严,卡车只能在夜间时段进入市区。由于连锁餐厅运作一般到夜间 24 点结束,如果赶在餐厅下班前送货,车辆的利用率势必非常有限。随之而来的解决办法就是利用餐厅的歇业时间送货。

歇业时间送货避开了城市交通高峰时间,既没有顾客的打扰,也没有餐厅运营的打扰。由于餐厅一般处在繁华路段,夜间停车也不用像白天那样有许多顾忌,可以有充裕的时间进行配送。由于送货窗口拓宽到了下半夜,卡车可以二次出车,提高了车辆利用率。

在餐厅歇业时段送货的最大顾虑在于安全。餐厅没有员工留守,司机必须拥有餐厅钥匙,掌握防盗锁的密码,餐厅安全相对多了一层隐患。卡车送货到餐厅,餐厅没有人员当场验收货物,一旦发生差错很难分清到底是谁的责任,双方只有按诚信的原则妥善处理纠纷。歇业时间送货要求配送中心和餐厅之间有很高的互信度,如此才能将系统成本降低。所以,这种方式并非在所有地方都可行。

思考:

1. 试述运输成本的分类与构成。
2. 结合实际,讲讲如何提高车辆的利用率。

3. 你认为百胜物流降低成本的方法存在哪些局限？

（资料来源：https://wenku.baidu.com/view/5bae50340b4c2e3f572763b1.html）

技能训练

1. 汇通公司20＊＊年6月发生以下费用：研究开发费、保险费、销售副经理工资、外聘顾问咨询费、销售佣金、服务10年以上雇员的大学教育培养费。

要求：根据以上成本项目区分该公司酌量性固定成本和约束性固定成本。

2. 通达公司在流通加工生产中租用某设备，租约规定租金的计算分为两部分：按年支付固定租金2 000元；在此基础上，机器每运转1小时支付租金0.6元。假定该设备今年累计运转5 000小时，共付租金5 000元。

要求：根据以上资料判断该公司租金的成本性态模式。

3. 陆达运输公司有固定搬运工10人，工资总额为30 000元；当运输周转量超过3 000件时，就需雇用临时工。临时工采用计件工资制，单位工资为10元/件，则该公司搬运工工资的成本性态模式是什么？

4. 港通物流公司是一家综合型物流公司，承揽仓储、运输、包装、流通加工等各种业务。在成本核算过程中，公司一直把与物流相关的成本作为一个整体进行计算，20＊＊年4月物流成本合计638 000元，具体明细如下：

工资及福利费共380 000元，其中司机的工资及福利100 000元、仓库装卸搬运人员的工资及福利30 000元、库管人员的工资及福利100 000元、包装作业人员的工资及福利30 000元、仓库机加工人员的工资及福利100 000元、负责与公司客户进行信息联络和沟通的信息处理人员的工资及福利20 000元。

折旧共44 000元，其中车辆折旧10 000元、仓库折旧10 000元、各种货架折旧5 000元、包装设备折旧5 000元、装卸搬运设备折旧5 000元、加工设备折旧6 000元、各类信息处理设备折旧3 000元。

燃料动力费共180 000元，其中车辆燃料动力费100 000元、装卸搬运设备燃料动力费40 000元、机加工燃料动力费40 000元。

材料费用共11 000元，其中包装材料费用6 000元、加工材料费用5 000元。

其他费用共23 000元，其中：过路费、年检费等10 000元，包装设计相关费用等10 000元，互联网等通信费用3 000元。

要求：根据所学内容明确各物流活动的物流成本构成。

第3章 企业物流成本核算

 1. 了解企业物流成本计算的目的；
 2. 明确企业物流成本计算对象的选取方法；
 3. 掌握企业物流成本计算方法及其应用；
 4. 熟悉企业物流成本表的内容及编制方法。

当前，由于企业所处市场环境充满了竞争，客户要求实行多批次、小批量和适时配送，也由于收货单位过多和过高的服务要求，物流服务水平越来越高，导致运费上升；又由于商品品种增多，寿命缩短，必然出现库存增加，或时多时少，由此导致库存费用上升；由于缺乏劳动力导致人工费用增多；由于地价上涨导致物流中心投资费用增加；由于道路拥挤导致运输效率下降。凡此种种都在影响着物流成本。企业经营的目的是想以较少的成本支出来获取较高利润，因此，降低物流成本、提高物流效益就成为物流企业进行成本管理的目标。要想降低物流成本就必须进行物流成本核算。只有通过有效的成本核算，才能将企业的物流成本现状揭示出来，才有可能看到西泽修教授所说的"水面下的冰山"，才能充分挖掘物流成本节约潜力，这是有效进行物流成本管理、降低物流成本的基础。

第一节 物流成本核算概述

一、物流成本核算的概念

物流成本核算是指根据企业确定的成本计算对象，采用相适应的成本计算方法，按照规定的成本项目，通过一系列的物流费用归集与分配，从而计算出各物流环节成本计算对象的实际总成本和单位成本的活动。通过物流成本核算，可以如实地反映物流经营过程中的实际耗费，同时，物流成本核算也是对各种物流费用实际支出的控制过程。

二、物流成本核算的目的

物流成本核算的目的是要促进企业加强物流管理,提高管理水平,创新物流技术,提高物流效益。具体地说,物流成本核算的目的可以体现在以下几个方面:

(1) 通过对企业物流成本的全面计算,弄清物流成本的大小,从而提高企业内部对物流重要性的认识。

(2) 通过对某一具体物流活动的成本核算,企业能更好地把握物流运营每个环节的成本构成,不仅有助于明确物流活动中存在的问题,还为物流运营的优化提供方向,使物流运营决策更有效。

(3) 按不同的物流部门组织计算,计算各物流部门的责任成本,评价各物流部门的业绩。物流虽然是一个环环相扣的活动,但对于组织来说必须要有一个能够量化各个环节绩效的指标来评价各物流部门的业绩,物流成本核算正好承担了提供各部门、各环节数据指标的角色。

(4) 通过对某一物流设备或机械(如单台运输卡车)的成本计算,弄清其消耗情况,谋求提高设备效率、降低物流成本的途径。

(5) 现今许多大型物流行业大多采用成本—客户管理的方法,通过对每个客户物流成本的分解核算,以更好地为不同客户提供更有针对性和更有竞争力的物流服务。具体到不同客户的物流成本核算为物流服务收费水平的制定及有效的客户管理提供了决策依据。

(6) 通过对某一成本项目的核算,确定本期物流成本与上年同期成本的差异,评价组织在整个会计年度的绩效,并查明成本超降的原因,以帮助组织在今后的物流活动中改进原有的不足,使组织朝更好的方向发展。

(7) 按照物流成本计算的口径计算本期物流实际成本,评价物流成本预算的执行情况。

三、物流成本核算中存在的问题

(一) 物流成本核算的目的不明确

目前,人们核算物流成本的目的很不明确。往往只是单纯地想了解一下物流成本,没有达到如何充分有效地利用物流成本的阶段,对于物流成本的使用没有明确目标。因此,物流部门及会计部门对物流成本的核算的积极性不高。

(二) 物流成本的会计核算方法不明确

到目前为止,业界并没有一个明确而统一的有关物流成本的会计核算方法,大部分仍然沿用传统的财务会计核算制度和方法。且不同企业的物流部门所发生的费用,以及不同物流企业发生的物流费用都各有自己的特点,很难按照统一的方法进行核算,因此,其核算方法很难明确。

(三) 物流成本核算与管理没有超出财务会计的范围

由于现行的财会制度并没有对物流成本进行分别记账,物流费用也没有单独设立相应的科目,一般仍将其分散在"采购费用""管理费用""销售费用"及"财务费用"中,所以不能掌握其真实情况。且在实际成本核算中,仍然沿用传统的财务会计的核算制度进行,因此,成本核算与管理没有超出财务会计的范围。

(四) 物流成本核算的标准不统一

各个企业的物流成本核算的标准,不能像会计核算标准那样有一个统一的会计准则可以执行。而各个企业对物流成本的内涵的理解、物流成本计算范围的确定以及计算的方法都不统一,从而导致物流成本很难统一核算。

(五) 缺乏懂得物流知识的财务会计与管理会计人员

目前,物流和财会仍分属两个完全不同的专业。财会专业,一般不开设物流管理的相关课程,而物流专业也很少把财会专业知识纳入专业课程中,导致两个专业的人才在专业方面有很大的区别。因此,懂物流的不懂财会,懂财会的不懂物流,这是我国当前物流成本核算中面临的重大难题之一。

四、物流成本核算的原则

(一) 合法性原则

合法性原则是指计入成本的支出都必须符合国家的法律、法规、制度等关于成本支出范围和标准的规定,不符合规定的支出不能计入成本。所谓成本开支的范围,是指哪些支出可计入成本,哪些支出不可计入成本;所谓成本开支标准,是指可计入成本范围的支出的数额限制。

(二) 重要性原则

重要性原则是指在物流成本核算过程中,按照管理要求将物流成本核算对象区分主次,将那些对物流成本有重大影响的项目作为重点进行管理,力求精准;而对那些不太重要的内容、项目简化处理。

物流成本核算对象是否重要,既取决于该项业务金额的大小,又取决于业务的性质及对信息使用者所产生的作用和影响的大小。

(三) 分期核算原则

物流活动在不断发生、运行、结束,企业也在不断取得物流成本信息,为了核算一定期间所发生的物流成本,必须将物流活动划分为各个时期,分别核算各期的物流成本。

（四）责权发生制原则

物流成本核算应以责权发生制原则为基础。责权发生制原则是指在收入和费用实际发生时进行确认，不必等到实际收到现金或支付现金时才确认。对于应由本期成本负担的费用，不论其是否在本期已经支付，均应计入本期物流成本；不应由本期物流成本负担的费用（即已经计入以前各期成本，或应由以后各期成本负担的费用），即使是在本期支付，也不应计入本期的物流成本。

（五）按实际成本计价原则

企业在物流活动中所发生的各项费用，应当按实际数量和实际单价计算实际金额计入成本、费用。在物流成本发生的确认、分配、归集和结转的全过程中都应遵循实际成本计价的原则，以保证物流成本信息的真实性。

（六）一致性原则

企业应当根据本企业物流活动的特点和管理要求，确定适合本企业的物流成本核算对象、物流成本项目和物流成本核算方法。物流成本核算对象、物流成本项目和物流成本核算方法一经确定，不得随意变更。物流成本核算对象、物流成本项目和物流成本核算方法要保持前后各期一致，使各期的成本资料有统一的核算口径，前后连贯，互相可比，以提高成本信息的利用程度。

（七）可靠性原则

物流成本核算信息要求是真实的，与客观的经济事项相一致，不应掺假或人为地提高、降低成本。物流成本核算信息还要求是可核实的，即对同一成本核算资料由不同的会计人员加以核算，都能得到相同的结果。

第二节 物流成本核算对象

成本核算对象就是成本归集和分配的对象，即成本的发生者和承担者。

物流成本核算对象是指物流企业或物流成本管理部门为归集和分配各项物流成本费用而确定的、以一定期间和空间范围为条件而存在的成本核算实体。这里涉及的归集和分配的概念将在下一节进行介绍。

一、物流成本核算对象的三个基本要素

（一）成本费用承担实体

成本费用承担实体是指其发生并应合理承担各项费用的特定经营成果的体现形式，包括有形的各种产品和无形的各种劳务作业等。

（二）成本计算期间

成本计算期间是指汇集生产经营费用、计算生产经营成本的时间范围。

（三）成本计算空间

成本计算空间是指成本费用发生并能组织企业成本计算的地点或区域（部门、单位、生产或劳务作业环节等）。

二、企业物流成本计算对象

物流成本的计算取决于成本计算对象的选取。成本计算对象的选取方法不同，得出的物流成本的结果也就不同。因此，计算物流成本，明确物流成本计算对象是前提。

一般来说，物流成本计算对象的选取主要取决于物流成本项目、物流范围、物流成本支付形态以及企业物流成本控制的重点。其中前三项是计算物流成本的基础，是最基本的物流成本计算对象，各企业计算物流成本时一般应以物流成本项目、物流范围、物流成本支付形态这三维作为物流成本计算对象。

（一）以物流成本项目作为成本计算对象

物流成本项目是最基本的物流成本计算对象。以物流成本项目作为物流成本计算对象，是将物流成本首先按是否属于功能性成本分为物流功能成本和存货相关成本。其中，物流功能成本包括运输成本、仓储成本、包装成本、装卸搬运成本、流通加工成本、物流信息成本和物流管理成本；存货相关成本指企业在物流活动过程中所发生的与存货有关的流动资金占用成本、存货风险成本和存货保险成本。

以成本项目作为物流成本计算对象具有重要意义。首先，有利于加强各物流功能环节的管理，促进各功能成本的降低；其次，直观地了解与存货有关的物流成本支出数额，有利于加快存货资金周转速度，减少资金风险损失；第三，掌握物流功能成本以及功能成本之外的成本支出在总成本中所占的份额及其具体构成，有利于提高物流成本控制和管理的针对性。

（二）以物流范围作为成本计算对象

以物流活动的范围作为物流成本计算对象，是对物流的起点与终点以及起点与终点间的物流活动过程的选取，也就是对物流活动过程空间的截取，具体包括供应物流、企业内物流、销售物流、回收物流和废弃物物流等不同阶段所发生的成本支出。通过数据分离和计算，可以得出不同范围物流成本以及物流成本总额，有利于管理者全面了解各范围物流成本的全貌，并据此进行比较分析。

（三）以物流成本支付形态作为成本计算对象

以物流成本支付形态作为物流成本计算对象是将一定时期的物流成本从财务会计数据中予以分离，按照成本支付形态进行分类计算。它首先将企业的物流成本分为自营物流成本和委托物流成本，其中，自营物流成本指企业在物流活动过程中发生的人工费、材料费、办公费、差旅费、折旧费、维修费、租赁费、利息费、保险费等。以支付形态表现的物流成本是企业物流成本发生的最原始状态，这里将上述形式多样的支付形态按其性质归为五类：材料费、人工费、维护费、一般经费和特别经费。其中，材料费和人工费意义较为明确；维护费指物流设施设备的折旧费、维修费、燃料动力消耗费等维护性支出；一般经费指物流功能成本中人工费、材料费和维护费以外的其他费用支出；特别经费仅用于计量与存货有关的费用支出。委托物流成本指企业委托外单位组织物流活动所支付的运输费、保管费、装卸搬运费等支出。

以支付形态作为物流成本计算对象，可以得到不同形态的物流成本信息，掌握企业本身发生的物流成本和对外支付的物流成本；同时，可以获取较为详尽的内部支付形态信息，为企业制定标准物流成本和编制物流成本预算提供资料依据。

（四）其他物流成本计算对象

除了以上述物流成本项目、物流范围、物流成本支付形态作为物流成本计算对象，企业还可以根据物流成本管理和控制的重点选取其他物流成本计算对象。

1. 以客户作为成本计算对象

以客户作为物流成本计算对象主要是针对物流服务企业而言的。在物流服务业竞争日益激烈的今天，以客户作为成本计算对象，可以掌握为不同客户提供服务所发生的成本支出，对加强客户服务管理、确定有竞争力的服务价格以及为不同客户提供差别化的物流服务具有重要意义。

2. 以产品作为成本计算对象

以产品作为物流成本计算对象主要指生产企业及流通企业以产品品种作为成本计算对象。通过计算为组织不同产品购、产、销所发生的物流成本，掌握各产品的物流成本开支情况，明确管理和控制重点。同时，通过不同产品物流成本支出的比较和分析，明确目标产品物流成本改进的取向。但是，以产品作为物流成本计算对象，不同产品的成本计算会相对复杂，主要涉及间接成本在不同产品之间的分配以及在完工产品和在产品之间的分配，这需要借鉴产品成本分配的一些思路和规则。

3. 以部门作为成本计算对象

以部门作为物流成本计算对象获取物流成本信息，对于内部划分了运输、保管、装配等部门的企业而言,意义尤为重大。这种计算方式便于明确物流成本责任中心,有利于开展物流责任成本管理。通过对不同责任部门物流成本的趋势分析,了解各责任中心物流成本的升降趋势,可以进一步明确责任,为部门绩效考核提供依据。

4. 以营业网点作为成本计算对象

计算各营业网点组织物流活动所花费的物流成本,进而了解企业物流总成本以及各网点物流成本构成,是企业进行物流成本日常控制、对各网点实施绩效考核和物流系统优化决策的重要依据。

总之,企业可根据自身实际,选择成本计算对象进行成本计算和管理。从理论上说,企业可以以全部经营活动的任何一个管理对象作为物流成本计算对象,物流成本计算对象可以是一维、二维、三维、四维或更多维,维数越多,物流成本信息也就越详尽,但对物流成本计算来说,其难度和工作量也就越大。

第三节 物流成本核算方法及其应用

一、两个重要的概念:成本归集与分配

(一)成本的归集

物流成本的归集是指对企业生产经营过程中所发生的各种物流费用,按一定的成本位置和成本对象,如各种产品、作业在各个车间或部门所进行的成本数据的收集或汇总。

对于直接材料、直接人工,应按成本计算对象,如按物流服务的品种、批别、步骤进行归集。对于间接费用,则应按发生地点或用途进行归集,然后再计入该成本对象的成本。

(二)成本的分配

成本的分配是指将归集的间接成本分配给成本对象的过程,也叫间接成本的分摊或分派。

成本分配要使用某种参数作为成本分配基础。成本分配基础是指能联系成本对象和成本的参数。可供选择的分配基础有:人工工时、机器台时、占用面积、直接人工工资、设备价值、采购价值、品种数、直接材料成本、直接材料数量等。

生产工时比例法:

例 3.1 某车间生产甲、乙两种产品,共发生制造费用 4 200 元。甲产品实际耗用生产工时 24 000 小时,乙产品实际耗用工时 32 000 小时。

$$制造费用分配率 = 制造费用总额 \div 各产品生产工时之和$$
$$= 4\ 200 \div (24\ 000 + 32\ 000) = 0.075$$

甲产品应分配的制造费用＝24 000×0.075＝1 800(元)
乙产品应分配的制造费用＝32 000×0.075＝2 400(元)

二、物流成本核算的基本要求

核算物流成本需要了解企业物流成本核算的基本要求。

(一) 明确物流成本核算的内容

物流成本核算属于管理会计的范畴,是为企业物流成本管理服务的。核算物流成本首先应明确核算内容,即站在管理的角度,系统地考虑物流成本的构成和核算内容。物流成本核算的基础数据来源于会计核算资料,成本核算的范围还包括会计核算没有反映但物流成本管理决策应考虑的成本因素。因此,物流成本核算应包括两部分内容,即显性物流成本和隐性物流成本。

(二) 具备物流成本核算的前提条件

物流成本核算必须具备以下基本前提条件:

1. 了解企业物流成本内涵及其形成机制

企业物流成本的形成和运作流程对物流管理人员而言并不陌生,但物流成本核算通常是由会计人员来完成的。由于企业部门职责和人员分工的细化,会计人员往往只负责产品成本的核算及其他财务管理工作,通常不能以系统和全局的观点来了解和掌握物流的运作过程,且受传统产品成本核算思路的影响,对物流成本核算往往会产生抵触和畏难情绪。因此,准确核算物流成本,首先要求会计人员或其他成本核算人员深入了解物流成本内涵及其形成机制。对企业会计人员而言,物流成本核算的准确程度取决于其对物流成本内涵及其形成机制的理解程度。

2. 建立健全会计基础工作规范,加强与各有关部门的密切协作

物流成本核算可采用两种方式进行:一是与产品成本核算同步,二是于期末单独进行。无论采用哪种方式,均要求企业建立健全规范的会计工作流程及提供完整可靠的原始资料记录。物流成本核算是对会计数据提取和分离的过程,尤其对于间接成本,当前主要是根据有关实物数量的记录,从而为间接成本分配提供依据。另外,作为分配基础的很多实物数量数据来源于其他部门,包括采购、生产、销售、人事、物流管理和物流信息部门等。因此,财务部门必须加强与其他部门的沟通,才能及时取得所需要的业务数据,从而使物流成本核算的依据尤其是间接成本的分配依据更为可靠,物流成本核算工作才能顺利实施。

3. 明确有关费用的界限

为了正确核算物流企业的成本,保证成本的真实可靠,还需要在不同时期、不同成本核算对象及完工物流服务成本和未完工物流服务成本之间正确地分摊费用,为此应明确有关物流成本费用的几个界限。

(1) 正确划分应计入物流成本和不应计入物流成本的费用界限

企业的活动是多方面的,企业耗费和支出的用途也是多方面的,其中只有一部分费用可以计入物流成本。

一般来说,企业的全部经济活动可分为投资活动、筹资活动、生产经营活动。

①投资活动的耗费不能计入物流成本,只有生产经营活动和与流动资金有关的筹资活动的成本才能计入物流成本。筹资活动和投资活动不属于生产经营活动,在会计上,它们的耗费不能计入产品成本,属于筹资成本和投资成本。物流活动贯穿于企业经营活动的全过程,因此投资及与流动资金筹措无关的筹资活动所发生的耗费不能计入物流成本,这部分耗费包括:对外投资支出、耗费和损失,对内长期资产投资的支出、耗费和损失(包括有价证券的销售损失、固定资产出售损失和报废损失等);捐赠支出;各种筹资费用,包括流动资金之外的应计利息、贴现费用、证券发行费用等。

②物流成本包括正常生产经营活动成本和部分非正常生产经营活动成本。生产经营活动的成本包括正常的成本和非正常的成本,在会计上,只有正常生产经营活动成本才能计入产品成本,非正常生产经营活动成本一般不计入产品成本而应计入营业外支出。非正常生产经营活动成本包括灾害损失、盗窃损失等非正常损失,滞纳金、违约金、罚款、损害赔偿等赔偿支出,短期投资跌价损失、坏账损失、存货跌价损失、长期投资跌价损失、固定资产减值损失等不能预期的原因引起的资产减值损失,以及债务重组损失等。但是,物流成本就其范围而言,贯穿企业生产经营活动的始终,包括供应物流、企业内物流、销售物流、回收物流和废弃物物流;就其成本项目构成而言,既包括与物流作业和管理有关的物流功能成本,也包括与存货有关的物流成本支出。因此,物流成本在核算时既包括计入产品成本的正常生产经营活动耗费,又包括部分不计入产品成本的非正常经营活动耗费,如存货的非正常损失、跌价损失等都应计入存货风险成本。

另外,企业正常的生产经营活动成本分为产品成本和期间费用。这两部分的成本支出是物流成本的主要构成内容。所以,核算物流成本首先应从与产品成本和期间费用有关的会计科目出发,按物流成本的内涵,逐一归集和核算物流成本。

(2) 正确划分不同会计期间物流成本的费用界限

物流成本的核算期间可分为月度、季度和年度,一般要求每月核算一次。因此,应计入物流成本的费用,要在各月之间进行划分,以便分月核算物流成本。为了正确划分各会计期的费用界限,要求企业不能提前结账,若提前结账就会造成将本月的部分未结费用作为下月费用处理;也不能延后结账,若延后结账就会造成将下月的部分已出费用作为本月费用处理。同时,要求企业严格贯彻责权发生制原则,正确核算待摊费用和预提费用,本月已经支付但应由以后各月负担的费用应作为待摊费用处理,本月尚未支付但应由本月负担的费用应作为预提费用处理。

(3) 正确划分不同物流成本对象的费用界限

对于应计入本会计期间物流成本的费用还要在各成本对象之间进行划分:凡是能明确应由某个成本对象负担的直接成本,应直接计入该成本对象;多个成本对象共同发生、不易明确应由哪个成本对象负担的间接费用,应采用合理的方法分配计入有关的成本对象,并保持一贯性。

(4) 正确划分完工和未完工的物流服务成本

月末,如果该物流服务全部完工,则计入该物流服务中的成本就是完工物流服务成本;如果该物流服务全部未完工,则计入该物流服务中的成本就是未完工物流服务成本;如果既有完工的物流服务又有未完工的物流服务,则计入该物流服务中的成本要采用适当的分配方法在完工的物流服务和未完工的物流服务之间进行分配,以便核算出完工物流服务成本和未完工物流服务成本。在这种情况下,不得任意压低或提高未完工的物流服务成本,以保证物流成本核算的真实性。

三、物流成本核算方法及其应用

(一) 物流成本核算一般方法及其应用

1. 会计方式的物流成本核算

会计方式的物流成本核算是要通过凭证、账户、报表的完整体系,对物流耗费予以连续、系统、全面记录的核算方法。这种核算方法又可以分为三种具体形式:

(1) 独立的物流成本核算模式

独立的物流成本核算模式要求把物流成本核算与财务会计体系截然分开,单独建立物流成本的凭证、账户和报表体系。具体的做法是,对于每一项物流业务,均由车间成本员或者基层核算员根据原始凭证编制物流成本记账凭证,一式两份,一份连同原始凭证转交财务科据以登记财务会计账户,另一份留基层成本员据以登记物流账户。独立的物流成本核算模式流程可以用图 3-1 表示。

独立的物流成本核算模式的优点包括:提供物流成本信息比较系统、全面、连续、准确、真实;两套计算体系分别按照不同要求进行,向不同的信息要求者提供各自需要的信息。其缺点包括:工作量比较大,在目前财务人员数量不多,素质有限的情况下容易引起核算人员的不满。另外,基层核算员财务核算知识匮乏,也会影响物流成本的准确性。

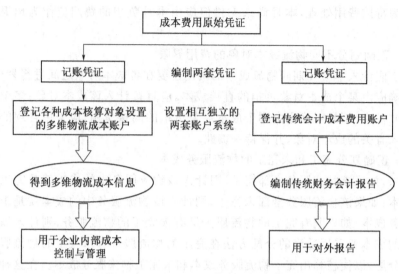

图 3-1 独立的物流成本核算模式

(2) 结合财务会计体系的物流成本核算模式

结合财务会计体系的物流成本核算模式将物流成本核算与企业财务会计和成本核算结合起来,即在产品成本核算的基础上增设一个"物流成本"科目,并按物流功能、物流范围分别设置二级、三级明细账,按费用形态设置专栏。当费用发生时,借记"物流成本"及有关明细账,月末按照会计制度规定,根据各项费用的性质再还原分配到有关的成本科目中。这种模式的核算流程可以用图 3-2 表示。

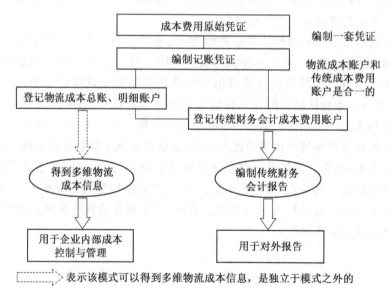

图 3-2 结合财务会计体系的物流成本核算模式

结合财务会计体系的物流成本核算模式的优点包括：所提供的成本信息比较全面、系统、连续；与产品成本核算结合，从一套账表中提供两类不同的信息，可以减少一定的工作量。其缺点包括：为了实现资料数据的共享，需要对现有的产品成本核算体系进行较大的甚至彻底的调整；为了保证产品成本核算的真实性和正确性，需要划分现实物流成本、观念物流成本（如物流信息）的界限，划分应否计入产品成本的界限，如员工素质不高则较困难；责任成本、质量成本等管理成本要与产品成本相结合，再将物流成本也与之结合，其难度更大。

(3) 物流成本二级账户（或辅助账户）核算模式

物流成本二级账户（或辅助账户）核算模式是指在不影响当前财务会计核算流程的前提下，通过在相应的成本费用账户下设置物流成本二级账户，进行独立的物流成本二级核算统计。这里以制造企业为例，提出在当前财务会计系统下，进行货主物流成本核算的二级账户核算方法。流通企业的物流成本核算与制造企业相比更加容易，可以参照本方法来设计执行。

①基本思路。在制造企业的各级含有物流成本的一级科目下设"供应物流成本""生产物流成本""销售物流成本"等二级科目或增设费用项目，或者在编制记账凭证时设置"物流成本"辅助账户，在各二级账户（或辅助账户）下按物流功能设置"运输费""保管费""装卸费""包装费""流通加工费""物流信息费""物流管理费"等三级账户，并按支付形态（如人工费、材料费等）设置专栏。在按照财务会计制度的要求编制凭证、登记账簿，进行正常的财务会计成本核算的同时，根据记账凭证上的二级科目或辅助账户，登记有关的物流成本辅助账户及其明细账，进行账外的物流成本核算。将各种物流成本归入二级或辅助账户中，最后将各物流成本的二级科目分类汇总即可求得总的物流成本。

这些物流成本账户不纳入现行成本核算的账户体系，是一种账外核算，具有账户辅助记录的性质。这种计算模式的优点是，物流成本在账外进行核算，既不需要对现行成本核算的账表进行调整，又能提供比较全面、系统的物流成本资料，其核算方法也比较简单，易被财务人员掌握。

②辅助账户设置。制造企业的物流成本一般包括的内容及下设的二级科目包括以下方面：

销售人员的工资及福利费，一般记入"营业费用"账户，故可在"营业费用"账户下设"销售物流成本"二级科目，将其归入其中。

生产要素的采购费用，包括运输费、保险费，一般记入"材料采购"账户，只需在"材料采购"账户下设"供应物流成本"二级科目，将其归入其中。

企业内部仓库保管费，如维护费、搬运费，一般记入"管理费用"账户，可下设"企业内物流成本"二级科目进行归集。

采购人员的工资、差旅费、办公费等，一般记入"管理费用"账户，应在"管理费用"账户下设"供应物流成本"二级科目,将其归入其中。

生产过程中的搬运费,一般记入"制造费用"账户,可以在"制造费用"账户下设"企业内物流成本"二级科目,归集生产过程中的物流成本。

有关设备、仓库的折旧,按其不同属性,分别记入"供应物流成本""企业内物流成本""销售物流成本""废弃物物流成本"二级科目中。

物流信息费按照归属,在摊销时记入相应的物流成本二级科目中。

存货资金占用贷款利息,在"财务费用"账户下设二级科目,分别记入相应的物流成本二级科目中。

回收废弃物发生的物流成本,记入相应的物流支出二级科目等。

通过以上二级科目或辅助账户的应用,可以有效地核算和归集货主企业的物流成本并在此基础上实施有效的管理和控制。

以上是根据供应物流、企业内物流、销售物流和回收废弃物物流的物流流程进行成本归类的,实际工作中还可以按照物流成本支付形态、产品、客户、地区等进行物流成本的辅助账户归集。

2. 统计方式的物流成本核算

(1) 基本思路

统计方式的物流成本核算是指在不影响当前财务会计核算体系的基础上,通过对有关物流业务的原始凭证和单据进行再次的归类整理,对现行物流成本核算资料进行解剖分析,从中抽出物流成本的部分,然后再按物流管理的要求对上述费用按不同的物流成本核算对象进行重新归集、分配、汇总,加工成物流管理所需的成本信息。

因为统计核算不需要对物流成本做全面、系统和连续的反映,所以运用起来比较简单、灵活和方便。同时,因为统计方式的物流成本核算不能对物流成本进行连续、系统和全面的追踪反映,所以得到的信息的精确程度受到很大影响,而且易流于形式,使人认为物流成本管理是权宜之计,容易削弱物流管理的意识。另外,在期末一次性地进行物流成本的归类统计花费的时间也较多,对于财务会计人员来说一次性工作量大。如果日常会计处理过程中没有做到相应的基础工作,按不同物流成本核算对象进行成本归集时,有时也无法确定某项成本的具体归属。

(2) 基本步骤

统计方式的物流成本核算平时不需要进行额外的处理,会计人员按照财务会计制度的要求进行会计核算,在会计期末(月末、季末或者年末)才进行物流成本的统计核算。具体说来,统计方式的物流成本核算的基本步骤如下:

①通过对"材料采购""管理费用"账户的分析,抽出供应物流成本部分,如"材料采购"账户中的"外地运输费","管理费用"账户中材料的市内运杂费、原材料仓库的折旧修理费、库管人员的工资等,并按照功能类别或者支付形态进行统计核算。

②从"生产成本""制造费用""辅助生产""管理费用"等账户中抽出生产物流成本部分,并按照功能类别、形态类别进行分类核算,如人工费部分按照物流人员的数量或者工作量的比率确定物流作业成本。

③从销售费用中抽出销售物流成本部分,具体包括销售过程中发生的运输费用、包装费用、装卸费用、保管费用、流通加工费用等。

④企业对外支付的物流成本部分。根据企业实际订货情况确定每次订货的装卸搬运成本、专门为该次订货支付的包装费用等,有时,企业还需要为外购货物支付仓储费用。

⑤物流利息的确定可以按照企业物流作业占用资金总额乘同期银行存款利率上浮一定的百分比或者企业内部收益率来计算。其实就是计算物流活动占用资金的机会成本。

⑥从管理费用中抽出专门从事物流管理人员的耗费,同时推估企业管理人员用于物流管理的时间占其全部工作时间的比率。由于客户退货成本及其相应物流成本都记入管理费用,应该在核算物流成本时将退货成本剥离出来。

⑦废弃物物流成本较小时,可以将其并入其他物流成本一并核算。

与会计方式的物流成本核算比较,由于统计方式的物流成本核算没有对物流耗费进行系统、全面、连续的核算,因此,虽然其核算较为简便,但其结果的精确度会受到一定的影响。

例 3.2 统计法核算物流成本的基本步骤:

(1)在期末将与物流业务有关的原始单据凭证归类、整理、汇总。某公司的物流业务基本情况归类整理如表 3-1 所示。

表 3-1 公司基础数据表

公司各部门人员和设施面积数据		
公司部门	人员数/人	设施面积/m²
其他部门	91	5 560
物流部门	36	309
总计	127	5 869
物流各部门与设备价值数据		
物流部门	人员数/人	设备价值/元
包装	6	480 000
运输	12	1 740 000
保管	4	987 000
装卸	10	216 000

续表 3-1

物流各部门与设备价值数据		
物流部门	人员数	设备价值
管理	4	147 000
总计	36	3 570 000
运输部门运输量数据		
运输部门	运输量/(吨·公里)	
供应物流	1 200	
销售物流	2 000	

（2）确定物流费用的分配比率（人员数、设施面积、业务量等）。

确定物流费用的分配比率，可根据人员数、设施面积、设备价值、业务量等。基准比率的计算公式：

人数比率＝物流部门人数/全公司人数

面积比率＝物流部门设施面积/全公司面积

物流费用比率＝(1～n)项物流费/(1～n)项费用

表 3-2 物流费用分配表

项目	费用/元	计算基准/%	基准说明	物流成本/元	支付形态类别	物流功能类别
车辆租赁费	100 080	100	全额	100 080	维护费	运输费
包装材料费	30 184	100	全额	30 184	材料费	包装费
工资津贴费	631 335	28.3	人数比率	178 668	人工费	包装运输保管装卸管理
水电气暖费	12 645	52.7	面积比率	6 664	一般经费	物流管理费
保险费	10 247	52.7	面积比率	5 400	维护费	包装运输保管装卸管理
修缮维护费	19 596	52.7	面积比率	10 327	维护费	包装运输保管装卸管理
折旧费	39 804	52.7	面积比率	20 977	维护费	包装运输保管装卸管理
办公费	19 276	42.1	物流费用比率	8 115	一般经费	物流管理费
易耗品费	21 316	42.1	物流费用比率	8 974	材料费	包装保管管理费
资金占用利息	23 816	42.1	物流费用比率	10 027	特别经费	保管费
税金	33 106	42.1	物流费用比率	13 938	维护费	包装运输保管装卸管理
通信费	10 336	42.1	物流费用比率	4 351	一般经费	信息流通费
软件租赁费	17 748	42.1	物流费用比率	7 472	一般经费	信息流通费
有关成本合计	969 489	41.8	物流成本占比	405 246	合计	企业本身物流成本

(3) 按分配比率计算出物流业务承担的费用数额。
(4) 确定物流成本核算的范围、对象、内容。
成本计算空间：按物流功能
成本计算对象：按物流范围
成本内容(结构)：按支付形态
(5) 按确定好的成本对象、范围归集分配各项费用。
① 车辆租赁费用 100 080 元
成本内容：燃料动力费
计费空间：运输部门
计费对象：供应物流和销售物流
本月运输部门提供物流运输劳务 3 200 吨·公里，其中采购材料耗用 1 200 吨·公里，产品销售耗用 2 000 吨·公里，则：

$$供应物流负担额 = 100\ 080 \times (1\ 200 \div 3\ 200) = 37\ 530 (元)$$
$$销售物流负担额 = 100\ 080 \times (2\ 000 \div 3\ 200) = 62\ 550 (元)$$

② 包装材料费 30 184 元
成本内容：材料费
计费空间：包装部门
计费对象：企业内部物流
③ 工资津贴费 178 668 元
成本内容：人工费
计费空间：各物流部门
计费对象：供应、销售、企业内部物流
按各物流部门人数进行分配：

$$包装部门负担额 = 178\ 668 \times 6 \div 36 = 29\ 778 (元)$$
$$运输部门负担额 = 178\ 668 \times 12 \div 36 = 59\ 556 (元)$$
$$保管部门负担额 = 178\ 668 \times 4 \div 36 = 19\ 852 (元)$$
$$装卸部门负担额 = 178\ 668 \times 10 \div 36 = 49\ 630 (元)$$
$$管理部门负担额 = 178\ 668 \times 4 \div 36 = 19\ 852 (元)$$

将运输部门的工资津贴费 59 556 元按供应物流和销售物流进行分配：

$$供应物流负担额 = 59\ 556 \times 1\ 200 \div 3\ 200 = 19\ 852 (元)$$
$$销售物流负担额 = 59\ 556 \times 2\ 000 \div 3\ 200 = 39\ 704 (元)$$

(6) 按物流功能编制成本计算表。
(7) 编制物流成本汇总表。

3. 会计和统计相结合的物流成本核算

物流成本核算的目的是更好地进行物流成本管理，因此企业可以按照物流成本管理的不同要求和目的设置相应的成本核算项目，并根据成本核算项目所需的数据设置成本费用科目的细目。但是，过细的会计科目设置会给企业会计工作增加负担，是不经济的。因此，企业在设置会计科目前应考虑物流成本核算可能给企业带来的收益，以及增加物流成本核算科目将会增加的会计操作成本。

在这种前提下，会计和统计相结合的成本核算方式是企业进行物流成本核算的一个不错的选择。这种方法的要点是，将物流成本的一部分通过统计方式予以核算，另一部分则通过会计方式予以核算。由于企业物流成本包括显性成本和隐性成本两部分内容，显性成本中的直接成本主要取自会计核算数据，显性成本中的间接成本和隐性成本主要通过统计方式进行计算，因此，实践中，计算企业物流成本通常要采用会计和统计相结合的方式。这种方法虽然也要设置一些物流成本账户，但它不会像会计方式那么全面、系统，而且这些物流成本账户不纳入现行财务会计成本核算的账户体系，是一种账外核算，具有辅助账户记录的性质。

4. 间接物流成本分配

物流成本按其计入成本对象的方式，可分为直接物流成本和间接物流成本。直接成本和间接成本最主要的区别在于，能否直接计入成本计算对象。对于直接物流成本，只要掌握一定的成本计算方法，即可计算得出结果；对于间接物流成本，则需要对归集的成本采取一定的分配原则和方法进行分配。

间接物流成本通常使用某种参数作为成本分配基础。成本分配基础是指能联系成本对象和成本的参数。为了合理地选择分配基础，正确地分配间接物流成本，在分配过程中一般应遵循因果、受益和公平等原则。实践中，鉴于不同企业实际运作存在差异，间接物流成本的分配基础也各不相同。企业可根据实际情况，在考虑成本收益原则的前提下，选择适合本企业特点和有利于成本管理决策的分配方法。一般说来，可供选择的间接物流成本分配基础包括：从事物流作业的人员比例、物流工作量比例、物流设施面积或设备比例以及物流作业所占资金比例，等等。

事实上，在明确物流成本计算的方法和步骤后，物流成本计算的难点就在于间接物流成本的分配。

（二）物流成本核算基本方法的选择

上述介绍的物流成本核算的一般方法是供企业从宏观角度上进行选择的，但企业在核算物流成本时，还要对核算的基本方法进行选择。

物流企业成本核算方法可以选取品种法、分批法、分步法等。例如，在大量、大批、单步骤物流生产的情况下，只要求将产品的品种作为成本核算对象，这种成本核算方法叫作品种法。又如，在单件、小批、多步骤的物流生产情况下，由于物流活动是按照客户的订单组织生产，因此物流成本就应该按照订单进行核算，这种成本核算方法就称为分批法。再如，在大量、大批、多步骤物流生产的情况下，要求按照生产步骤核算成本,这种成本核算方法称为分步法。

需要指出的是,还有一些可与基本方法结合使用的成本核算方法。例如,采用品种法核算成本时,在物流活动繁多的情况下,为了简化成本核算工作,可以先将物流活动划分为若干类别,分别核算各类别的物流成本,然后在各个类别内部采用一定的分配标准,核算出各项物流活动的成本,这种方法叫作分类法。

在定额管理制度比较健全的企业中,为了加强物流成本的定额控制,还可以以定额成本为基础,核算出物流活动的实际成本,这种方法叫作定额法。

分类法和定额法与企业生产经营类型的特点没有直接联系,它们的应用是为了简化成本核算工作和加强成本管理。因此,它们统称为辅助方法,一般应与上述三种基本方法结合起来使用,而不能单独使用。

物流成本核算按照一定的成本核算对象归集各项物流费用,以核算出各对象的总成本和单位成本。物流企业生产特点和成本管理的要求不同,影响着成本核算对象、成本核算期间及成本核算方法的选择。其中,成本核算对象是区别不同成本核算方法的主要标志。按照不同生产特点和成本管理要求,对物流成本基本核算方法的选择如表3-3所示。

表3-3 物流成本基本核算方法的选择

生产特点	成本核算对象	成本核算期间	成本核算方法
大量、大批、单步骤生产	品种	会计报告期	品种法
大量、大批、多步骤生产	步骤	会计报告期	分步法
单件、小批生产	批别	生产周期	分批法

(三)物流成本核算基本方法的应用

1. 品种法

品种法是指以产品的品种(物流活动种类)作为成本核算对象来归集生产费用、核算产品(物流活动种类)成本的一种方法。该方法是物流成本核算的最基本方法,适合于大量、大批、单步骤的物流活动,或在管理上不要求分步核算的大量、大批、多步骤的物流活动,由于这类物流活动都比较单一,物流服务过程不可间断,或不需要划分几个生产步骤,没有必要分生产步骤来核算成本,所以适合采用品种法核算成本。例如,物流活动中的运输作业等就属于此类。

(1)品种法的特点

①以物流服务种类作为成本核算对象开设成本计算单或设置"生产成本"明细账。在运用品种法进行物流成本核算的企业中,如果该物流企业仅提供一种物流服务,只需以该物流服务作为成本核算对象开设一张成本计算单,并按成本项目开设专栏,提供物流服务的过程中发生的各项费用都是直接费用,可直接计入物

流成本计算单中的相关成本项目中；如果物流企业同时提供几种物流服务，则需按物流服务种类分别作为成本核算对象开设若干张成本计算单，几种物流服务共同发生的成本费用采用一定的方法分配后，计入各成本核算对象的相关成本项目。

②成本核算期间与会计报告期一致，即定期核算一次成本费用。因为在大量、大批物流活动的情况下，物流服务是连续不断提供的，不可能等所有物流服务全部提供完毕后再进行成本核算，所以只能定期地核算其成本。

③月末核算物流成本时，如果没有未完工的物流服务项目或者未完工的物流服务很少，则不需要核算未完工的物流服务项目成本。这样，各生产成本明细账归集的全部成本费用，就是全部完工物流服务项目的成本，它除以劳务数量，得到的就是物流单位成本；如果存在未完工的物流服务项目，而且数量较多，则需将归集的全部成本费用采用适当的方法，在完工物流服务项目和未完工物流服务项目之间进行分配，以核算出完工物流服务成本和未完工物流服务成本。

(2) 品种法的成本核算程序

品种法是最基本的成本核算方法，因而品种法的成本核算程序也就是产品成本核算的一般程序。具体核算程序如下：

①开设成本计算单或者明细账。按物流服务种类开设"基本生产成本"明细账，按成本项目设置专栏。对于有月初未完工物流服务成本的物流服务，还应在"基本生产成本"明细账中登记期初未完工物流服务成本。

②编制各要素费用分配表。根据物流活动过程中发生的各项费用的原始凭证和相关资料，编制各种费用分配表。例如，耗费的材料费、工资、动力费计提的折旧、本期应摊销的待摊费用及计提的预提费用等，按照物流活动部门分别编制分配表，如材料费用分配表、工资费用分配表、动力费用分配表、折旧费用分配表、本期应摊销的待摊费用及计提的预提费用分配汇总表等。

③登记相关的明细账。根据各种费用分配表及其他相关资料登记"基本生产成本""辅助生产成本""制造费用"等明细账。

④分配辅助生产成本费用。根据"辅助生产成本"明细账，结出本期发生额，按受益原则，采用适当的方法编制辅助生产成本分配表，分配给有关受益对象。

⑤分配制造费用。根据"制造费用"明细账，结算本期发生额，编制制造费用分配表，分配给有关成本核算对象，并记入"基本生产成本"明细账。

⑥月末核算完工物流服务成本。月末，根据成本计算单（明细账）所归集的全部费用，采用适当的方法在完工物流服务项目和未完工物流服务项目之间进行分配。

⑦根据成本计算单核算出本月完工物流服务的总成本和单位成本及月末未完工的物流服务成本。具体程序如图 3-3 所示。

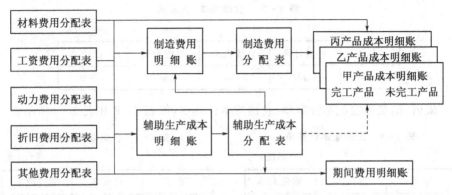

图 3-3 品种法的成本核算程序

(3) 品种法的成本核算应用实例

例 3.3 顺昌物流公司主要提供运输、仓储两项物流服务,有 10 辆汽车,5 个仓库。根据公司的特点及管理要求,现公司以运输和仓储两项物流活动作为品种,采用品种法核算两项物流服务成本。20**年4月份制造费用总额为 12 800 元,按照服务耗用工时来分配,具体资料如表 3-4 和表 3-5 所示。

表 3-4 "制造费用"明细账(品种法)

单位:元

月份	材料费	工资及福利费	动力费	折旧费	维修费	办公费	合计
4月	1 300	1 500	900	8 000	700	400	12 800

表 3-5 "制造费用"分配表(品种法)

项目	消耗工时	分配率	分配额
运输仓储	2 000 1 200	4	8 000 4 800
合计	3 200	4	12 800

根据生产费用凭证及汇总表和制造费用分配表登记"运输成本"明细账、"仓储成本"明细账,如表 3-6 和表 3-7 所示。

表 3-6 "运输成本"明细账

单位:元

月份	直接材料	直接人工	制造费用	合计
4月	2 000	3 000	8 000	13 000

表 3-7 "仓储成本"明细账

单位:元

月份	直接材料	直接人工	制造费用	合计
4月	1 000	2 000	4 800	7 800

最后,编制运输成本计算单、仓储成本计算单,如表 3-8 和表 3-9 所示。

表 3-8 运输成本计算单

单位:元

项目	总成本	单位成本
直接材料	2 000	200
直接人工	3 000	300
制造费用	8 000	800
合计	13 000	1 300

表 3-9 仓储成本计算单

单位:元

项目	总成本	单位成本
直接材料	1 000	200
直接人工	2 000	400
制造费用	4 800	960
合计	7 800	1 560

2. 分批法

分批法,又叫订单法,是指以产品的批别(物流作业批次)作为成本核算对象来归集生产费用、核算产品(物流作业批次)成本的一种方法。这种方法适用于单件、小批、单步骤的物流作业。因为这些物流作业提供的各项服务通常是按照客户的订单要求来确定的,而每个客户的订单要求又不相同,所以物流企业要按照这些不同的要求分批次地提供服务,这就需要核算各批次的物流作业成本。

(1) 分批法的特点

①以物流作业批次作为成本核算对象,据以开设成本明细账或成本计算单来归集成本费用和核算各项物流作业批次成本。在实际工作中,如果同一订单中包括几种不同类型的物流服务,为了考核和分析各类型物流服务成本计划的完成情况,并便于生产管理,要按照物流服务的类型分批地提供物流服务、核算物流作业成本;如果客户订单中只要求提供一种物流服务,但劳务数量较大,这时可以把同一订单中的物流服务作业,划分成数批次分别提供服务,核算出物流作业成本。

②成本核算期间与生产周期一致,而与会计报告期不一致。分批法的成本核算期间要求与生产任务通知单的签发和结束时间相一致,各批次物流作业成本要等到其提供的物流服务全部完成后才能核算确定。

③一般不需要在完工物流服务和未完工物流服务之间分配成本费用。因为分批法的成本核算期间与生产周期一致,即物流服务全部完工时归集的成本费用就是完工物流服务成本。

(2) 分批法的成本核算程序

分批法也是成本核算的基本方法之一,具体核算程序如下:

①按批别或订单开设成本计算单或者明细账。物流企业在开始提供物流服

务时,根据生产计划部门签发的生产任务通行单所规定的物流作业批次,为每批物流作业开设成本明细账,按成本项目分设专栏,归集各批物流作业所发生的成本费用。

②按物流作业的批别归集成本费用。每批物流作业所耗用直接材料、直接人工等直接费用,应直接计入该批物流作业成本,对于各批物流作业共同发生的制造费用等间接费用,应按规定的分配方法计入各批物流作业成本。

③登记相关的明细账。根据各种费用分配表及其他相关资料登记"基本生产成本""辅助生产成本""制造费用"等明细账。

④分配辅助生产费用。根据"辅助生产成本"明细账,结出本期发生额,按受益原则,采用适当的方法编制辅助生产分配表,分配给有关受益对象。

⑤分配制造费用。根据"制造费用"明细账,结出本期发生额,编制制造费用分配表,分配给有关成本核算对象,并记入"基本生产成本"明细账。

⑥月末核算完工物流服务批次成本。月末,根据成本计算单(明细账)所归集的全部费用,核算本月完工物流服务批次的总成本和单位成本。

(3) 分批法的成本核算应用实例

例 3.4 顺昌物流公司现提供包装产品服务,4 月份包装产品共 4 批,编号分别为 801 号、802 号、803 号、804 号。每批次产品数量分别为 10 件、20 件、10 件、5 件。4 月份发生制造费用总额为 15 000 元,按照服务消耗工时作为分配标准。具体资料如表 3-10 和表 3-11 所示。

表 3-10 "制造费用"明细表(分批法)

单位:元

月份	材料费	工资及福利费	动力费	折旧费	维修费	办公费	合计
4 月	2 300	2 500	1 000	8 000	800	400	15 000

表 3-11 "制造费用"分配表(分批法)

批次	消耗工时	分配率	分配额
801	2 000		8 000
802	1 000	4	4 000
803	550		2 200
804	200		800
合计	3 750	4	15 000

根据成本费用凭证及汇总表和制造费用分配表登记各批次"物流作业成本"明细账,如表 3-12 至表 3-15 所示。

表 3-12 "801 号产品成本"明细账

单位:元

月份	直接材料	直接人工	制造费用	合计
4 月	2 000	3 000	8 000	13 000

表 3-13 "802 号产品成本"明细账

单位:元

月份	直接材料	直接人工	制造费用	合计
4 月	3 000	4 000	4 000	11 000

表 3-14 "803 号产品成本"明细账

单位:元

月份	直接材料	直接人工	制造费用	合计
4 月	4 000	3 800	2 200	10 000

表 3-15 "804 号产品成本"明细账

单位:元

月份	直接材料	直接人工	制造费用	合计
4 月	1 080	1 500	800	3 380

最后,编制各批次产品成本计算单,如表 3-16 至表 3-19 所示。

表 3-16 "801 号产品成本"计算单

项目	总成本/元	单位成本/(元/件)
直接材料	2 000	200
直接人工	3 000	300
制造费用	8 000	800
合计	13 000	1 300

表 3-17 "802 号产品成本"计算单

项目	总成本/元	单位成本/(元/件)
直接材料	3 000	150
直接人工	4 000	200
制造费用	4 000	200
合计	11 000	550

表 3-18 "803 号产品成本"计算单

项目	总成本/元	单位成本/(元/件)
直接材料	4 000	400
直接人工	3 800	380
制造费用	2 200	220
合计	10 000	1 000

表 3-19 "804 号产品成本"计算单

项目	总成本/元	单位成本/(元/件)
直接材料	1 080	216
直接人工	1 500	300
制造费用	800	160
合计	3 380	676

3. 分步法

分步法是指按照物流作业的生产步骤归集生产经营费用,核算物流成本的一种方法。这种方法适用于大量、大批、多步骤生产的物流作业,即适用于多环节、多功能、综合性的物流企业。在这类企业里,物流作业可以分为若干个生产步骤,往往不仅要求按照物流作业种类核算成本,还要求按照生产步骤核算成本,以便为考核和分析各类物流作业及其各个生产步骤的成本计划的执行情况提供资料。

(1) 分步法的特点

① 以物流作业及其所经过的生产步骤作为成本核算对象,据以开设"物流成本"明细账来归集成本费用和核算物流作业的成本。如果物流企业只有一项物流作业,成本核算对象就是该项物流作业及其所经过的各生产步骤,"物流成本"明细账应该按照物流作业的生产步骤开设;如果物流企业里包括多项物流作业,成本核算对象就是各项物流作业及其所经过的各生产步骤,"物流成本"明细账应该按照每项物流作业的各个生产步骤开设。

② 成本核算期间与会计报告期相一致。由于大量、大批、多步骤的物流活动往往跨月陆续完工,所以需要每月定期地核算物流作业成本费用。

③ 月末,经常存在一定数量的未完工的物流作业,因而需要将各步骤成本明细账归集的费用,采用适当的方法在完工物流作业和未完工物流作业之间进行分配,核算出各项物流作业在各步骤上的完工成本和未完工成本。

(2) 分步法的分类

在实际工作中,由于成本管理要求的不同,分步法在核算和结转各步骤成本时,可分逐步结转分步法和平行结转分步法。

①逐步结转分步法。逐步结转分步法也称为顺序分步法,它是指按照某项物流作业的先后顺序逐步核算并结转各步骤的成本,直到最后的步骤完成,核算出此项物流作业的总成本的一种方法。其特点如下：一是成本核算对象是各步骤的成本和最后完工步骤的成本。按物流作业的各个步骤分别设置"物流成本"明细账,各步骤都要核算成本,并且各个步骤成本的结转要和各个步骤的前后衔接相一致。例如,按完成配送作业的先后顺序,先核算出分拣步骤的分拣成本,随着分拣步骤的完成进入配装这一步骤,分拣成本也随之结转到配装这一步骤；配装这一步骤将上一步转来的分拣成本加上本步骤发生的配装成本费用,进而核算出配装这一步骤的成本。以此类推,逐步结转累计,直至最后配送运输这一步骤,才最终核算出配送这一项物流作业成本。二是按月核算出各步骤成本和完工成本。每月月末应通过各步骤"物流成本"明细账中归集的成本费用,包括本步骤发生的费用和上步骤转来的费用,核算出各步骤的成本,并逐步结转核算出最终完工的物流作业成本。

逐步结转分步法的具体程序如图3-4所示。

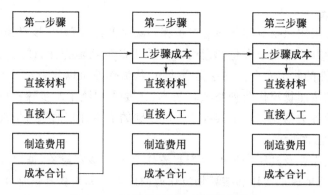

图3-4 逐步结转分步法的具体程序

②平行结转分步法。平行结转分步法是指各步骤不核算所消耗上一步骤的成本,只核算本步骤发生的各项费用及这些费用中应计入最终物流作业总成本的份额,然后将各步骤应计入同一物流作业成本的份额经过平行结转汇总核算出最终物流作业总成本的一种方法。其特点如下：一是各步骤只归集本步骤消耗的成本费用,而不核算半成品成本。二是各步骤之间不结转半成品成本,即上一步骤完成时进入下一步骤继续进行物流活动时,上一步骤的成本不用随着上下步骤的交接而进行结转。三是月末各步骤要确定各步骤中应计入完工物流作业总成本的成本费用份额,并将各步骤应计入完工物流作业总成本中的成本费用数额加以汇总,最后核算出物流作业总成本。

平行结转分步法的具体程序如图3-5所示。

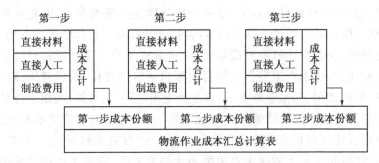

图3-5 平行结转分步法的具体程序

企业对物流成本核算从一般方法上可以采用会计方式、统计方式或者两者结合的方式进行,从基本核算方法上可根据企业产品(物流服务)特点采用品种法、分批法或分步法。随着成本管理技术方法的不断发展,一种新的成本核算和管理模式——作业成本法正在被越来越多的人认识和采纳,我们将在下一章重点学习该方法。

四、企业物流成本计算程序

(一) 显性物流成本计算

显性物流成本主要指现行会计核算中已经反映,可以从会计信息中分离和计算的物流成本。对于显性物流成本的计算,可根据企业实际情况,选择期中或期末两种方式进行。

若期中收集物流成本信息,企业在按照会计制度的要求编制记账凭证、登记账簿、进行正常产品成本核算的同时,登记相关的物流成本辅助账户,在不影响现行成本费用核算的基础上,通过账外核算得到物流成本资料。

若期末收集物流成本信息,企业平日无须进行额外的处理,按照财务会计制度的要求进行会计核算,期末(月末、季末、年末)通过对有关物流业务的原始凭证和单据进行再次的归类整理,对现行成本核算资料进行解剖分析,从中分离出物流成本的部分,加工成所需的物流成本信息。

1. 选取会计科目

计算显性物流成本必须依赖现行会计核算体系,完整、准确的会计核算资料尤其是成本核算资料是物流成本计算的基础。从纷繁复杂的会计信息中获取物流成本信息,无论是在期中与会计核算同步进行还是在期末单独进行,均需找到计算物流成本的切入点。实践中,是从原始凭证、会计科目入手还是从会计报表入手?哪个切入点计算物流成本更便捷?

从会计科目入手计算物流成本,方法相对折中,因为就物流成本的含义而言,由于其归属于成本费用类支出范畴,所以在计算物流成本时,只要从会计核算中所有的成本费用类会计科目入手,逐一分析其发生的明细项目,必要时追溯至原始凭证,逐一确认其是否属于物流成本的内容,就找到了计算物流成本的切入点。基于上述思想,企业在计算物流成本时,应选取成本费用类会计科目计算。对生产制造企业而言,成本费用类会计科目主要包括管理费用、销售费用、财务费用、生产成本、制造费用、其他业务支出、营业外支出等科目;另外,我国会计核算中对于采购环节存货成本的确认通常包括运输费、装卸费等与物流成本有关的内容,而这部分内容连同存货本身的采购价格一并记入"材料采购"科目。所以,计算企业物流成本时,除了从上述成本费用类会计科目入手,还应考虑材料采购科目中所包含的物流成本信息。

2. 设置物流成本辅助账户

计算物流成本往往需要设置物流成本辅助账户,具体要设置哪些账户,主要取决于物流成本计算对象的选取和物流成本管理的要求。从物流成本构成的角度看,物流成本计算对象主要包括三个维度,即物流成本项目、物流范围和物流成本支付形态。根据这三个维度,以"物流成本"作为一级账户;在"物流成本"账户下,按物流成本项目设置运输成本、仓储成本、包装成本、装卸搬运成本、流通加工成本、物流信息成本、物流管理成本、流动资金占用成本、存货风险成本、存货保险成本等二级账户;按物流范围设置供应物流、企业内物流、销售物流、回收物流和废弃物物流等三级账户;按支付形态设置自营和委托物流成本四级账户;对于自营物流成本,还应按费用支付形态设置材料费、人工费、维护费、一般经费、特别经费费用专栏。

例如,物流成本中自营运输成本的计算可设置15个明细账户:
(1) 物流成本——运输成本——供应物流成本——人工费
(2) 物流成本——运输成本——供应物流成本——维护费
(3) 物流成本——运输成本——供应物流成本——一般经费
(4) 物流成本——运输成本——企业内物流成本——人工费
(5) 物流成本——运输成本——企业内物流成本——维护费
(6) 物流成本——运输成本——企业内物流成本——一般经费
(7) 物流成本——运输成本——销售物流成本——人工费
(8) 物流成本——运输成本——销售物流成本——维护费
(9) 物流成本——运输成本——销售物流成本——一般经费
(10) 物流成本——运输成本——回收物流成本——人工费
(11) 物流成本——运输成本——回收物流成本——维护费
(12) 物流成本——运输成本——回收物流成本——一般经费
(13) 物流成本——运输成本——废弃物物流成本——人工费

（14）物流成本——运输成本——废弃物物流成本——维护费

（15）物流成本——运输成本——废弃物物流成本——一般经费

其他物流成本明细账户的设置可参照上述物流运输成本账户的设置，这里不再一一列举。

关于物流成本账户的设置，要注意以下五个方面的问题：一是前面介绍的物流成本明细账户的设置是"大而全"的概念，实践中，企业仅需对本会计期间实际发生的物流成本耗费设置相应的明细账户。二是物流成本二级、三级、四级账户及费用专栏设置次序，可根据企业实际情况确定，不必拘泥于前述设置次序的安排。三是企业物流成本账户除了按物流成本项目、物流范围和物流成本支付形态设置，还可按产品、客户、部门等设置，具体取决于企业的物流成本管理要求。四是物流企业一般不划分具体的物流范围，其物流成本账户直接按物流成本项目和物流成本支付形态设置即可。五是无论期中还是期末计算物流成本，都需要设置明细账户。期中计算时需要实时登记各物流成本明细账户，期末进行汇总；期末计算时需要在各明细账户中逐一归集各物流成本，然后汇总计算。

3. 计算物流成本

在设置物流成本辅助账户，明确应选取会计科目的基础上，企业物流成本计算人员通过逐一分析各相关会计科目，明确哪些费用支出应计入物流成本，对于应计入物流成本的内容，可根据本企业实际情况，选择在期中与会计核算同步登记物流成本辅助账户，或在期末（月末、季末、年末）集中归集计算物流成本，分别反映出按物流成本项目、物流范围和物流成本支付形态作为归集动因的物流成本数额。

（二）隐性物流成本计算

隐性物流成本指现行会计核算中没有反映，需要在企业会计核算体系之外单独计算的那部分物流成本，主要指存货占用自有流动资金所发生的机会成本。这部分物流成本可在期末根据有关存货统计资料按一定的公式计算。

首先，期末（月末、季末、年末）对存货按采购在途、在库和销售在途三种形态分别统计出账面余额。无论按哪种状态统计，均以存货正在占用自有资金为统计标准，对于存货已购在途或在库但企业尚未支付货款以及企业已收到销售货款但存货仍在库或在途的，不进入统计范围。

其次，按照下列公式计算存货占用自有资金所产生的机会成本：

存货资金占用成本＝存货账面余额（存货占用自有资金）×行业基准收益率

其中，对于生产制造和流通企业而言，若企业计提了存货跌价准备，则存货账面余额为扣除存货跌价准备后的余额；对于物流企业而言，由于不发生存货购销业务，只是在受托物流业务时需要垫付一定的备用金和押金，这部分备用金和押金可视同存货占用自有资金，也应计算其产生的机会成本。

企业若无法取得有关行业基准收益率的数值,也可使用1年期银行贷款利率或企业内部收益率计算。当企业计算物流成本仅为内部管理所用时,则使用内部收益率计算物流成本对于其内部物流成本管理更有意义。

会计和统计相结合的成本核算方式的优点包括:物流成本在账外进行核算,既不需要对现行成本核算的账表系统进行系统的调整,又能相对全面地提供物流成本资料,方法也较为简单,易于财会人员所采用。与会计方式的物流成本核算相比较,这种核算方式操作相对简单,但可能没有会计方式得到的成本信息准确;而与统计方式的物流成本核算相比较,情形则相反,物流成本信息则相对准确,但操作相对复杂一些。

在核算物流成本时总的原则是单独作为物流作业所消耗的费用直接计入物流成本,间接为物流作业消耗的费用及为物流作业和非物流作业同时消耗的费用应按作业人员的比例、物流工作量比例、物流作业所占资金比例等确定。

(三)物流成本核算案例

例3.5 A公司是一个以小麦加工为主的面粉生产企业。经查阅会计核算有关资料,得知A公司的成本费用类科目主要包括生产成本、制造费用、销售费用、管理费用、财务费用、营业外支出和其他业务支出。

(1) 经查阅,20××年12月A公司"管理费用"科目余额为2 657 284.38元,进一步分析明细资料得,"管理费用"科目下的工资、折旧费、职工福利费、职工培训费、劳动保险费、待业保险费、住房公积金、统筹医疗费、照明电费等细目支出均与物流成本相关。这里,仅计算与"管理费用—照明电费"有关的物流成本。经查阅,"管理费用—照明电费"科目余额为25 182.68元,其中有两项支出与物流成本相关:一是支付仓库照明电费1 399元;二是支付车间照明电费4 197.11元。车间共有生产工人60人,其中从事包装作业人数为15人。车间照明电费按照从事物流作业人数进行分配。

根据上述资料,设置物流成本辅助账户,计算与"管理费用—照明电费"有关的物流成本。

包装作业人数占车间生产人数比例=15÷60=0.25
包装作业消耗的照明电费=4 197.11×0.25=1 049.28元
仓储作业消耗的照明电费=1 399元
物流成本——包装成本——企业内物流成本——一般经费1 049.28
　　　　——仓储成本——企业内物流成本——一般经费1 399

(2) 经查阅,20××年12月末A公司仓库存货结余明细如下:小麦结余12 175 658千克,面粉结余4 040 611.58千克,副产品结余1 482 200.20千克,结余价值总额29 683 691.69元,月初结余价值总额为29 342 314.40元。(1年期银行贷款利率为5.58%)

根据上述资料,设置物流成本辅助账户,计算有关物流成本。

存货占用自有资金所产生的机会成本
$= (29\,683\,691.69 + 29\,342\,314.40) \div 2 \times 5.58\% \div 12 = 137\,235.46$ 元

物流成本—流动资金占用成本—企业内物流成本—特别经费 137 235.46

例 3.6 B 公司是某集团下设分公司,主要负责啤酒的销售工作。其工作流程:根据客户订单从集团下设另一啤酒生产公司采购啤酒,其中有关的物流运作包括运输和装卸搬运等工作均外包给专业的物流公司,采购环节无运费和装卸费,这部分费用体现在采购价格中,分别占采购价格的 6% 和 1.5%。销售价格按离岸价格确定。为了满足临时订货和销售的需要,在采购总额中约有 15% 的货物储存于仓库以备市内周转和应急所需。经查阅会计核算资料,得知 B 公司的成本费用类科目主要包括销售费用、管理费用、主营业务成本和财务费用。

这里,仅计算与"销售费用——运费""销售费用——装卸费"有关的物流成本。

(1) 对于"销售费用——运费"12 285 400 元和"销售费用——装卸费"2 378 800 元,经查明细资料得知,为对外支付运费和装卸费。该两项费用均为销售环节发生的费用。

根据上述资料,设置物流成本辅助账户,计算与"销售费用——运费""销售费用——装卸费"有关的物流成本。

物流成本—运输成本—销售物流成本—委托 12 285 400
　　　—装卸搬运成本—销售物流成本—委托 2 378 800

(2) 经查阅,20××年 3 月 B 公司"主营业务成本"科目余额为 123 000 000 元,主要为啤酒采购成本,其中运费和装卸费分别占采购成本的 6% 和 1.5%。

根据上述资料,设置物流成本辅助账户,计算与"主营业务成本"有关的物流成本。

运输作业物流成本 $= 123\,000\,000 \times 6\% = 7\,380\,000$
装卸搬运作业物流成本 $= 123\,000\,000 \times 1.5\% = 1\,845\,000$

物流成本——运输成本——供应物流成本——委托 7 380 000
　　　——装卸搬运成本——供应物流成本——委托 1 845 000

例 3.7 C 公司是一家专业物流公司,主要从事受托物流业务的组织运营工作,部分运输业务外包、部分装卸搬运雇佣外部搬运工完成。公司除一个自有仓库外,还在其他地区租赁 4 个仓库,另有 1 辆 10 吨叉车和 2 辆卡车,供内部零星装卸搬运和运输用。C 公司的成本费用科目主要包括:主营业务成本、销售费用、管理费用、财务费用和营业外支出。这里,仅计算与"销售费用——折旧"有关的物流成本。

(1) 经查阅,20××年 12 月 C 公司"销售费用——折旧"科目余额为 7 171.01 元,包括卡车、叉车、自有仓库及物流管理部门计算机折旧费,数额分别为 1 303.82 元、1 501.73 元、3 911.46 元和 454 元。

根据上述资料,设置物流成本辅助账户,计算与"销售费用——折旧"有关的物流成本。

物流成本——运输成本——维护费 1 303.82
　　　　——装卸搬运成本——维护费 1 501.73
　　　　——仓储成本——维护费 3 911.46
　　　　——物流信息成本——维护费 454

(2) 经查阅,20××年12月C公司在物流服务过程中,向委托方支付的备用金及押金在"其他应收款"科目中反映,"其他应收款——备用金"本月初余额为 1 456 683.35 元,本月末余额为 1 449 683.35 元,"其他应收款——押金"本月初余额为 273 800 元,本月末余额为 923 800 元,1年期银行贷款利率为 5.31%。

根据上述资料,设置物流成本辅助账户,计算有关物流成本。

存货占用自有资金所产生的机会成本
=[(1 456 683.35+1 449 683.35)÷2+(273 800+923 800)÷2]×5.31%÷12
=9 080.03 元

物流成本——流动资金占用成本——特别经费 9 080.03

五、物流成本报表

企业物流成本计算出来后,需要通过一种载体披露物流成本信息,这个载体就是企业物流成本表。按披露物流成本信息内容的不同,企业物流成本表可分为企业物流成本主表和企业自营物流成本支付形态表,分别介绍如下。

(一) 企业物流成本主表

1. 企业物流成本主表格式

企业物流成本主表是按成本项目、物流范围和成本支付形态三维形式反映企业一定期间各项物流成本信息的报表。它是根据物流成本的三个维度构成,按一定的标准和顺序,把企业一定期间的项目物流成本、范围物流成本和支付形态物流成本予以适当排列,根据日常工作中形成的大量成本费用数据,通过整理计算编制而成的。

企业物流成本主表对企业物流成本计算对象的三个维度进行了整合,报表使用者可从该表中了解详尽的企业物流成本信息,既可以了解不同物流功能成本及存货相关成本的发生额,也可以了解不同物流范围的成本发生额;既可以了解单项物流成本项目在不同物流范围的成本明细额,也可以了解单一物流范围所发生的不同的成本项目明细额;既可以了解内部自营物流成本及其具体的成本项目和物流范围成本发生额,又可以了解委托物流成本及其支出明细。同时,企业物流成本主表还能够提供进行物流成本评价的基础资料,它是企业物流成本评价的基础。企业物流成本主表的基本格式如表3-20所示。

表 3-20 企业物流成本主表

企业详细名称：　　　　　　　　　　　企业法人代码：　　　　　　　　　　计量单位：元　　　年　月

成本项目	范围及支付形态	代码	供应物流			企业内物流			销售物流			回收物流			废弃物流			物流总成本		
			自营	委托	小计	自营	委托	小计	自营	委托	小计	自营	委托	小计	自营	委托	小计	自营	委托	合计
	甲	乙	1	2	3	4	5	6	7	8	9	10	11	12	13	14	15	16	17	18
物流功能成本	运输	1																		
	仓储	2																		
	包装	3																		
	装卸搬运	4																		
	流通加工	5																		
	物流信息	6																		
	物流管理	7																		
	合计	8																		
存货相关成本	流动资金占用	9																		
	存货风险	10																		
	存货保险	11																		
	合计	12																		
其他成本		13																		
物流成本合计		14																		

单位负责人：　　　　　　　　　　　　填表人：　　　　　　　　　　　　填表日期：　　　年　月　日

2. 企业物流成本主表的编制方法及要求

（1）企业物流成本主表的编制方法。企业物流成本主表的编制，主要是对日常会计核算中的成本费用数据加以归集、整理和计算，使之成为有用的物流成本信息。企业物流成本主表中各项目的数据主要来源于会计核算资料和物流成本计算的结果。具体说来：

①根据会计明细账发生额汇总填列。企业物流成本主表中各项委托物流成本，一般可根据会计明细账发生额汇总填列。例如，对于生产制造和流通企业而言，委托运输成本和委托装卸搬运成本，可根据会计明细账中的"销售费用——运费""销售费用——装卸费"分别汇总填列；对于物流企业而言，委托运输成本和委托装卸搬运成本，可根据会计明细账中的"主营业务成本——运费""主营业务成本——装卸费"分别汇总填列。

②根据会计明细账发生额分析汇总填列。例如，对于生产制造企业来说，可根据会计明细账"制造费用——折旧费"来具体分析其中有哪几项多少数额是用于包装设备折旧费，根据会计明细账"制造费用——保险费"来具体分析其中有哪几项多少数额是用于包装设备保险费，从而获取和计算包装成本的有关信息，最后将与包装成本有关的信息汇总填列。

③根据会计明细账发生额分析计算汇总填列。企业物流成本主表中的多数项目都属于间接物流成本，其填列都需根据会计明细账的有关资料进行分析，并采用一定的标准和方法进行分摊和计算，最后汇总与某一成本项目有关的所有细目后加以填列。例如，在填列仓储成本时，首先要看企业仓储成本包括哪些内容。假设经查企业会计明细资料，得知企业仓储成本主要包括人工费和维护费两部分内容，这时需要分别计算人工费和维护费的数额，经查"销售费用——工资"明细账，发现这部分工资费用支出既包括仓库管理人员也包括仓库运作人员的工资，这时需要进一步分析和计算仓库运作人员的工资以确定仓储成本中人工费的支出数额；经查"销售费用——折旧费"明细账，发现这部分内容既包括仓库也包括营业用房的折旧费支出，这时需要进一步分析计算仓库的折旧费，以确定仓储成本中维护费的支出数额。然后再将"仓储成本——人工费"和"仓储成本——维护费"两部分内容相加，就能得到仓储成本的有关信息。

总之，企业物流成本的计算是以会计成本费用类账户明细资料为依据；企业物流成本主表的填列是以物流成本的计算结果为主要依据，是在汇总各同类物流成本项目的基础上进行填列，因此，物流成本的计算和物流成本主表的填列主要遵循以下程序：

①获取成本费用类明细账资料。

②按明细科目逐一分析该项费用是否属于物流成本内容。

③对于属于物流成本内容的，设物流成本四级明细账户，"物流成本——物流

项目成本——物流范围成本——物流支付形态成本"账户,如"物流成本——运输成本——供应物流成本——人工费"等。

④对于可直接计入上述明细物流成本账户的,直接计入;对于不能直接计入的,则分别情况,按一定的标准对成本进行分摊,分析计算计入。

⑤按企业物流成本主表内容要求,汇总同一物流成本明细项目。

⑥按汇总结果,填列企业物流成本主表。

(2) 企业物流成本主表的编制要求。企业物流成本主表的编制应遵循以下要求:

①企业物流成本主表的编报期为月报、季报和年报。

②生产制造企业和流通企业一般应按供应物流、企业内物流、销售物流、回收物流和废弃物物流五个范围阶段逐一进行填列。

③按范围形态填列时,若某阶段未发生物流成本或有关成本项目无法归属于特定阶段的,则按实际发生阶段据实填列或填列横向合计数即可。

④对于委托物流成本,若无法按物流范围进行划分但可按成本项目分别支付的,填写"物流总成本——委托-17"一列的有关内容即可;若采用不分成本项目的整体计费方式支付但可划分物流范围的,则填写"物流总成本-14"一行中与委托有关的成本即可;若既采用整体计费方式支付又无法划分物流范围的,则填写"物流总成本-14"一行与"物流总成本——委托-17"一列相交位置的成本即可。

⑤在上述③和④中提出的可直接填写"物流总成本"有关内容的,应对其内容在表后做备注说明。

⑥对于物流企业,不需按物流范围进行填列,按成本项目及成本支付形态填写物流成本即可。

(二) 企业自营物流成本支付形态表

1. 企业自营物流成本支付形态表的格式

企业自营物流成本支付形态表是按成本项目和自营物流成本支付形态两维形式反映企业一定期间自营物流成本信息的报表。它是根据物流成本项目和自营物流成本支付形态之间的相互关系,按一定的标准和顺序,把企业一定期间的项目物流成本及其对应的自营支付形态物流成本予以适当排列,依据日常工作中形成的大量成本费用数据,通过整理计算编制而成的。

企业自营物流成本支付形态表是对企业物流成本主表的补充说明。物流成本按支付形态可分为自营物流成本和委托物流成本,自营物流成本又有其具体的支付形态。企业在物流成本管理过程中,除了要了解自营和委托物流成本的数额,还需要了解不同支付形态下的各项自营物流成本数额。企业自营物流成本支付形态表对企业物流成本主表中的自营物流成本做了进一步的诠释和细化,使报表使用者可以更详尽地了解企业内部不同支付形态下的成本发生额以及不同成本项目的支付形态构成。

企业自营物流成本支付形态表成本项目一维的构成内容与企业物流成本主表的构成内容完全一致,其支付形态一维主要包括材料费、人工费、维护费、一般经费和特别经费,基本格式如表3-21所示。

表3-21 企业自营物流成本支付形态表

企业详细名称：　　　　　企业法人代码：　　　　　计量单位:元　　　　年　　月

成本项目	内部支付形态	代码	材料费	人工费	维护费	一般经费	特别经费	合计
甲		乙	1	2	3	4	5	6
物流功能成本	运输	1						
	仓储	2						
	包装	3						
	装卸搬运	4						
	流通加工	5						
	物流信息	6						
	物流管理	7						
	合计	8						
存货相关成本	流动资金占用	9						
	存货风险	10						
	存货保险	11						
	合计	12						
其他成本		13						
物流成本合计		14						

单位负责人：　　　　　填表人：　　　　　填表日期：　　年　月　日

2. 企业自营物流成本支付形态表的编制方法及要求

(1) 企业自营物流成本支付形态表的编制方法。企业自营物流成本支付形态表的编制方法与企业物流成本主表的编制方法基本相同,各项目的数据也主要来源于会计核算资料和物流成本计算结果。自营物流成本支付形态表主要依据会计明细账发生额分析汇总或分析计算汇总填列,一般不能直接汇总填列。

①根据会计明细账发生额分析汇总填列。例如,计算"仓储成本——人工费"时,需要对"销售费用——工资"明细账进行分析,分析在销售费用列支的工资额中,有多少数额或多大比例是仓储作业人员的工资支出。同时,还需要进一步收

集和分析与"仓储成本——人工费"有关的其他信息,例如为仓储作业人员支付的奖金、福利费、保险费、住房公积金支出等,最后将与"仓储成本——人工费"有关的信息汇总填列。

②根据会计明细账发生额分析计算汇总填列。例如,在"销售费用——办公费"明细账中含有物流作业现场管理人员的办公费支出,由于办公费的列支没有按人员明细记账,通过查询明细资料无法直接获得物流管理人员的办公费支出,这时需要计算物流管理人员在全部人员中所占的人数比例,从而计算出物流管理人员所耗用的办公费支出,获取"物流管理成本——一般经费"的信息。在企业管理和经营过程中,应当列入"物流管理成本——一般经费"的内容较多,因此,在填列该项内容之前,需要将属于"物流管理成本——一般经费"的内容进行汇总。

总之,企业自营物流成本支付形态表的填列大多是要对有关的会计成本费用明细账资料进行分析计算。与企业物流成本主表的填列相同,也要获取成本费用类明细账资料,设物流成本四级辅助账户,分析、计算、汇总和填写表格。

事实上,只要设置了完整的企业物流成本明细账户,明确了企业物流成本的计算过程,根据企业物流成本表的内容设置,即可完成填写工作。

(2) 企业自营物流成本支付形态表的编制要求。企业自营物流成本支付形态表的编制应符合以下要求:

①企业自营物流成本支付形态表编报期为月报、季报和年报。

②对于运输成本、仓储成本、装卸搬运成本、物流信息成本和物流管理成本,对应的支付形态一般为人工费、维护费和一般经费;对于包装成本、流通加工成本,对应的支付形态一般为材料费、人工费、维护费和一般经费;对于流动资金占用成本、存货风险成本和存货保险成本,对应的支付形态为特别经费。

③凡成本项目中各明细项目有相应支付形态的,均需填写;无相应支付形态的,则不填写。

④企业自营物流成本支付形态表中"合计-6"一列中各项成本数值应等于企业物流成本主表中"物流总成本——自营-16"一列中各项成本数值。

思考题

1. 试述物流成本核算的一般方法。
2. 如何设置物流成本辅助账户及应用?
3. 如何应用物流成本核算基本方法?
4. 如何填企业物流成本表?

案例分析

济钢物流成本核算现状及分析

济钢始建于 1958 年,是我国缔造的第一批地方骨干钢铁企业,年产钢量最高时达 1 200 多万吨,跻身全国十大钢铁企业行列,曾是全国最大的中厚板生产基地、第一批循环经济试点单位和"十一五"规划重点建设的循环经济示范企业。2017 年 7 月,按照山东省政府关于《济钢产能调整和山钢转型发展工作总体方案》的要求,济钢钢铁产线实现全线安全关停。60 年来累计生产铁 1.55 亿吨,钢 1.55 亿吨,钢材 1.37 吨,实现利税 320 亿元。

1 济钢物流成本核算现状

按照目前钢铁企业执行的《企业会计准则》的要求,物流成本并未单独进行核算,没有像管理费用、财务费用等科目一样,进行专项归集。现行的会计核算体系,使在采购、生产和销售等环节发生的物流成本都湮没在多个相关的会计科目中,如材料采购、生产成本、制造费用、管理费用、销售费用等。本研究以济钢供应物流、生产物流和销售物流实例为例,对物流成本进行分析。

1.1 国内采购物流环节

(1) 到厂价结算方式。到厂前的运输费、装卸费等物流成本均由供应商承担,购买方没有相关的原始单据,结算凭证不反映相关物流成本的信息。以济钢原料处采购球团厂所用的皂土业务为例,对于此笔业务,会计凭证借记"材料采购——球团厂——皂土"和"应交税金——应交增值税——进项税"科目;贷记"应付账款——××公司"。结算凭证后附件 5 份,分别为验收入库单、结算单、增值税发票、发货通知单、检验报告单。凭证和所附单据能够反映的物流信息包括品种、数量、采购金额、时间、流向,但不包括到厂前此笔采购业务的物流成本情况。

(2) 离厂价结算方式。采购业务发生的物流成本由济钢承担,通过相关的原始单据和结算凭证可以反映出与采购物流成本相关的信息。以济钢原料处一笔国内精粉的采购业务为例,对于此笔业务,会计凭证借记"材料采购——原料厂——国内精粉""材料采购——原料厂——国内精粉(运杂费)""应交税金——应交增值税——进项税""应交税金——应交增值税——运费进项税";贷记"应付账款——××公司"。结算凭证后附件 6 份,分别为验收入库单、结算单、增值税发票、发货通知单、检验报告单、运输发票。凭证和所附单据能够反映的物流信息包括品种、数量、采购金额、运费、其他物流杂费、时间、流向。可见在离厂价结算方式下,一笔采购业务从供应商到工厂的物流成本能够得到具体的反映,而在到厂价结算方式下,则不能取得相关的物流成本信息。

(3) 其他采购环节的物流成本。公路运输方式下,采购物资在抵达料场或仓库之前,除了运费以外,一般不再发生其他物流费用。铁路运输与公路运输不同,铁路局机车牵引货车至历城站后，改由历城站机车牵引至工厂站，厂区排空或排重的车辆同样由历城站机车从工厂站牵引回到路局线。历城站收取因取送车作业而发生的取送车费，此费用由济钢运输部承担，计入"制造费用"科目。工厂站到料厂或仓库则由济钢运输部的机车牵引，济钢运输部按照内部结算价格向相关单位收取运输费。二级生产单位发生的运输费用列入"制造费用——运输费"科目，济钢原料处计入"管理费用——运输费"科目，济钢生产部计入"制造费用——运输费"科目。在这项作业中，因为采用内部运输价格结算，所以在济钢运输部会计报表上会体现内部利润或亏损。铁路局车辆进入厂区后，因卸装车不及时或其他原因，停留时间超过铁路局规定标准，就会因超时而发生停车延时费，该项费用由股份成本科集中支付，计入"制造费用——运输费"科目。

由于供应能力滞后于生产环节或冬季备料的需要，致使厂区内料场无法满足需要，而在厂区附近租用外部料场，发生的相关物流成本由生产部门承担，计入"制造费用——运输费"科目。原燃料在料场或仓库发生的卸车费用及内部整理倒运费用，济钢生产单位计入"制造费用——运输费"，济钢原料处仓库计入"管理费用——运输费"科目。

因仓储管理而发生的人工费、材料费、维修费等，济钢生产单位计入"制造费用"或"生产成本"科目，济钢原料处计入"管理费用"科目。仓储过程中原燃料发生的亏吨损失，作为生产消耗直接计入"生产成本"科目。

1.2 国外采购物流环节

相关物流成本主要包括船运费、保险费、港口费、报关费、报验费、商检费等及港口至工厂之间的运费。报验费和商检费先通过"预提费用"科目核算，再摊销计入"物资采购"。港口至工厂之间的运费核算与国内原燃料采购基本相同。船运费、保险费、港口费等的会计核算按船归集相关的费用，计入"物资采购——××船"。

1.3 生产物流环节

物流成本主要是厂内物料倒运而发生的运输费、装卸费，物料存储发生的存储费用、管理费用等，这些耗费都被作为生产费用分别计入"生产成本"或"制造费用"科目进行归集。

1.4 销售物流环节

在销售物流环节，与物流相关的成本费用主要包括装吊车费、运费、仓储费、代理费等，反映在"销售费用"科目中。

2 目前物流成本核算方式存在的问题

（1）物流成本信息反映的迟延性。迟延性是指物流成本信息不能在物流作业发生期间及时反馈到财务部门的现象，以两项具体业务为例说明这种现象。例1，在2008年9月份发生的一项外委装卸作业，装卸费用的支付却发生在2010

年。也就是说,在会计系统中,此项物流成本信息滞后了 2 年才得以反映。例 2,2008 年委托某运输单位承担由外部料场到生产现场的矿粉倒运业务,倒运作业从 1 月份开始,但是运输费用却在年底一票结清。以上 2 笔业务,在具体业务部门可能会有及时记录,但会计系统的反映却大大滞后了。单纯从会计的角度讲,可以通过"预提费用"科目进行提前反映,做到与实际业务匹配。但是,由于财务部门与业务部门信息不完全对称,同时,一些物流作业具有偶发性,发生金额相对较小,故不能引起会计人员的重视。

(2) 物流成本信息分散。由于组织机构设置和职能分工的原因,一条物流成本信息被分割成几部分,成本信息不集中,因此难以把握物流成本的全貌。也就是说,目前会计系统反映的是符合分口管理需要的职能成本,而不是符合物流管理需要的任务成本。任务成本为一项物流活动所发生的相关费用,即物流成本。以一笔原燃料的采购为例,济钢原料处采购炼焦煤 5 000 吨,运输方式为火车运输。供货地至历城站之间发生的运输费、装卸费等物流成本记录在原料处结算财务的"材料采购"科目中;从历城站到济钢焦化厂炼焦煤料场发生的运输费用及取送车费用记录在济钢运输部的"生产成本"科目中;运抵炼焦煤料场后,发生的卸车费、仓储费等记录在焦化厂"制造费用"科目中,仓储损失直接计入生产消耗,计入"生产成本"科目中。上述流程解析显示,炼焦煤的采购物流成本信息分散在 3 个部门的 3 个一级科目中,成本信息比较散乱。

(3) 物流成本信息粗线条反映。在现行会计体系下,"制造费用"和"管理费用"科目一般都会设置"运输费"作为二级科目。按照科目设置,"运输费"应该核算的是分厂和基本生产车间应负担的厂内运输部门和厂外运输单位所提供运输劳务的费用。在实际业务中,"运输费"核算的内容极其广泛,包括运输费、装卸费、人工费、租赁费等,凡是与运输作业相关的费用全部计入,各项职能的物流成本混在一起,不利于物流成本的分析。物流成本信息的粗线条还表现在,同一个会计凭证反映多项物流作业,各项物流成本简单相加,增加了物流成本的隐含性,不利于物流成本的核算和分析。

(4) 高比例的到厂价结算方式,掩盖了供应物流成本的真实性。济钢原燃料采购的 30%、材料采购的 80%、备件采购的 70%,均采用到厂价结算的方式。到厂价结算虽然简化了结算手续,但是给人一种假象,即到厂前的物流费用是由供应商承担的。实际上,到厂前的运输、存储、装卸等物流费用已包含在了结算价格中,与货物价值结合在了一起,最终的承担者仍是采购方。从物流成本管理的角度看,到厂价结算方式使供应物流成本的一部分失去了控制。

3　济钢物流成本核算的设计

从企业实务工作看,决策层已意识到物流管理作为"第三利润源泉"的重要性,专业的、统一规划的物流管理工作正在逐步开展。物流管理的组织运行,物流成本管理的分析、控制、决策,都需要物流成本数据的支持,建立适应物流管理需要的物流成本核算体系有其必要性。更重要的是,物流成本数据的翔实、完整,也必将推动物流管理进入一个新的层次。

物流成本的核算应属于管理会计的范畴。管理会计与财务会计相对应,是适应企业加强内部经营管理、提高经济效益的需要而产生和发展起来的。也就是说,物流成本核算的服务对象是内部经营管理者,目的是通过物流成本来管理物流,降低生产成本,提高经济效益,增强企业竞争力。结合济钢的实际情况,笔者认为,济钢的物流成本核算体系应以会计信息系统资料为主,物流相关业务部门的台账、报表等生产经营数据资料为辅,借助统计的方法展开。从目前的企业财务管理看,把物流成本核算纳入会计核算体系中,还有诸多的困难,而统计方法作为一种灵活的方法,能够满足当前物流管理的迫切需求。通过统计方式的物流成本核算,有助于加深对钢铁企业物流成本的认识,为将来推行会计方式的物流成本核算或会计与统计结合的物流成本核算方式,甚至其他更好的核算方法做探索性的准备工作。

目前,我国还未就物流成本的核算标准做出有关规定,相关的文献资料也没有统一的定论。但物流成本标准的制定与否不应当成为阻碍企业核算、分析物流成本,提高物流管理水平的瓶颈,企业应通过强化自身的纵向对比分析,不断促进物流管理水平的提高。

思考:
1. 分析济钢在各物流环节的成本是如何归集的?存在什么问题?
2. 济钢在物流成本核算改革中准备采取何种办法?该办法有什么样的特点?

(资料来源:欧艳秋.济钢物流成本核算现状及分析[J].山东冶金,2011(3):63-65.)

技能训练

1. 光达公司是一家专业物流公司,主要从事物流组织工作。其运输业务外包,装卸搬运雇佣外部搬运工完成。该公司除1个自有仓库外,还在其他地区租赁4个仓库,另有1辆10吨叉车和2辆卡车,供内部零星装卸和搬运使用。光达公司的成本费用科目主要包括"主营业务成本""销售费用""管理费用""财务费用""营业外支出"。计算20**年12月企业发生的部分物流成本(该月营业外支出无发生额;"管理费用"科目项下支出主要为办公室、人事部门等发生的支出,均与物流成本支出无关)。

(1) 经查阅,20＊＊年12月光达公司"主营业务成本"科目余额为35 255.19元,进一步分析,"主营业务成本"科目下的"搬运费""营运费"细目支出均与物流成本相关,其中"主营业务成本——搬运费"为29 360.23元,"主营业务成本——营运费"为5 894.96元,分别为对外支付搬运费和运输费。

要求:根据上述资料,设置物流成本辅助账户,计算与"主营业务成本"有关的物流成本。

(2) 经查阅,20＊＊年12月光达公司在物流服务过程中,向委托方支付的备用金及押金在"其他应收款"科目中反映,"其他应收款——备用金"科目本月初余额为1 456 683.35元,本月末余额为1 449 683.35元,"其他应收款——押金"科目本月初余额为273 800元,本月末余额为923 800元。1年期银行贷款利率为5.31%。

要求:根据上述资料,设置物流成本辅助账户,计算与之有关的物流成本。

2. 顺达公司生产甲、乙两种产品,20＊＊年4月共生产甲产品900件、乙产品500件,月末全部完工。具体资料列入产品成本项目表中,如表3-22所示。

表 3-22 产品成本项目表

项目	甲产品	乙产品	合计
直接材料/元	64 908	30 605	95 513
直接人工/元	22 272	11 136	33 408
消耗工时/小时	4 000	2 000	6 000
制造费用/元	99 930		99 930

要求:用品种法计算两种产品的总成本和单位成本,并编制成本计算单。

3. 旺达公司20＊＊年4月为A、B、C三批产品提供加工业务,各批次产品数量分别为1 000件、2 500件、1 500件。4月辅助生产车间共发生费用15 000元,共消耗工时375小时,其中,为这三批产品提供设备修理服务消耗工时320小时,为行政办公楼提供修理业务消耗工时55小时。加工车间直接发生制造费用为77 200元。制造费用以各批次产品服务消耗工时分配标准各批次产品工时消耗表,如表3-23所示。各批次产品直接材料及人工消耗如表3-24所示。

表 3-23 各批次产品工时消耗表

批次	A	B	C	合计
消耗工时/小时	2 000	1 000	550	3 550

表 3-24　各批次产品直接材料及人工消耗表

批次	A	B	C	合计
直接材料/元	2 000	3 000	4 000	9 000
直接人工/元	3 000	4 000	3 800	10 800

要求：采用分批法计算各批次产品的总成本和单位成本，并编制成本计算单。

4. 某流通企业按照本章介绍的物流成本计算方法，通过设置物流成本辅助账户，对本企业发生的各项物流成本进行了计算汇总，有关物流成本辅助账户科目余额如下［凡未注明委托字样的，为自营物流成本。(1)～(19)为主表《企业物流成本主表》内容；(20)～(31)为附表《企业自营物流成本支付形态表》内容］：

(1) 物流成本——物流管理成本——供应物流成本 9 499.33
(2) 物流成本——物流管理成本——企业内物流成本 14 249
(3) 物流成本——物流管理成本——销售物流成本 23 748.28
(4) 物流成本——运输成本——供应物流成本 20 501.76
(5) 物流成本——运输成本——企业内物流成本 51 254.4
(6) 物流成本——运输成本——销售物流成本 30 752.64
(7) 物流成本——包装成本——销售物流成本 250 800
(8) 物流成本——物流信息成本——销售物流成本 34 569.03
(9) 物流成本——运输成本——销售物流成本——委托 12 285 400
(10) 物流成本——装卸搬运成本——销售物流成本——委托 2 378 800
(11) 物流成本——仓储成本——企业内物流成本——委托 380 000
(12) 物流成本——存货风险成本——销售物流成本 186 200
(13) 物流成本——存货保险成本——销售物流成本 106 400
(14) 物流成本——存货风险成本——企业内物流成本 19 000
(15) 物流成本——物流信息成本——供应物流成本 6 387.61
(16) 物流成本——物流信息成本——企业内物流成本 9 581.42
(17) 物流成本——运输成本——委托物流成本 7 380 000
(18) 物流成本——装卸搬运成本——委托 1 845 000
(19) 物流成本——流动资金占用成本——企业内物流成本 81 641.25
(20) 物流成本——物流管理成本——人工费 28 044
(21) 物流成本——运输成本——人工费 21 340.8
(22) 物流成本——运输成本——维护费 67 184
(23) 物流成本——包装成本——维护费 3 800
(24) 物流成本——物流管理成本——一般经费 19 452.61
(25) 物流成本——包装成本——材料费 247 000

(26) 物流成本——物流信息成本——一般经费 18 600

(27) 物流成本——存货风险成本——特别经费 205 200

(28) 物流成本——存货保险成本——特别经费 106 400

(29) 物流成本——运输成本——一般经费 13 984

(30) 物流成本——物流信息成本——维护费 31 938.06

(31) 物流成本——流动资金占用成本——特别经费 81 641.25

根据上述物流成本计算结果填写《企业物流成本主表》和《企业自营物流成本支付形态表》。

第 4 章 企业物流作业成本核算

1. 了解作业成本法的含义及实施步骤；
2. 掌握物流作业成本法的含义；
3. 掌握物流作业成本法的作用；
4. 理解物流作业成本法的实施过程。

导入案例

铂略咨询在沪举办成本分析最佳实践讲座

某年 7 月 26 日，铂略咨询在上海成功举办"透视成本分析技巧，掌握创造价值秘诀"的最佳实践讲座。曾为数家世界 500 强企业效力过的财务总监 Shelley 为铂略 Linked-F 会员带来了丰富的成本分析案例及其独到的跟管理层沟通的见解。

"不客气地说，我们公司长期陷入越卖越亏的怪圈。"Shelley 在开场白中如是说。这家 Shelley 所服务的企业曾因为未将费用合理分摊至不同产品而导致定价失误。由 Shelley 领军的调研小队进行了作业成本法改革，成功扭转了企业销售额与利润反向运动的窘境，这一亲身经历给了参会企业极大的启示。

在宣讲过程中，Shelley 反复强调参与标准成本制定和了解设置逻辑的重要性，认为财务分析人员对标准成本和实际成本的解释必须建立在对实际业务流的理解和把握上。她开玩笑地说道："如果老板是非财务人员，有时候可能可以用财务术语糊弄一下，但最重要的是你对自己的分析方式是否了解，对分析结果有没有信心。"

在分析传统标准成本设置的一个案例中，Shelley 与参会代表共同探讨了一个真实案例。某公司产品线中有一个定制类的产品，在市场上有很好的需求，但半年多来，随着这个产品的销售量增加，整体毛利率却越来越差。后来该公司财务总监发现该企业生产过程中所消耗的制造费用除了正常的机器设备的折旧、水电费等基本费用外,还有大量设备调整费、质量检验费用、材料处理费用等费用。前述项目中的固定费用的发生与生产时间紧密相关,而变动费用的发生则主要与发生的次数相关。随后 Shelley 又详细讲解了作业成本法的运用,通过对这一真实案例的分析,她总结说:"传统成本方法下,小批量产品的成本容易被低估,造成产品成本信息失真,企业根据这些成本信息容易做出错误的决策。采取作业成本计算法,由于按照成本动因来分配间接费用,成本计算的过程与成本实际耗费的过程基本一致,计算的准确性大大提高,企业也就可以根据成本资料做出正确决策。我认为通过财务分析对决策的支持作用也许比通过成本控制减少一些成本更具有挑战性和成就感。"

(资料来源:中华网财经。)

第一节 作业成本法概述

作业成本法是以作业为基本思想计算成本的方法,成本的追溯过程是从资源到作业、最终到产品/服务成本,因此作业成本法也称为"作业成本计算法",它是以资源流动为主线,基于成本动因,跟踪整个生产过程,选择适当的动机计算出成本分配率,然后计算出作业成本,最后根据作业成本分配率,分配成本到产品/服务成本,这就是作业成本法的基本思路。

一、作业成本法的产生及发展

作业成本法(Activity Based Costing,简称 ABC 法)的产生,最早可以追溯到 20 世纪杰出的会计大师、美国人埃里克·科勒教授。科勒教授在 1952 年编著的《会计师词典》中,首次提出了作业、作业账户、作业会计等概念。1971 年,乔治·斯托布斯教授在《作业成本计算和投入产出会计》中对"作业""成本""作业会计""作业投入产出系统"等概念作了全面、系统的讨论。这是理论上研究作业会计的第一部宝贵著作。但是,当时作业成本法却未能在理论界和实业界引起足够的重视。20 世纪 80 年代后期,随着 MRP(物料需求计划)、CAD(计算机辅助设计)、CAM(计算机辅助制造)、MIS(管理信息系统)的广泛应用,以及 MRPII(制造资源计划)、FMS(柔性制造系统)和 CIMS(计算机集成制造系统)的兴起,使得美国实业界普遍感到产品成本处处与现实脱节,成本扭曲普遍存在,且扭曲程度令人吃惊。美国芝加哥大学的青年学者库伯和哈佛大学教授罗伯特·卡普兰注意到这种情况,在对美国公司调查研究之后,发展了斯托布斯的思想,提出了以作业为基础的成本计算。作业成本法在过去几十年中受到了广泛的关注,新型的咨询公司已经扩展了作业成本法的应用范围并研发出相应的软件。

ABC 成本法引入了许多新概念，图 4-1 显示了作业成本计算中各概念之间的关系。分配到作业的资源构成该作业的成本要素（图中的黑点），多个成本要素构成作业成本池（中间的小方框），多个作业成本池构成作业中心（中间的椭圆）。

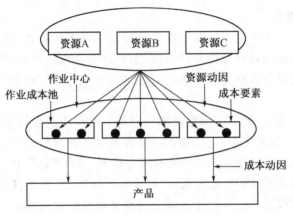

图 4-1　作业成本的基本原理

二、作业成本法的相关概念

作业成本法又称作业成本会计或作业成本核算制度，是一种通过对所有作业活动进行追踪动态反映、计量作业和成本对象的成本、评价作业业绩和资源的利用情况的成本计算和管理方法。它以作业为中心，根据作业对资源耗费的情况将资源的成本分配到作业中，然后根据产品和服务所耗用的作业量，最终将成本分配到产品与服务中。

物流企业里的物流作业成本计算是以作业成本计算为指导，将物流间接成本更为准确地分配到物流作业、运作过程、产品、服务及顾客中的一种成本计算方法。它立足于成本对象与物流作业耗费的因果关系，因此是一种更为准确也更有发展前途的物流成本计算方法。

（一）资源

资源是企业在生产过程中耗用的各项资产、费用项目，是为了生产产品或提供服务而需要付出的代价。某项作业的顺利完成必须消耗大量的资源。要想得到产品的最终成本无非就是计算出全部作业在生产活动中耗用的所有资源的总和。在作业成本法下，资源处于整个成本核算工作最原始的地位，是作业成本法的基础。例如，发生订货单是采购部门的一项作业，那么相应办公场地的折旧、采购人员的工资和附加费、电话费、办公费等都是订货作业的资源费用；制造行业中典型的资源项目一般有原材料费、辅助材料费、燃料费、动力费用、工资及福利费、折旧、办公费、修理费、运输费等。与某项作业直接相关的资源应该直接计入该作业,如果一项资源支持多种作业,那么应当使用资源动因将资源分配计入各项相应的作业中。

(二) 作业

1. 作业的概念

作业是指企业生产经营过程中需要进行操作并因此消耗资源的一系列的流程或程序。作业是消耗资源的基础单位,企业经营过程的每个环节,或是生产过程的每道工序都可以被视为一项作业,企业整个经营过程可以划分为许多不同的作业。

对于物流企业,一般的活动涉及的作业有原材料或劳务的接收、储存、分配,如原材料搬运、车辆调度等;生产物流活动涉及的作业有材料准备、设备测试等;产品集中储存和销售活动涉及的作业有库存管理、送货车辆管理、订单处理等;产品或服务营销活动涉及的作业有报价、定价等。此外,仓库、物流设施设备等投入活动,企业物流管理、物流会计等活动也会涉及很多相关的作业。物流作业必须在合理范围内确认,范围太大或太小都不利于物流成本的计算。

2. 作业的基本特征

一般情况下,作业具有多方面的特征,在实际工作中,要全面把握作业特征,进而合理确定作业范围,具体包含以下几个方面:

(1) 作业是一种资源的投入和另一种效果产出的过程。作业既是一种狭义的、具体的交易活动,又是一种动态活动,在这种活动过程中它既需要投入资源、耗费资源,又能产生一定的效果、实现活动的目的。例如,设计产品投入的是智慧、技术、仪器等,产出的是产品设计方案。

(2) 作业活动贯穿于生产经营的全过程。产品从设计到最终销售出去是由各种作业的实施完成的,没有作业的实施经营活动就无法实现。

(3) 作业是可以量化的。作业可以采用一定的标准进行计量,这是作业最重要的特征。

3. 作业的分类

从不同的角度,可以将作业划分为不同的类别。在作业成本计算的实践中,经常提到的是将作业按照受益对象划分为以下四类:

(1) 单位水平作业。单位水平作业是为生产单位产品所消耗的作业,该作业能够使每一单位产品受益,如直接材料、直接人工、机器运转消耗的电力等。单位水平作业可将成本直接分配至单位产品,成本与产品产量或销量成正比。例如,对每一产品所进行的质量检查消耗的间接人工明显与生产数量有关,机器运转消耗的电力、润滑油与产品的产量有关,同时与机器工作小时数成正比。这类作业在生产过程中不断发生,并与产品产量成正比变动。

(2) 批量水平作业。批量水平作业是为生产特定批次产品消耗的作业,能使一批产品受益,批量水平作业可将成本直接分配至每批产品,成本与产品批次成正比,与生产数量无关。例如,为生产新的一批产品准备机器,一旦机器被准备好,每批无论是生产 20 单位还是 2 000 单位,准备成本都不变。又如,如果只对每批产品的第一件进行质量检验,这时所消耗的间接人工与批次成正比。生产计划也被认为是批量水平作业,因为每个生产周期都要制订一个生产计划,所以生产计划成本与生产周期的数量成正比,与每个生产周期内的产量无关。批量水平作业和单位水平作业的主要区别在于完成批量水平作业所需要的资源不依赖于每批的单位数。

(3) 产品水平作业。产品水平作业是为生产特定种类产品所消耗的作业,能使某类产品都受益。可将成本直接分配至每类产品,成本随产品种类变化,与产品的产量及批数无关,但与产品种类成正比变动。例如,制图、工艺设计、流程设计、产品改良、技术支持等,可以把产品水平作业扩展到工厂以外,如市场调研、客户支持等,这些也只与产品品种有关而与产品批次和数量无关。

(4) 能量水平作业。能量水平作业又称维持水平作业,是为确保企业全部产品顺利生产所消耗的作业,使企业生产经营正常运转,使各项生产条件保持正常工作状态而发生的作业,能使整个企业或某个机构、部门受益,是全部产品的共同成本。这些作业与产品的种类、生产的批次、每种产品的生产数量无关。涉及机器设备的租金、折旧、房屋厂房的维护修理、绿化、照明、保安、企业管理、人力资源管理等方面的费用。

每个企业都可以根据自己企业的特点设计企业的作业类型。设计作业时应考虑生产的类型、组成、多样性和复杂性,而不是仅仅考虑生产的业务量。在作业成本法下,将制造费用看作一系列作业的结果,这些作业消耗资源,并确定了制造费用的水平。所以要反映产品真实的资源消耗,它们的制造费用份额必须按这种作业基础来吸纳,同时,它要求管理者分清导致成本发生的原因,在正确的层次上加以控制。

4. 作业中心和作业成本库

作业中心是一系列相互联系、能够实现某种特定功能的作业集合。也就是说,针对每一水平的作业,将具有同样成本分配标准的作业划分为一类,统一分配成本,则构成作业中心,相应耗费的成本构成作业成本库。例如,原材料采购作业中,材料采购、材料检验、材料入库、材料仓储保存等都是相互联系的,可以归类于材料处理作业中心。作业成本库是作业中心的货币表现形式,把相关的一系列作业消耗的资源费用归集到作业中心,就构成这个作业中心的作业成本库。作业中心与作业成本库的划分减少了分配作业的次数,降低了作业成本计算的整体复杂性。

作业中心与作业成本库的设置不宜过多,每个作业中心中作业个数越少,相应的作业中心与成本库就越多,使用的动因与分配标准就越多,核算就越复杂。因此,在建立作业中心时,必须遵循成本效益原则和重要性原则。

(三) 成本动因

1. 成本动因的概念

成本动因是决定成本发生、最终资源消耗的根本原因,是确定成本的决定性因素。成本动因通常以作业活动耗费的资源来进行度量,如质量检查次数、用电量等。在作业成本法下,成本动因是成本分配的依据。每一项作业都有与其相对应的作业成本动因。

物流成本动因的确认是成本计算过程中难度最大也是最关键的步骤。物流企业的成本动因大致分为以下几种:(1) 作业批次数量。它导致了物流作业计划的制订、机械设备的调试成本的发生。(2) 购货单数量。它导致了采购、收货部门物流成本的发生。(3) 发货单数量。它导致了发货部门物流成本的发生。(4) 销货单和用户的数量。它驱动了销售部门物流成本的发生。(5) 物流职工人数和工作通知单的数量。它是后勤服务和管理部门物流成本发生的原因。

2. 确定成本动因的因素

在作业成本计算中,确定成本动因的个数要考虑以下因素:

(1) 成本动因与实际制造费用的相关程度。在既定的精确度下,运用相关程度较高的成本动因时,成本动因的数目较少;反之,如果缺少与实际制造费用相关程度较高的成本动因,则为达到一定的精确度水平必须增加成本动因的数量。

(2) 产品成本的精确度和产品组合的复杂程度。倘若对产品成本的精确度要求比较高,则成本动因的数目必须增加;反之,则减少。产品复杂程度低,则多个作业成本可汇集在同一个作业成本库中;反之,则汇集比较困难,所要求的成本动因数目也应增加。

(3) 成本计算的精确度。物流成本计算的精确度要求越高,需要的成本动因数量越多。

(4) 成本对象的多样性。物流成本计算对象越多,则需要的描述物流成本的发生过程的成本动因越多。

(5) 各作业的相关性。物流活动中,关键物流作业的数目越多,非同质物流作业的数目越多,需要的成本动因必然越多。

(6) 作业批量的复杂性。进行不同批量的生产、运输、包装等活动的边际成本和平均成本不同,需要有不同的成本动因来反映。因而批量越复杂,成本动因越多。

(7) 作业的关联度。成本动因与实际物流作业的关联度越高,所需要的成本动因越少;同一物流作业的不同成本动因关联度越高,所需的成本动因越少。

(8) 物流组合复杂度。物流服务种类越少,作业成本项目的数量越少,作业成本越易于与具体作业相联系,因而所需的成本动因越少。

3. 成本动因的分类

成本动因根据在资源流动中所处的位置可分为资源动因和作业动因。

(1) 资源动因。资源动因是用来计量作业对资源的耗用,是作业消耗资源的原因和方式,是引起作业成本变动的因素,也是资源费用归集到作业的依据。运用资源动因可以将资源成本分配给各有关作业。

例如,产品质量检验工作(作业)需要有检验人员、专用的设备,并耗用一定的能源(电力)等。检验作业作为成本对象耗用的各项资源构成了检验作业的成本。其中,检验人员的工资、专用设备的折旧等,一般可以直接计入检验作业;而能源成本往往不能直接计入,需要根据设备的每小时平均耗电量和设备开动时间来分配。这里,"设备的每小时平均耗电量乘以开动时间"就是能源成本的动因。设备开动导致能源成本发生,其乘积数值(即动因数量)越大,耗用的能源越多。按"设备的每小时平均耗电量乘以开动时间"这一动因作为能源成本的分配基础,可以将检验专用设备耗用的能源成本分配到检验作业。

(2) 作业动因。作业动因是驱动作业发生的原因。它反映成本对象使用作业的频率和强度,是将作业成本库的成本分配到相关成本对象的标准和依据,可以计量各成本对象对作业的需求,反映各个成本对象与作业消耗的逻辑关系。它也是资源消耗与最终产品之间联系的中介。

例如,购货作业的作业动因是购货合同数,生产准备作业的作业动因是生产准备次数。在产品检验测试作业中,测试工时就可成为一个作业动因,如果测试某种产品所花的时间占总数的 8%,则产品检验测试作业成本的 8% 就应归集到此种产品的成本中。作业动因的选择与作业的分类相关,如单位水平作业的作业动因是产出量,批次水平作业的作业动因是产品的生产批次数。

综上所述,资源动因是资源和作业的中介,而作业动因是作业和产品或服务的中介,通过资源动因把资源分配到作业,在作业成本法中属于第一次分配;通过作业动因把作业成本分配到产品是第二次分配。在成本动因的选择时,首先要考虑与成本动因相关的数据或信息是否易于收集,如果不易收集则最好用能够替代的成本动因来进行成本的分配,因为企业资源消耗的项目繁多,如果没有历史记录和信息处理系统,则重新收集这些数据的成本往往较高。其次要选择更易计量产品对作业消耗的成本动因,因为这样计算过程简单、逻辑清晰、准确度高。

表 4-1 中介绍了物流企业一些部门常见的成本动因。

表 4-1 物流企业一些部门常见的成本动因

部门	资源动因	作业动因
储存部门	存货体积	储存数量
购货部门	职工人数	购货合同
验货部门	职工人数	验货报告
收货部门	职工人数	收货单
会计部门	职工人数	付款次数
生产准备部门	人工小时	生产准备次数

第二节 作业成本法的基本原理、特点及实施意义

一、作业成本法的基本原理

作业成本法的核心思想是作业消耗资源,产品消耗作业,生产导致作业的发生,作业导致成本的发生。企业的生产和成本不是孤立存在的,它们以作业为中介联系在一起。成本的发生是消耗各种资源的作业引起的,而产品的成本取决于各自对作业的需求量。它不是以成本论成本,而是把着眼点放在成本发生的前因后果上,从而进行全方位的溯本求源,实现成本计算与控制的结合。

作业成本法的基本原理是通过作业中心将各类成本有依据、有条理、更准确地分配到各个产品和服务中。企业全部的生产经营活动都是由一系列相互关联的作业(或作业中心)组成的,而作业需要消耗企业的资源,资源就是生产的成本项目;与此同时,一系列产品由企业作业生产出来。由于企业的成本从资源传递到企业的各项作业,再从作业传递到各个产品本身,因此,在计算成本的时候,先运用资源动因来划分各项作业,计算各项作业中心的成本,再按照作业动因将作业中心的成本分配到各项产品中去。在作业成本核算方法体系下,凡是能够很方便地追溯到特定产品的材料成本、人工成本和其他成本,都应该直接归属于特定产品,这样能够增加成本分配的准确度,这点和传统成本核算法没有太大差异,只是直接归集成本的范围一般比传统成本法要大;不能直接追溯到产品的成本项目需要通过作业进行归集,再按作业成本法的分配方法进行分配。

作业成本法的分配过程如下:

第一阶段:把资源消耗所发生的费用归集到作业中心,形成作业成本。

第二阶段:通过作业动因把作业成本库中归集的作业成本分配到产品中去,最终计算出产品成本。

作业成本法的分配过程如图4-2所示。

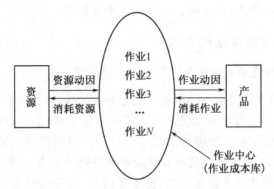

图4-2 作业成本法的分配过程

二、作业成本法的特点

作业成本法与传统成本会计方法相比有如下特点：

（一）以作业为间接费用归集对象，并将作业成本作为计算产品成本的基础

该方法首先汇集各作业中心耗费的各种资源，再将各作业中心的成本按各自的成本动因分配给各成本计算对象。

（二）注重间接计入费用的归集和分配

该方法设置多样化的作业成本库，并采用多样化的成本动因作为成本分配标准，使间接费用的归集更细致、全面，从而提高了成本费用的归属性和产品成本的准确性。作业成本法将直接费用和间接费用都视为产品消耗作业所付出的代价同等对待。对直接费用的确认和分配，与传统成本计算方法并无差异，对间接费用的分配则依据作业成本动因，采用多样化的分配标准，从而使成本的可归属性大大提高。而传统的成本计算只采用单一的标准进行间接费用的分配，无法正确反映不同产品生产中不同技术因素对费用发生的不同影响。因此，从间接费用分配的准确性来讲，作业成本法计算的成本信息比较客观、真实、准确。

（三）关注成本发生的因果关系

由于产品的技术要求、项目种类、工艺复杂程度不同，其耗用的间接费用也不同，但传统成本计算法认为产品是根据其产量均衡地消耗企业的资源，因此，在传统成本法下，产量高、生产工艺复杂的产品的成本往往低于其实际耗用成本。而作业成本法则是先确定产品要消耗哪些作业，再确定生产作业消耗了何种资源，进而直接追踪作业发生的决定因素，是以作业动因将归集在作业成本库中的间接费用分配到产品成本中，不是依产量均衡地分配。作业成本管理把着眼点放在成

本发生的前因后果上，通过对所有作业活动进行动态跟踪和反映，可以更好地发挥决策、计划和控制作用，以促进企业管理的不断提高。

三、实施作业成本法的意义

（一）解决了传统成本计算方法信息失真的问题

作业成本法的本质就是要以作业为核心分配间接费用，并引导管理人员将注意力集中在成本动因上，而不仅仅是关注成本结果本身；通过对作业成本的计算和有效控制，可以较好地克服传统的成本计算方法中间接费用责任不清的缺点，并且使以往一些不可控的间接费用在作业成本系统中变为可控，因为传统的成本计算方法，没有考虑产品的制造工艺、盈亏等情况，盲目选择生产工时、生产工人工资、机器小时等单一的分配标准，将全部间接费用在几种产品中分配。这就造成了产品成本的虚增、虚减，违背了会计的"谁受益，谁负担；多受益，多负担"的公平配比原则和信息相关性原则，从而导致成本信息失真。而目前随着高新技术的迅猛发展，产品的技术含量越来越高，许多人工被机器取代，直接人工成本大幅下降，固定制造费用大比例上升。产品成本结构发生显著变化，传统的以数量为基础的成本计算方法（如以工时、机时为基础的成本分摊方法）已不能正确反映产品的消耗，也不能正确核算企业自动化的效益，更不能为企业决策和控制提供正确有用的会计信息，成本信息失真现象日趋严重。在这种情况下，作业成本法弥补了传统的成本计算方法的缺憾，使成本核算更准确、更具有相关性和配比性。

（二）使企业经营决策更加合理

经营决策和产品定价合理性的基础是成本计算的科学性。随着知识经济的到来，企业自动化、智能化程度越来越高，市场已从过去的卖方市场过渡到买方市场，企业之间竞争日益激烈，许多产品的市场单价已经逼近成本，容纳不了太多的成本误差。此时如果仍然根据传统成本信息做出经营决策，往往会造成经营决策的失时、失误。如有些产品本来是盈利的，但是在传统的成本计算法下，企业误以为是亏损的（如低产量产品的成本被高估，导致利润被低估），从而错误地拒绝了订单，丧失了市场机会，这在竞争十分激烈的买方市场下是非常可惜的。而有的产品，实际上是亏损的，但是在传统的成本计算法下，企业误以为是盈利的（如高产量的产品成本被低估，获利水平被高估），从而错误地接受了订单。由此，传统成本法进一步造成了利润报告的严重失真。而实施作业成本法后，成本信息更具有科学性、相关性，从而使企业经营和定价决策更加合理、利润信息更加真实。

（三）能够更加有效地实现责任会计目标

在作业成本的核算过程中，成本核算的核心集中在了生产对资源消耗的各个具体环节中，它能使管理者准确把握各项作业活动，监控其成本的形成和累积过程,有利于更好地执行责任会计制度,实现责任会计目标,改善企业内部管理。

(四) 能有效改善企业的战略决策

随着规模化和全球化经营的日益普遍,企业的业务量急剧上升,长期来看,绝大部分成本是变动的,传统成本信息失真程度不断增加,传统的模型 $y=a+bx$ 所提供的管理信息很大程度上也失去了相关性。基于作业成本法的特点,将作业这一流量作为划分成本习性的依据,进行动态的价值链分析,从战略经营的角度看,动态分析和管理活动更具有相关性。而且以作业成本法为基础的战略管理,是立足于经营全过程的作业链和价值链管理,它把握了市场需求动向、企业生产和售后服务等经营的全部过程,提高了企业应对市场风险、适应环境变化的能力。

(五) 可以优化企业资源配置

实施作业成本法有利于企业对资源消耗的过程进行细致而具体地分析和控制,将作业链、价值链和产品种类与生产数量有效组合,从而优化资源配置,发挥企业各部门之间、各工艺和生产环节之间的协同作用,最大限度地利用资源,更好地实现规模效益的目标。

由此可见,作业成本法是一种较为科学的成本计算方法,实施作业成本法有着深刻的现实意义。

第三节　作业成本法的核算

一、作业成本法的核算程序

(一) 确认和计量各种资源耗费,将资源耗费价值归集到各资源库

如果把企业看作一个与外界进行物质交换的投入产出系统,则所有在该系统中被使用的人力、物力、财力等都属于资源范畴。在作业成本计算中,之所以将资源作为一个重要的切入点来进行分析,是因为企业在生产经营活动开展的过程中要消耗资源,成本核算系统要反映作业都消耗了哪些资源及资源是如何被作业所消耗的。在企业资源被各项作业耗费以后,成本会计部门应采用一定的方法对其进行分类,将耗费的资源价值归集到设定的资源库,这也为各类资源的耗费价值向作业中心的成本库进行分配奠定了基础。

物流资源是物流作业得以进行的基础,是成本消耗的源泉。物流作业成本计算首先要分析各项物流活动都耗费了哪些资源,如人力资源、设备、动力等。

(二) 分析和建立作业中心

在确认了作业及其成本动因之后,我们会发现,这时作业可能有几十种、上百

种,甚至更多。这对于作业成本计算显得太复杂,因此,为了尽量简化成本核算,我们有必要对作业进行合并,建立作业中心。

物流活动是由一系列基本作业构成的,它们是一个个易于理解的操作环节。可以采用业务职能分析法、作业流程法、价值链分析法等确定各项作业构成。在此基础上对各项物流作业进行筛选和整合,将同项物流作业合并,形成物流作业中心。

(三) 选择适当的资源动因,将资源耗费追踪到作业中心,形成作业成本库

在作业中心确定之后,如何将各种资源耗费依据成本动因归集到作业成本库成为一项很重要的内容。按照作业成本计算的规则,作业量的多少决定着资源的耗用量,资源耗用量与最终产品的产出量没有直接关系。也就是说,正确地确定资源动因,并根据资源动因将资源耗费分配计入各作业成本库是本步骤应完成的工作。而将每个作业成本库中归集的作业成本进行累加,就可以得出作业成本库的总价值。

资源动因反映了物流作业量与资源耗费间的因果关系,说明资源被各作业消耗的原因、方式和数量。因此,资源动因是把资源分摊到作业中去的衡量标准。作业成本计算要观察、分析物流资源,为每项物流资源确定动因。

(四) 依据作业中心成本动因,计算作业成本分配率

在将资源耗费分配给作业成本库后,依据产品与作业的关系确定作业动因,将作业中心所归集的成本总额除以该中心的成本动因量化总和,从而得出本中心的作业成本分配率。对于可直接追溯的成本,如直接材料和直接人工应直接计入产品成本;对于间接成本,则应依有关的作业动因分配计入。

物流资源分解到作业中心后,形成物流作业成本库中的成本。对这些成本需要根据作业动因,计算某项物流作业的成本。其公式为:

$$某作业中心成本分配率 = \frac{某作业中心成本总额}{该中心成本动因量化总和}$$

式中,成本动因量化根据物流作业动因确定,所依据的作业动因可以是作业次数、机器时数和单据数量等,将其相加汇总就可得到量化总和。

(五) 根据作业成本分配率,将间接成本进行分配

当成本归集到各作业中心,并依据作业动因计算出作业成本分配率后,就可以按照不同产品所消耗的作业量的多少来分配作业成本,最终计算出产品应承担的作业成本,进而可以计算分摊至各物流成本核算对象的物流成本总额。其公式为:

某成本对象应分配的间接成本 = 该成本对象消耗的该项物流作业量总和 × 该项物流作业成本分配率

(六) 汇总计算总成本，编制成本计算单

将直接成本和间接成本加以汇总，最终计算出各物流成本计算对象的总成本和单位成本。作业成本法核算程序如图4-3所示。

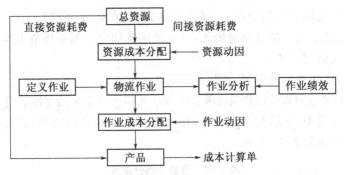

图4-3 作业成本法计算物流成本的逻辑图

二、作业成本法核算案例

(一) 不含未耗用资源的作业成本计算

例4.1 安达物流有限公司20＊＊年4月对20 000件A产品和40 000件B产品进行了流通加工处理。用于A产品的直接材料为300 000元，直接人工为100 000元；用于B产品的直接材料为600 000元，直接人工为200 000元。共发生间接成本782 000元，其中消耗服务资源282 000元、制造资源500 000元。生产消耗的服务资源282 000元在储存部门、购货部门、验货部门、收货部门、会计部门5个作业中心进行分配，生产消耗的制造资源500 000元在加工制造部门、生产准备部门2个作业中心进行分配。

要求：运用作业成本法计算A、B两种产品的流通加工成本。

分析：在流通加工过程中，A产品和B产品的直接成本都很明确，关键问题就是如何分配间接成本782 000元。以下是作业成本法的解题思路。

步骤一：确认和计量耗用资源的成本。

加工A产品、B产品的直接耗费直接计入产品成本，间接耗费分配计入产品成本。

A产品＝直接材料＋直接人工＋分配的间接成本
　　　＝300 000＋100 000＋分配间接耗费

B产品＝直接材料＋直接人工＋分配的间接成本
　　　＝600 000＋200 000＋分配间接耗费

式中，间接成本＝782 000元，要在A产品、B产品之间进行分配。

步骤二:确认耗用资源的作业,建立作业中心。

对于A产品、B产品来讲,均是既有直接成本,又有间接成本,由于直接成本直接计入相应产品成本,为此这里我们只对间接成本进行作业的确认,并建立相应的作业中心,归集作业成本。

间接成本耗用了两类资源:一类是服务资源,在储存、购货、验货、收货、会计环节或部门发生;另一类是制造资源,在生产准备和加工制造环节发生,我们也就据此建立相应的作业中心。

步骤三:选择适当的资源动因,分配资源。

根据题目描述可知安达物流有限公司20**年4月发生的间接费用782 000元,在流通加工过程中,共涉及7项作业,根据每项作业的资源动因,进行资源分配,资源动因分配表如表4-2所示。

表4-2 资源动因分配表

作业中心	耗费的资源/元	资源动因	资源动因数量	作业成本分配率	分配给作业成本库的资源/元
储存部门	282 000	存货体积	40 000	3元/米^3	120 000
购货部门		职工人数	10	6 000元/人	60 000
验货部门			8		48 000
收货部门			4		24 000
会计部门			5		30 000
加工制造部门	500 000	人工工时	900	500元/小时	450 000
生产准备部门			100		50 000
合计	782 000			作业成本库的总价值	782 000

步骤四:根据作业动因,计算作业成本分配率。

将资源耗费分配到作业成本库后,就应依据产品与作业的关系确定作业动因,将作业中心所归集的成本总额除以该中心的成本动因的量化总和,计算得出各中心的作业成本分配率。

根据作业成本分配率计算公式,可以计算出安达物流有限公司各作业中心的作业成本分配率,如表4-3所示。

表 4-3 作业成本分配率表

作业成本库	待分配的作业成本/元	作业动因	作业动因量	作业成本分配率
储存部门	120 000	储存数量	60 000	2
购货部门	60 000	购货合同	500	120
验货部门	48 000	验货报告	300	160
收货部门	24 000	收货单	400	60
会计部门	30 000	付款次数	300	100
加工制造部门	450 000	机器小时数	1 500	300
生产准备部门	50 000	生产准备次数	500	100

步骤五:依据作业成本分配率,将作业成本分配到成本对象。

当成本归集到各作业中心,并依据作业动因计算出作业成本分配率后,就可以按照不同产品所消耗的作业量来分配作业成本,从而计算出该产品应承担的成本。

根据某成本对象成本分配公式,可以计算出安达物流有限公司 A 产品、B 产品在流通加工过程中应分配的间接成本,间接成本分配表如表 4-4 所示。

表 4-4 间接成本分配表

作业成本库	作业成本分配率	A 产品		B 产品	
		消耗作业量/件	应分配成本/元	消耗作业量/件	应分配成本/元
储存部门	2	20 000	40 000	40 000	80 000
购货部门	120	200	24 000	300	36 000
验货部门	160	100	16 000	200	32 000
收货部门	60	200	12 000	200	12 000
会计部门	100	160	16 000	140	14 000
加工制造部门	300	1 000	300 000	500	150 000
生产准备部门	100	350	35 000	150	15 000
总计			443 000		339 000

从表 4-4 中的计算结果可以看出,A 产品应分配的间接成本为 443 000 元,B 产品应分配的间接成本为 339 000 元。

步骤六:编制成本计算单,计算总成本及单位成本。

将分配给 A 产品、B 产品的间接成本和直接成本合并汇总,计算出各产品的总成本。总成本除以产品数量,计算流通加工单位成本,如表 4-5 和表 4-6 所示。

表 4-5　A 产品流通加工成本计算单

项目	总成本/元	单位成本/(元/件)
直接材料	300 000	15
直接人工	100 000	5
间接费用	443 000	22.15
合计	843 000	42.15

表 4-6　B 产品流通加工成本计算单

项目	总成本/元	单位成本/(元/件)
直接材料	600 000	15
直接人工	200 000	5
制造费用	339 000	8.48
合计	1 139 000	28.48

(二) 含未耗用资源的作业成本计算

例 4.2　假定某流通企业为了了解和掌握其在供应物流和销售物流阶段所发生的物流成本,某月该企业发生的资源消耗费主要有工资 223 200 元、电费 11 088 元、折旧费 155 400 元、办公费 21 600 元,其涉及的作业主要包括运输作业、装卸搬运作业、仓储作业、物流信息作业和物流管理作业,其基本资料如表 4-7 至表 4-15 所示。

表 4-7　该企业在各环节的作业时间

单位:小时

	供应物流	销售物流	未利用	合计
运输(7 台)	539	554.4	138.6	1 232
装卸机(3 台)	231	297	66	594
仓储作业	276	178	50	504
物流信息作业	84	85	7	176
物流管理作业	96	152	72	320

第一步：确认企业本月所发生的资源消耗及作业。

表 4-8　企业所消耗的各类资源

资源项目	工资	电力	折旧	办公费
资源价值/元	223 200	11 088	155 400	21 600

第二步：确认各资源动因，将各资源耗费分配至各作业。

表 4-9　工资资源分配一览表

资源＼作业	运输	装卸	仓储	物流信息	物流管理	非物流作业	合计
人数/人	6	22	8	6	6	40	98
人均工资/元	2 500	1 800	2 000	3 500	3 500	2 140	
各项作业工资/元	40 000	39 600	16 000	21 000	21 000	85 600	223 200

表 4-10　电力资源一览表

资源＼作业	运输	装卸	仓储	物流信息	物流管理	非物流作业	合计
用电量/度		1 650	2 200	1 050	860	8 100	13 860
每度价格/元	0.8	0.8	0.8	0.8	0.8	0.8	
各项作业耗费电费/元		1 320	1 760	840	688	6 480	11 088

表 4-11　折旧费用一览表

资源＼作业	运输	装卸	仓储	物流信息	物流管理	非物流作业	合计
各项作业费用/元	36 000	12 000	45 000	9 900	1 200	51 300	155 400

表 4-12　办公费用分配一览表

资源＼作业	运输	装卸	仓储	物流信息	物流管理	非物流作业	合计
人数/人	16	22	8	6	6	40	98
人均办公费/元	220.41	220.41	220.41	220.41	220.41	220.41	
各项作业办公费/元	3 526.56	4 849.02	1 763.28	1 322.46	1 322.46	8 816.4	21 600

表 4-13 资源在各项作业间的分配情况

单位:元

资源\作业	运输	装卸	仓储	物流信息	物流管理	非物流作业	合计
工资	40 000	39 600	16 000	21 000	21 000	85 600	223 200
电费		1 320	1 760	840	688	6 480	11 088
折旧费	36 000	12 000	45 000	9 900	1 200	51 300	155 400
办公费	3 526.56	4 849.02	1 763.28	1 322.46	1 322.46	8 816.4	21 600
合计	79 526.56	57 769.02	64 523.28	33 062.46	24 210.46	152 196.4	411 288

第三步:确认作业动因,计算各作业成本动因分配率。

表 4-14 作业动因分配率计算及结果一览表

物流作业	运输	装卸	仓储	物流信息	物流管理
作业成本/元	79 526.56	57 769.02	64 523.28	33 062.46	24 210.46
作业动因量/小时	1 232	594	504	176	320
作业动因分配率/(元/小时)	64.55	97.25	128.02	187.85	75.66

第四步:计算供应、销售物流实际耗用资源价值。

表 4-15 汇总表

作业	作业动因分配率/(元/小时)	实际耗用作业动因量/小时			未耗用成本动因量/小时	实际耗用资源/元		未耗用资源/元
		供应物流	销售物流	合计		供应物流	销售物流	
运输	64.55	539	554.4	1 093.4	138.6	34 792.45	35 786.52	8 946.63
装卸	97.25	231	297	528	66	22 464.75	28 883.25	6 418.50
仓储	128.02	276	178	454	50	35 333.52	22 787.56	6 401
物流信息	187.85	84	85	169	7	15 779.40	15 967.25	1 314.95
物流管理	75.66	96	152	248	72	7 263.36	11 500.32	5 447.52
合计						115 633.48	114 924.9	28 528.6

第四节　作业成本法与传统成本核算方法的比较

一、作业成本法与传统成本计算方法的联系

（一）性质相同

作业成本法与传统成本计算方法从性质上说都属于成本计算系统。它们的功能都是将企业一定期间所发生的与生产有关的资源耗用信息加工整理为企业成本信息，最终输出给管理者。

（二）目的相同

作业成本法与传统成本计算方法都要计算最终产品成本。传统成本计算方法是将各项费用在各成本计算对象之间进行分配，计算出产品成本；而作业成本法是将各项费用先在各作业中心之间分配，再按照各种产品耗用作业的数量把各作业成本计入各种产品成本，计算出产品成本。

（三）对直接费用的确认和分配相同

作业成本法与传统成本计算方法都依据受益性原则，对发生的直接费用予以确认。

二、作业成本法与传统成本计算方法的区别

（一）成本计算对象不同

传统成本计算方法是以企业最终产出的各种产品作为成本计算对象的。作业成本法不仅关注产品成本，还关注产品成本产生的原因及其形成的全过程。因此，它的成本计算对象是多层次的，不但把最终产出的各种产品作为成本计算对象，而且把资源、作业作为成本计算对象。

（二）对费用经济内容的认识不同

在传统成本计算方法下，产品成本是指产品的制造成本，只包括与生产产品直接相关的费用（直接材料、直接人工、制造费用等）。作业成本法只强调费用的合理性、有效性，而不论费用是否与生产产品有直接关联，因此，与产品生产没有直接关系的一些合理、有效的费用（如采购人员工资、质量检验费、物料搬运费等）同样要计入产品成本。

（三）间接费用归集和分配的理论基础不同

传统成本计算方法的理论基础是将企业的产品按照其耗费的生产时间或按照其产量线性地消耗各项间接费用。因此，间接费用可以以一定标准平均地分摊

到各种产品的成本中。作业成本法的理论基础是成本驱动因素论,因此,在作业成本会计中发生的成本按作业的消耗量进行分配。作业成本法在成本核算上突破产品这个界限,使成本核算深入资源、作业层次。作业成本法通过选择多样化的分配标准分配间接费用,从而使成本的可归属性大大提高,并将按人为标准分配间接费用、计算产品成本的比重缩减到最低限度,从而提高了成本信息的准确性。

(四) 成本计算的侧重点不同

传统成本计算方法以产品为成本计算对象,成本计算过程中侧重点自然放在能构成产品成本的直接材料和直接人工上,而对间接成本只是笼统地加以计算。作业成本法以作业为成本计算对象,以作业成本为侧重点。由于间接成本在作业成本法下,同样要以作业形式存在,加之间接成本的作业数量众多,因此间接成本就成为作业成本法成本计算的侧重点。

(五) 成本信息资料的详细程度不同

传统成本计算方法只是按产品提供最终成本信息。作业成本法的成本信息资料除包括产品成本外,还包括各作业的成本、各作业的资源投入与产出状况等。显然作业成本法的成本资料报告了产品生产各个环节的成本形成过程,其详细程度高于传统成本计算方法。

(六) 适用环境不同

传统成本计算方法适用于与传统推进式生产管理系统相结合的手工制造系统和固定自动制造系统的经营环境,适用于大批量生产和产品品种少、生命周期长、工艺不复杂、制造费用比重较低的企业。作业成本法则适用于适时生产系统与高度自动化制造系统相结合的经营环境,适用于小批量、多品种、技术复杂、高度自动化生产、制造费用比重相对较高的现代企业。

例 4.3 传统成本法与作业成本法的对比案例

Aerotech 公司的两条高产量生产线最近遇到了很强的竞争压力,迫使管理层将其产品价格降至目标价格以下。经研究发现,是传统的生产成本法扭曲了产品的价格,那具体问题出在什么地方?

Aerotech 公司制造 3 种复杂的电路板,这些产品分别被称为Ⅰ号、Ⅱ号、Ⅲ号电路板。Ⅰ号电路板是 3 种产品中最简单的,该公司每年销售 10 000 块Ⅰ号电路板;Ⅱ号电路板仅仅比Ⅰ号电路板复杂一点,公司每年销售 20 000 块Ⅱ号电路板;Ⅲ号电路板是最复杂的低销量产品,每年仅销售 4 000 块。公司采用分批成本法计算每种产品的成本。相关的基础数据如表 4-16 至表 4-20 所示。

表 4-16 基础数据表

	Ⅰ号板	Ⅱ号板	Ⅲ号板
产量	10 000	20 000	4 000
批次	1批,每批10 000块	4批,每批5 000块	10批,每批400块
直接材料	50元/块	90元/块	20元/块
直接人工	每块3小时	每块4小时	每块2小时
准备时间	每块10小时	每块10小时	每块10小时
机器时间	每块1小时	每块1.25小时	每块2小时

公司制造费用的预算额为3 894 000元,制造费用根据直接人工小时确定的预定分配率进行分配。直接人工和准备人工成本为20元/小时。

(1) 计算传统成本法下每种产品的单位成本。

(2) 如果公司的目标售价为单位成本的125%,每种产品的目标售价为多少?

(3) 假如市场上Ⅰ号板的售价为261.25元,Ⅱ号板的售价为328元,Ⅲ号板的售价为250元,对该公司有什么影响?

(4) 问题出在哪里?

表 4-17 制造费用分配率

制造费用预算额/元	3 894 000元
直接人工小时预算额/小时	
Ⅰ号板	30 000
Ⅱ号板	80 000
Ⅲ号板	8 000
合计	118 000
预定费用分配率	33元/小时

表 4-18 目标售价

单位:元/块

每种产品的单位成本、目标售价	Ⅰ号板	Ⅱ号板	Ⅲ号板
直接材料	50	90	20
直接人工	60	80	40
制造费用	99	132	66
合计	209	302	126
目标售价	261.25	377.50	157.50
市场售价	261.25	328.00	250.00

对传统成本计算法的评价：

传统的成本计算法以生产数量（如产量、直接人工小时、直接材料耗用、机器小时等）作为分配制造费用的单一基础，这种以生产数量为基础的成本计算方法高估了工艺简单、高产量产品的成本，却又低估了工艺复杂、低产量产品的成本。

传统成本计算法的假设：

假设制造费用的发生与直接生产过程相联系，并且间接费用的变动与生产数量标准是一一对应的，因而它把直接人工小时、直接人工成本、机器小时、原材料成本或主要成本作为制造费用的分配标准。可以说，传统的制造费用分配方法满足的只是与生产数量标准有关的制造费用的分配。

作业成本法：

Aerotech公司讨论了作业成本法，将制造费用（3 894 000元）进一步按作业进行细分，辨认了8个作业成本库，收集的相关数据如下：

（1）机器成本库：共计1 212 600元，包括与机器有关的各种制造费用，如维护、折旧、计算机支持、润滑、电力、校准等，该成本与生产产品的机器小时有关；

（2）生产准备成本库：共计3 000元，包括为产品制造进行准备的各种费用，生产准备成本与批次有关；

（3）收货和检验成本库：共计200 000元，其中Ⅰ号板、Ⅱ号板、Ⅲ号板消耗的比例分别为6%、24%、70%；

（4）材料处理成本库：总计为600 000元，其中Ⅰ号板、Ⅱ号板、Ⅲ号板消耗的比例分别为7%、30%、63%；

（5）质量保证成本库：共计421 000元，其中Ⅰ号板、Ⅱ号板、Ⅲ号板消耗的比例分别为20%、40%、40%；

（6）包装和发货成本库：共计250 000元，其中Ⅰ号板、Ⅱ号板、Ⅲ号板消耗的比例分别为4%、30%、66%；

（7）工程成本库：共计700 000元，包括工程师的薪水、工程用料、工程软件、工程设备折旧，该成本消耗比例同收货和检验成本；

（8）机构（生产能力）成本库：共计507 400元，包括工厂折旧、工厂管理、工厂维护、财产税、保险费等，该成本与直接人工有关。

则：

（1）机器成本库成本的分配：

根据表4-16，各型号板的产量与相应的机器时间乘积之和，可得机器小时预算总额43 000小时，即：

$$10\ 000 \times 1 + 20\ 000 \times 1.25 + 4\ 000 \times 2 = 43\ 000 \text{ 小时}$$

$$\text{库分配率} = \text{机器成本预算总额} \div \text{机器小时预算总额}$$
$$= 1\ 212\ 600 \div 43\ 000 = 28.2 \text{ 元/机器小时}$$

Ⅰ号板分配:28.2元/机器小时×1小时/件＝28.2元/块
Ⅱ号板分配:28.2元/机器小时×1.25小时/件＝35.25元/块
Ⅲ号板分配:28.2元/机器小时×2小时/件＝56.4元/块
(2) 生产准备成本库成本的分配:
　　　库分配率＝生产准备成本预算总额÷批次预算总额
　　　　　　＝3 000÷15＝200元/批
Ⅰ号板分配:200元/批÷10 000块/批＝0.02元/块
Ⅱ号板分配:200元/批÷5 000块/批＝0.04元/块
Ⅲ号板分配:200元/批÷400块/批＝0.50元/块
(3) 收货和检验成本库成本的分配:
Ⅰ号板分配:200 000×6%÷10 000块＝1.20元/块
Ⅱ号板分配:200 000×24%÷20 000块＝2.40元/块
Ⅲ号板分配:200 000×70%÷4 000块＝35元/块
(4) 材料处理成本库成本的分配:
Ⅰ号板分配:600 000×7%÷10 000块＝4.20元/块
Ⅱ号板分配:600 000×30%÷20 000块＝9.00元/块
Ⅲ号板分配:600 000×63%÷4 000块＝94.50元/块
(5) 质量保证成本库成本的分配:
Ⅰ号板分配:421 000×20%÷10 000块＝8.42元/块
Ⅱ号板分配:421 000×40%÷20 000块＝8.42元/块
Ⅲ号板分配:421 000×40%÷4 000块＝42.10元/块
(6) 包装和发货成本库成本的分配:
Ⅰ号板分配:250 000×4%÷10 000块＝1.00元/块
Ⅱ号板分配:250 000×30%÷20 000块＝3.75元/块
Ⅲ号板分配:250 000×66%÷4 000块＝41.25元/块
(7) 工程成本库成本的分配:
Ⅰ号板分配:700 000×25%÷10 000块＝17.50元/块
Ⅱ号板分配:700 000×45%÷20 000块＝15.75元/块
Ⅲ号板分配:700 000×30%÷4 000块＝52.50元/块
(8) 机构(生产能力)成本库成本的分配:
　　　库分配率＝机构成本总额÷直接人工小时总额
　　　　　　＝507 400÷118 000＝4.3元/直接人工小时
Ⅰ号板分配:4.3/直接人工小时×3直接人工小时/块＝12.9元/块
Ⅱ号板分配:4.3元/直接人工小时×4直接人工小时/块＝17.2元/块
Ⅲ号板分配:4.3元/直接人工小时×2直接人工小时/块＝8.6元/块

表 4-19 作业成本法下 Aerotech 的单位成本

单位:元/块

	Ⅰ号板	Ⅱ号板	Ⅲ号板
直接材料	50	90	20
直接人工	60	80	40
制造费用:			
机器	28.20	35.25	56.40
生产准备	0.02	0.04	0.50
收货和检验	1.2	2.40	35.00
材料处理	4.20	9.00	94.50
质量保证	8.42	8.42	42.10
包装和发货	1.00	3.75	41.25
工程	17.50	15.75	52.50
机构	12.90	17.20	8.60
制造费用合计	73.44	91.81	330.85

表 4-20 作业成本法的目标售价

单位:元/块

每种产品的单位成本、目标售价	Ⅰ号板	Ⅱ号板	Ⅲ号板
直接材料	50	90	20
直接人工	60	80	40
制造费用	73.44	91.81	330.85
单位成本	183.44	261.81	390.85
目标售价	229.30	327.26	488.56
市场售价	261.25	328.00	250.00

思考题

1. 如何理解作业成本法的基本原理?
2. 作业成本法有哪些特点?
3. 简述作业成本法的计算程序。

> **案例分析**

莫科汽车轮胎公司的作业成本法

莫科公司位于墨尔本,是工程零件制造商,它是唯一生产这种零件的澳大利亚厂商,近年来受到海外制造商的激烈竞争。莫科公司是一个大集团公司的一部分,只有100多人,它的会计部门有6人,其中包括一名财务控制员,他的职责特定为把作业成本法导入企业。

莫科公司是第一家成功应用作业成本法的企业。它以前的成本核算系统是传统成本核算系统,其中制造费用按照人工小时数分配。莫科公司的客户广泛、产品系列众多,生产过程既有高度复杂的自动化生产也有部分的手工生产。为了满足客户的特殊需求,订单量非常小,因此市场要求公司具有高度的柔性和快速反应能力。

莫科公司早就开始在现代制造技术方面进行投资,包括自动焊接机器人等,这导致莫科公司产品的成本结构发生了显著的变化。现在的人力资源成本仅仅是以前的人力资源成本的一小部分,但是新技术带来的成本节约并没有使顾客获得好处,也没有使企业的产品在市场上获得价格优势,因此许多客户转向从国外供应商进货。

尽管莫科公司的边际利润在增长,但客户还是慢慢地向海外供应商流失。莫科公司不清楚到底是哪一部分导致了边际利润的增长,只是他们很清楚目前的会计系统存在不足。因为信息不足,莫科公司高层管理人员无法据此做出诸如价格之类正确的决策。

他们从一个前高层经理那里了解到作业成本法,但是他们自己没有关于作业成本法的任何经验,既不知道这个系统是如何运作的,也不知道该如何来建立一个作业成本法系统,但是他们认为作业成本法是解决莫科公司目前面临问题的一个方案。后来,财务控制员被指定为专门在莫科公司导入作业成本法的负责人。接受这项任务后,财务控制员建立了一个包括他自己、一个制造部门的工程师和一个成本会计师的项目组,在之后的三个月时间里,作业成本法项目小组与公司内部其他部门的人员进行了大量的非正式交流。工程师和财务控制员都全职参与作业成本法的实施工作,成本会计师大约把2/3的时间投入这个项目。该项目组为全企业建立了25个成本库,并用了大量的时间就成本动因达成一致意见。一些认定的成本动因如下:机床调试的频率(包括编程数控机床);制造订单数量(这是很多作业的驱动因素,包括从报价到送货的很多作业);采购订单数量,这是采购部门工作量的主要驱动因素;产品销售的商店数量;检查的次数,很多地方需要抽样检查;工作面积分配各种设备;单个服务人员成本。

很多成本动因对于多个成本库是相同的,项目组在成本分配上没有花费太多时间。莫科公司实施作业成本法的软件系统是基于个人计算机的,其中包含大量由财务控制员建立的 Excel 表。购买软件只需要 1 000 美元,但是需要做很多的基础工作来使软件适合公司的特殊需要,另外收集和输入数据需要花很多时间。

作业成本法系统最初计划在 40～50 种产品上试运行,这些产品覆盖了公司产品的所有系列。当他们分析了产品的同质性后,试运行品种数量降低到 25 种。

在作业成本法介绍到莫科公司的时候,总经理表示对此全力支持并深刻理解作业成本法产生信息的价值。由于缺乏有相关技能和知识的人员,项目实施之初不得不做大量的培训。同时为了收集大量的数据,财务控制员不得不与更多的人员打交道。对他们进行大量的访谈以确定他们一天中是如何支配时间的。

通过项目组的努力,莫科公司实施的作业成本法确实为公司带来了多方面的效益,包括:获得了更准确的成本信息和定价信息,由此改变公司在市场中的地位;建立针对进口的有竞争力的产品的基准;更好的成本信息使管理层把一些内部低效率的制造转向外包;由于针对不同方面更好的衡量,公司做出了更好的资本投资决策;一些成本较高的问题区域被明确,其中包括数控加工段的成本已经下降;建立了对改进状况进行评价的业绩评价标准;建立了详细而精确的年度预算。

尽管实施作业成本法花费了 12 个月的时间,但是莫科公司获得的效益明显超过投入。简单地说,作业成本法带来的效益在于管理层可以使用更精确和更具有相关性的信息,作业成本法为管理层的商业决策提供了一个好工具。

思考:
1. 该企业是如何实施作业成本法的?
2. 在实施作业成本法的过程中遇到了什么问题?取得了哪些成果?

(资料来源:包红霞.物流成本管理[M].北京:科学出版社,2018.)

技能训练

1. 已知方达物流有限公司流通加工环节主要有以下作业:生产准备、生产计划制订、材料移动、供电、按批次进行质量检验、厂房维护、设备维修、员工监管。

要求:根据以上资源进行作业分类并为以上作业选择合适的成本动因。

2. 鑫达服装有限公司采用作业成本法核算产品成本。该企业 20＊＊年 4 月发生直接材料成本 320 000 元,其中甲产品耗用 180 000 元、乙产品耗用 140 000 元;直接人工成本 190 000 元,其中甲产品应负担 110 000 元,乙产品应负担 80 000 元;间接费用 56 000 元,经分析该企业的作业成本分配表如表 4-21 所示。

表 4-21　鑫达服装有限公司作业成本分配表

作业中心	作业成本/元	成本动因	动因量	
			甲产品	乙产品
材料整理	14 000	处理材料批数	10	30
质量检验	10 000	检验次数	10	15
机器调试	20 000	调试次数	80	120
生产准备	12 000	人工小时数	20	80

要求:

(1) 计算各作业中心的成本分配率。

(2) 假定该企业的当月产量为甲产品 5 000 件、乙产品 4 000 件,期初期末在产品为 0,计算该月两种产品的总成本和单位成本。

3. 盛达公司生产 A、B 两种产品,20＊＊年 4 月的有关成本资料如表 4-22 所示。

表 4-22　20＊＊年 4 月成本资料表

产品名称	产量/件	单位产品机器小时/小时	直接材料单位成本/(元/件)	直接人工单位成本/(元/件)
A	100	2	50	40
B	200	4	80	30

该公司每月间接费用总额为 50 000 元,与间接费用相关的作业有 4 个,有关资料列入作业成本分配表,如表 4-23 所示。

表 4-23　作业成本分配表

作业名称	作业成本/元	成本动因	成本动因数量		合计
			A 产品	B 产品	
质量检验	4 000	检验次数	5	15	20
订单处理	4 000	生产订单份数	30	10	40
机器运行	40 000	机器小时数	200	800	1 000
设备调整准备	2 000	调整准备次数	6	4	10
合计	50 000				

要求：

(1) 用作业成本法计算 A、B 两种产品的单位成本。

(2) 以机器小时作为间接费用的分配标准，采用品种法计算 A、B 两种产品的单位成本。

(3) 对以上两种方法的计算结果进行分析，并比较两种成本计算方法的优劣。

第5章 运输成本

学习指导

1. 了解运输成本的概念、内容及影响因素；
2. 掌握汽车运输企业的成本构成、费用归集和分配方法，重点掌握汽车运输总成本和单位成本的计算方法；
3. 掌握海洋运输企业的成本构成、费用归集和分配方法，重点掌握海洋运输总成本和单位成本的计算方法；
4. 掌握降低运输成本的方法和措施。

第一节 运输成本概述

一、运输与物流

运输是指运用合适的工具使人和物产生位移的活动；而物流是指为满足用户需要而进行的原材料、中间库存、最终产品及相关信息从起点到终点的有效流动，以及实现这一流动而进行的计划、管理、控制的过程。一般来讲，物流活动包括运输、储存、装卸搬运、包装、流通加工、信息处理和物流管理七项功能要素，而运输是所有功能要素中最为重要、最为核心的环节。虽然它不创造新的物质产品，不增加社会产品数量，不赋予产品新的使用价值，但是它为物资在空间上的转移、时间上的暂存提供了保证，承担了改变物品空间状态的主要任务，是改变物品空间状态的主要手段，为产品更好地实现价值与使用价值奠定了基础。因此，运输在物流系统中主要提供物品转移(主要功能)和物品存储(附属功能)两大功能。运输作为一条纽带，它把物流活动巧妙地连接在一起，物流的运行离不开运输，物流的发展同样要依赖四通八达、畅通无阻、信息智能的运输系统。

运输活动在整个物流系统中占有重要地位，运输成本也占据了物流成本的"半壁江山"。因此，运输成本的控制对物流总成本的节约具有举足轻重的作用。

二、运输成本的概念

运输成本是指承运人为完成一定的客、货运输量而消耗的物化劳动和活劳动的总和。本书阐述的重点是货物运输,因此,这里的运输成本专指承运人为完成特定货物位移而消耗的物化劳动和活劳动的总和。其货币表现就是各种费用的支出,涉及支出给车队、燃料、设备维护、劳动力、保险、装卸等的费用。

运输成本是衡量运输活动的综合性指标,它能比较全面地反映运输活动的经营管理水平。运输量的多少、运输工具和设备的利用程度、燃料的消耗水平、货币资金的运用情况及物流企业运输调度水平等最终都可以通过运输成本反映出来。因此,不断降低运输成本是物流企业的重要任务之一。

三、运输成本的构成

不同的运输方式所包含的运输成本有所不同,但根据我国《企业会计准则》的相关规定,一般可以将成本分为两部分,即直接营运成本和间接营运成本。

(一) 直接营运成本

直接营运成本是指与运输营运生产直接相关的各种支出,包括直接从事运输营运生产活动人员的工资和福利费,也包括运输营运生产过程中直接消耗的燃料费、材料费、折旧费、修理费、过路费、养路费等。

(二) 间接营运成本

间接营运成本是指为组织运输生产活动而发生的各种辅助费用和管理费用。间接营运成本一般不能直接计入成本计算对象,需要按照一定的标准在不同的计算对象间进行分摊。值得说明的是,间接营运成本只是在运输过程中形成的需要分摊的各项费用,并不涉及企业行政管理部门的管理费用。

四、运输成本的影响因素

(一) 运输距离

运输距离是影响运输成本的主要因素,它直接影响燃料费、车辆的维修保养费的支出。一般情况下,承运人可以通过提高运输速度来降低单位成本,但是在一次运输任务需要同时满足多个客户的需求时,就必须科学合理地规划运输路线,最大限度地缩短运输距离,从而降低运输成本。工作中常见的调度不当造成的空驶、迂回运输、重复运输等现象会增加运输成本,在实务操作中承运人应尽量避免。

(二) 运输量

运输活动存在规模经济,每单位重量的运输成本会随运输量的增加而减少。

因此，小批量的载货应整合成大批量的载货，从而实现规模经济。一般情况下，多采用配载的方式来增加运输量，达到降低成本的目的。当然，在装载货物时，还要综合考虑物资的特性，如物资的尺寸、物资本身是否适合与其他物资混装等。

（三）运输方式

运输的主要方式有公路运输、铁路运输、水路运输、航空运输和管道运输。不同的运输方式所形成的运输成本也存在较大的差异。此外，在特定的条件下，某一种运输方式的潜在优势也可能是其他几种运输方式无法比拟的。因此，不同的运输方式中比较选择、优化组合常常成为降低运输总成本的关键。

合理选择运输方式应全面衡量运输速度与运输费用之间此消彼长的关系。一般情况下，运输速度是运输服务的基本要求，但是，速度快的运输方式往往会形成较高的运输费用。如何选择最佳的运输方式，如何进行几种运输方式的最优组合是运输活动中经常要考虑的问题。

综上所述，运输距离、运输量及运输方式是运输成本最为主要的影响因素，此外，货物本身的特性、装卸搬运的方式及运输过程中的事故损失等因素也会不同程度地对运输成本造成影响。

第二节　汽车运输成本核算

一、汽车运输成本的概念

汽车运输成本是汽车货物运输生产过程中所产生的以货币形式表现的全部耗费。汽车运输生产过程是指运用汽车运输工具实现货物的位移过程，在此过程中所形成的全部耗费既包括车辆折旧、燃料消耗及其他相关配件工具的损耗，又包括参与运输过程的所有工作人员的人工费用，还包括在运输过程中参与车辆管理调度所发生的管理费用。

汽车运输总成本是指汽车运输企业完成一定运输工作量所支付的各种生产费用的总和。汽车运输单位成本是分摊到单位产品（千吨公里）上的成本。

二、汽车运输成本的核算要素

（一）成本计算对象

汽车运输成本是汽车运输企业按照不同车型完成的各项运输业务来计算的。也就是说，要按照不同车型完成的各项运输业务进行费用的归集和分配。因此，汽车运输企业应以不同燃料、不同厂牌、不同类型、不同用途的营运车辆作为成本计算对象。

（二）成本计算单位

汽车运输成本计算单位是以汽车运输工作量（货物周转量）的计量单位（吨公里）为计量依据的，是实际运送货物吨数与运距的乘积。为计算方便，一般营运车辆通常以千吨公里为成本计算单位。

此外，在核算过程中还会用到车吨日、千胎公里摊提额、千车公里折旧额、千车公里大修理费用预提额等中间单位。其中，车吨日是指某种营运车的数量、单位载重量和每月的营运天数的乘积，该概念可以衡量某车型某月的劳动量；千胎公里摊提额是用来衡量营运车辆平均行驶1 000公里轮胎的磨损值；千车公里折旧额是用来衡量营运车辆平均行驶1 000公里所摊销的折旧；千车公里大修理费用预提额是用来衡量营运车辆平均行驶1 000公里所摊销的大修理费用。

特种车，如零担车、冷藏车、油罐车，其成本计算单位也为千吨公里，但是大型车组的成本计算单位可为千吨位小时；集装箱车辆的成本计算单位为千标准箱公里。

需要注意的是，集装箱以20英尺（1英尺＝0.304 8米）为标准箱，小于20英尺的每箱按1标准箱计算，40英尺箱或其他大于20英尺箱的集装箱每箱按1.5标准箱计算。

（三）成本计算期

汽车运输企业一般按月、季、年计算累计成本，一般不计算在产品成本。营运车辆在经营跨月运输业务时，一般以行车路单签发日期所归属的月份计算其运输成本。

（四）理论方法

1. 里程法

在计算汽车运输成本时，往往会用到里程法。里程法在分配费用额时，根据行驶里程定额和营运车辆当月行驶的里程数额来确定当月的费用消耗，本着"多耗用多分配"的原则，这种方法可以较为合理地分配相关费用。

2. 年限法

在计算汽车运输成本时，还会用到年限法。与里程法不同，年限法是根据车辆行驶使用年限将总费用平均分配到当月中，该方法更侧重于费用分配的均衡性。

三、汽车运输成本项目设置

根据运输企业会计制度的规定，汽车运输成本项目包括直接营运成本和间接营运成本两大部分。在汽车运输活动中，直接营运成本体现为车辆直接费用，间

接营运成本包括辅助营运费用和营运间接费用两项,具体内容如下:

(一) 车辆直接费用

车辆直接费用是指可以直接计入车辆营运成本的成本项目。

1. 人工费

人工费是指按规定支付给营运车辆司机的基本工资、按规定计提的福利费用、工资性津贴和生产性奖金。实行承包经营企业的司机人员个人所得的承包收入,也包括在本项目内。

2. 轮胎费

轮胎费是指营运车辆所耗用的外胎、内胎、垫带的费用支出及轮胎翻新费和零星修补费。

3. 修理费

修理费是指营运车辆进行各级维护和小修所发生的工料费、修复旧件费用、行车耗用的机油费用及车辆大修费用。

4. 车辆折旧

车辆折旧是指营运车辆按规定方法计提的折旧。

5. 燃料费

燃料费是指营运车辆运行和生产经营过程中所耗用的各种燃料费用,如耗用汽油、柴油等的费用。

6. 公路运输管理费

公路运输管理费是指按规定向公路运输管理部门缴纳的运输管理费。

7. 车辆保险费

车辆保险费是指向保险公司交纳的营运车辆的保险费用。

8. 事故费

事故费是指营运车辆在运行过程中,因行车肇事所发生的事故损失,扣除保险公司赔后的事故费用。因车站责任发生的货损、货差损失及不可抗拒的原因而造成的非常损失,不在本项目内核算。

9. 税金

税金是指按规定缴纳的车船使用税。

10. 其他费用

其他费用是指不属于上述各项的车辆营运费用,包括行车杂支、随车工具费、篷布绳索费、防滑链条费、中途故障救济费、车辆牌照和检验费、洗车费、停车住宿费、过路费、过桥费、过渡费、高速公路建设费等。

(二) 辅助营运费用

辅助营运费用是指辅助生产部门发生的费用。企业的辅助生产部门主要是指为企业车辆和装卸机械进行维修作业而设的保养厂或车间。企业发生的辅助营运费用通常包括以下几个方面：

(1) 辅助生产部门进行各级维护和小修作业所发生的业务费用。
(2) 辅助生产部门自制设备和配件所发生的材料等费用。
(3) 辅助生产部门进行零件修补、旧件修复等业务所发生的各种消耗。
(4) 企业辅助生产部门的人员工资、福利费。
(5) 企业辅助生产部门发生的各项管理费用。
(6) 辅助生产部门对外修理所发生的各种耗费。

(三) 营运间接费用

营运间接费用是指不能直接计入成本计算对象的各种间接费用，但不包括企业行政管理部门（总公司或公司）的管理费用。营运间接费用主要有以下两个方面：

(1) 车队管理费，是指基层营运车队所发生的营运管理费用。
(2) 车站经费，是指基层车站的营运管理费用。

四、汽车运输成本核算程序和核算方法

(一) 核算程序

汽车运输成本的核算程序主要是指汽车运输成本的会计核算程序。

第一步：根据汽车运输企业营运管理的要求，确定成本计算对象、成本计算单位、成本项目和成本计算方法。

第二步：根据费用支出和运输过程中消耗的原始凭证，按照成本计算对象、费用类别和部门对运输营运费用进行归集、分配并编制各种费用汇总表，包括工资分配表、燃料和轮胎损耗汇总表、低值易耗品摊销表、固定资产折旧及大修理费用提存计算表、轮胎摊销分配表等。

第三步：根据各种费用汇总表或原始凭证，登记各种相应账户，如"辅助营运费用""营运间接费用""待摊费用""预提费用"等，并将辅助营运费用、营运间接费用按成本计算对象分配并编制如运输支出、其他业务支出等各项支出汇总表，确定各项业务应负担的费用，计算运输业务成本。

第四步：运输企业根据车队、车站上报的成本核算资料，汇总分配企业各项费用，编制企业运输业务总成本和单位成本计算单。

（二）核算方法

1. 车辆直接费用

（1）人工费

对于有固定车辆的司机和工作人员的工资，按照实际发生的数额直接计入相关运输成本。对于没有固定车辆的后备司机或工作人员，其工资按营运车吨位或营运车吨日分配计入相关成本。计算公式：

$$每营运车吨日工资分配额 = \frac{应分配的后备司机或工作人员工资总额}{总营运车吨日}$$

$$某车型应分摊的司机工资 = 该车型实际总营运车吨日 \times 每营运车吨日工资分配额$$

这里的工资总额包含后备司机或工作人员的基本工资、奖金及各种福利费等。

（2）轮胎费

外胎的一般领用按实际发生数直接计入当月运输成本，当一次领用轮胎较多时，可在一年内分月摊入各月运输成本，一般按每千胎公里摊提额和月度内实际行驶胎公里数计算。计算公式：

$$千胎公里摊提额（分配率） = \frac{外胎计划价格 - 计划残值}{新胎到报废行驶里程定额 \div 1\,000}$$

$$某车型某月应计摊提费用 = 千胎公里摊提额 \times 该车型该月实际行驶胎公里 \div 1\,000$$

（3）修理费

营运车辆因维护和修理而领用的各种材料、配件、修理等费用直接计入成本，预提的修理费用则根据大修理费用提存计算表按月分配计入成本。

营运车辆大修理费的预提有两种方法：①按照实际行驶里程计算预提；②按照使用年限预提。通常，企业对营运车辆的大修理费用按照实际行驶里程计算预提，而大型车的大修理费用则按照使用年限预提。

ⅰ. 按实际行驶里程计提，计算公式：

$$某车型营运车千车公里大修理费用预提额（分配率）$$
$$= \frac{预计大修理次数 \times 每次大修理费用}{该车行驶里程定额 \div 1\,000}$$

某车型营运车月大修理费用提存额＝该车型营运车千车公里大修理费用预提额（分配率）×该车型营运车当月行驶里程÷1 000

ⅱ. 按使用年限预提，计算公式：

$$某车型营运车月大修理费用提存额 = \frac{预计大修理次数 \times 每次大修理费用}{预计使用年限 \times 12}$$

(4) 车辆折旧

一般营运车辆的折旧按里程法计算。特种车、大型车按年限法计算。在计算营运车辆折旧时,要注意车辆折旧总额的确定。运输企业营运车辆的折旧总额应为

$$营运车辆折旧总额 = 车辆原值 - 预计残值 + 预计清理费用$$

①里程法的计算公式:

$$某车型营运车千车公里折旧额(分配率) = \frac{该车型折旧总额}{该车型行驶里程定额 \div 1\,000}$$

$$某车型营运车月折旧额 = 某车型营运车千车公里折旧额(分配率) \times 该车型营运车当月行驶里程 \div 1\,000$$

②年限法的计算公式:

$$某车型营运车月折旧额 = \frac{该车型折旧总额}{该车预计使用年限 \times 12}$$

(5) 燃料费

营运车辆消耗的燃料应根据行车路单或其他有关燃料消耗报告所列实际消耗量计算,直接计入成本。燃料消耗计算的范围与期间,应与车辆运行情况相一致,以保证燃料实际消耗量与当月车辆行驶总车公里和所完成的运输周转量相对应。

实行满油箱制的运输企业,在月初、月末油箱加满的前提下,车辆当月加油的累计数,即为当月燃料实际消耗数,企业根据行车路单领油记录核实的燃料消耗统计表,即可计算当月燃料实耗数。也就是说,实行满油箱制的企业,当月燃料实际消耗量为当月实际领油数。

实行实地盘存制的企业,应在月底实地测量车辆油箱存油数,并根据当月行车路单加油记录计算各车实际耗用的燃料数,计算公式:

$$本月燃料消耗量 = 月初结存 + 本月领用数 - 月末结存$$

(6) 其他费用

除上述费用外,有时候还会涉及保险费、过路费、运输管理费等其他和运输活动有关的杂费,对于这部分费用应按照实际支出数额及受益期限分摊计入成本。

2. 辅助营运费用

辅助营运费用的计算应按照计算对象和费用类别进行归集,并按受益部门和一定的方法进行分配。能够直接计入各成本计算对象的,应直接计入;不能直接计入的间接费用,如辅助生产部门人员的人工费用和车间经费等间接费用,要采取适当的方法分配计入成本计算对象。通常情况下,企业辅助营运部门的间接费用分配按照各项业务耗费的工时数进行分配。计算公式:

$$辅助营运部门间接费用单位工时分配额(分配率) = \frac{各车型应分摊辅助营运费用额}{辅助生产实际总工时}$$

各车型应分摊辅助营运费用额＝各车型实际耗用工时×
辅助营运间接费用单位工时分配额(分配率)

最后汇总各车型营运车辆耗费的辅助营运费用,计算公式:

$$辅助营运费用＝辅助直接费用＋辅助间接费用$$

3. 营运间接费用

营运间接费用的分配一般分成两步。

第一步:发生的营运间接费用在基层运营单位的主营业务(即基层车队的运输业务或基层车站为运输业务所发生的车站业务)和其他业务之间进行分配。其分配标准通常采用车队发生的车辆直接费用和其他业务的直接费用之和,通过这两种直接费用之间的比例将营运间接费用分摊到有关业务中去。计算公式:

$$营运间接费用分配率 = \frac{当月营运间接费用总额}{主营业务直接费用＋其他业务直接费用}$$

主营业务应分摊的营运间接费用＝当月运输业务直接费用×
营运间接费用分配率

第二步:将分配到主营业务(运输业务)的营运间接费用再次分摊到各相关的运输成本计算对象中,即在各车型之间进行分配。计算公式:

$$按各车型分摊营运间接费用的分配率 = \frac{主营业务应分摊的营运间接费用}{该车队各车型营运车直接费用总额}$$

某车型应分摊的营运间接费用＝当月该车型直接费用总额×
按各车型分摊营运间接费用的分配率

汽车运输业务营运间接费用分配过程如图5-1所示。

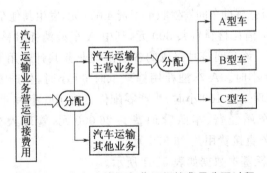

图5-1 汽车运输业务营运间接费用分配过程

4. 计算总成本和单位成本

汽车运输业务的总成本是指成本计算期内各运输成本计算对象,即各种类型车辆的运输成本总额之和,计算公式:

$$汽车运输总成本 = \sum 各车型运输总成本$$

某车型运输总成本是指成本计算期内该车型按其成本项目归集的运输总成本,包括车辆直接费用(人工费、轮胎费、修理费、车辆折旧、燃料费等)、辅助营运费用、营运间接费用。计算公式:

$$某车型运输总成本 = \sum 该车型各成本项目的成本$$

某车型运输单位成本是指成本计算期内,按该车型完成单位运输周转量(千吨公里)所计算的成本额。计算公式:

$$某车型的单位运输成本 = \frac{该车型当月运输总成本}{该车型的当月运输周转量}$$

5. 编制成本计算单

根据《企业会计准则》,成本计算单应按照成本计算对象分别编制。一般情况下,成本计算单中应包含各成本项目及总成本和单位成本的数据。不同的企业可以根据自身的实际情况设置成本计算单的格式与内容。

(三)汽车运输成本核算实例

例 5.1 华阳货运有限公司 20＊＊年 4 月的汽车运输成本资料如下:

(1) 4 月 A 车型营运 30 天,共行驶 20 000 公里,运量为 2 000 吨,领用燃料 2 000 升,每升 8 元。A 车型一次性领用轮胎 30 个,每个 1 000 元,总残值 5 000元,该批轮胎行驶里程定额 800 000 公里。本月共支付保险费等 4 000 元。

(2) 4 月 B 车型营运 30 天,共行驶 100 000 公里,运量为 4 000 吨,领用燃料 6 000 升,每升 6 元。B 车型一次性领用轮胎 60 个,每个 800 元,总残值 10 000元,该批轮胎行驶里程定额 1 000 000 公里。本月共支付保险费等 10 000 元。

(3) 本车队每辆车有一名固定司机,工资为 5 000 元/月,全车队有 3 名后备司机,工资为 3 000 元/月。

(4) 4 月附属维修辅助车间发生职工工资 4 000 元,发生其他车间经费 5 000 元。另外,进行日常维护消耗材料费共 800 元,其中 A 车型消耗材料 3 000 元,B 车型消耗材料 5 000 元。该车间该月完成的各项修理业务共计耗用 160 小时,生产零配件业务耗用 140 小时。A 车型耗用修理工时 60 小时,生产零配件工时 40 小时。B 车型耗用修理工时 100 小时,生产零配件工时 100 小时。

(5) 4 月发生车站经费、车队管理费共 26 000 元,管理人员工资及福利共 18 000 元,其他业务直接费用共 26 575 元。

(6) 其他的车辆基本数据如表 5-1 所示。

表 5-1 华阳货运有限公司车辆数据资料

指标	A 型车	B 型车
数量/辆	5	10
原值/(元/辆)	200 000	150 000
计划残值/(元/辆)	6 000	5 000
预计清理费/(元/辆)	1 000	1 000
使用年限/年	10	10
行驶里程定额/(公里/辆)	500 000	500 000
载重/(吨/辆)	16	6
每日运输次数	1	2
每年大修理费	5 000	8 000
每年大修理次数	1	1

根据汽车运输成本核算步骤与方法,完成该公司 20＊＊年 4 月汽车运输总成本和单位成本的核算。

依题意:

1. 车辆直接费用

(1) 人工费

①计算营运车吨日。

A 车型车吨日＝5×16×30×1＝2 400(车吨日)

B 车型车吨日＝10×6×30×2＝3 600(车吨日)

②计算费用分配率。

后备司机每营运车吨日工资分配率＝3 000×3÷(2 400＋3 600)＝1.5

③计算各车型应负担的后备司机工资费用。

A 车型应负担后备司机工资＝2 400×1.5＝3 600(元)

B 车型应负担后备司机工资＝3 600×1.5＝5 400(元)

④计算各车型应负担的总工资费用。

A 车型应负担工资成本＝5 000×5＋3 600＝28 600(元)

B 车型应负担工资成本＝5 000×10＋5 400＝55 400(元)

(2) 轮胎费

①计算千胎公里摊提额。

A 车型千胎公里摊提额＝(30×1 000－5 000)÷(800 000÷1 000)＝31.25(元)

B 车型千胎公里摊提额＝(60×800－10 000)÷(1 000 000÷1 000)＝38(元)

②计算各车型当月应摊提轮胎费用。

   A 车型当月应摊提轮胎费用=31.25×20 000÷1 000=625(元)

   B 车型当月应摊提轮胎费用=38×100 000÷1 000=3 800(元)

(3) 修理费

考虑到实际情况,我们按里程法进行计算。

①计算各车型千车公里大修理费用预提额(分配率)。

A 车型千车公里大修理费用预提额=10×5 000÷(500 000×5÷1 000)=20(元)

B 车型千车公里大修理费用预提额=10×8 000÷(500 000×10÷1 000)=16(元)

②计算各车型月大修理费提存额。

   A 车型月千车公里大修理费提存额=20×20 000÷1 000=400(元)

   B 车型月千车公里大修理费提存额=16×100 000÷1 000=1 600(元)

(4) 车辆折旧

考虑到实际情况,我们按里程法进行计算。

①计算各车型千车公里折旧额(分配率)。

 A 车型千车公里折旧额=(200 000-6 000+1 000)×5÷(500 000×5÷1 000)

      =390(元)

 B 车型千车公里折旧额=(150 000-5 000+1 000)×10÷(500 000×10÷1 000)

      =292(元)

②计算各车型当月车辆折旧额。

   A 车型当月车辆折旧额=390×20 000÷1 000=7 800(元)

   B 车型当月车辆折旧额=292×100 000÷1 000=29 200(元)

(5) 燃料费

计算各车型当月燃料费。

    A 车型当月燃料费=8×2 000=16 000(元)

    B 车型当月燃料费=6×6 000=36 000(元)

(6) 其他费用

本月 A 车型共支付保险费、养路费等其他费用总计 4 000 元。

本月 B 车型共支付保险费、养路费等其他费用总计 10 000 元。

2. 辅助营运费用

(1) 计算辅助营运费用单位工时分配额(分配率)。

    单位工时分配额=(4 000+5 000)÷(160+140)=30

(2) 计算各车型应分摊的辅助营运费用额。

   A 车型应分摊的辅助营运费用额=30×(60+40)=3 000(元)

   B 车型应分摊的辅助营运费用额=30×(100+100)=6 000(元)

(3) 汇总各车型的辅助营运费用。

  A 车型的辅助营运费用 = 3 000 + 3 000 = 6 000(元)

  B 车型的辅助营运费用 = 5 000 + 6 000 = 11 000(元)

3. 营运间接费用

(1) 汇总直接费用。

本月 A 车型直接费用 = 28 600 + 625 + 400 + 7 800 + 16 000 + 4 000
      = 57 425(元)

本月 B 车型直接费用 = 55 400 + 3 800 + 1 600 + 29 200 + 36 000 + 10 000
      = 136 000(元)

  本月运输业务直接费用 = 57 425 + 136 000 = 193 425(元)

(2) 计算车队运输业务应分摊的营运间接费用。

  分配率 = (26 000 + 18 000) ÷ (193 425 + 26 575) = 0.2

 运输主营业务应分摊的营运间接费用 = 193 425 × 0.2 = 38 685(元)

 其他运输业务应分摊的营运间接费用 = 26 575 × 0.2 = 5 315(元)

(3) 计算各车型分摊的营运间接费用。

  按车型分摊营运间接费用分配率 = 38 685 ÷ 193 425 = 0.2

  A 车型应分摊的营运间接费用 = 57 425 × 0.2 = 11 485(元)

  B 车型应分摊的营运间接费用 = 136 000 × 0.2 = 27 200(元)

营运间接费用分配明细如图 5-2 所示。

劳动间接费用(44 000 元) {运输主营业务分摊(38 685 元) {A 型车分摊(11 485 元) B 型车分摊(27 200 元); 其他运输业务分摊(5 315 元)}

图 5-2 营运间接费用分配明细

4. 计算总成本和单位成本

(1) 计算各车型总成本。

  A 车型总成本 = 车辆直接费用 + 辅助营运费用 + 营运间接费用
     = 57 425 + 6 000 + 11 485 = 74 910(元)

  B 车型总成本 = 车辆直接费用 + 辅助营运费用 + 营运间接费用
     = 136 000 + 11 000 + 27 200 = 174 200(元)

(2) 计算各车型周转量。

A 车型周转量 = 20 000 × 2 000 = 40 000 000(吨公里) = 40 000(千吨公里)

B 车型周转量 = 100 000 × 4 000 = 400 000 000(吨公里) = 400 000(千吨公里)

(3) 计算各车型单位成本。

A 车型单位成本 = 总成本 ÷ 周转量 = 74 910 ÷ 40 000 ≈ 1.87(元/千吨公里)

B 车型单位成本 = 总成本 ÷ 周转量 = 174 200 ÷ 400 000 ≈ 0.44(元/千吨公里)

5. 编制成本计算单

运输成本计算单按照 A 车型、B 车型分别编制,如表 5-2 和表 5-3 所示。

表 5-2　20＊＊年 4 月 A 车型运输成本计算单

项目	总成本/元	单位成本/(元/千吨公里)
车辆直接费用	57 425	1.43
辅助营运费用	6 000	0.15
营运间接费用	11 485	0.29
合计	74 910	1.87

表 5-3　20＊＊年 4 月 B 车型运输成本计算单

项目	总成本/元	单位成本/(元/千吨公里)
车辆直接费用	136 000	0.34
辅助营运费用	11 000	0.03
营运间接费用	27 200	0.07
合计	174 200	0.44

第三节　海洋运输成本核算

一、海洋运输业务及其成本概述

海洋运输成本是海洋货物运输生产过程中所产生的以货币形式反映的全部耗费。海洋运输业务按运输距离的长短可以分为沿海运输业务、远洋运输业务。

(一) 沿海运输业务及其成本

沿海运输业务是海运企业营运船舶在近海航线上的运输业务。沿海运输船舶往来于沿海港口之间,在通常情况下运输距离较近、航次时间较短,数日内即可往返一次。船舶进出港口,由港口单位提供码头设备和各种服务,航运单位按规定向港口单位交付各种港口使用费。

海运企业船舶吨位较大、费用较多,所以应按照单船或类型船归集船舶营运费用,计算货运成本。海运企业的运输船舶,有时从事非运输工作,如船舶临时出租、援救遇难船舶的施救工作等,应属于其他业务,所发生的船舶费用应在计算船舶运输成本时予以计算并扣除。

(二) 远洋运输业务及其成本

远洋运输业务通常是指国际航线运输业务。远洋运输船舶来往于国内外港口之间,运输距离较长,每次航行时间常在一个月以上,甚至长达数月之久。远洋运输具有船舶吨位大、航次时间长的特点。

由于管理上的需要,远洋运输量需要按船舶航次统计,运输收入需要按船舶已完航次计算。因此,船舶营运成本的计算不仅要按单船,还要按不同航次,以便正确划分与计算各航次的运输效益。

远洋运输船舶在进出国内港口时使用码头设备,与沿海船舶一样需要按规定向港口单位支付各种港口使用费;货运业务由港口代理,支付代理费用。远洋船舶在进出国外港口时需要按各港口的规定支付各种港口使用费;在国外港口,船舶运输业务由代理行代理,并向其支付代理费用。船舶通过海峡,需支付海峡通行物。按照国际运输规定,船方往往根据运输条款支付某些运输业务费用,如垫舱费、装卸费用、揽货佣金、理货费用等,远洋运输业务的成本构成与沿海和内河船舶运输有着明显的不同。

二、海洋运输成本的核算要素

(一) 成本计算对象

海洋运输成本的计算对象是海洋运输业务中涉及的各类型船舶或航线,由于海洋运输业务分为沿海运输业务和远洋运输业务两种类型,因此,计算对象也有所不同。

1. 沿海运输业务的成本计算对象

沿海运输以各种类型船舶的运输业务为成本计算对象,据此开设成本计算单。

2. 远洋运输业务的成本计算对象

远洋运输成本是按照航次进行费用的归集,因此,远洋运输的成本计算对象更为具体,即各类型船舶的已完航次,并据此开设成本计算单。

(二) 成本计算期

1. 沿海运输业务的成本计算期

沿海运输业务的成本计算期是日历月。每月末最后一天为成本计算截止时间,计算已完航次成本。沿海运输业务航线较短、航行时间不长、航次频繁,船舶运输虽然按航次组织,但是各月末未完航次成本数额较为均衡,因此,为了简化成本计算,沿海运输业务以日历月为成本计算周期。

2. 远洋运输业务的成本计算期

远洋运输业务以航次为成本计算周期。航次是指船舶按照命令运载货物完成一个完整的运输生产过程。船舶的航次时间应从上一航次最终港卸空所载货物时起,到本航次最终卸空所载货物时为止。远洋运输航次时间长、船舶费用多,为了正确计算成本,远洋运输分船按航次计算成本,计算报告期已完航次的成本,将报告期末未完航次的费用转入下期。

(三)成本计算单位

海洋运输成本的计算单位是指运输周转量的计量单位,一般为千吨公里。海运企业,沿海运输、远洋运输的船舶完成运输周转量都按当月(季、年)已完航次统计的到达量计算。

三、海洋运输成本项目设置

海洋运输成本分为海运直接费用和营运间接费用两类,对于租船和使用集装箱运输的企业,还包括船舶租费和集装箱固定费用。

(一)海运直接费用

海运直接费用是指海洋运输企业在营运过程中,所发生的可以直接计入运输成本核算对象的各种费用,具体包括以下几个方面:

1. 航次运行费用

航次运行费用是指船舶在运行过程中可以直接归属于航次负担的费用。

(1)燃料费

燃料费是指船舶在航行、装卸、停泊等时间内耗用的全部燃料费用。

(2)港口费

港口费是指船舶进出港口、停泊、过境等应付的港口费用。它包括船舶吨税、灯塔费、引水费、拖轮费、码头费、浮筒费、系解缆费、海关检验费及海峡通过费、运河费等。

(3)货物费

货物费是指运输船舶载运货物所发生的应由船方负担的业务费用,如装卸工工资、加班费、装卸工具费、下货费、翻仓费、货物代理费等。

(4)中转费

中转费是指船舶载运的货物在中途港口换装其他运输工具运往目的地及在港口中转时发生的应由船方负担的各种费用,如汽车接运费、铁路接运费、水运接运费、改港费等。

(5)垫隔材料费

垫隔材料费是指船舶在同货仓内装运不同类别的货物需要分开、垫隔,或虽在同一货仓内装同类货物但需要防止摇动、移位及货物通风需要等耗用的材料、隔货网、防摇装置、通风筒等材料费用。

(6)速遣费

速遣费是指有装卸协议的营运船舶提前完成装卸作业,按照协议付给港口单位的速遣费用。如发生延期,收回的延期费冲减本项目。

(7) 事故损失

事故损失是指船舶在营运生产过程中发生海损、机损、货损、货差、污染、人身伤亡等事故的费用,包括施救、赔偿、修理、诉讼、善后等产生的直接损失。

(8) 航次其他费用

航次其他费用是指不属于上述各项的应由航次负担的其他费用,如淡水费、交通车船费、邮电费、清洁费、国外港口接待费、航次保险费、领事签订费、代理行费、业务杂支、冰区航行破冰费等。

2. 船舶固定费用

船舶固定费用是指为保持船舶适航状态所发生的经常性维持费用。这些费用大部分不能直接归属于某航次,但可以按单船进行归集;但有的还需要先归集汇总,再按一定的标准分配计入相关成本,如船舶非营运期费用和船舶共同费用。船舶固定费用具体包括以下内容:

(1) 船员工资总额

船员工资总额是指船员的标准工资、船岸差、航行津贴、油轮津贴、运危险品津贴、船员伙食、其他按规定支付的工资性津贴及按实际发放的船员工资总额的规定比例提取的职工福利费。

(2) 船舶折旧

船舶折旧是指企业按照确定的折旧方法按月计提的折旧。

(3) 船舶修理费

船舶修理费是指已完工的船舶实际修理费支出和日常维护保养耗用的修理用料、备品配件等的费用,以及船舶技术改造大修理费用摊销的支出。

(4) 润料费

润料费是指船舶耗用的润滑油脂的费用。

(5) 船舶材料费

船舶材料费是指船舶在运输生产和日常维护保养中耗用及劳动保护耗用、事务耗用的各种材料和低值易耗品等的费用。

(6) 船舶保险费

船舶保险费是指企业向保险公司投保的各种船舶保险所支付的保险费用。

(7) 车船使用税

车船使用税是指按规定缴纳的车船使用税。

(8) 船舶非营运期费用

船舶非营运期费用是指船舶在厂修、停船自修、事故停航、定期熏仓等非营运期内所发生的费用,包括为修理目的空驶至船厂期间内发生的费用。

（9）船舶共同费用

船舶共同费用是指船舶共同受益，但不能也不便按单船归集的船舶费用。它包括以下几个方面：

①工资，是指替补公休船员、后备船员、培训船员等按规定支付的工资、津贴、补贴及按规定比例计提的职工福利费等。

②船员服装费，是指根据规定制发给船员的服装费。

③船员差旅费，是指船员报到、出差、学习、公休、探亲、调遣等发生的差旅费。

④文体宣传费，是指用于船员文娱体育活动和对外宣传购置的资料和设备的更新及修理费等。

⑤广告及业务活动费，是指通过多种媒体进行广告宣传及船舶为疏港、揽货等业务活动所支付的业务招待费用等。

⑥单证资料费，是指运输业务印制使用的各种票据、货运单、航单、航海图书、技术业务资料及这类资料的邮递费用。

⑦船员疗养休养费，是指船员因工作环境特殊，企业为船员安排疗养休养的支出。

⑧电信费，是指船、岸通过电台、电缆、卫星、高频电话等通信联络设备发生的国内通信费用。

⑨其他费用，是指船员体检费、签证费、油料化验费等支出。

⑩其他船舶固定费用。

其他船舶固定费用是指不属于上述各项的其他船舶固定费用，如船舶证书费、船舶检验费等。

3. 船舶租费

在租赁船舶参加营运时会产生船舶租费，船舶租费可以按规定计入相应成本中，分为期租费、程租费。

4. 集装箱固定费用

在使用集装箱进行海洋运输时，会产生集装箱固定费用。集装箱固定费用是指为保证集装箱的良好使用状态所发生的经常费用。具体包括以下几个方面：

（1）空箱保管费，是指空箱存放在堆场所支付的堆存费用。

（2）折旧，是指按规定折旧率计提的集装箱折旧。

（3）修理费，是指集装箱修理用配件、材料和修理费用。

（4）保险费，是指投保集装箱安全险所支付给保险公司的保险费。

（5）租费，是指租入的集装箱按租约规定支付的租金。

（6）底盘车费用，是指企业自有或租入的集装箱底盘车所发生的保管费、折旧、租费、保险费、修理费等。

（7）其他费用，是指不属于以上项目的集装箱固定费用，如清洁费用、熏箱费等。

（二）营运间接费用

营运间接费用是指海运公司在营运过程中,其基层部门发生的不能直接计入运输成本核算对象的各种间接费用。其具体包括企业各个生产单位（分公司、船队）为组织和管理运输生产所发生的运输生产管理人员工资、职工福利、燃料费、材料费、低值易耗品费、折旧、修理费、办公费、水电费、租赁费、差旅费、设计制图费、业务票据费、燃料及材料盘亏和毁损费、取暖费、会议费、出国人员经费、保险费、交通费、运输费、仓库经费、劳动保护费、排污费等。

四、海洋运输成本核算程序和方法

（一）海洋运输成本核算程序

海洋运输成本的核算程序主要是指海洋运输成本的会计核算程序。

第一步：根据海洋运输企业营运管理的要求，确定成本计算对象、成本计算单位、成本项目和成本计算方法。

第二步：根据费用支出和运输过程中消耗的原始凭证，按照成本计算对象、费用类别和部门对海洋运输营运费用进行归集、分配并编制各种费用汇总表，包括船员的工资分配表、燃料和船舶材料损耗汇总表、低值易耗品摊销表、船舶折旧及船舶修理费用提存计算表等。

第三步：根据各种费用汇总表或原始凭证，登记各种相应账户，如"航次运行费用""船舶固定费用""集装箱固定费用""营运间接费用"等，并将这些费用按成本计算对象分配并编制各项支出汇总表，确定各项业务应负担的费用，计算海洋运输业务成本。

第四步：企业根据各船上报的成本核算资料，汇总分配各项费用，编制运输业务总成本和单位成本计算单。

（二）海洋运输成本计算方法

1. 沿海运输业务计算方法

（1）海运直接费用

①航次运行费用。沿海运输企业船舶所发生的航次运行费用是可以直接确认归属于某类船舶负担的费用，应根据原始凭证或费用计算表编制记账凭证，分别按不同类型的船舶直接计入。

②船舶固定费用。船舶固定费用中有些费用能够直接计入不同类型的船舶，则应直接计入；不能直接计入的，如让各类型船舶都受益的船舶共同费用，需要按一定的标准分配计入成本计算对象。

需要按照一定标准分配的船舶固定费用发生时，应先根据各有关原始凭证进

行累计。在月末,通常按照各类型船的艘天数、吨天数或其他比例分配计入各类型船的船舶固定费用。计算公式:

$$船舶固定费用分配率 = \frac{船舶固定费用}{该月所有船舶航行的艘天数(吨天数)}$$

③船舶租费。船舶租费是指企业租入运输船舶按照租赁合约支付的船舶租费。一般情况下,沿海运输业务的船舶出租属于期租,即按照时间租赁。发生的期租费用直接按月度划分,计入某类型船的月度成本。

④集装箱固定费用。集装箱固定费用是指为了维持集装箱适用状态所发生的日常维护费用。这部分费用按照每标准箱的使用天数,分配计入使用集装箱的船舶运输成本。计算公式:

$$集装箱固定费用分配率 = \frac{集装箱固定费用}{标准箱的使用天数}$$

某类型船舶应分摊的集装箱固定费用 = 该类船舶使用集装箱的标准箱天数 × 集装箱固定费用分配率

(2) 营运间接费用

沿海运输企业的营运间接费用属于间接营运成本,原则上应包括企业所经营的各种业务,也就是说,除了运输业务,企业辅助生产单位、建设单位等部门的业务也应负担营运间接费用。

沿海运输企业的营运间接费用应以直接费用为分配依据,先在企业所经营的各种营运业务之间进行分配,求得沿海运输业务应负担的营运间接费用。然后依据运输业务应负担的营运间接费用,再进一步计算某类型船舶应负担的成本。其步骤如下:

①计算运输业务应负担的营运间接费用:

$$营运间接费用分配率 = \frac{营运间接费用}{运输业务直接费用 + 其他业务直接费用} \times 100\%$$

运输业务应负担的营运间接费用 = 运输业务直接费用 × 营运间接费用分配率

②计算某类型船舶应负担的营运间接费用:

按类型船舶分摊的营运间接费用分配率

$$= \frac{运输业务应负担的营运间接费用}{\Sigma 各运输船舶的直接费用} \times 100\%$$

某类型船舶应负担的营运间接费用 = 该类型船舶的直接费用 × 按类型船舶分摊的营运间接费用分配率

沿海运输业务营运间接费用分配过程如图 5-3 所示。

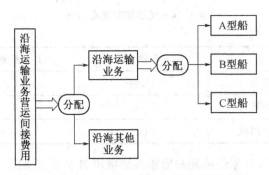

图 5-3　沿海运输业务营运间接费用分配过程

(3) 计算总成本和单位成本

沿海运输业务中,运输总成本是指在成本计算期内各种类型船舶的运输总成本之和,计算公式:

$$沿海运输业务运输总成本 = \sum 各类型船舶运输总成本$$

某类型船舶的运输总成本是指在成本计算期内,该类型船舶的所有成本项目的成本之和。计算公式:

$$某类型船舶运输总成本 = \sum 该类型船舶各成本计算项目的成本$$

某类型船舶的单位成本是指成本计算期内,按该类型船舶完成单位运输周转量(千吨公里)计算的成本额。计算公式:

$$某类型船舶运输单位成本 = \frac{该类型船舶当月运输总成本}{该类型船舶当月运输周转量}$$

(4) 编制成本计算单

根据《企业会计准则》,成本计算单应按照成本计算对象分别编制。一般情况下,沿海运输业务的成本计算单中应包含各类型船舶的成本项目、总成本和单位成本的数据。不同的企业可以根据自身的实际情况设置成本计算单的格式与内容。

2. 沿海运输业务核算实例

例 5.2　天津海通海运有限公司主要从事沿海运输业务,本月海运业务涉及 1 艘 A 型船舶和 2 艘 B 型船舶,其中 A 型船舶为企业租用船舶,20**年9月沿海运输业务成本资料如下:

(1) 船舶航次运行费用。

本月船舶航次运行费用共计 8 000 000 元,其中 A 型船费用 5 000 000 元,B 型船费用 3 000 000 元。

(2) 船舶固定费用。

第一,A 型船和 B 型船消耗的费用可以直接归入各船的固定费用,如表 5-4 所示。

表 5-4　船舶固定费用明细

单位：元

船型	A 型船费用	B 型船费用
润料费	2 000	3 000
船舶保险费	5 000	8 000
车船使用税	3 000	4 000

第二，A 型船和 B 型船消耗的船舶共同费用如表 5-5 所示。

表 5-5　船舶共同费用

船型	船只数/艘	本月航行天数/天	共同费用耗费/元
A 型船	1	25	14 600
B 型船	2	24	

第三，本月非营运期费用共消耗 30 000 元，按一定标准分摊后，A 型船非营运期固定费用 12 000 元，B 型船非营运期固定费用 18 000 元。

(3) 本月发生的船舶租费为 7 000 元。

(4) 本月共用 20 英尺集装箱 180 只、40 英尺集装箱 40 只，共支付集装箱固定费用 360 000 元。其中，1 艘 A 型船用 20 英尺集装箱 30 只、40 英尺集装箱 4 只；2 艘 B 型船共用 20 英尺集装箱 100 只、40 英尺集装箱 6 只（剩余集装箱由其他部门使用）。

(5) 海通海运有限公司本月共发生营运间接费用 845 240 元，其他业务发生直接费用 200 000 元。

(6) 本月 A 型船货运周转量 1 117 380 千吨公里；B 型船货运周转量 872 685 千吨公里。

请根据沿海运输业务的核算方法，计算海通海运有限公司本月两种船型的总成本和单位成本。

依题意可知以下内容。

第一步：计算海运直接费用。

(1) 航次运行费用。

$$A \text{ 型船航次运行费用} = 5000000(\text{元})$$

$$B \text{ 型船航次运行费用} = 3000000(\text{元})$$

(2) 船舶固定费用。

第一，能直接计入成本计算对象的船舶固定费用：

$$A \text{ 型船的船舶固定费用} = 2\,000 + 5\,000 + 3\,000 = 10\,000(\text{元})$$

$$B \text{ 型船的船舶固定费用} = 3\,000 + 8\,000 + 4\,000 = 15\,000(\text{元})$$

第二,需分配的共同费用:

$$船舶共同费用分配率=14\ 600\div(25\times1+24\times2)=200$$

$$A型船应负担的共同费用=200\times25\times1=5\ 000(元)$$

$$B型船应负担的共同费用=200\times24\times2=9\ 600(元)$$

第三,已经分摊的非营运期的船舶固定费用:

$$A型船非营运期固定费用=12\ 000(元)$$

$$B型船非营运期固定费用=18\ 000(元)$$

第四,船舶固定费用合计:

$$A型船全部固定费用=10\ 000+5\ 000+12\ 000=27\ 000(元)$$

$$B型船全部固定费用=15\ 000+9\ 600+18\ 000=42\ 600(元)$$

(3) 船舶租费。

根据已知,该公司本月发生租用A型船舶1艘,租费为70 000元,直接计入A型船。

(4) 集装箱固定费用。

集装箱固定费用分配率$=360\ 000\div[(180+1.5\times40)\times30]=50$元/(标箱·天)

$$A型船应分摊集装箱固定费用=50\times25\times(30+1.5\times4)=45\ 000(元)$$

$$B型船应分摊集装箱固定费用=50\times24\times(100+1.5\times6)=130\ 800(元)$$

第二步:计算营运间接费用。

A型船海运直接费用=航次运行费用+船舶固定费用+船舶租费+集装箱固定费用
$$=5\ 000\ 000+27\ 000+7\ 000+45\ 000=5\ 079\ 000(元)$$

B型船海运直接费用=航次运行费用+船舶固定费用+船舶租费+集装箱固定费用
$$=3\ 000\ 000+42\ 600+0+130\ 800=3\ 173\ 400(元)$$

$$其他业务直接费用=200\ 000(元)$$

营运间接费用分配率$=845\ 240\div(5\ 079\ 000+3\ 173\ 400+200\ 000)=0.1$

运输业务应负担的营运间接费用$=(5\ 079\ 000+3\ 173\ 400)\times0.1=825\ 240(元)$

按类型船舶分摊的营运间接费用分配率$=825\ 240\div(5\ 079\ 000+3\ 173\ 400)=0.1$

$$A型船应分摊的营运间接费用=5\ 079\ 000\times0.1=507\ 900(元)$$

$$B型船应分摊的营运间接费用=3\ 173\ 400\times0.1=317\ 340(元)$$

第三步:计算总成本和单位成本。

$$A型船总成本=5\ 079\ 000+507\ 900=5\ 586\ 900(元)$$

$$B型船总成本=3\ 173\ 400+317\ 340=3\ 490\ 740(元)$$

A型船单位成本=总成本$\div$周转量$=5\ 586\ 900\div1\ 117\ 380=5$(元/千吨公里)

B型船单位成本=总成本$\div$周转量$=3\ 490\ 740\div872\ 685=4$(元/千吨公里)

第四步:编制成本计算单,如表5-6和表5-7所示。

表 5-6　20＊＊年 9 月 A 型船成本计算单

项目	总成本/元	单位成本/(元/千吨公里)
海运直接费用	5 079 000	4.55
营运间接费用	507 900	0.45
合计	5 586 900	5.00

表 5-7　20＊＊年 9 月 B 型船成本计算单

项目	总成本/元	单位成本/(元/千吨公里)
海运直接费用	3 173 400	3.64
营运间接费用	317 340	0.36
合计	3 490 740	4.00

3. 远洋运输业务计算方法

（1）海运直接费用

①航次运行费用。远洋运输企业的船舶所发生的航次运行费用可以直接确认归属于某船的某个航次，根据原始凭证或费用计算表编制记账凭证，分别按不同的成本计算对象，直接计入已完成航次即可。

②船舶固定费用。与沿海运输业务不同，远洋运输业务要根据是否能够明确由航次负担进行费用分析，能够明确由航次直接负担的计入航次直接费用，作为远洋运输直接成本；不能明确由航次直接负担的，如按月支付的职工工资、福利费和管理费用等，称为航次间接费用，需要按照一定的方法在不同航次之间进行分配，一般根据各航次的运行时间进行分配。

③船舶租费。远洋运输业务中涉及的船舶租赁业务一般都是程租，也就是按航次进行租赁，租赁费用直接计入已完航次即可。

④集装箱固定费用。在远洋运输业务中，集装箱固定费用的归集和分配的标准与沿海运输业务相同，即按照每标准箱的使用天数分配计入相应的已完航次中。

为了方便计算，一般情况下，远洋运输业务的海运直接费用可以先按月份进行归集，当某航次结束时，把其所涵盖的几个月的直接费用汇总相加即可得出该船该航次全部的海运直接费用。

（2）营运间接费用

与沿海运输业务相同，远洋运输企业的营运间接费用也涉及企业所经营的各种业务，同理，在计算过程中，远洋运输企业的营运间接费用也以直接费用为分配依据，即先在企业所经营的各种营运业务之间进行分配，求得运输业务应负担的营运间接费用。然后依据运输业务应负担的营运间接费用，再进一步计算某个航次应负担的营运间接费用。这里需要强调的是,海洋运输企业的营运间接费用只在已完航次中进行分配,未完航次不承担营运间接费用。

① 计算运输业务应负担的营运间接费用:

$$\text{营运间接费用分配率} = \frac{\text{营运间接费用}}{\sum \text{全部已完成航次直接费用} + \text{其他业务直接费用}} \times 100\%$$

运输业务应负担的营运间接费用 = 已完航次运输业务直接费用 × 营运间接费用分配率

② 计算某航次应负担的营运间接费用:

某船某已完航次应负担的营运间接费用分配率

$$= \frac{\text{运输业务应负担的营运间接费用}}{\sum \text{全部船舶已完航次直接费用}} \times 100\%$$

某船某已完航次应负担的营运间接费用 = 该船已完航次直接费用 × 营运间接费用分配率

远洋运输业务营运间接费用分配过程如图 5-4 所示。

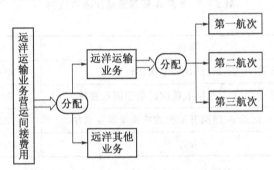

图 5-4 远洋运输业务营运间接费用分配过程

(3) 计算总成本和单位成本

远洋运输业务中,运输总成本是指在成本核算期内企业所有船舶已完航次的运输总成本之和。计算公式:

运输业务运输总成本 = Σ 各船已完航次的运物总成本

某船已完航次的运输总成本是指在成本计算期内该航次的所有成本项目的成本之和,包括已完成航次从开始到结束时累计发生的航次运行费用、应分配负担的船舶固定费用、船舶租费、集装箱固定费用及分配的营运间接费用等。计算公式:

某船已完航次的运输总成本
= Σ 该船已完航次各成本计算项目的成本
= 该船前期未完航次的海运直接费用 + 该船本期发生的航次运行费 +
  本期分配的船舶固定费用 + 本期分配的船舶租费 +
  本期分配的集装箱固定费用 + 本期分配的营运间接费用
= 前期海运直接费用 + 本期海运直接费用 + 本期海运间接费用

某船某航次的单位成本是指成本计算期内,按该船该航次完成单位运输周转量(千吨公里)所计算的成本额。计算公式为:

$$某船某航次运输单位成本 = \frac{该船已完航次运输总成本}{该船已完航次运输周转量}$$

(4) 编制成本计算单

与沿海运输企业相似,远洋运输企业的成本计算单也是按照成本计算对象分别编制的。即按照某船的已完航次编制成本计算单。成本计算单中同样包含各成本项目及总成本和单位成本的数据。

4. 远洋运输业务核算实例

例5.3 亨通远洋运输有限公司主要从事远洋运输业务,公司内所有船舶均属于自有。A船第五航次于天津至纽约航行,自8月11日开始至9月23日结束。A船的第五航次在8月属于未完航次,自9月24日起A船开始第六航次。

(1) A船8月、9月的成本数据资料如表5-8和表5-9所示。

表5-8　8月A船第五航次成本资料

单位:元

项目	成本
8月A船第五航次的航次运行费用	600 000
8月已分配给A船第五航次的船舶固定费用	800 000
8月已分配给A船第五航次的集装箱固定费用	20 000
合计	1 420 000

表5-9　9月A船成本资料

单位:元

项目	成本
9月A船第五航次的航次运行费用	750 000
9月A船全部船舶固定费用	1 500 000
9月A船全部集装箱固定费用	250 000
合计	2 500 000

(2) 9月A船船舶固定费用由第五航次和第六航次承担。

(3) 9月集装箱固定费用由第五航次的3 000标准箱天和第六航次的2 000标准箱天分别承担。

(4) 该公司9月营运间接费用为1 000 000元,9月另有2艘船舶分别为B船和C船,均为已完航次运输业务,所发生的直接费用分别为3 000 000元和3 530 000元。9月未涉及其他业务。

(5) A 船第五航次完成货运周转量 381 700 千吨公里。

根据远洋运输业务的核算方法,请计算该公司 A 船第五航次运行的总成本和单位成本。

依题意可知以下内容:

(1) 计算 A 船第五航次 9 月直接费用。

①计算航次运行费用。

9 月 A 船第五航次的航次运行费用＝750 000(元)

②计算船舶固定费用。

  9 月 A 船船舶固定费用分配率＝1 500 000÷30＝50 000

  9 月 A 船第五航次应分摊船舶固定费用＝50 000×23＝1 150 000(元)

③计算集装箱固定费用。

  9 月 A 船集装箱固定费用分配率＝250 000÷(3 000+2 000)＝50

  9 月 A 船第五航次应分摊集装箱固定费用＝50×3 000＝150 000(元)

④汇总 9 月 A 船第五航次的海运直接费用。

9 月 A 船海运直接费用＝航次运行费用＋船舶固定费用＋集装箱固定费用
     ＝750 000＋1 150 000＋150 000＝2 050 000(元)

(2) 汇总 A 船第五航次海运直接费用。

A 船第五航次海运直接费用＝8 月第五航次海运直接费用＋
     9 月第五航次海运直接费用
     ＝1 420 000＋2 050 000＝3 470 000(元)

(3) 计算 A 船第五航次营运间接费用。

  各已完航次海运直接费用合计＝3 000 000＋3 530 000＋3 470 000
     ＝10 000 000(元)

营运间接费用分配率＝1 000 000÷10 000 000＝0.1

  A 船第五航次应负担的营运间接费用＝3 470 000×0.1＝347 000(元)

(4) 计算总成本和单位成本。

  A 船第五航次总成本＝海运直接费用＋营运间接费用
     ＝3 470 000＋347 000＝3 817 000(元)

  A 船第五航次单位成本＝3 817 000÷381 700＝10(元/千吨公里)

(5) 编制成本计算单。

A 船第五航次总成本和单位成本计算单,如表 5－10 所示。

表 5-10　A 船第五航次总成本和单位成本计算单

项目	总成本/元	单位成本/(元/千吨公里)
海运直接费用	3 470 000	9.09
营运间接费用	347 000	0.91
合计	3 817 000	10.00

第四节　降低运输成本的方法及措施

运输成本在物流总成本中所占的比重是最大的,运输成本的降低将有效影响到物流成本总额。因此,降低运输成本对物流成本的控制可以起到至关重要的作用,本节将介绍几种降低运输成本的方法及措施。

一、降低运输成本的定量方法

对运输企业而言,影响运输成本的因素有很多,如车流量的变化、道路状况、客户的分布状况和道路交通网、车辆额定载重量及车辆运行限制等。其中运输线路的规划是影响运输成本较为关键的一个因素。最佳的运输路线的设计应根据不同客户群的特点和要求,实现车辆高效率运行并且所需车辆最少、运距最短、所需时间最少,从而达到降低运输成本的目的。确定最优运输路线一般可以采取多种数学方法,常用的方法有标号法、表上作业法等。

（一）标号法

在运输线路设计中,当运输起点与运输终点不同时,追求的就是运输距离最短,以节省时间、多装快跑,提高运输的效率,这主要是寻求物流网络中的最短路径的问题。其中标号法是确定两点间最短距离的常用方法。

1. 标号法的含义

标号法是指利用节点计算法的基本原理,对网络计划中的每个节点进行标号,然后利用标号值确定网络计划的计算工期和关键路线的一种数理方法。标号法的基本思路是,从始点出发,逐步顺序地向外探寻,每向外延伸一步都要求路线是最短的。

2. 标号法的步骤

第一步:给起点 V_1 标号 $L_1=0$,表示从 V_1 到 V_1 的距离为 0,V_1 为起点。

第二步:找出与点 V_1 相邻的点中距离最小的点(若几个点同时达到距离最小就全部找出)。设找出点为 V_r,并给该点标号 $L_r=L_1+d_{1r}$,其中 d_{1r} 的值为 V_1 到 V_r 的距离,此时 V_r 已经标号,同时把 V_1 至 V_r 的关联边加黑。

第三步：找出与 V_1、V_r 相邻的所有点，把每个已标号的点旁边标注的 L_r 和与之相邻的点到这个已标号点的距离加起来，从所有结果中选出一个最小值和对应的未标号点，然后给这个点标号，同时把关联边加黑。

第四步：反复上述过程，直到给终点标号，而且相应的关联边加黑为止。

第五步：根据第四步的最小值确定最短路径。

3. 标号法的实例

例 5.4 华康物流运输有限公司根据客户指定的地点要求，拟派送一批货物，运送的起点（V_1）和终点（V_6）、交通网络情况及各区间距离如图 5-5 所示，请用标号法求出运输的最短路线。

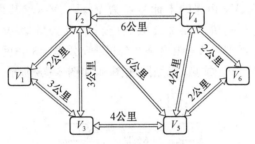

图 5-5 运输路线图

依题意可知以下内容：

（1）从 V_1 出发给 V_1 标号 $L_1=0$，规划路线图 1，如图 5-6 所示。

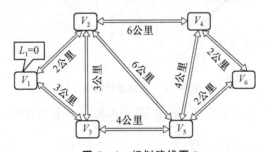

图 5-6 规划路线图 1

（2）与标号点 V_1 相邻的未标号点有 V_2、V_3，求其最短距：V_1-V_2 距离是 2 公里，V_2-V_3 距离是 3 公里；故给其中最小值 V_2 标号：$L_2=2$；将 $[V_1,V_2]$ 加黑，规划路线图 2，如图 5-7 所示。

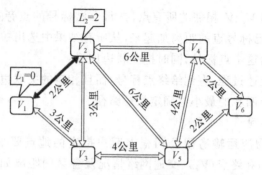

图 5-7 规划路线图 2

(3) 同标号点 V_1、V_2 相邻的未标号点为 V_3、V_4、V_5,求其最短距离:V_1-V_3 距离是 3 公里,经 V_2-V_3 距离是 2 公里+3 公里=5 公里,经 V_2-V_4 距离是 2 公里+6 公里=8 公里,经 V_2-V_5 距离是 2 公里+6 公里=8 公里;故给其中最小值 V_3 标号:$L_3=3$,将 [V_1,V_3] 加黑,规划路线图 3,如图 5-8 所示。

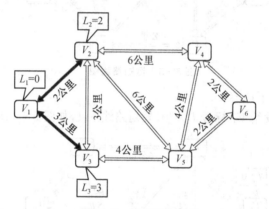

图 5-8 规划路线图 3

(4) 重复上述过程,直至给终点标号,关联边加黑,规划路线图 4,如图 5-9 所示。

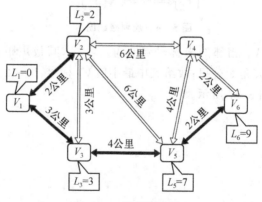

图 5-9 规划路线图 4

(5) 通过分析和图示表明,从 V_1 点到 V_6 点的最短路径为 $V_1-V_3-V_5-V_6$,其最短距离为 9 公里。

(二) 表上作业法

在复杂运输业务中,经常会遇到多个起点和多个终点的问题。多个起点和多个终点的路径优化需要确定各个供应地和各个需求地的最佳供应关系。

多个起点和终点问题的数学模型可以描述为有 m 个产地 $A_i, i=1,2,\cdots,m$,供应量分别是 $a_i, i=1,2,\cdots,m$;同时有 n 个销地 $B_j, j=1,2,\cdots,n$,需求量分别为 $b_j, j=1,2,\cdots,n$,产销平衡;从 A_i 到 B_j 运输单位货物的运价(也可以是时间或距离)为 C_{ij}。那么,如何调运会使总运费(或时间、吨公里)最少?一般情况下,解决这个问题应用到的定量方法是表上作业法。

1. 表上作业法的含义

表上作业法是指用列表的方法求解线性规划问题中运输线路规划的一种方法,其实质是单纯形法,故也称运输问题的单纯形法。当某些线性规划问题采用图上作业法难以进行直观求解时,就可以将各元素列成表格,应用最小元素法求出初始方案,然后采用检验数来验证这个方案,否则就要采用位势法、闭合回路法等方法进行调整,直至得到满意的结果。这种列表求解的方法就是表上作业法。

2. 表上作业法的步骤

第一步:建立供需平衡运价表。

第二步:用最小元素法求出初始调运方案。

第三步:用位势法检验初始调运方案。

第四步:用闭合回路法调整初始调运方案。

第五步:重复第三步、第四步,直到出现最优调运方案。

第六步:计算总运费。

3. 表上作业法实例

例 5.5 某地区某种粮食作物的 3 个产地分别是 A_1、A_2、A_3,供应量分别是 7 000 吨、4 000 吨 9 000 吨。该粮食分别销往 B_1、B_2、B_3、B_4 4 个地区,4 个销地的需求量分别是 3 000 吨、6 000 吨、5 000 吨、6 000 吨,产销平衡。请用表上作业法的基本原理设计最优调运方案。

依题意可知以下内容:

(1) 建立供需平衡运价表。

根据供应地的供应总量、需求地的需求总量及运价情况建立供需平衡运价表,如表 5-11 所示。

表 5-11　供需平衡运价表

优先供应运量	B_1	B_2	B_3	B_4	供应量/吨
A_1	3	11	3	10	7 000
A_2	1	9	2	8	4 000
A_3	7	4	10	5	9 000
需求量/吨	3 000	6 000	5 000	6 000	20 000

（2）用最小元素法求出初始调运方案。

应用最小元素法，即优先处理运价最小的供需点，以此类推，最后得出优先供应安排的运量表，如表 5-12 所示。至此，可得初始调运方案总运费。

总运费 = 3 000×1 + 6 000×4 + 4 000×3 + 1 000×2 + 3 000×10 + 3 000×5
       = 8.6（万元）

表 5-12　优先供应安排运量表

单位运价/（万元/1 000 吨）	B_1	B_2	B_3	B_4	供应量/吨
A_1			4 000	3 000	7 000
A_2	3 000		1 000		4 000
A_3		6 000		3 000	9 000
需求量/吨	3 000	6 000	5 000	6 000	20 000

（3）用位势法检验初始调运方案。

结合上述初始调运方案，应用位势法编制检验表，如表 5-13 所示。如果检验表中所有数据均为非负，则初始调运方案即为最优方案；如果检验表中存在负数，则说明初始调运方案不是最优解，需要调整。

表 5-13　检验表 1

项目	B_1	B_2	B_3	B_4
A_1	1	2	0	0
A_2	0	1	0	−1
A_3	10	0	12	0

（4）用闭合回路法调整初始调运方案。

由于表 5-13 中存在负数，说明该初始方案不是最优方案，需要采用闭合回路法进行调整。经过调整，新的调运方案产生，如表 5-14 所示。

表 5-14　新的调运方案

供应运量	B_1	B_2	B_3	B_4	供应量/吨
A_1			5 000	2 000	7 000
A_2	3 000		0	1 000	4 000
A_3		6 000		3 000	9 000
需求量/吨	3 000	6 000	5 000	6 000	20 000

对新的调运方案再次应用位势法进行检验,直至检验表中数字均为非负,如表 5-15 所示。表 5-15 中数字均为非负,可见已求得最优解。

表 5-15　检验表 2

项目	B_1	B_2	B_3	B_4
A_1	0	2	0	0
A_2	0	2	1	0
A_3	9	0	12	

(5) 计算总运费。

总运费 $= 3\,000 \times 1 + 6\,000 \times 4 + 5\,000 \times 3 + 2\,000 \times 10 + 1\,000 \times 8 + 3\,000 \times 5$
$= 8.5$(万元)

经过调整,总运费比初始方案总运费 8.6 万元节约 1 万元。最优调运方案为 A_1 向 B_3 运输 5 000 吨,A_1 向 B_4 运输 2 000 吨;A_2 向 B_1 运输 3 000 吨,A_2 向 B_4 运输 1 000 吨;A_3 向 B_2 运输 6 000 吨,A_3 向 B_4 运输 3 000 吨。

标号法和表上作业法分别解决了运输中起点和终点不同的问题、多个起点和终点的问题,此外,起点和终点相同的路径规划问题也是物流运输配送业务中常见的问题。在这个问题中,由于要求车辆必须返回起点,难度就提高了。解决这类问题的目标是找出途经的所有点的顺序,且使总出行距离最短。针对这类问题,专家已经提出了很多方法,但是随着问题中包含的节点个数和约束条件的增加,求解问题的复杂程度也增加,要找到最优路径非常困难,即使用最快的计算机进行求解,也需要很长时间。目前,启发式求解法是较为理想的办法,这种算法是相对于最优化算法提出的,它实质上是一个基于直观或经验构造的算法,在可接受的时间和空间范围内,给出待解决组合优化问题的一个可行解,一般情况下该可行解与最优解的偏离程度是不能被预计的,由于该方法涉及很多运筹学和计算机的基本理论,这里就不介绍了。

二、降低运输成本的措施

(一) 合理选择运输方式与运输工具

运输方式包括公路运输、铁路运输、海路运输、航空运输、管道运输等。在运输过程中,必须根据不同货物的特点及对物流时效的要求,对不同的运输方式和运输工具所具有的特征进行科学的评价,以便做出合理的选择。一般情况下,应综合多方因素进行全面考察,并尽可能选择合适的运输工具。

(二) 提高运输工具的装载率

充分利用运输工具额定的装载能力,尽量减少车船空驶和不满载行驶的情况,力求运输的合理化;此外,配载运输也是充分利用运输工具载重量和容积的一种手段,因此,合理安排配装配载货物也可以有效提高运输工具的装载率。

(三) 发展社会化的运输体系

实行运输社会化,可以统一安排运输工具,避免多种不合理的运输现象。发展社会化运输体系,要合理组织多式联运。联运的方式应充分利用面向社会的各种运输系统,通过协议进行一票到底的运输。联运过程中,应采用零担凑整、集装箱运输、捎脚回空运输等方法,加强规模经济、减少运输次数。此外,还可以采用合装整车运输、分区产销平衡合理运输、直达运输等形式,通过发展合理的社会化运输体系提高经济效益,有效降低运输成本。

(四) 完善运输信息管理系统

现代运输企业应利用高端信息技术,建立高效的运输信息管理系统,形成畅通无阻的运输网络;通过运输信息管理系统和其他信息的实时对接,可使运输环节作业或业务数据处理更加准确、迅速、高效;利用运输信息管理系统,还可以进行业务数据的汇总,实时进行预测、决策与分析,这样就可以有效地进行成本控制,从而最大限度地降低运输成本。

(五) 加强对物流运输成本核算人员的培养

降低企业运输成本,首先需要科学的核算体系与行之有效的成本控制体系,这就需要成本核算部门工作人员的努力。因此,应重视这方面人才的培养,企业可以通过内部培养或外部引进的方式,发现成本核算人才、培养人才、全方位留住人才。通过专业技术人员所掌握的先进知识、核算理念及日常的努力工作,可以提高运输成本核算与控制工作的效率,从而实现降低运输成本的目标。

(六) 建立运输成本考核体系,强化物流成本意识

运输企业应建立物流运输管理专职部门,实现运输管理的专门化,并完善运

输成本核算机制,全面实施作业成本管理体制,使每项运输成本都可以追溯到部门,责任落实到个人,实现责、权、利相结合,从而落实运输成本核算与考核的目标。通过这种考核体系,强化员工的物流成本意识,实现全员重视物流成本的目标,做到人人关心成本管理、全员参与成本控制、共同降低运输成本和物流总成本。

思考题

1. 汽车运输成本核算项目有哪些内容?
2. 沿海运输业务和远洋运输业务各自的特点是什么?
3. 沿海运输成本和远洋运输成本在核算过程中有哪些区别?
4. 标号法的步骤有哪些?
5. 表上作业法的步骤有哪些?

技能训练

1. 北方快通运输有限公司20＊＊年4月成本数据资料如下:

(1) 车队共有 A 型车 8 辆,载重 20 吨;B 型车 6 辆,载重 15 吨;C 型车 4 辆,载重 8 吨。A 型车每年管理费为 10 000 元,各项保险费为 15 000 元;B 型车每年管理费为 8 000 元,各项保险费为 12 000 元;C 型车每年管理费为 6 000 元,各项保险费为 10 000 元。

(2) A 型车每天满载运输 1 趟,B 型车和 C 型车每天满载运输 2 趟。每月按 30 个工作日计算。

(3) 每辆车有 1 名定车司机。全车队又有后备司机 2 人。定车司机每月基本工资为 1 200 元,后备司机每月基本工资为 1 000 元。另每月要按照基本工资总额的 14% 发放绩效补贴。

(4) A 型车共领用轮胎 40 个,每个 800 元,该批轮胎计划残值为 3 200 元,计划行驶里程定额为 400 000 公里,本月 A 型车共行驶 32 000 公里;B 型车共领用轮胎 25 个,每个 600 元,预计残值为 2 400 元,计划行驶里程定额为 400 000 公里,本月 B 型车共行驶 25 000 公里;C 型车共领用轮胎 20 个,每个 500 元,预计残值为 2 000 元,计划行驶里程定额为 200 000 公里,本月 C 型车共行驶 12 000 公里。车队按照行驶里程定额分摊轮胎费用。

(5) A 型车计划使用 10 年,总行驶里程定额为 4 000 000 公里,每年大修一次,每次大修理费用预计为 32 000 元;B 型车计划使用 8 年,总行驶里程定额为 2 500 000 公里,每年大修一次,每次大修理费用预计为 20 000 元;C 型车预计使用 5 年,总行驶里程定额为 1 200 000 公里,每年大修一次,每次大修理费用预计为 12 000 元。车队按照里程法来分摊大修理费用。

(6) A 型车原值每辆车为 400 000 元,预计残值为 2 000 元;B 型车每辆原值为 250 000 元,预计残值为 1 500 元;C 型车每辆原值为 120 000 元,预计残值为 1 200 元。车队按照实际行驶里程定额法计提折旧。

(7) 该车队 A、B 两种车型燃料为汽油,每升 8 元。C 车型燃料为柴油,每升 7 元。本月 A 车型耗油 3 200 升,B 车型耗油 2 500 升,C 车型耗油 1 200 升。

(8) 车队附属维修队本月发生工资费用 4 500 元,另按 14% 提取职工福利费,车间经费为 870 元,本月完成修理工时为 300 小时,制造零配件工时为 100 小时;本月 A 车型耗用修理工时为 120 小时,制造零配件工时为 40 小时;B 型车耗用修理工时为 140 小时,制造零配件工时为 40 小时;C 型车耗用修理工时为 40 小时,制造零配件工时为 20 小时。另发生日常维护费共 10 000 元,其中 A 型车发生 3 000 元,B 型车发生 4 000 元,C 型车发生 3 000 元。

(9) 本月 A 型车发生各种行车杂支 1 133.79 元,B 型车发生各种行车杂支 1 812.09 元,C 型车发生各种行车杂支 1 601.52 元。

(10) 本月车队共发生管理人员工资 8 000 元,按 14% 发放绩效补贴,另发生管理费用 5 600 元。本月其他业务发生直接费用 3 200 元。

本月各车型周转量分别为 A 车型完成 153 600 千吨公里;B 车型完成 135 000 千吨公里;C 车型完成 23 040 千吨公里。

要求:根据汽车运输业务的核算方法,计算该公司 3 种车型当月运输总成本和单位成本,并编制成本计算单。

2. 北方一顺船务有限公司 20＊＊年 11 月成本资料如下。

(1) 货船 1 艘、油船 2 艘,均为企业租用船舶。

(2) 该月货船航次运行费用共计 3 500 000 元,油船航次运行费用共计 2 000 000 元。

(3) 货船船舶租费为每天 16 000 元,该月共租 25 天;油船租费为每天 22 000 元,该月共租 26 天。

(4) 该月货船与油船共同费用共计 15 400 元。

(5) 货船该月共用 20 英尺集装箱 60 只、40 英尺集装箱 10 只(该公司本月共用 20 英尺集装箱 200 只、40 英尺集装箱 500 只,共花费集装箱固定费用 28 500 元);油船未使用集装箱。

(6) 营运间接费用共计 1 622 413 元,全部由运输业务承担。

(7) 货船货运周转量为 1 627 884 千吨公里;油船货运周转量为 1 614 019 千吨公里。

要求:根据沿海运输业务的核算方法,计算该公司当月两种船型的总成本和单位成本,并编制成本计算单。

3. 天河国际海运有限公司甲货船第三航次于上海—亚历山大航行。自 6 月 21 日开始至 8 月 15 日结束,甲船在 6 月末、7 月末均属于未完航次,成本计算单如表 5-16 至表 5-18 所示。

表 5-16　6 月第三航次成本计算单

项目	成本/元
航次运行费用	630 000
燃料费	500 000
港口费	25 000
货物费	100 000
其他费用	5 000
该月分配的船舶固定费用	880 000
该月分配的集装箱费用	10 000
合计	1 520 000

表 5-17　7 月第三航次成本计算单

项目	成本/元
航次运行费用	1 200 000
燃料费	820 000
港口费	62 000
货物费	310 000
其他费用	8 000
当月该船舶固定费用	1 450 000
当月该船舶集装箱费用	150 000
合计	2 800 000

表 5-18 8月航次成本计算单

项目	成本/元
航次运行费用	700 000
燃料费	480 000
港口费	64 000
货物费	150 000
其他费用	6 000
该月甲船舶固定费用	755 000
该月甲船舶集装箱费用	495 000
合计	1 950 000

另有以下资料：

(1) 8月该船的固定费用由已完的第三航次和未完的第四航次承担。

(2) 8月该船的集装箱固定费用按第三航次使用2 200标准集装箱天和第四航次使用2 300标准集装箱天分配计算。

(3) 该公司8月营运间接费用为1 000 000元，各船已完航次的直接费用合计为10 000 000元。

(4) 甲船第三航次完成货运周转量620 070千吨公里。

要求：根据远洋运输业务的核算方法，请计算该公司甲船第三航次总成本和单位成本，并编制成本计算单。

4. 华明供销公司A货物的产销地运价运量平衡表如表5-19所示(单位运价为100元/件)，产销平衡。

表 5-19 运价运量平衡表

单位运价/(100元/件)		销地				供应量/件
		B_1	B_2	B_3	B_4	
产地	A_1	5	12	3	11	8
	A_2	1	9	2	7	5
	A_3	7	4	10	5	8
需求量/件		3	7	5	6	21

要求：运用表上作业法求出最佳调运方案。

第6章 仓储成本

> 1. 了解仓储成本的概念；
> 2. 理解仓储成本的构成；
> 3. 掌握仓储成本的计算及降低成本的措施，进行仓储成本分析，帮助企业进行物流成本决策。

第一节 仓储概述

一、仓储的概念

仓储是利用仓库存放、储存没有即时使用的物品的行为。仓储的形成显然在于社会产品出现剩余时和产品流通的需要，当产品不能被即时消耗需要专门的场所存放时，就产生了静态的仓储。而将物品存入仓库及对于存放在仓库里的物品进行保管、控制等的管理，便形成了动态的仓储。可以说，仓储是对有形物品提供存放场所、进行物品存取和对存放物品的保管、控制的过程。

仓储的概念和运输的概念相对应，仓储是以改变"物"的时间状态为目的的活动，通过仓储可以克服供需之间的时间差异，使产品获得更好的效用。

为了更好地理解仓储的概念，有必要对仓库、库存、储备等相关概念作进一步解释。

仓库是保管、存放物品的建筑物和场所的总称，是进行仓储活动的主要场所，其基本功能就是存储物资。

库存的概念有广义与狭义之分，狭义的库存是指处于储存状态的物品，广义的库存还包括处于制造加工状态和运输状态的物品。

储备是指储存起来以备急需的物品，是有目的地、能动地、主动地储存物品。储备按照年限可以分为当年储备、长期储备和战略储备三种。

库存、储备与仓储之间的关系是：仓储的含义最为广泛，它包含库存和储备；而在库存和储备这两个概念之间，库存又包含储备。

二、仓储的作用及其对物流成本的影响

（一）仓储的作用

整个物流系统是由众多环节组成的，其中运输和仓储是两个最为重要的环节，也是必不可少的环节，构成了物流系统的两大支柱。在物流系统中，运输承担着改变"物"的空间状态、产生位移的重任，而仓储承担着改变"物"的时间状态的重任。仓储从传统的物质存储、流通中心，发展到成为物流的节点，它作为物流管理的核心环节而存在，并发挥着协调整体的作用。

1. 平衡生产和保证供应

许多商品在生产和消费之间或多或少地会存在时间上或空间上的差异，仓储可以提高商品的时间效用，调整均衡生产和集中消费或均衡消费和集中生产所带来的时间上的矛盾。仓储可以看作物流的时间控制开关，通过仓储的时间调整，物品按照市场需求的节奏进行流动，满足生产和销售的平衡需要。

2. 整合商品

客户的需求越来越趋于多样化，一个客户可能会需要很多种产品，客户的这种要求使原有的单纯的储存和保管型的仓库已经不能适应生产和市场的需要。此时的企业应该根据客户的要求，增加配送和流通加工等功能，将商品在仓库中进行加工、分拣、包装、配套等，然后运给客户。

仓储的整合作用还包括在不同产地生产的系列产品，在仓库整合成系列体系向销售商供货。

3. 运输整合和配载

由于运输的费用率受到规模经济的影响，会随着运量的增大而减少，所以尽可能大批量地运输是节省运费的有效手段。将连续不断产出的产品集中成大批量提交运输，或者将众多供货商所提供的产品整合成单一的一票运输等运输整合就需要通过仓储来进行。通过整合不仅可以实现大批量提交运输，还可以通过比重整合、轻重搭配，实现运输工具空间的充分利用。整合服务还可以由多个厂商合并使用，以减少仓储和运输成本。在运输整合中还可以对商品进行成组作业、托盘化作业，以提高运输作业效率。

同时，运输服务商也可以通过在仓储中整合众多小批量的托运货物，进行有效的运输配载，以使运输工具被充分利用，降低物流成本。

4. 实现物流增值服务

高效、合理的物流管理不仅要做到满足产品销售、降低产品成本，还应该进行增值服务，提高产品销售的收益。产品销售的增值主要来源于产品质量的提高、

功能的扩展、及时性的时间价值、削峰平谷的市场价值、个性化服务的增值等。

众多的物流增值服务在仓储环节进行,通过在仓储环节进行流通加工,可提高产品的质量,改变产品的功能,实现产品个性化;通过仓储的时间控制,可以使生产节奏与消费节奏同步,实现物流管理的时间效用价值;通过仓储的商品整合,开展消费个性化服务等。

(二) 仓储对企业物流成本的影响

1. 仓储对企业物流成本的正面影响

仓储环节不仅是物流成本的组成部分,也是整体上对物流成本实施管理的控制环节。仓储成本的控制和降低可直接实现物流成本的控制和降低。产品在仓储中的组合、妥善配载和流通包装、成组等流通加工就是为了提高装卸率、充分利用运输工具,从而降低运输成本的支出。采用机械化和自动化的仓储作业及合理、准确的仓储方法会减少商品的换装、流动,减少作业次数,提高作业效率,有利于降低作业成本。仓储对企业物流成本的正面影响具体体现在以下3个方面:

(1) 把握有利的销售或购进时机。适当的仓储活动,使企业能够准确地把握有利时机进行销售,或在有利时机实施购进,从而增加销售利润或减少购进成本。

(2) 避免缺货。适当的仓储活动,可以避免企业在生产或销售过程中缺货,或由于缺货的紧急采购而引起的成本的提高。

(3) 有利于整合。适当的仓储活动,可以有利于商品整合及运输整合与配载,从而降低物流成本。

2. 仓储对企业物流成本的负面影响

在物流系统中,尽管仓储是一种必要的活动,但其特点决定它经常存在冲减物流系统效益、恶化物流系统运行,进而冲减企业利润的现象。仓储对企业物流成本的负面影响具体体现在以下几个方面:

(1) 增加固定资产投资及固定费用支出。实施仓储活动会引起仓库建设等固定资产投资的增加,使企业成本上升;而进货、验收、储存、搬运、发货等仓储作业也会导致仓库管理,仓库工作人员工资、福利等费用开支的增高,导致企业收益的降低。

(2) 机会成本。仓储活动中的库存必然会占用资金,由此会支付相应的利息,或者如果将这部分资金用于其他项目可能会带来更高的收益,这些是企业由于仓储活动而必须承担的机会成本。

(3) 陈旧损失与跌价损失。产品在库存期间可能会出现各种化学、物理、生物、机械等方面的损失,严重者会失去全部价值和使用价值。同时随着库存时间的增加,存货会不断出现陈旧损失;对于技术含量较高且技术发展迅速的产品,也会由于产品技术过时而引起跌价损失。如果这些产品的存储时间过长,错过了有利的销售期,也会不可避免地出现跌价损失。

（4）保险费支出。随着社会保障体系和安全体系日益完善，我国近年来已开始对库存商品通过投保的方式来分担风险，由此带来的保险费用支出在有些企业已经达到相当大的比例，并呈现出不断上升的趋势。

（5）流动资金占用过多。企业中的存货是最主要的流动资产，在企业全部运营活动中，仓储对流动资金的占用比例可能高达70%，甚至占用全部流动资金，从而影响企业的正常运转。

综上所述，在整个物流系统中，仓储环节是不可或缺的。但其有利及有害的两重性也给物流管理提出了一个重大的课题，即如何在物流系统中充分发挥仓储的积极作用，将消极作用降至最低。

第二节 仓储成本的概念、构成与计算

一、仓储成本的概念

仓储成本是指储存、管理、保养、维护物品的相关物流活动中所发生的各种费用，它是伴随着物流仓储活动所消耗的物化劳动和活劳动的货币表现。仓储成本管理的任务是用最低的费用在合适的时间和合适的地点取得适当数量的存货。在企业的物流总成本中，仓储成本是一个重要组成部分。对各种仓储成本的合理控制能降低物流总成本，增加企业的利润；反之，就会增加物流总成本，降低企业利润。仓储成本对物流成本有直接影响。从仓储成本在社会经济中的地位及其核算过程来看，具有以下特点：

（一）地位的重要性

从微观方面来看，在企业经营活动中，仓储成本有时可能占用流动资金高达40%～70%，从而影响企业的现金流动，进而影响企业的正常运转。因此，加强仓储成本的控制对企业有着积极的作用。从宏观方面来看，仓储成本是物流成本的重要组成部分，而物流成本又占国民经济产值的很大一部分。据世界银行分析，发达国家物流成本占GDP的10%左右，美国低于10%，中国近年来低于15%。如果中国物流成本占GDP的比重下降1%，每年将为全社会直接节约近1万亿元，将会给社会和企业带来可观的经济效益。

（二）核算的复杂性

在现代会计制度下对物流成本的核算缺乏统一的标准。如仓储成本中的仓储保管费用、仓储办公费用、仓储物资的合理损耗等一般计入企业的经营管理费用，而不是仓储成本。此外，对于内部所发生的仓储成本有时因涉及面广、环节多而无法划归相应科目，因此增加了仓储成本核算的复杂性。

（三）效益的背反性

提高客户满意度会引起仓库建设、仓库管理、仓库工作人员工资、存货等费用开支的增高，增加仓储成本。而降低仓储成本，减少物流网络中仓库的数目并减少存货，就会相应增加运输、包装等其他成本。因此，要将仓储成本管理纳入整个物流系统，以物流总成本为核心，使整体物流系统的总成本最低，达到整个物流系统最优化。

二、仓储成本的构成

仓储成本主要研究货物存储期间的各种费用支出。仓储成本由仓储设施设备成本、仓储作业成本、库存持有成本构成。

仓储设施设备成本，是指由于建造、购置、租赁仓储设施设备带来的成本。

仓储作业成本，是指由于出库和入库操作、流通加工、分拣、装卸搬运等仓储作业带来的成本。

库存持有成本包括多种不同的成本组成要素，对其成本的确定比较困难。

三、仓储设施设备成本构成与计算

在物流成本管理领域中，仓库和库存管理是物流成本管理的重中之重。在仓库和库存管理方面，建造、购买或租赁仓库等设施设备所带来的成本是有必要透彻分析并合理计算的。

一般情况下，企业可以通过自建仓库（自有仓库）、租赁仓库、使用公共仓库3种方式来获得仓库等设施设备。

（一）企业自有仓库成本构成与计算

自有仓库是企业自己建造、供经营所需而且能够长期使用的固定设施，是一种可以多次参加企业的生产经营过程而不改变其实物形态的固定资产。

自有仓库成本的构成主要包括自有仓库设施设备的折旧、自有仓库设施设备的维修与保养费等。

1. 自有仓库设施设备的折旧

（1）折旧的含义及分类

折旧是指资产价值的下降。在会计上，因固定资产使用磨损而逐渐转移的价值称为折旧，包括有形损耗与无形损耗。

①有形损耗又称物质损耗或物质磨损，是可见或可测量出来的物理性损失、消耗，在仓储成本中是指固定资产由于使用发生的物质磨损或受到物理、化学、自然力等因素的作用而逐渐发生的一定程度的损耗或磨损。例如，仓储建筑物因受风吹、雨打、日晒等的侵蚀而逐渐陈旧，设施设备因使用逐渐磨损及外部事故破坏

等原因而造成的损耗等。

②无形损耗亦称精神损耗或精神磨损,是物品在其有效使用期内,由于科学技术进步、生产技术进步而引起的价值上的损失,在仓储成本中指固定资产在其有效使用年限内,虽然仓库等设施设备本身的服务潜能未受影响,但由于科学技术进步而引起的价值降低。

(2) 影响仓库等设施设备折旧的因素

影响折旧的因素主要有以下几个:

①计提折旧基数。计提折旧基数是指固定资产的成本,是固定资产的原始价值或固定资产的账面净值。

②固定资产的使用寿命。固定资产的使用寿命是指企业使用固定资产的预计期限或者该固定资产所能生产产品或提供劳务的数量总额。

③预计净残值。预计净残值是指固定资产预计使用寿命已满,企业从该项固定资产处置中获得的扣除预计处置费用后的金额。

影响折旧的因素如表6-1所示。

表6-1 影响折旧的因素

影响因素	计提折旧额小	计提折旧额大
计提折旧基数	小	大
固定资产的使用寿命	长	短
预计净残值	多	少

(3) 自有仓库等设施设备的折旧方法

企业应当根据仓库等设施设备的性质和消耗的方式,合理确定仓库等设施设备的预计使用年限和预计净残值,并根据环境变化、科技发展水平及其他因素选择合理的折旧方法,按照管理权限经过经理会议或股东大会、董事会等机构批准,作为计提折旧的依据。同时按照相关行政法律法规报送有关方面备案。有关固定资产预计使用年限和预计净残值、折旧方法等一经确定不得随意变更;如需要变更时,仍然应当按照上述程序经批准后报送有关方面备案。

企业一般应当按月提取折旧,当月增加的仓库等设施设备,当月不计提折旧,从下月起计提折旧;当月减少的仓库等设施设备当月照提折旧,从下月起不计提折旧。仓库等设施设备提足折旧后,不管能否继续使用,均不再提取折旧;提前报废的仓库等设施设备也不再补提折旧。

自有仓库等设施设备的折旧方法主要包括直线法(平均年限法、工作量法)、加速法(双倍余额递减法、年数总和法)、递减法(余额递减法、递减折旧率法)。

①直线法——平均年限法。平均年限法是指按固定资产的使用年限平均计提折旧的一种方法。它是最简单、最普遍的折旧方法,又称直线法或平均法。平

均年限法适用于各个时期使用情况大致相同的固定资产折旧。

直线法的计算公式如下:

$$年折旧额 = \frac{固定资产原值 - 预计净残值}{预计使用年限}$$

式中:

$$预计净残值 = 预计残值费用 - 预计清理费用$$

或者

$$年折旧额 = 固定资产原值 \times 年折旧率$$

$$年折旧率 = \frac{1 - 预计净残值率}{预计使用年限} \times 100\%$$

$$预计净残值率 = \frac{预计净残值}{固定资产原值} \times 100\%$$

$$月折旧额 = 年折旧额 \div 12$$

例 6.1 宏达公司购买了一辆电动叉车 60 000 元,预计正常使用期限为 10 年,报废时的残值为 3 000 元。预计清理费用 1 000 元。用上述方法计算其每月折旧额。

依题意:

$$年折旧额 = \frac{固定资产原值 - 预计净残值}{预计使用年限} = \frac{60\,000 - (3\,000 - 1\,000)}{10} = 5\,800(元)$$

$$月折旧额 = \frac{年折旧额}{12} = \frac{5\,800}{12} \approx 483(元)$$

平均年限法只考虑使用时间而没有考虑使用强度,因而在一个期间内,不管仓库等设施设备使用的强度是强是弱,其计提的折旧数额都是相等的。由于平均年限法有上述不足,建议仓库等设施设备按工作量来计提折旧。

② 直线法——工作量法。工作量法是指按实际工作量计提固定资产折旧的一种方法。一般是按固定资产所能工作的工时数平均计算折旧额。实质上,工作量法是平均年限法的补充和延伸。工作量法适用于在使用期间负担程度差异很大、提供的经济效益很不均衡的固定资产。工作量法计算折旧的公式如下:

$$每一工作量折旧额 = \frac{固定资产原值 - 预计净残值}{预计总工作量}$$

或者

$$每一工作量折旧额 = 固定资产原值 \times \frac{1 - 预计净残值率}{预计总工作量}$$

$$某项固定资产月折旧额 = 该项固定资产当月工作量 \times 每一工作量折旧额$$

例 6.2 沿用例 6.1 的数据资料,假设该设备预计正常使用工作总量为 57 600 工作小时,20＊＊年 4 月使用叉车 495 工作小时,计算该月应计提折旧。

依题意:

$$预计净残值率 = \frac{预计净残值}{固定资产原值} \times 100\% = \frac{3\,000 - 1\,000}{60\,000} \times 100\% \approx 3.3\%$$

$$每一工作量折旧额 = 固定资产原值 \times \frac{1 - 预计净残值率}{预计总工作量}$$

$$= 60\,000 \times \frac{1 - 3.3\%}{57\,600} \approx 1.01(元)$$

$$月折旧额 = 495 \times 1.01 \approx 500(元)$$

③加速法——双倍余额递减法。双倍余额递减法是在不考虑固定资产残值的情况下，用直线法折旧率的两倍作为固定的折旧率乘以逐年递减的固定资产期初净值，得出各年应提折旧额的方法。双倍余额递减法是加速折旧法的一种，其假设固定资产的服务潜力在前期消耗较大、在后期消耗较少，为此，在使用前期多提折旧、后期少提折旧，从而相对加速折旧。需要注意的是，实行双倍余额递减法的固定资产应当在其折旧年限到期前两年内，将固定资产净值扣除残值后的净额平均分摊，即在最后两年将折旧方法改为直线法。双倍余额递减法的计算公式如下：

$$年折旧额 = 期初固定资产账面净值 \times 年折旧率$$

式中：

$$年折旧率 = \frac{2}{预计使用年限} \times 100\%$$

$$最后两年的年折旧额 = \frac{期初账面固定资产净值 - 预计净残值}{2}$$

$$月折旧额 = \frac{年折旧额}{12}$$

例 6.3 宏达公司购买了一台检验设备，原值为 60 000 元，预计正常使用期限是 5 年，报废时的净残值为 3 000 元，按双倍余额递减法计算每年的月折旧额。

依题意：

$$年折旧率 = \frac{2}{预计使用年限} \times 100\% = \frac{2}{5} \times 100\% = 40\%$$

第一年月折旧额 = 期初固定资产账面净值 × 年折旧率 ÷ 12
$$= 60\,000 \times 40\% \div 12 = 2\,000(元/月)$$

第二年月折旧额 = 期初固定资产账面净值 × 年折旧率 ÷ 12
$$= [60\,000 \times (1 - 40\%)] \times 40\% \div 12$$
$$= 36\,000 \times 40\% \div 12 = 1\,200(元/月)$$

第三年月折旧额 = 期初固定资产账面净值 × 年折旧率 ÷ 12
$$= [36\,000 \times (1 - 40\%)] \times 40\% \div 12$$
$$= 21\,600 \times 40\% \div 12 = 720(元/月)$$

最后两年月折旧额 = (期初账面固定资产净值 - 预计净残值) ÷ (2 × 12)
$$= \{[21\,600 \times (1 - 40\%)] - 3\,000\} \div (2 \times 12)$$

$$=(12\,960-3\,000)\div(2\times12)=415(元/月)$$

④加速法——年数总和法。年数总和法又称折旧年限积数法、级数递减法，是将固定资产原值减去预计净残值后的净额乘以一个逐年递减的年折旧率来计算每年的折旧额。这个逐年递减的年折旧率的计算公式如下：

$$年折旧率=\frac{尚可使用年数}{年数总和}=\frac{预计使用年限-已使用年限}{年数总和}$$

$$年数总和=\frac{预计使用年限\times(预计使用年限+1)}{2}$$

$$年折旧额=(固定资产原值-预计净残值)\times年折旧率$$

$$月折旧额=\frac{年折旧额}{12}$$

例 6.4 沿用例 6.3 的数据资料，用年数总和法计算每年的月折旧额。

依题意：

$$年数总和=\frac{5\times6}{2}=15$$

年数总和法折旧额计算表如表 6-2 所示。

表 6-2 年数总和法折旧额计算表

年数	固定资产原值-预计净残值/元	年折旧率	年折旧额/元	月折旧额/元
1	60 000-3 000=57 000	$\frac{5}{15}$	19 000	1 583.33
2	57 000	$\frac{4}{15}$	15 200	1 266.67
3	57 000	$\frac{3}{15}$	11 400	950.00
4	57 000	$\frac{2}{15}$	7 600	633.33
5	57 000	$\frac{1}{15}$	3 800	316.67

上述四种折旧方法，其区别如下：

第一，平均年限法的年折旧额是逐年相同的，而双倍余额递减法和年数总和法的年折旧额起始年份高，以后逐年减少。

第二，直线法和双倍余额递减法的折旧系数分别是一个常数，而年数总和法的折旧系数是逐年减小的。

第三，直线法和年数总和法计算折旧额的基础不变，都是设备原值减去净残值，而双倍余额递减法计算年折旧额的基础是上年的账面净值。

第四，使用工作量法，每年的折旧总额没有固定的数值，因为折旧额取决于对资产的使用，使用得越多折旧额越大。

⑤递减法——余额递减法。余额递减法是加速折旧法的一种。这种方法是将每期固定资产的期初账面净值(原值减累计折旧)乘以一个固定不变的百分率计算该期折旧额的一种方法,适用于在国民经济中具有重要地位、技术进步较快的电子生产企业、船舶制造企业等。

⑥递减法——递减折旧率法。递减折旧率法,是指每年用一个人为确定的呈递减趋势的折旧率来计算折旧的方法。凡有预计净残值的仓库等设施设备,需先计算净残值占仓库等设施设备原值的百分比,然后与各年折旧率相加凑成100%即可。

2. 自有仓库设施设备的维修与养护费

自有仓库设施设备的维修与保养费是指对仓库等设施设备进行维护、中小修理和日常保养等所发生的工料费用。

企业运用自有仓库进行仓储活动有许多有利的地方:可以更好、最大限度地控制仓储;管理更具有灵活性;长期仓储时会降低仓储成本——低成本优势;可以为企业树立良好的形象;可以充分发挥人力资源的优势、税收方面的优势等。但其也存在一定的局限性:固定容量与成本使企业的资金被长期占用导致投资风险大;建设投资和运营成本高;缺乏柔性及投资回报率低等。

(二)租赁仓库成本构成

当企业不进行自建仓库时,可以采用租赁仓库的方式来满足企业对于仓储空间的需求。租用仓库是指通过签约占用别人仓库一段规定的使用时间,一般可以按天、月、季度、年签约租用。租赁仓库一般只提供存储货品的服务,很少或根本不提供其他物流服务。

租赁仓库一般由出租方按照承租方的要求建造仓库,或者承租方根据自己的要求寻找适合的仓库。承租方的费用比较简明,一般只是按期支付租赁费用。而仓库的维护费用则由出租方负责。

租赁仓库的租金通常是根据企业在一定时期内租用的仓储空间的大小来收取的。租赁仓库的租金合约一般期限很长,而企业租用的空间大小是基于该期限内的最大储存需求决定的。当企业的库存没有达到最大值时,租金不会因为仓储空间没有被充分利用、存在空余而减少,因此租赁仓库的租金不会随着库存水平的变化而每天波动,它与库存水平无关,不属于库存持有成本。租赁仓库的租金费用属于仓储成本,它会随市场供求情况发生变化,受市场上可供租赁的仓储空间的供给量与需求量的制约。此外,如果企业停止租赁,则租赁仓库所带来的所有费用消失。

企业运用租赁仓库进行仓储活动的优势如下:可以降低投资风险和财务风险;利于企业集中精力于核心业务;便于灵活运用新技术,实现信息化管理,降低成本;减少固定资产投资,加速资本周转等。但其也存在一定的局限性,如不能较好地控制物流职能、不利于保证供货的准确与及时、不利于保证顾客服务的质量与顾客的长期关系、导致企业放弃对物流专业技术的开发等。

（三）公共仓库成本构成

公共仓库是国家或企业向社会提供的仓库，专门向客户提供相对标准的仓库服务。

公共仓库的收费是由公共仓库的提供方和公共仓库的承租方通过谈判来确定的。公共仓库的收费由三个部分构成：存储费、搬运费和附加成本。它们各自具有不同的特征，而且它们的费率通常是各不相同的。

存储费与企业在公共仓库中存储物品的数量及存储时间关系密切，是依据企业在公共仓库中存储物品的数量来计算的，有时也会按产品实际占用的仓储空间计收，以平方米或立方米计算。

搬运费反映了企业在公共仓库中仓储作业的数量，通常按每单位计收。因为货物的搬运次数是衡量搬运成本的重要尺度，因此，有时也会按次收费，对每次入库、出库收取搬运费。

附加成本是指文字记录工作的费用，一般直接向客户收取，如提单制作的成本就以每份提单为单位计收。对于企业来说，公共仓库是一个所有成本都可变的仓储系统。企业停止使用公共仓库后所有的费用消失。

需要强调的是，公共仓库的收费通常是根据其他仓储作业量及存货数量来计算的，存储费与存储物品数量密切相关，即与库存水平有着直接的关系，因此这部分费用又相当于库存控制成本；而仓储作业的费用在公共仓库的收费中也占有相当大的比重，这部分费用属于仓储作业成本。

公共仓库与租赁仓库的一个区别在于，它在提供仓储空间的同时，可以为企业提供各种各样的物流服务，如卸货、存储、存货控制、订货分类、拼箱、运输安排、信息传递及企业要求的其他服务。因此，如果企业在获取仓储空间的同时，希望对方能够提供其他仓储作业服务，则可以考虑采用公共仓库。公共仓库与租赁仓库的另一个区别在于，公共仓库的合同属于短期合同，企业可以根据情况对合同进行及时的变更。公共仓库合同的灵活性使企业可以更好地适应多变的市场环境。

企业运用公共仓库进行仓储活动的优势如下：企业不需要自建仓库的资本投资，可节省资金投入；有利于缓解仓储需求的不平衡，可缓解存储压力；可以避免管理上的困难；可以相对降低企业的仓储、运输成本；有利于企业的经营活动更加灵活，具有较高的柔性化水平；便于企业掌握物流成本；减少投资风险，集中精力于核心业务等。但其也存在一定的局限性，如增加了企业的包装成本，增加了企业控制库存的难度及沟通方面的难题，缺少个性化服务等。

四、各类仓储作业带来的成本

现代仓库主要涉及出入库操作、验货、备货、日常养护与管理、场所管理、装卸搬运及流通加工等作业。

(一) 出入库操作、验货、备货,日常养护与管理和现场管理作业及成本构成

1. 出入库作业

出入库作业是仓库的基础工作之一。仓库入库作业是仓库作业的开始,掌握入库工作可以对仓库入库作业操作自如、提高工作效率。

入库作业的工作内容主要有对入库货品进行登记、制作相应的单据并进行部门间的信息传递、为入库货品贴附方便仓储管理的条码。

出库作业的主要工作内容是根据产品订单或出库通知,对出库货品进行登记,并制作相应单据,在部门间进行信息传递。

2. 验货作业

伴随着仓库出入库工作同时进行的是仓库的验货工作。验货工作是一项技术要求高、组织严密的工作。关系到整个仓储业务能否顺利进行。所以,必须做到准确、及时、严格、经济。入库时的验货作业主要是根据入库清单对即将进入仓库的货品进行数量检验和质量检验,同时对货品种类与规格进行核对。出库时的验货工作主要有根据出库清单或者客户的订货清单,对即将出库的货品进行数量、货品种类与规格的核对,同时还要进行货品质量方面的检验。

3. 备货作业

备货作业是指在接受订货指令、发出货票的同时,备货员按照发货清单在仓库内寻找、提取所需货品的作业。

备货是配送的基础工作,是仓库根据客户的需要为配送业务的顺利实施而从事的组织商品货源和进行商品储存的一系列活动。仓库接到客户的订单后,必须拥有相应的足够的商品保证配送,包括具体的商品品种、商品等级、水平规格及商品数量。

备货作业的方式主要有两种。第一种是与物料需求计划(material requirement planning,MRP)系统相结合的备货方式。MRP 系统是一种以物料需求计划为核心的生产管理系统。在为生产企业实施原材料、零部件配送时,仓库可以针对其多品种、少批量的特点,利用资源共享的优势,客户、仓库及供应商三位一体,运用 MRP 系统进行备货。在 MRP 系统中,针对物料需求在品种、数量和交货期等方面要求的细化所带来的管理复杂性而开发了计算机信息管理系统,仓库可以利用计算机信息系统,将客户的需求计划、供应商的供货信息和自己的配送计划集成起来,实行同步性一次生成采购计划。如果需求有变化,只要将相关数据输入计算机信息管理系统,经过系统运算,就可重新编排采购计划。第二种是以准时

制(just in time，JIT)生产方式为主的备货方式，JIT生产方式的理念是在恰当的时候，把恰当的商品以恰当的质量、恰当的数量送到恰当的地点。JIT生产方式体现在生产上就是准时进货、准时生产、准时销售；体现在配送中就是准时进货、准时配货、准时送货。适时适量的准时进货是JIT生产方式的关键，如果进货太多太早会增加企业库存、提高库存成本、降低企业效益；而进货太迟太少又会影响生产和配送进程，同样也会影响企业效益。利用JIT生产方式进行备货，一方面可以保证各种商品订货量的准确性及相应的产品质量；另一方面可以使企业得到准确和及时的批量运输。

4. 日常养护与管理作业

在库品进行日常养护与管理作业可使物料、产品安全贮存，保证在库品的质量，减少损耗，避免危险或意外事故发生。

5. 场地管理作业

场地管理主要有固定式和随机式两种管理方法。固定货位又称定位储存，是指货位只用于存放确定的货物，使用时严格区分，决不能通用、串用。长期货源的计划库存、配送中心等大部分采用固定方式。固定货位便于拣选、查找货物，但是仓容利用率较低。由于货物固定，可以对货位进行有针对性的装备，有利于提高货物保管质量。随机货位又称不固定货物的货位，货物任意存放在空的货位，不加分类。不固定货位有利于提高仓容利用率，但是仓库内显得混乱，不便于查找和管理。对于周转极快的专业流通仓库，货物保管时间极短，大部分采用不固定方式。不固定货物的货位储藏，在计算机配合管理下，能实现充分利用仓容、方便查找的长处。采用不固定货位的方式，仍然要遵循仓储的分类、安全原则。

6. 出入库操作、验货、备货、日常养护与管理、场所管理作业成本构成

上述仓储作业所带来的成本包括以下几个方面：

(1) 人工成本。它包括从事该项作业的员工工资、加班费、奖金、福利等。该项成本从相关会计科目中抽取出来即可。当某个员工从事多项作业时，应当根据员工从事各项作业的时间，将其费用进行分配。

(2) 能源、低值易耗品的耗费成本。出入库操作、验货、备货、日常养护与管理、场所管理作业中有能源、低值易耗品的耗费，则应当将这些费用计入相应的仓储作业成本。

(3) 设备折旧。出入库操作、验货、备货、日常养护与管理、场所管理作业中使用了机器设备或工具，应当以计提折旧的形式将机器设备、工具的成本计入相关作业。此外，该机器设备、工具的维修费也应计入。

当机器设备、工具不是自有而是通过租赁获得时，应用租金代替折旧；当由租赁方负责设备与工具的维修时，租金中包含维修费，因此不必再计算维修费用了；当租赁方不负责设备与工具的维修时，租金中未包含维修费，此时，除租金以外，还应计入维修费用。

（4）材料或易耗品费用。出入库操作、验货、备货、日常养护与管理、场所管理作业中消耗了材料或易耗品时，相应的费用应直接计入或间接分配计入相应的作业成本。

（5）管理费等间接费用。出入库操作、验货、备货、日常养护与管理、场所管理作业应当分摊的管理费等间接成本也要计入该项成本构成，具体成本构成如表6-3所示。

表6-3 出入库操作、验货、备货、日常养护与管理、场所管理作业成本的构成

项目	出入库操作	验货	备货	日常养护与管理	场所管理
人工成本	根据出入库清单或客户订单，对出入库物品进行登记，制作相应单据并进行部门间的信息传递，以及为物品贴附条形码等	根据出入库清单或客户订单，对出入库物品进行数量、品种、规格的核对，以及质量检验	备货员按照发货清单在仓库中寻找、提取所需物品的作业，有两种方式：与MRP系统相结合的备货方式、以JIT生产方式为主的备货方式	企业对在库的物品进行日常养护和管理，并预防盗窃、火灾等事件的发生，保证物品完好，减少物品损耗	利用信息系统事先将货架进行分类、编号、贴附代码，确定各货架存放的物品；或者将所有物品按序摆放在货架上，不确定专用货架
能源、低值易耗品的耗费成本					
设备折旧（维修费或租金）					
材料或易耗品费用					
管理费					

（二）装卸搬运作业及成本构成

1. 装卸搬运作业

装卸是指物品在指定地点以人力或机械装入或卸下运输设备。搬运是指在同一场所内，对物品进行水平移动为主的物流作业。

装卸是改变"物"的存放、支撑状态的活动，主要指物体上下方向的移动。而搬运是改变"物"的空间位置的活动，主要指物体横向或斜向的移动。通常装卸搬运是合在一起使用的。

装卸搬运活动的作业量大、方式复杂、作业不均衡、对安全性的要求高。它是物流活动中不可缺少的环节，在物流活动中起着承上启下的作用。物流的各环节和同一环节的不同活动之间，往往会由专门的人员运用专用工具进行装卸搬运作业。在生产企业物流中，装卸搬运是各生产工序间连接的纽带，是从原材料设备等装卸搬运开始到产品装卸搬运为止的连续作业过程。

装卸搬运在物流成本中占有重要地位。在物流活动中，装卸活动是不断出现和反复进行的，它出现的频率高于其他物流活动。而且装卸活动往往浪费很长时

间,所以成为决定物流速度的关键因素。装卸活动所消耗的人力活动也很多,所以装卸费用在物流成本中所占的比重也较高。

以我国为例,铁路运输的始发和到达的装卸作业费大致占运费的20%,海运占40%左右。我国对生产物流的统计显示,机械加工企业每生产1吨成品,需要进行252吨次的装卸搬运,其成本为加工成本的15.5%左右。因此,降低物流费用,装卸是一个重要环节。

此外,进行装卸操作时往往需要接触货物,极易在物流过程中造成货物破坏、散失、损耗、混合等损失。例如,袋装水泥纸袋破损和水泥散失主要发生在装卸过程中,玻璃、机械、器皿、煤炭等产品在装卸时最容易造成损失。

据我国统计,火车货运以500公里为分界点,当运距超过500公里时,实际运输时间多于起止的装卸时间;当运距低于500公里时,装卸时间则超过实际运输时间。美国与日本之间的远洋海运,一个往返需25天,其中运输时间13天,装卸时间12天。由此可见,装卸活动是影响物流效率、决定物流技术经济效益的重要环节。

2. 装卸搬运成本的构成

货物的装卸与搬运是物流的主要功能之一。装卸搬运渗透到物流各领域、各环节,贯穿于整个仓储活动的始终。装卸搬运是仓储活动转换连接的桥梁,是提高物流效率、降低物流成本、改善物流条件、保证物流质量、使物流能够顺利进行的关键环节之一。

装卸搬运的成本构成主要有以下几个方面:

(1) 人工成本。它是指按规定支付给装卸搬运工人、装卸搬运机械司机、装卸搬运管理人员的工资、加班费、各种工资性津贴、职工福利费(指按工人、管理人员工资总额和按规定比例计提的职工福利费)、劳动保护费(从事装卸搬运业务使用的劳动保护用品、防暑、防寒、保健饮料及劳保安全措施所发生的各项成本)。

(2) 燃料与动力成本。它是指装卸搬运机械在运行和操作过程中耗用的燃料、动力所产生的成本。

(3) 设备折旧。它是指装卸搬运机械、工具等设备按规定计提的折旧。

(4) 维护费。它是指为装卸搬运机械和工具进行维护所发生的工料成本。

(5) 租金。它是指企业在租赁搬运机械或设备进行作业时,按合同规定支付的租金。

(6) 外付装卸搬运费。它是指支付给外单位支援装卸搬运工作所发生的成本。

(7) 运输管理费。它是指按规定向运输管理部门缴纳的运输管理费。

(8) 事故损失。它是指在装卸搬运作业过程中,因此项工作造成的应由本期成本负担的货损、机械损坏、外单位人员伤亡等事故所发生的损失,包括货物破差损失和损坏机械设备所支付的修理成本。

（9）管理费。它是应由装卸搬运作业承担的管理费等间接成本。

装卸搬运成本的构成具体如表6-4所示。

表6-4 装卸搬运成本的构成

项目	装货	卸货	搬运
人工成本	将物品以人力或机械装入运输工具等设施设备的作业	将物品从运输工具等设施设备卸下的作业	在小范围内（如仓库内、仓库与工厂之间等）将物品进行位置移动的作业
能源与动力成本			
设备折旧、维护费、运输管理费或租金			
管理费			
外付装卸搬运费			
事故损失			

（三）流通加工作业及成本构成

1. 流通加工作业

流通加工作业是物品在生产地到使用地的过程中，根据需要施加包装、分割、计量、分拣、刷标志、贴标签、组装等简单作业的总称。

流通加工的主要作用在于优化物流系统，提高整个物流系统的服务水平，具体体现在以下几个方面：

（1）克服生产和消费之间的分离，更有效地满足消费需求。这是流通加工的主要功能。现代经济中，生产和消费在质量上的分离日益扩大和复杂。流通企业利用靠近消费者、信息灵活的优势，从事加工活动，能够更好地满足消费者的需求，使小规格、大批量生产与小批量、多样性需求结合起来。

（2）提高加工效率和原材料利用率。集中进行流通加工，可以采用技术先进、加工量大、效率高的设备，不但提高了加工质量，而且提高了使用率和加工效率。集中进行加工还可以将生产企业生产的简单规格产品，按照客户的不同要求进行集中下料，做到量材使用、合理套裁、减少剩余料。同时，可以对剩余料进行综合利用，提高原材料的利用率，使资源得到充分合理的利用。

（3）提高物流效率。有的产品形态、尺寸、重量等比较特殊，如体积过大、质量过重，产品不进行适当分解就无法装卸运输，生鲜食品不经过冷冻、保鲜处理在物流过程中容易变质腐烂等。对这些产品进行适当加工，可以方便装卸搬运、储存、运输和配送，从而提高物流效率。

（4）促进销售。流通加工对于促进销售也有积极的作用，特别是在市场竞争日益激烈的条件下,流通加工成为重要的促销手段。例如将运输包装改换成销售包装,改变商品形象以吸引消费者;将蔬菜、肉类洗净切块分包以满足消费者的要求;对初级产品和原材料进行加工以满足客户的需要,赢得客户信赖,增强营销竞争力。

2. 流通加工成本的构成

流通加工成本构成主要有以下几个方面:

(1) 人工成本。在流通加工过程中从事加工活动的管理人员、工人等人员的工资、奖金、各项福利等成本的总和,即流通加工人工成本。

(2) 流通加工材料成本。流通加工过程中,需要消耗一些材料,同时这些材料最终成为产品的一部分。

(3) 燃料与动力成本。在流通加工过程中耗用的燃料与动力成本,也是流通加工成本之一。

(4) 低值易耗品成本。在流通加工过程中耗费的低值易耗品,如润滑油等的成本。

(5) 设备折旧。流通加工设备因流通加工形式、服务对象不同而不同,如剪板机、喷印机、拆箱机等。购置不同设备所支出的成本,通过折旧的方式将其计入流通加工成本。

(6) 维修费。流通加工设备的维修费用,也应计入流通加工成本。

(7) 设备租赁费。如果流通加工设备是通过租赁获得的,则应将租赁费用计入流通加工成本。

此外,流通加工成本还包括因为流通加工产生的废品损失和事故损失、流通加工作业外包成本以及流通加工作业应分担的管理费用等间接成本。

流通加工成本的构成如表6-5所示。

表6-5 流通加工成本的构成

项目	流通加工
人工成本	在物品从生产领域向消费领域流通的过程中,为了促进销售、维护产品质量和提高物流效率而对物品进行的简单加工,包括对物品进行包装、分割、计量、组装、贴附标签等简单作业
燃料与动力成本	
流通加工材料成本、低值易耗品成本	
设备折旧、维修费、设备租赁费	
流通加工作业外包成本	
应分担的管理费等间接成本	
废品损失、事故损失	

五、库存持有成本

库存持有成本也称库存成本,是与库存数量有关的成本,库存持有成本的发生主要由库存控制、包装、废弃物处理等物流活动引起,其组成包括库存占用资金成本、库存服务成本(相关保险和税收)、仓储空间成本及库存风险成本。

在年销量固定的条件下,库存周转率越高,单位商品在仓库停留的时间越短,库存持有成本越低,二者成反比,相应的资金成本、保险及库存风险成本也与库存周转率成反比。反之,库存周转率越低,库存持有成本越高。

(一)库存持有成本的构成与计算

库存持有成本只包括那些随库存数量变动的成本,具体说来包括以下几类:

1. 库存占用资金成本

库存占用资金成本是指库存商品占用了可以用于其他投资的资金,不管这种资金是从企业内部筹集还是从外部筹集(如销售股票或从银行贷款等),对于企业而言,都因为保持库存而丧失了其他投资的机会,因此,应以使用资金的机会成本来计算库存持有成本中的资金成本。事实上,资金成本在库存持有成本中占有相当大的比重。

$$资金成本 = 库存占用资金(平均库存价值) \times 相关收益率$$

(1) 相关收益率的确定

这是一个比较困难的问题,因为企业必须在对未来进行预测的基础上确定该收益率,所以该收益率是估算与预测得出的数值。要确定相关收益率应当分以下两种情况进行考虑。

①当企业资金有限时。企业的资金一般是有限的,当资金用于某项投资之后就得放弃其他的投资项目。也就是说,企业如果决定将这部分资金用于购买(生产)存货的话,就必须放弃其他的投资机会。这时库存的资金成本计算公式中的相关收益率就是该部分资金用作其他用途时的最小收益率。

②当企业资金充裕时。此时企业就不用再执行资金限额供给政策,这时企业将资金投资于库存就不会以牺牲其他投资项目为代价。此时资金成本计算公式中的相关收益率应取决于企业将来自库存降低的资金投资到什么地方:如果企业将节约的资金投资于有价证券,那么有价证券的收益率就是相关收益率;如果企业将节约的资金存入银行账户或用来偿还贷款,那么银行的存款利率或企业为贷款支付的利率就是计算库存占用资金成本时的相关收益率。

(2) 库存占用资金的确定

库存占用资金是计算资金成本的基础。但是计算库存占用资金必须解决以下问题:单位库存产品实际成本、库存的盘存方法、库存流动假设及平均库存价值的计算。这是因为:i. 存货的来源,企业存货来源于采购过程和生产过程,因此存货的购买价格和生产产品的成本计算会影响期末库存价值；ⅱ．库存流动假设，也就是发出存货的计价，如何处理实物流转与价值流转的关系，特别是在实物流转与价值流转不一致的情况下，发出存货价值的确定；ⅲ．库存的盘存方法，也就是对于期末存货结存的问题会影响企业发出存货成本的计量；ⅳ．平均库存价值的计算问题，因为它是计算资金成本的依据。

①单位库存产品实际成本的计算方法。对于商品流通企业而言，库存产品的实际成本是指库存产品当前的重置成本，其中包括企业为取得该库存而支付的所有运费。

对于制造企业而言，可以采用直接成本法或制造成本法来计算其库存产品的实际成本。目前大多数制造企业使用制造成本法计算库存产品的实际成本，它是一种传统的成本计算方法。在企业实践中，可以采用以下两种方法进行计算。

第一，实际制造成本法。用该种方法计算库存产品的实际成本时，库存产品的成本包括实际的直接材料和直接人工成本，加上预先确定的变动和固定的制造管理费用。具体计算公式：

单个库存产品的实际成本＝实际的直接材料和直接人工＋
标准的变动制造管理费用＋
标准的固定制造管理费用

第二，标准制造成本法。用该种方法计算库存产品的实际成本时，库存产品的成本包括预先确定的直接材料和直接人工成本，加上预先确定的变动和固定的制造管理费用。具体计算公式：

单个库存产品的实际成本＝标准的直接材料和直接人工＋
标准的变动制造管理费用＋
标准的固定制造管理费用

②库存的盘存方法。库存盘存用以确定减少与结存库存数量。它包括定期盘存制和永续盘存制两种。

第一，定期盘存制。定期盘存制又称实地盘存制，是指通过对期末库存存货的实物盘点，确定期末存货和当期销货成本的方法。实地盘存制无须通过账面连续记录得出期末存货，并假定除期末库存以外的存货均已出售，通过这种方法倒算出销货成本。因此，在定期盘存制下，日常经营中因销售而减少的存货不予记录，只登记增加的存货，即"存货"账户平时保持不变，另外设"购货"账户反映当期购入的存货，同时设立"运杂费""购货退回与折让""购货折扣"账户，期末通过调整分录将"存货"账户调整为期末数和本期的销货成本。其优点是核算工作比较简单、工作量较小。其缺点是手续不够严密，不能通过账簿随时反映和监督各项财产物资的收入、发出、结存情况，反映的数字不精确，仓库管理中若有多发少发、物资毁损、盗窃、丢失等情况在账面上均无反映而全部隐藏在本期的发出数内，不利于存货的管理,也不利于监督检查。因此,定期盘存制只适应数量大、价值低、收发频繁的存货,与永续盘存制相比没有安全性。

定期盘存制的计算公式:

本期资产减少金额＝期初结存金额＋本期账面增加金额－期末资产结存金额

第二,永续盘存制。永续盘存制亦称账面盘存制,是指根据会计凭证在账簿中连续记录存货的增加和减少,并随时根据账簿记录结出账面结存数量。即对存货的日常记录既登记收入数,又登记发出数,通过结账能随时反映账面结存数的一种存货核算方法。采用这种方法时,库存物品明细账卡要按每一品种、规格设置。在明细账卡中,要登记收入、发出、结存数量,有的还同时登记金额。在永续盘存制下,对库存物品仍须定期或不定期地进行实地盘点,以便核对账存数和实存数是否相符。永续盘存制的优点是加强了对库存物品的管理。在库存物品明细账卡中,可以随时反映出每种库存物品的收入、发出和结存情况,并在数量和金额两方面进行控制；明细账卡的结存数量,可以通过盘点与实存数量进行核对。当发生库存溢余或短缺,可以查明原因,及时纠正；此外,明细账卡上的结存数量,还可以随时与预定的最高和最低库存限额进行比较,取得库存积压或不足的资料,以便及时组织库存物品的购销或处理,加速资金周转；可以通过存货的明细账记录,随时反映某一存货在一定会计期间内收入、发出及结存的详细情况,有利于加强对存货的管理与控制。但是,相对于定期盘存制而言,永续盘存制下存货明细账的会计核算工作量较大,尤其是月末一次结转销售成本或耗用成本时,存货结存成本及销售或耗用成本的计算工作比较集中；采用这种方法需要将财产清查的结果同账面结存进行核对,在账实不符的情况下还需要对账面记录进行调整。

永续盘存制的计算公式:

账面期末余额＝账面期初余额＋本期增加额－本期减少额

③库存流动假设。企业的存货是不断流动的,本期期末存货结转到下期,即为下期的期初存货,下期继续流动就形成了生产经营过程中的存货流转。企业购买存货的批次不同,其单位成本也会存在差异。那么如何确定不同出库批次货品的单位成本呢？存货流转包括实物流转和成本流转两个方面,从理论上讲,存货的成本流转与其实物流转应当一致。但在实际工作中,由于存货的进出量较大、品种繁多、单位成本多变,难以保证各种存货的成本流转与实物流转相一致。同种存货尽管单价不同,但均能满足销售或生产需要,在存货被销售或耗用后,不需要逐个辨别哪一批实物被发出、哪一批实物被用作库存。因此,成本的流转顺序和实物的流转顺序可以分离,只要按照不同的成本流转顺序确定已发出存货的成本和库存存货的成本即可。

目前存在着多种库存流动假设。比较普遍采用的有五种方法,分别是先进先出法、后进先出法、加权平均法、移动加权平均法、个别计价法。

第一,先进先出法。先进先出法是存货的计价方法之一。它是根据先购进的商品先领用或先发出的假定计价的。用先进先出法计算的期末存货额比较接近市价,而且期末存货永远是最近入库的存货。在计算耗用或销货成本时,先耗用或先销售的存货按先入库存货的单位成本计价,后耗用或后销售的存货按后入库存货的单位成本计价。期末存货的账面价值反映最近入库的存货成本。按照先进先出法:已销售或已消耗的货品是储存时间最长的货品,仓库中仍储存的货品是最后购入或产出的货品。

先进先出法既适合于永续盘存制也适合于定期盘存制。由于实际流动通常同账簿的记录相符,故采用先进先出法可简化存储货品的记录。

例 6.5 恒通物流有限公司 20＊＊年 5 月末仓库结存 A 商品 200 件,单价为 100 元/件;6 月 5 日购进 300 件,单价为 110 元/件;6 月 7 日销售 400 件;6 月 15 日购进 700 件,单价为 95 元/件;6 月 21 日销售 500 件。计算两次销售的存货成本及期末存货成本。

依题意:

第一次销售的存货成本 $= 200 \times 100 + 200 \times 110 = 42\,000$(元)

第二次销售的存货成本 $= 100 \times 110 + 400 \times 95 = 49\,000$(元)

"先进先出法 A 产品"明细账如表 6-6 所示。

表 6-6 "先进先出法 A 产品"明细账

产品名称:A 产品　　　　　　　　　　　　　　　　　　　　　　　　　单位:元

年		凭证号数	摘要	收入			发出			结存		
月	日			数量	单价	金额	数量	单价	金额	数量	单价	金额
6	1		月初结存							200	100	20 000
	5		购进	300	110	33 000				200 300	100 110	20 000 33 000
	7		销售				200 200	100 110	20 000 22 000	100	110	11 000
	15		购进	700	95	66 500				100 700	110 95	11 000 66 500
	21		销售				100 400	110 95	11 000 38 000	300	95	28 500
	30		合计	1 000		99 500	900		91 000	300	95	28 500

第二,后进先出法。后进先出法是假定后入库的存货先耗用或先销售,导致期末存货永远是最早入库的存货。在计算耗用或销货成本时,先耗用或先销售的存货按最近入库的存货的单位成本计价,期末存货的账面价值反映最早入库的存货成本。

后进先出法同样既适用于永续盘存制,又适用于定期盘存制,其目的就是使本期收入与本期成本相适应。但是,此法可能导致资产负债表中的存货价值不真实,使流动比率和其他流动资产的关系失真。

例 6.6 沿用例 6.5 的数据资料,按照后进先出法计算两次销售的存货成本。

依题意:

第一次销售的存货成本 = 300×110+100×100 = 43 000(元)

第二次销售的存货成本 = 500×95 = 47 500(元)

"后进先出法 A 产品"明细账如表 6-7 所示。

表 6-7 "后进先出法 A 产品"明细账

产品名称:A 产品　　　　　　　　　　　　　　　　　　　　　　　　　　　单位:元

年		凭证号数	摘要	收入			发出			结存		
月	日			数量	单价	金额	数量	单价	金额	数量	单价	金额
6	1		月初结存							200	100	20 000
	5		购进	300	110	33 000				200 300	100 110	20 000 33 000
	7		销售				300 100	110 100	33 000 10 000	100	100	10 000
	15		购进	700	95	66 500				100 700	100 95	10 000 66 500
	21		销售				500	95	47 500	100 200	100 95	10 000 19 000
	30		合计	1 000		99 500	900		90 500	100 200	100 95	10 000 19 000

第三,加权平均法。加权平均法是平均成本法的一种,是指在期末,用期初结存成本和本期入库存货的实际成本之和计算加权平均成本,然后用加权平均成本乘以期末结存数量计算期末存货成本,并倒挤出本期销货成本的方法。它除了考

虑入库存货的单位成本外,还考虑入库存货的数量。该种方法适用于定期盘存制,计算公式:

$$加权平均单价=\frac{期初结存成本+本期入库存货的实际成本}{期初数量+本期入库存货数量}$$

$$期末存货成本=加权平均单价\times期末结存数量$$

$$本期销货成本=期初成本+本期进货成本-期末存货成本$$

$$本期销货成本=加权平均单价\times本期销货数量$$

例 6.7 恒通物流有限公司 20**年5月末仓库 A 商品结存数量为 200 件,单价为 100 元/件;6 月 5 日购进 300 件,单价为 110 元/件;6 月 7 日销售 400 件;6 月 15 日购进 700 件,单价为 94 元/件;6 月 21 日销售 500 件,利用加权平均法计算本期期末存货成本和本期销货成本。

依题意:

$$加权平均单价=\frac{200\times100+300\times110+700\times94}{200+300+700}=99(元/件)$$

$$期末存货成本=99\times300=29\ 700(元)$$

$$本期销货成本=20\ 000+33\ 000+65\ 800-29\ 700=89\ 100(元)$$

$$=99\times900=89\ 100(元)$$

"加权平均法 A 产品"明细账如表 6-8 所示。

表 6-8 "加权平均法 A 产品"明细账

产品名称:A 产品　　　　　　　　　　　　　　　　　　　　　　　　　　　　单位:元

年		凭证号数	摘要	收入			发出			结存		
月	日			数量	单价	金额	数量	单价	金额	数量	单价	金额
6	1		月初结存							200	100	20 000
	5		购进	300	110	33 000				500		
	7		销售				400			100		
	15		购进	700	94	65 800				800		
	21		销售				500			300		
	30		合计	1000		98 800	900	99	89 100	300	99	29 700

第四,移动加权平均法。它是指在每次进货以后立即为存货计算出新的平均单位成本,作为下次发货计价基础的一种方法。即以每次进货的成本加上原有库存的成本,除以每次进货数量与原有库存的数量之和,据以计算加权平均单位成本,在此基础上,计算当月发出存货的成本和期末存货成本的一种方法。

移动加权平均法计算出来的存货成本比较均衡和准确,但计算工作量大,一般适用于经营品种不多、前后购进商品的单价相差幅度较大的商品流通类企业。该方法适用于永续盘存制。计算公式：

$$移动加权平均单价 = \frac{原结存金额 + 新入库存货的金额}{原结存数量 + 新入库存货数量}$$

$$销货成本 = 本次销货前的移动加权平均单价 \times 本次销货数量$$

$$存货成本 = 原结存金额 + 新入库存货金额 - 发货成本$$

或

$$存货成本 = 移动加权平均单价 \times 库存存货数量$$

例 6.8 恒通物流有限公司 20＊＊年 5 月末仓库 A 商品结存 200 件，单价为 100 元/件，金额为 20 000 元；6 月 5 日购进 300 件，单价为 110 元/件，金额为 33 000 元；6 月 7 日销售 200 件；6 月 15 日又购进 300 件，单价为 110 元/件，金额为 33 000 元；6 月 21 日又销售 200 件。两次的销货成本是否相同？各是多少？

依题意：

$$第一次移动加权平均单价 = \frac{20\,000 + 33\,000}{200 + 300} = 106(元/件)$$

$$第一次销货成本 = 106 \times 200 = 21\,200(元)$$

$$第一次销货后结存成本 = 20\,000 + 33\,000 - 21\,200 = 31\,800(元)$$

$$第二次移动加权平均单价 = \frac{31\,800 + 33\,000}{300 + 300} = 108(元/件)$$

$$第二次销货成本 = 108 \times 200 = 21\,600(元)$$

$$第二次销货后结存成本 = 31\,800 + 33\,000 - 21\,600 = 43\,200(元)$$

"移动加权平均法 A 产品"明细账如表 6-9 所示。

表 6-9 "移动加权平均法 A 产品"明细账

产品名称：A 产品　　　　　　　　　　　　　　　　　　　　　　　　　单位：元

年		凭证号数	摘要	收入			发出			结存		
月	日			数量	单价	金额	数量	单价	金额	数量	单价	金额
6	1		月初结存							200	100	20 000
	5		购进	300	110	33 000				500		
	7		销售				200	106	21 200	300	106	31 800
	15		购进	300	110	33 000				600		
	21		销售				200	108	21 600	400	108	43 200
	30		合计	600		66 000	400		42 800	400	108	43 200

第五，个别计价法。个别计价法又称特定成本法，是指以某批材料购入时的实际单位成本作为该批存货发出时的实际成本。在此方法中成本流动和实物流动是等同的，既适用于永续盘存制也适用于定期盘存制。这种存货的计价方法主要用于大件物品、贵重物品。

例 6.9　恒通物流有限公司 20 * * 年 5 月末仓库 A 产品结存 200 件，单价为 100 元/件；6 月 5 日购进 300 件，单价为 110 元/件；6 月 10 日购进 400 件，单价为 95 元/件。6 月 12 日销售 700 件，其中包括 5 月末结存的 200 件，第一次购进的 300 件，第二次购进的 200 件。计算销货成本。

依题意：

$$销货成本 = 100 \times 200 + 110 \times 300 + 95 \times 200 = 72\,000(元)$$

"个别计价法 A 产品"明细账如表 6-10 所示。

表 6-10　"个别计价法 A 产品"明细账

产品名称：A 产品　　　　　　　　　　　　　　　　　　　　　　　　　　　单位：元

年月	日	凭证号数	摘要	收入 数量	收入 单价	收入 金额	发出 数量	发出 单价	发出 金额	结存 数量	结存 单价	结存 金额
6	1		月初结存							200	100	20 000
	5		购进	300	110	33 000				200 300	100 110	22 000 33 000
	10		购进	400	95	38 000				200 300 400	100 110 95	20 000 33 000 38 000
	21		销售				200 300 200	100 110 95	20 000 33 000 19 000	200	95	19 000
	30		合计	700		71 000	700		72 000	200	95	19 000

④平均库存价值的计算。运用相应的库存盘存方法，在一定的库存流动假设情况下，可以进一步计算出一定时期内企业的平均库存价值，据以计算资金成本。

平均库存价值可以通过某期间期初和期末库存结存价值相加除以 2 的方法得到，这是一种简单算术平均的方法；也可通过描点法得到。所谓描点法就是将每天（定期）的库存结存价值，描点在纵坐标为库存结存价值、横坐标为时间的坐标系上，然后将这些点依次连接起来形成曲线，以该曲线中间部分对应的价值，作为该期间的平均库存价值。

某个期间的平均库存价值实际上就是该期间企业库存占用的资金。

2. 库存服务成本

库存服务成本由按价计的税金，以及为维持库存而产生的火灾和盗窃保险组成。一般情况下，税金随库存水平的不同而不同。很多地区对那些随后向其他地区的客户发运的库存免除税收。因此公司在规划仓储网络的时候，通过合适的规划可以使这部分最小化。库存服务水平对保险费率没有什么影响，因为通常购买保险针对的是特定时间段的特定的产品价值，保险费率取决于仓储设施建造使用的材料、已使用的年限及所安装的防火设备的类型等。

3. 仓储空间成本

仓储空间成本不同于仓储成本，它只包括那些随库存数量变动的成本。仓储空间成本通常和自有仓库、公共仓库、租用仓库有关。在不同的仓储条件下，仓储空间成本是不同的。

自有仓库条件下，仓储空间成本可以忽略。因为使用自有仓库，仓库成本并不随库存水平的变动而变动，即使有的成本是变动的通常也和存储数量没有直接的关系，而固定成本和配置成本也与库存策略的制定无关。

公共仓库不同于自有仓库，公共仓库的费用通常是基于移入和移出仓库的产品数量（搬运费用）及储存的库存数量（储存费用）来计算的。在此种条件下，搬运费用应被认为是产量成本，不属于库存持有成本，只用于仓库储存的费用应该包含在库存持有成本中，因为它与库存水平有关。

租用仓库一般是长期的，规模往往基于合同规定期间的最大储存需求而定。因此，仓库租用成本并不随库存水平的改变而频繁波动，尽管租用率可能会在每次新的合同签订时而有所不同，但大部分成本，如租用费、管理者薪酬、安全成本和维修费等，一般是固定的。在合同期内，很少有成本随库存数的变化而变化。因此，租用仓库的成本应计入仓储成本，而不应计入库存持有成本。但是，如果是因为改变库存水平而临时产生的仓库租费，如因销售旺季而需要额外租用仓库发生的成本，则仓库租费与公共仓库的情况类似，要计入库存持有成本。

4. 库存风险成本

库存风险成本一般包括如下几项：废弃成本、损坏成本、损耗成本、移仓成本。

废弃成本是由于存货再也不能以正常的价格出售而必须处理掉所产生的成本。废弃成本是产品的原始成本和残值之间的差额，或者是正常销售价格和为了清除这种产品而降价销售的价格之间的差额。

损坏成本是仓库营运过程中发生的因产品损毁而丧失使用价值的那一部分产品成本。而在搬运过程中发生的损坏应被看成一种产量成本，与库存水平无关，不应计入库存持有成本。

损耗成本多是因为盗窃造成的产品缺失而损失的部分产品成本。这部分也是因保持库存而产生的,因此应计入库存持有成本。

　　移仓成本是指为避免废弃而将库存从一个仓库所在地运至另一个仓库所在地时产生的成本。例如,在东部销售得好的产品在西部可能卖不出去,通过将产品运到另一个可以销售出去的地方可以避免废弃成本,但会增加额外运输成本。通常该部分费用应计入库存持有成本,而在实际操作中一般计入运输费用,但可以通过对运费账单的统计分析,将转运成本分离出来。

(二) 库存持有成本的影响因素

1. 库存占用资金的机会成本率

　　影响库存持有成本的首要因素是库存占用资金的机会成本率。企业在库存上占用的资金来源不同,其计价成本率也不同。库存占用资金是以丧失其他投资机会为代价的,因此,必须以其他投资机会的回报率作为计算库存持有成本的依据。如果企业资金富余,可将银行存款用于库存投资,此种情况下银行存款利率就是库存占用资金的机会成本率;如果企业资金短缺,要通过出售股票获得资金对库存进行投资,则应以出售股票预期的利率为库存占用资金的机会成本率;如果通过银行贷款的方式,则贷款利率为库存占用资金的机会成本率。一般而言,企业资金越富余,库存持有成本中库存占用资金的机会成本率越低;企业资金越短缺,库存持有成本中库存占用资金的机会成本率越高。所以,资金富余的企业可以保持较高水平的库存来满足市场的需要;而资金短缺的企业,总是想办法降低库存水平,减少库存对资金的占用。

2. 库存周转率

　　库存周转率也是影响库存持有成本的重要因素之一。从理论上讲,库存持有成本与库存周转率成反比,库存周转率越高,库存占用资金的时间越短,库存持有成本越低。但事实上,对于一个企业而言,不能单纯地考虑库存持有成本而采用某种库存策略,而应该通盘考虑整个物流系统,以整体成本最低来制定库存策略。库存周转率越高,对物流系统的要求也越高,一味地提高库存周转率,可能导致批量成本、运输配送成本、缺货成本的增加大于库存持有成本的减少,从而使总成本上升。因此,对利用库存周转率来降低库存持有成本的策略只能在一定的范围内使用才有效。

3. 仓库的类型和库存水平的变动情况

　　库存所使用的仓库类型不同,其库存持有成本中的空间成本也不一样。只有使用公共仓库的空间成本与库存水平密切相关。使用自有仓库的空间成本几乎与库存水平无关,因此不影响库存持有成本。租用仓库在库存水平变动不频繁的情况下,其库存空间成本也可忽略。

　　总之,库存持有成本与库存水平及仓储空间密切相关,可以说,库存水平是影响库存持有成本的最主要因素,库存持有成本会随着库存水平同向变动,而且库存水平变动越频繁,发生库存空间成本的概率越大。因此,企业希望市场保持长期稳定,这样可以避免存货水平的波动引发额外的持有成本。

第三节　降低仓储成本的方法与措施

仓储成本作为物流成本的一部分,它随着物流活动技术水平的提高、仓储效率的提高而发生变化。仓储成本管理得当会大大降低企业物流成本,为企业节省开支,带来效益。通常可以利用以下几种方法来降低仓储成本:

一、合理规划仓储空间的取得方式

对于仓储空间的取得方式,可以有三种选择,即自有仓库、租赁仓库和公共仓库。在满足一定的客户服务水平的前提下,以成本为依据,选择其中之一或结合使用,既是降低仓储成本的重要手段,也是进行仓储管理的一项重要内容。

自有仓库、租赁仓库与公共仓库各具特色,因此有的企业适合自有仓库,有的企业适合租赁仓库,有的企业适合公共仓库。但大多数企业由于不同地区的市场条件及其他因素选择混合的策略,企业进行物流决策的主要目标也是寻求总成本最小的方案。一般情况下,企业在决定采用哪一类型的仓库进行仓储时,可采用以下方法。

(一) 对企业进行定性分析

企业对仓储空间需求的形式、规模与企业经营状况、市场及需求情况密切相关。因此,企业可以通过对货物周转量、需求稳定性及市场密度等相关因素的分析来确定仓储空间的获取方式。

1. 货物周转量

自有仓库固定成本相对较高而且与使用程度无关,所以必须有大量存货来分摊这些成本,才能使自有仓库的平均单位成本低于公共仓库的平均单位成本。通常货物周转量越高,使用自有仓库越经济。相反,当货物周转量相对较小时,企业应选择公共仓库。

公共仓库的费用不仅包含了与库存水平有关的属于库存持有成本的存储费,还包括与仓储作业量有关的仓储作业费用。公共仓库的费用与货物周转量呈线性关系。自有仓库的固定资产投资均属于仓储成本,且为固定成本,自有仓库的各类仓储作业成本为变动成本,且与货物周转量呈线性关系。由于公共仓库的经营具有营利性质,因此自有仓库的仓储作业成本的增长速度通常会低于公共仓库费用的增长速度。当货物周转量达到一定规模,两条成本线会相交于一点,这时说明采用自有仓库与公共仓库的成本相等;当货物周转量低于该交点时,公共仓库的成本低于自有仓库,采用公共仓库是较好的选择;当货物周转量高于该点时,由于可以把固定成本均摊到大量存货中,因此使用自有仓库更经济。自有仓库成本与公共仓库成本比较如图6-1所示。

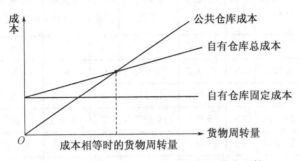

图6-1 自有仓库成本与公共仓库成本比较

2. 需求稳定性

自有仓库更适合需求稳定的企业。许多企业具有多种产品线,使仓库有稳定的周转量,因此,使用自有仓库更经济。仓储空间需求不稳定、具有季节性波动特点的企业应采取混合仓储空间策略来化解需求与成本矛盾。

3. 市场密度

市场密度较大或供应商比较集中时,有利于修建自有仓库。因为零担运输费率比较高,经自有仓库拼箱后,采用整车装运,运费率便会大大降低;市场密度低采用分散在不同地方的公共仓库更经济。

(二)制定正确的混合仓储空间获取决策

企业在对于仓储空间的需求不稳定、具有季节性波动时,可以考虑采用将多种仓储空间获取方式混合的策略。

在选择最优的混合仓储空间获取策略时,必须以成本为依据。其具体步骤如下:

第一步:预测全年不同时期对仓储空间的需求量。

第二步:在满足全年仓储空间需求的前提下,计算各种混合仓储空间组合的相关成本。

第三步:根据计算出的数据绘制不同规模组合下的成本曲线。

第四步:选取不同规模组合成本曲线最低点所对应的组合方式,即最优组合方式。

例6.10 天港物流有限公司计划在环渤海地区建造一个仓库。由于该企业产品的需求具有季节性,所以企业对于该仓库的仓储空间需求也具有季节性,表6-11中的第2列是企业预测出的一年中各月的货物吞吐量。

表 6-11 成本构成表

月份	仓库货物吞吐量/千克	仓储空间需求/米²	自营份额/%	每月固定成本/元	每月变动成本/元	公共份额/%	每月存储成本/元	每月搬运成本/元	每月总成本/元
1	13 300	665	100	15 000	3 990	0	0	0	18 990
2	65 600	3 280	100	15 000	19 680	0	0	0	34 680
3	209 700	10 485	100	15 000	62 910	0	0	0	77 910
4	428 200	21 410	93	15 000	119 467.8	7	14 100	11 989.6	160 557.4
5	564 000	28 200	71	15 000	120 132	29	82 000	65 424	282 556
6	479 000	23 950	84	15 000	120 708	16	39 500	30 656	205 864
7	260 600	13 030	100	15 000	78 180	0	0	0	93 180
8	92 180	4 609	100	15 000	27 654	0	0	0	42 654
9	19 980	999	100	15 000	5 994	0	0	0	20 994
10	3 060	153	100	15 000	918	0	0	0	15 918
11	60 440	3 022	100	15 000	18 132	0	0	0	33 132
12	111 340	5 567	100	15 000	33 402	0	0	0	48 402
总计	2 307 400	115 370		180 000	611 167.8		135 600	108 069.6	1 034 837.4

如果该仓库的库存周转率为 4 次/月,总仓储空间中 40% 为巷道,为了应对未来可能发生的空间需求变化,企业预留 20% 的空间利用率。企业每千克产品平均占用 0.5 米³ 的空间,在货架上可堆放 5 米高。该仓库连同设备在内的投资为 100 元/米²,折旧期限为 20 年,运营成本为 0.3 元/千克。总仓储空间的年固定成本为 4 元/米²。使用公共仓库的租金为每月 10 元/米²,出入库搬运成本为 0.4 元/千克。

根据以上资料,企业应如何进行仓储空间获取方式的决策?

首先,要计算出企业在各月对仓储空间的需求量。

依题意:

$$\text{仓储空间需求}(米^2) = \text{每月吞吐量}(千克) \times \frac{1}{4} \times \frac{0.5}{5} \times \frac{1}{60\%} \times \frac{1}{80\%}$$

$$\approx \text{每月吞吐量}(千克) \times 0.05 (米^2/千克)$$

据此,可计算出企业各月对仓储空间的需求,如表 6-11 第 3 列所示。

其次，计算不同规模下的组合成本。

假设企业自建一个 20 000 平方米的仓库，在不能满足需求的月份使用公共仓库，其仓储成本测算如下：

$$自有仓库建造成本 = 100 \times 20\ 000 = 2\ 000\ 000（元）$$

在 20 年的折旧期限内摊销，按照平均年限法计提折旧（为方便计算，暂不考虑净残值）。

$$每年计提折旧额 = 2\ 000\ 000 \div 20 = 100\ 000（元）$$
$$仓库的年固定成本 = 4 \times 20\ 000 = 80\ 000（元）$$

由此计算出自有仓库全年固定成本及每月固定成本，如表 6-11 第 5 列所示。

$$全年固定成本 = 100\ 000 + 80\ 000 = 180\ 000（元）$$
$$每月固定成本 = 180\ 000 \div 12 = 15\ 000（元）$$

接下来计算自有仓库的每月变动成本，以自有仓库处理的每月吞吐量与运营成本 0.3 元/千克相乘即可，如表 6-11 第 6 列所示。

对仓储空间需求超过 20 000 平方米的月份，其剩余需求则要通过公共仓库满足，其二者之间吞吐量的分配可以根据公共仓库租用面积与自有仓库面积之间的比值来确定，如表 6-11 第 4 列和第 7 列所示。

使用公共仓库的成本包括存储费和搬运费。存储费为租用公共仓库空间大小与存储费率 10 元/米^2 的乘积；搬运费为公共仓库处理的货物吞吐量与搬运费率 0.4 元/千克的乘积。如表 6-11 中的第 8 列和第 9 列所示。

汇总出每月总成本及全年总成本，如表 6-11 第 10 列所示。

以上仅是企业自建一个 20 000 平方米仓库的成本构成，按此方法还可计算出不同规模下（如企业自建 15 000 平方米或 25 000 平方米仓库）的成本构成，并根据所得数据绘制年度总成本曲线。选取总成本最低的那一点作为最终的混合模式即可。

二、合理选择不同吞吐量下仓储类型与作业模式

由于不同仓储系统表现出不同水平的固定成本和可变成本，所以，在不同的吞吐量下，采用不同的作业类型与作业模式会带来不同的仓储成本，如图 6-2 所示。

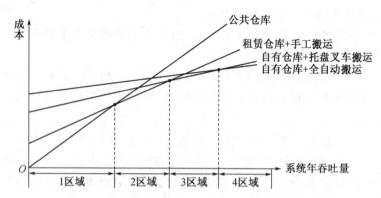

图 6-2 采用不同仓储类型与作业模式下的仓储成本示意图

由图 6-2 可知,1 区域为公共仓库的经济范围;2 区域为租赁仓库＋手工搬运的经济范围;3 区域为自有仓库＋托盘叉车搬运的经济范围;4 区域为自有仓库＋全自动搬运的经济范围。

(一) 公共仓库

公共仓库的收费中既有库存持有成本又有仓储作业成本,它与吞吐量呈线性关系,同时当企业库存为 0 时,企业就可以终止与公共仓库的合同,从而使相关成本为 0,因此在图 6-2 中公共仓库是一条通过原点的直线。

(二) 租赁仓库＋手工搬运

"租赁仓库＋手工搬运"是将租赁仓库与手工搬运设备结合在一起的仓储系统。与公共仓库不同,租赁仓库要求企业签订一种长期的租赁协议,成本计算期内发生的仓储空间租赁费不会随吞吐量的改变而改变,它属于固定成本;手工搬运的作业成本属于和吞吐量呈线性关系的变动成本,而且由于手工搬运效率较低,单位产品的搬运成本比较高,所以代表"租赁仓库＋手工搬运"的直线的斜率较大。

(三) 自有仓库＋托盘叉车搬运

当企业选择自有仓库,且仓库中的搬运设备也不对外租赁时,该系统内的所有成本都是企业的内部成本。由于企业既拥有仓库又拥有搬运设备,因此在企业的总成本曲线中出现大量的固定成本,且该固定成本高出"租赁仓库＋手工搬运"系统中的固定成本——租金,在图 6-2 中显示为"自有仓库＋托盘叉车搬运"成本线的截距大于"租赁仓库＋手工搬运"成本线的截距;而使用自有仓库时的装卸搬运等仓储作业成本与吞吐量相关,呈线性关系,属于变动成本。因为该系统使用托盘叉车搬运,搬运设备机械化程度比较高,所以单位变动成本相对降低,在图 6-2 上显示为"自有仓库＋托盘叉车搬运"成本线的斜率小于"租赁仓库＋手工搬运"成本线的斜率。

（四）自有仓库＋全自动搬运

就物流成本而言，"自有仓库＋全自动搬运"的仓储系统是这几种方案中的一种特例。该系统在仓库和自动搬运设备（如计算机控制的传送带和吊车）上都需要很高的固定投资，因此图6－2中"自有仓库＋全自动搬运"成本线的截距最大；但因为系统几乎不需要劳动力、光、热等类似条件，所以变动成本很低，也就是图6－2上显示的"自有仓库＋全自动搬运"成本线的斜率最小。

随着企业货物吞吐量的不断提升，公共仓库、租赁仓库＋手工搬运、自有仓库＋托盘叉车搬运、自有仓库＋全自动搬运会依次成为企业的最佳选择。

三、有效降低各类仓储作业成本

仓储作业成本在仓储成本中也占有相当的比重，有效降低各类仓储作业成本是仓储成本管理的内容之一。

（一）有效降低装卸搬运成本

装卸搬运是仓储活动的主要作业，企业可以选择如下方法来降低装卸搬运成本：

（1）企业应选择经济合理的装卸搬运设备。

（2）企业可在高峰期间或试用期间暂时租用补充装卸搬运设备，以减少设备投资。

（3）企业可合理布局仓库，优化搬运路线，尽量减少装卸、搬运次数与搬运距离。

（4）企业可采用机械化、自动化装卸搬运作业，既能大幅度削减作业人员，又能降低人工费用。

（二）有效降低备货作业成本

备货作业是仓储作业中最复杂的环节，企业如果管理得当会大大降低仓储成本。

（1）企业应合理选择备货作业方式。备货作业方式包括全面分拣、批处理分拣、分区分拣、分拨分拣。

（2）企业应合理分区，将仓储空间分为储藏区和备货区。在分区的方法上，既可以将水平仓储空间分成储藏区和备货区，又可以将垂直货架分成储藏区和备货区，还可以将备货区分为散货备货区和整箱备货区等。

（3）企业应加强场地管理。制定场地管理规则、节省货物寻找时间、提高分拣货物的效率，将产品存放场地编号；备货人员必须熟悉产品存放的位置；固定场地管理或流动场地管理按出库频率合理安排产品存储位置。

(三) 有效降低验货与出入库作业成本

在仓库中,产品检验的用工程度仅次于备货作业。要降低验货作业的成本,最理想的是一次就能准确地完成整个商品的检验,要做到这点,可以利用各种类型的扫描仪来读取产品条形码。这种方法与工作人员根据经验来检验商品相比,具有准确程度高、误差小、速度快的优点,并且它可以降低出入库作业成本,大大提高出入库作业准确度和效率。

(四) 有效降低流通加工成本

流通加工包括贴价标、配装、简单包装、装配及组装、标示、测试、拆装、分类、称重等,降低流通加工成本的方法主要有以下几种:对加工方式及设施设备进行经济核算和可行性研究;合理确定加工批量和工序,避免设备、人员的闲置,提高流通加工能力的使用效率;加强流通加工管理,制定相应的经济指标,降低耗费;将流通加工作业与其他作业整合,如将流通加工作业中的贴标签与备货作业和验货作业捆绑在一起的办法,提高作业效率。

四、适当提高库存周转率,合理控制库存水平

(一) 以提高库存周转率为依据优化库存结构

库存周转率是指单位时间内库存周转的速度,是衡量库存管理水平重要的指标之一。

$$库存周转率 = \frac{出库总额}{平均库存总额}$$

库存周转率没有固定的参数,各个行业库存周转率的数值也存在较大差异。库存周转率高,意味着可以减少资金占用、提高资金的利用效率、降低库存持有成本。因此,加强库存物资的科学化、信息化管理,科学地做好库存物资采购计划,实时调整、优化库存结构,提高库存周转率对库存管理具有重要的意义。

一般情况下,可以通过控制高额物资、及时降价处理已近有效期的物资、合理确定进货批量和削减滞销库存物资等措施来保证库存周转率的提高。但是提高库存周转率往往会伴随着提高运输成本、批量成本、仓库备货成本及订单处理和信息系统成本等,因此在最终决策时应当进行各类物流成本之间的权衡,核算库存持有成本的下降与这些相关成本上升之间的关系,并以此来确定库存周转率是否应该提高。

(二) 合理控制库存水平

控制库存水平是控制库存持有成本的最有效方法,目前采用的控制库存水平

的方法通常来讲有以下几种：

1. ABC分类管理法

ABC分类管理法，因把被分析的对象分成A、B、C三类而得名，它又称帕累托分析法，是库存管理常用的分析方法。它是根据事物在技术或经济方面的主要特征进行分类排队以分清重点和一般商品，从而有区别地确定管理方式的一种分析方法。ABC分类管理法的核心思想是在决定一个事物的众多因素中分清主次，即关键的少数和次要的多数，也就是识别出少数的但对事物起决定作用的关键因素和多数的但对事物影响较少的次要因素。

在一般企业中，企业的库存物资种类繁多，品种价格差异及库存数量差距也非常大。有的库存物资品种不多但价值很大，而有的库存物资品种繁多但占所在库存中的价值不高。由于资源稀缺性等因素，企业在进行库存控制和结构划分时，要将企业的注意力集中到那些品种少且价值相对较高的库存物资上，依据库存物资的重要程度对其进行控制和管理。

ABC分类管理法的基本步骤如下：

第一步：收集数据。根据所要分析的对象和分析的内容，收集相关数据。例如，以库存管理中的各种物资为例，如果想要对库存物资的销售额进行分析，则应收集年总销售量、物资单价等数据。

第二步：整理数据。对收集来的数据进行加工整理，并按要求计算特征值、特征值占总特征数值的百分比、累计百分比、影响因素数目及其占总影响因素数目的百分比、累计百分比等。

第三步：进行分类。目前，普遍应用平均资金占用额这一指标进行分类排队，将被分析的对象分为A、B、C三类。A类物资（高值）：占库存品种比例的10%～20%的少数特别重要物资，其平均资金占库存金额的比例为70%～80%；B类物资（中值）：该类物资通常占库存品种比例的30%，其平均资金占库存金额的比例为15%～25%；C类物资（低值）：库存中的大多数物资，该类物资通常占库存品种比例的50%～60%，而其相对价值较低，占库存金额的比例为5%左右。各分类的百分比并非是绝对的，根据分类结果分别进行管理，可使库存量和库存成本得到压缩、控制。

第四步：分类管理。对各种库存货物进行分类以后，库存管理部门就可以针对每种货物的不同类别施以相应的库存管理，以此来促进物流的合理化、降低物流成本。

（1）A类物资的库存管理。A类物资库存品种不多，但占用的资金量很大，若想在资金利用方面收到更好的经济效益，库存管理部门必须对其实行精确的定期库存控制。对A类物资，需要有详细的进出库记录，经常检查库存情况，精心做好货物存储工作，随时提供准确的库存信息，进行严格控制，在满足企业内部需要和客户需要的前提下维持尽可能低的经常量和安全库存量。

在库存配置上,应把 A 类物资存储在靠近客户的配送中心,只要客户订货就能马上送到客户手上,以便提供及时优质的服务。

(2) B 类物资的库存管理。对于 B 类物资的控制,库存管理部门可以用定期库存控制,也可通过定量库存控制,库存的数量可以按照各种具体情况来决定。

(3) C 类物资的库存管理。C 类物资品种多,但占用资金较少,用比较简单的订货点法进行控制即可。在库存配置上,可以经常性地放置在工厂仓库中加以控制。

ABC 分类管理法及其管理策略具体如表 6-12 和表 6-13 所示。

表 6-12 ABC 分类管理法

物资类别	占库存品种比例/%	占库存金额比例/%	管理策略
A 类物资	10~20	70~80	重点控制
B 类物资	30	15~25	适当控制
C 类物资	50~60	5	简单控制

表 6-13 ABC 分类管理法管理策略

项目	A 类物资	B 类物资	C 类物资
管理要点	投入较大力量精心管理,将库存压缩到最低水平	按经营方针调节库存水平	按经营方针调节库存水平
订货方式	计算每种商品的订货量,按最优批量作为订货批量,采用定期订货的方式	计算每种商品的订货量,按最优批量作为订货批量,采用定期订货的方式	计算每种商品的订货量,按最优批量作为订货批量,采用定期订货的方式
定额水平	按品种或者规格控制	按品种大类控制	按总金额控制
检查方式	经常检查	一般检查	按年度或季度检查
统计方法	详细统计,按品种、规格规定统计项目	一般统计,按大类规定统计项目	按金额统计

ABC 分类管理法是一个动态的管理过程,要根据实际情况随时调整。在实际工作中,把物资按照品种和占用资金的大小分类,再按照各类物资重要程度不同分别控制,抓住重点、分清主次,以达到事半功倍的效果。同时需要强调的是,对于库存危险品物资,不论其品种多少、价值高低,均采取 A 类物资的库存管理策略。

2. JIT 生产方式与零库存管理

JIT 生产方式是 20 世纪 60 年代首创于日本丰田汽车公司,80 年代后被日本和西方许多企业广泛研究和运用的一种关于库存优化管理的新理念和新方法。JIT 生产方式管理旨在消除浪费、优化程序、提高效率。

JIT 生产方式的基本思想是"只在需要的时候,按需要的量,生产所需的产品",也就是追求一种零库存,或库存达到最小的生产系统。

JIT 生产方式以准时生产为出发点,首先暴露出生产过量和其他方面的浪费,然后对设备、人员等进行淘汰、调整,达到降低成本、简化计划和提高控制的目的。在生产现场控制技术方面,JIT 生产方式的基本原则是在正确的时间生产正确数量的零件或产品,即准时生产。它将传统生产过程中前道工序向后道工序送货,改为后道工序根据"看板"向前道工序取货,看板系统是 JIT 生产现场控制技术的核心,但 JIT 生产方式又不仅仅是看板管理,其重要基础之一是均衡化生产,即平均制造产品,使物流在各作业之间、生产线之间、工序之间、工厂之间平衡、均衡地流动。

JIT 生产方式与零库存管理的基本原理如下:

(1) 产品生产按照生产流程,各工序之间紧密配合,严格按生产进度时间表规定的生产节拍进行。

(2) 根据市场需要,以最终产品的生产数量为基础,反向拉动各道工序的生产活动,按生产流程相反方向,计算逐道工序每天需要零部件和材料的品名与数量。

(3) 上道工序严格按下道工序的需要进行生产,并将准时按量完成的在制品交给下道工序。因此,在各道工序上,最多有一天的在制品库存,甚至零库存。

(4) 外购零部件和材料严格按各工序所需数量由协作厂和供应商在每天开工前准时送达指定生产线。因此,在各道工序,外购零部件和材料最多有一天的库存,甚至零库存。

(5) 实行准时生产制度,厂内货品流通与产品生产流程在时间和数量上相互衔接,密切配合,使原材料、零部件、在制品和产成品的库存减少到最低限度,几乎接近于零。

3. MRP

MRP 是指根据产品结构各层次物品的从属和数量关系,以每个物品为计划对象,以完工时期为计划基准倒排计划,按各种零件与部件的生产周期反推出它们的生产与投入的时间及数量,按提前期长短分别为各个物料下达订单。它是一种企业物资计划管理模式,可以使企业在生产正常运行的前提下实现库存持有成本的降低。

其基本原理是,由主生产进度计划(master production schedule, MPS)和主产品的层次结构逐层逐个地求出主产品所有零部件的出产时间、出产数量。其中,如果零部件靠企业内部生产,则需要根据各自的生产时间长短来提前安排投产时间,形成零部件投产计划;如果零部件需要从企业外部采购,则要根据各自的订货提前期来确定提前发出各自订货的时间、采购的数量,形成采购计划。按照这些投产计划进行生产和按照采购计划进行采购,就可以实现所有零部件的出产计划,从而不仅能够保证产品的交货期,还能够降低原材料的库存、减少流动资金的占用。

（1）MRP 的主要思想

MRP 打破了传统产品与配件之间的界限,把企业生产过程中涉及的所有产品、零部件、原材料、中间件等,在逻辑上视为相同的物料,并把所有物料分成独立需求和相关需求两种类型：

若某种需求与对其他产品或零部件的需求无关,则称为独立需求。它一般来自企业外部,其需求量和需求时间由企业外部的需求来决定,如客户订购的产品、售后用的备品备件等。

若对某些项目的需求取决于对另一些项目的需求,则这种需求称为相关需求。它一般发生在制造过程中,可以通过计算得到。对原材料、毛坯、零件、部件的需求,来自制造过程,属于相关需求,MRP 处理的正是这类相关需求。

例如,汽车与零部件的关系。汽车产品的零部件与物料就具备非独立性需求的特点,因为任意时刻所需零部件与原材料的总量都是汽车生产量的函数。相反地,产成品汽车的需求则是独立性需求——汽车并非其他任何东西的组成元件。MRP 所处理的相关需求就是根据产品的需求时间和需求数量进行展开,按时间段确定不同时期各种物料的需求。

（2）MRP 的主要内容

MRP 主要是依据产品的主生产计划、产品结构文件、物品库存文件及各零部件的生产时间和采购时间(提前期)来确定。

①主生产进度计划。主生产进度计划表明每种产品的需要数量和需求时间,如表 6-14 所示。

表 6-14 主生产进度计划表

周次	10月第1周	10月第2周	10月第3周
产品 A	40	15	30
产品 B		50	

②产品结构文件。其也称物料清单,是指生产每种最终产品所需的每种零部件和原材料的资料,如产品 A 的树形结构物料清单如图 6-3 所示。

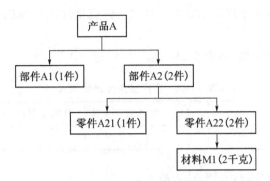

图6-3 产品树形结构图

③物品库存状态文件。它是指各个品种在系统运行期间现有库存量和计划接受量的实际状态。主要参数:总需求量,是指主产品及其零部件在每一周的需要量;计划到货量,是指已经确定在指定时间到达的货物数量,一般指期初到货;库存量,是指期末库存量,用期初库存量加上本期到货量减去本期需求量求得;净需求量,是指本期总需求量减去本期期初库存及本周计划到货量;计划接受订货量,是指为满足净需求量的要求,而必须从外界接受的订货量;计划发出订货量,是指发出订单进行采购或发出生产任务单进行生产的数量。产品A库存状态文件如表6-15所示。

表6-15 产品A库存状态文件

产品A 订货提前期为1周	9月 第4周	10月 第1周	10月 第2周	10月 第3周
总需求量		40	15	30
计划到货量		20	0	20
期末库存量	30	10	0	0
净需求量		0	5	10
计划接受订货量		0	5	10
计划发出订货量	5	10		

④各零部件的生产时间和采购时间(提前期)。企业根据生产周期或订货提前期,确定各零部件的生产时间和采购时间。

例6.11 隆达物流有限公司对甲产品进行流通加工,每件产品需要5个相同的塑料制品模型及1个玻璃包装盒。20**年6月底收到两份订单:1份是200个,要求在7月第4周发货;1份是500个,要求在8月第3周发货。塑料制品模型部分可由企业自制,制作过程需要1周,玻璃包装盒需要外购,订货提前期为2周,对产品进行加工组装需要1周。7月第1周计划到货40个玻璃包装盒,企业现有塑料制品模型库存100个。请按照配套批量进行MRP的制订。

依题意：

①制订主生产计划，如表6-16所示。

表6-16 甲产品主生产计划表

周次	7月第1周	7月第2周	7月第3周	7月第4周	8月第1周	8月第2周	8月第3周
数量/件				200		500	

②绘制产品结构图，如图6-4所示。

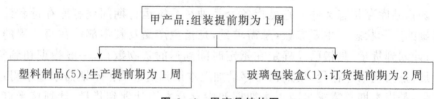

图6-4 甲产品结构图

③根据主生产进度计划及产品结构文件，制订MRP运行表，如表6-17~表6-19所示。

表6-17 成品运行表

	周次	7月第1周	7月第2周	7月第3周	7月第4周	8月第1周	8月第2周	8月第3周
甲产品（组装提前期为1周）	总需求量				200		500	
	计划到货量							
	库存量							
	净需求量				200		500	
	计划接受订货量				200		500	
	计划发出订货量			200		500		

表 6-18 玻璃包装盒运行表

周次		7月第1周	7月第2周	7月第3周	7月第4周	8月第1周	8月第2周	8月第3周
玻璃包装盒1:1（订货提前期为2周）	总需求量						500	
	计划到货量	40						
	库存量		40					
	净需求量			160			500	
	计划接受订货量			160			500	
	计划发出订货量	160			500			

表 6-19 塑料制品模型运行表

周次		7月第1周	7月第2周	7月第3周	7月第4周	8月第1周	8月第2周	8月第3周
塑料制品模型1:5（生产提前期为1周）	总需求量				1 000			2 500
	计划到货量							
	库存量	100	100					
	净需求量				900			2 500
	计划接受订货量				900			2 500
	计划发出订货量			900			2 500	

4. MRPII

制造资源计划简称 MRPII，MRPII 是 manufacturing resource planning 的英文缩写，是在物料需求计划上发展出的一种规划方法和辅助软件。它是以 MRP 为核心，覆盖企业生产活动所有领域、有效利用资源的生产管理思想和方法的人—机应用系统。

MRPII 的基本原理是把 MRP、与生产经营活动直接相关的工作和资源及财务计划连成一个整体，实现企业管理的系统化。即在考虑企业实际生产能力的前提下，以最小的库存保证生产计划的完成，同时对生产成本加以管理，实现企业物流、信息流和资金流的统一。它是一个围绕企业的基本经营目标，以生产计划为主线，对企业制造的各种资源进行统一的计划和控制，使企业的物流、信息流、资金流流动畅通的动态反馈系统。可以简单理解为在闭环 MRP 的基础上，集成财务管理功能。采用 MRPII 之后，一般可在以下方面取得明显的效果：库存资金降低 15%～40%、资金周转率提高 50%～200%、库存盘点误差率降低到 1%～2%、短缺件减少 60%～80%、劳动生产率提高 5%～15%、加班工作量减少 10%～

30%、按期交货率达 90%～98%、成本下降 7%～12%、采购费用降低 5%左右、利润增加 5%～10%等。此外,可使管理人员从复杂的事务中解脱出来,真正把精力放在提高管理水平上,解决管理中的实质性问题。

需求量、提前期与加工能力是 MRPII 制订的主要依据。而在市场形势复杂多变、产品更新换代周期短的情况下,MRPII 对需求与能力的变更,特别是计划期内的变动适应性差,需要较大的库存量来吸收需求与能力的波动。

5. 定量库存成本控制法

定量库存成本控制法,也称定量订货法,是指当库存量下降到预定的订货点(最低库存量)时,按规定数量(一般以经济订货批量为标准)进行订货补充的一种库存控制方法。它主要依靠控制订货点和经济订货批量两个参数来控制订货,达到既能最好地满足库存需求,又能使总费用最低的目的。

定量库存成本控制法的基本原理是:在永续盘存制下,预先确定一个订货点,在销售过程中随时检查库存,当库存下降到订货点时,就发出一个订货批量,一般取经济订货批量。所以,要实施定量库存成本控制法,关键因素是确定订货点和订货批量。

(1) 订货点的确定

订货点是指企业预先确定的最低库存量,即库存量的下限。一般情况下,订货点包括两部分内容:第一部分为各订货提前期平均需求量,第二部分为安全库存(保险储备量)。当库存下降到订货点时,才可以发出订货信息,计算公式:

$$\text{订货点} = \text{订货提前期平均需求量} + \text{保险储备量}$$
$$= \text{订货提前期}(\text{天}) \times \frac{\text{全年需求量}}{360} + \text{保险储备量}$$

在这里需要注意的是,建立保险储备的代价是库存持有成本的增加,保险储备越大,库存持有成本越高,但缺货损失减小;保险储备少,库存持有成本低,但可能会造成较大的缺货损失。为此,保险储备最佳数量的确定也是非常关键的,应该在存货短缺造成的损失和保险储备带来的库存持有成本之间做出权衡,以这两部分成本之和最低为最佳保险储备。计算公式:

$$\text{年保险储备与缺货总成本} = \text{年缺货成本} + \text{年保险储备成本}$$

即

$$TC(S,B) = TC_S + TC_B = K_U \cdot S \cdot N + B \cdot K_C$$

式中,$TC(S,B)$ 为保险储备与缺货总成本;TC_S 为缺货成本;TC_B 为保险储存成本;K_U 为单位缺货成本;K_C 为单位储存成本;S 为缺货数量;B 为保险储存数量;N 为年订货次数。其中,缺货数量 S 具有一定的概率分布,可根据历史经验估计。

例6.12 恒隆物流公司甲商品的单位储存成本为40元/箱,单位缺货成本为5元/箱,每年订货次数为20次,甲商品交货间隔期内的需求量及其概率分布统计如表6-20所示。

表6-20 甲商品交货间隔期内的需求量及其概率分布统计表

需要量/箱	30	40	50	60	70
概率	0.1	0.2	0.4	0.2	0.1

要求:根据以上资料计算不同需求量下的保险储备与缺货总成本,并确定最佳保险储备量。若该商品全年需要1 800箱,每次订货提前期为1周(7天),该商品的订货点是多少?

依题意:

首先,计算交货间隔期平均需求量。

交货间隔期平均需求量 = 30×0.1+40×0.2+50×0.4+60×0.2+70×0.1
= 50(箱)

其次,计算不同保险储备量下的保险储备与缺货成本。

当 $B=70$ 时,$S=0$:
$$TC(S,B) = 0 + 70 \times 40 = 2\,800(元)$$

当 $B=60$ 时,$S=0$:
$$TC(S,B) = 0 + 60 \times 40 = 2\,400(元)$$

当 $B=50$ 时,$S=0$:
$$TC(S,B) = 0 + 50 \times 40 = 2\,000(元)$$

当 $B=40$ 时,$S=10$:
$$TC(S,B) = 5 \times 10 \times 20 + 40 \times 40 = 2\,600(元)$$

当 $B=30$ 时,$S=20$:
$$TC(S,B) = 5 \times 20 \times 20 + 30 \times 40 = 3\,200(元)$$

再次,确定最佳保险储备量。以总成本最小的储备量为最佳保险储备量,即50箱。

最后,计算该商品的订货点。

订货点 = 订货提前期×全年需求量÷360+保险储备量
= 7×1 800÷360+50 = 85(箱)

(2) 经济订货批量的确定

①影响经济订货批量的成本因素。一般情况下,影响经济订货批量的成本因素包括订货成本、储存成本和缺货成本。

订货成本是指企业为取得订单而支出的各种费用的总和。它包括两部分:一部分是与订货次数无关的固定费用,如常设机构的基本开支;另一部分是与订货

次数有关的变动费用,如差旅费、通信费等。因此订货成本的计算公式如下:

订货成本＝订货固定成本＋订货变动成本
　　　　＝订货固定成本＋每次订货变动成本×订货次数
　　　　＝订货固定成本＋$\dfrac{每次订货变动成本×年需求量}{每次订货数量}$

即

$$TC_a = F_1 + \dfrac{K_a \cdot D}{Q}$$

式中,TC_a为订货成本;F_1为订货固定成本;K_a为每次订货的变动成本;D为年需求量;Q为每次订货数量,即经济订货批量。

储存成本是指企业为保持存货而发生的成本,如仓储费、搬运费、保险费、占用资金的利息等。储存成本可以分为储存固定成本和储存变动成本两部分,其中固定成本与存货数量的多少无关,变动成本与存货数量的多少有关。因此储存成本的计算公式如下:

储存成本＝储存固定成本＋储存变动成本
　　　　＝储存固定成本＋$\dfrac{单位产品年储存变动成本×每次订货数量}{2}$

即

$$TC_c = F_2 + \dfrac{K_c \cdot Q}{2}$$

式中,TC_c为储存成本;F_2为储存固定成本;K_c为单位产品年储存变动成本。

缺货成本是指由于存货不能满足生产经营活动的需求而造成的损失,如延期交货损失、失销损失、失去客户的损失、商誉损失、紧急采购额外支出等。因此缺货成本的计算公式如下:

缺货成本＝单位缺货成本×缺货数量×订货次数
　　　　＝单位缺货成本×缺货数量×$\dfrac{年需求量}{每次订货数量}$

即

$$TC_S = K_S \cdot S \cdot N = \dfrac{K_S \cdot S \cdot D}{Q}$$

式中,TC_S为缺货成本;K_S为单位缺货成本;S为缺货数量;N为订货次数。

在上述影响仓储成本的众多因素中,订货固定成本、每次订货的变动成本、年需求量、储存固定成本、单位产品年储存变动成本等都是相对固定的常数,唯有每次订货数量是一个变数,且是一个关键的因素。订货成本、储存成本、缺货成本等都会随着每次订货数量的变化而变化,因此,只有确定出最佳的每次订货数量,才能达到仓储总成本最小的目标。所以,确定经济订货批量是非常重要的。

②经济订货批量的基本模型。经济订货批量基本模型的假设条件包括企业

能够及时补充存货,不考虑缺货成本;集中到货;存货单价不变,不考虑现金折扣和数量折扣。为此:

$$仓储成本＝订货成本＋储存成本$$

即

$$TC=TC_a+TC_c=F_1+\frac{K_a\cdot D}{Q}+F_2+\frac{K_c\cdot Q}{2}$$

在上述公式中,F_1、F_2、D均为常量,所以总成本的大小完全由订货变动成本和储存变动成本决定,而其中每次订货批量是最关键的因素,只有当订货变动成本和储存变动成本均衡时,仓储成本才会小。因此,根据

$$\frac{K_a\cdot D}{Q}=\frac{K_c\cdot Q}{2}$$

得出经济订货批量公式:

$$Q'=\sqrt{\frac{2K_aD}{K_c}}$$

根据经济订货批量公式,还可以推算出以下公式:

每年最佳订货次数为

$$N'=\frac{D}{Q'}$$

最佳库存总成本为

$$TC'=\sqrt{2DK_aK_c}$$

例 6.13 天海物流公司 1 号仓库的 HV001 号货物的平均月需求量为 750 件,年保管费用 12 元/件,每次订货成本 1 500 元,订货提前期为 15 天,保险储备量为 100 件。

要求:根据以上资料计算该货物的订货点、经济订货批量、最佳订货次数及最佳库存总成本。

依题意:

首先,确定年需求量。

$$HV001 号货物年需求量＝750\times12=9\ 000(件)$$

其次,确定订货点。根据公式:

$$HV001 号货物的订货点＝订货提前期平均需求量＋保险储备量$$

$$=订货提前期(天)\times\frac{全年需求量}{360}+保险储备量$$

$$=15\times\frac{9\ 000}{360}+100=475(件)$$

再次,确定经济订货批量。根据公式:

$$Q'=\sqrt{\frac{2K_aD}{K_c}}$$

HV001号货物的经济订货批量为

$$Q' = \sqrt{\frac{2 \times 1\,500 \times 9\,000}{12}} = 1\,500(件)$$

最后,进一步确定HV001号货物的其他订货信息。
根据公式:

$$N' = \frac{D}{Q'}$$

得出HV001号货物的年订货次数:

$$N' = 9\,000 \div 1\,500 = 6(次)$$

根据公式:

$$TC' = \sqrt{2DK_aK_c}$$

得出HV001号货物的最佳库存总成本:

$$TC' = \sqrt{2 \times 9\,000 \times 1\,500 \times 12} = 18\,000(元)$$

定量库存成本控制法在实际运用中有利有弊。其优点如下:订货点和订货批量一经确定,其实际操作就变得简单易行;当订货量确定后,商品的验收、入库、保管和出库业务若利用现有规格化器具和计算方式,可以有效地减少搬运、包装等方面的作业量;可以充分发挥经济批量的作用,降低库存成本,节约费用,提高经济效益。其缺点如下:要随时掌握库存动态,严格控制订货点,占用了一定的人力和物力;订货模式过于机械,不具有灵活性;订货时间不能预先确定,对于人员、资金、工作业务的计划安排不利;受单一订货的限制,不便实行多品种联合订货。

6. 定期库存成本控制法

定期库存成本控制法也称定期订货法,是指按照预先确定的订货时间间隔进行订货补充的库存管理方法。它是一种基于时间的订货控制方法,通过设定订货周期和最高库存量来达到控制库存的目的。只要订货间隔期和最高库存量控制合理,就可能实现既保障需求、合理存货,又节省库存费用的目标。定期库存成本控制法适用于定期盘存制。

定期库存成本控制法的基本原理是:预先确定一个订货周期和最高库存量,周期性地检查库存,根据最高库存量、实际库存、在途订货量和待出库商品数量,计算出每次订货批量,发出订货指令,组织订货。

(1) 确定订货周期

订货周期实际上就是定期库存成本控制法的订货点,其时间间隔总是相等的。订货间隔期的长短直接决定最高库存量的大小,即库存水平的高低,进而也决定了库存成本的多少。所以,订货周期不能太长,否则会使库存成本上升;订货周期不能太短,太短会增加订货次数,使订货费用增加,进而增加库存总成本。从费用角度出发,如果要使总费用达到最小,我们可以采用经济订货周期,公式

如下:

$$T' = \sqrt{\frac{2K_a}{DK_c}}$$

式中,T'为经济订货周期;K_a为每次订货成本;K_c为单位商品年储存成本;D为年库存商品需求量。

(2) 确定最高库存量

定期库存成本控制法的最高库存量是用以满足$(T+T_k)$期间内的库存需求的,所以我们可以用$(T+T_k)$期间的库存需求量为基础,考虑到为随机发生的不确定需求再设置一定的安全库存,就可以简化求出最高库存量。最高库存量的公式如下:

$$Q_{\max} = R(T+T_k) + Q_s$$

式中,$Q_{\max}$为最高库存量;R为$(T+T_k)$期间的库存需求量平均值;T为订货周期;T_k为平均订货提前期;Q_s为安全库存量。

(3) 确定订货量

定期库存成本控制法每次的订货数量是不固定的,订货批量的多少是由当时的实际库存量的大小决定的,考虑到订货点时的在途到货量和已发出出货指令尚未出货的待出货数量,每次订货的订货量的计算公式如下:

$$Q_i = Q_{\max} + Q_{Mi} - Q_{Ki} - Q_{Ni}$$

式中,Q_i为第i次订货的订货量;$Q_{\max}$为最高库存量;Q_{Mi}为第i次订货点的待出库数量;Q_{Ki}为第i次订货点的实际出库量;Q_{Ni}为第i次订货点的在途到货量。

定期库存成本控制法在实际运用中同样有利有弊。其优点如下:可以合并出货,减少订货费;周期盘点比较彻底、准确,避免了定量库存成本控制法每天盘存的做法,减少了工作量,提高了工作效率;库存管理的计划性强,有利于工作计划的安排,实行计划管理。其缺点如下:由于$(T+T_k)$期间较长,需要设置较高的安全库存量来保证库存需求;每次订货的批量不固定,无法制定出经济订货批量,因而运营成本较高,经济性较差。

思考题

1. 简要说明仓储的含义及其对物流成本的影响。
2. 简述仓储成本的构成。
3. 简要分析降低各类仓储作业带来的成本的方法。
4. 简要分析库存持有成本的影响因素。
5. 降低仓储成本的方法与途径有哪些?

技能训练

1. 舟山物流有限公司某小型仓库20＊＊年6月建造完成并投入使用，全部建造价值为800 000元，预计使用年限为15年，使用期内预计可储存货物总量为40 000吨，仓库报废时预计收回的残余价值50 000元，预计清理费用为10 000元，20＊＊年7月该仓库货物周转量为320吨。

要求：分别按照平均年限法和工作量法计算20＊＊年7月的应提折旧。

2. 舟山物流有限公司某仓库购进新设备一台，设备原值为100 000元，预计使用年限为5年，预计残值为8 000元，预计清理费用为3 000元。

要求：按照双倍余额递减法和年数总和法计算每年的月折旧。

3. 沿用本章例6.10所给资料，并假设建造一个15 000平方米仓库，其余选用公共仓库。

要求：计算全年组合成本，并与例6.10进行比较，分析企业应选择哪一种方案。

4. 丰达物流有限公司可选择多种仓储类型与作业方式进行仓储活动，不同方式下支付的仓储成本资料如表6-21所示。

表6-21 仓储类型及仓储成本资料表

序号	仓储类型与作业方式	每月固定成本支出/元	每公斤货物搬运成本/元
1	公共仓库	0	10
2	租赁仓库＋手工搬运	6 000	7
3	自有仓库＋托盘叉车搬运	15 000	4
4	自有仓库＋全自动搬运	21 000	2.5

要求：

(1) 计算在不同仓储类型与作业方式下，当企业存储货物分别为1 000千克、2 000千克、3 000千克、4 000千克时的仓储成本。

(2) 根据计算资料绘制仓储成本图，并分析在以上四种不同的仓储量下，企业应采取的仓储类型与作业方式。

5. 宏达物流公司甲仓库正在进行操作模式的选择，已知资料如下。

(1) 如果采用手工操作模式，年固定成本为35 000元，单位业务量的变动成本为80元/件。

(2) 如果采用半自动操作模式，年固定成本为150 000元，单位业务量的变动成本为55元/件。

(3) 如果采用全自动操作模式，年固定成本为240 000元，单位业务量的变动成本为 42 元/件。

要求：计算该仓库选择手工操作模式、半自动操作模式和全自动操作模式的年业务量范围各是多少。

6. 远达物流有限公司某仓库 20＊＊年 5 月末库存为 0,6 月 1 日仓库购进 A 商品 300 件，单价为 100 元/件；5 日销售 150 件；7 日又购进 100 件，单价为 104 元/件；15 日销售 200 件；21 日又购进 200 件，单价为 95 元/件。

要求：

(1) 按照先入先出法和后入先出法分别计算两次销售的销货成本及每次进出货后的存货成本。

(2) 按照移动加权平均法计算两次的销货成本及每次进出货后的存货成本。

7. 顺达物流公司第一仓库 A 货物 20＊＊年 4 月 1 日库存量为 80 件，每件货物单价为 15 元；4 月 3 日 A 货物进货 72 件，每件货物单价为 10 元；4 月 4 日 A 货物出库 40 件；4 月 6 日 A 货物出库 62 件；4 月 8 日 A 货物进货 70 件，每件货物单价为 12 元；4 月 10 日 A 货物出库 60 件。该企业在定期盘存制下，4 月 10 日 A 货物库存数量为 60 件。

要求：根据以上资料，用加权平均法计算 4 月 10 日时，第一仓库 A 货物的存货成本、出库量及出库成本。假设在相关收益率为 10% 的条件下，用期初与期末相加除以 2 的方法计算 20＊＊年 4 月 1 日～4 月 10 日这一期间内 A 货物的平均库存价值及其资金成本。

8. 英达物流有限公司某仓库 A 商品年需求量为 36 000 件，订货提前期为 10 天，该商品的年保管费为 4 元/件，每次订货成本为 80 元。另有该商品单位缺货成本为 5 元/件，交货间隔期需要量及其概率分布如表 6-22 所示。

表 6-22 交货间隔期需要量及其概率分布

需要量/件	300	400	500	600	700
概率	0.1	0.2	0.4	0.2	0.1

要求：

(1) 确定该商品最佳保险储备量（年订货次数为 20 次）。

(2) 确定该商品的订货点和经济订货批量。

(3) 确定最佳订货次数和最佳库存总成本。

第7章 物流成本预测与决策

> 1. 掌握物流成本预测的含义和内容；
> 2. 理解物流成本预测的基本方法；
> 3. 掌握物流成本预测的步骤；
> 4. 掌握利用量、本、利分析法进行物流成本决策；
> 5. 了解决策树法。

 导入案例

黄金成本预测与投资选择

"商品的价值取决于凝结其上的一般劳动价值"。也就是说,价格不会大幅度偏离商品的成本,成本可以挤掉价格的泡沫,能更好地看清商品的本质。黄金的平均生产成本是290美元/盎司,南非的优质高技术矿产企业的成本更低些,生产商通过对冲交易,可以把短期黄金的最低净生产成本降到250美元/盎司左右。420美元/盎司的金价是否过高呢? 其实并没有过高,黄金和石油一样是资源性商品,矿储量是有限的。当政治局势动荡不安时,人们更能体会到石油和黄金的价值,黄金的成本溢价会更高。

20**年金价跌入最低谷,全年平均金价只有271美元/盎司,也就是说,其低于大多数生产商的生产净成本,生产黄金越多越亏钱。这是一种极其不合理的现象,显而易见这也是个绝好的投资机会。当所有的不利消息都出现之后,人们发现预期过了头,黄金从此走上了一轮大牛市。运用成本预测法,往往可以提前预知这样的大行情。

资料来源:百度文库

第一节 物流成本预测概述

一、物流成本预测的含义

成本预测是指运用一定的科学方法,对未来成本水平及其变化趋势作出科学的估计。通过成本预测,掌握未来的成本水平及其变动趋势,有助于减少决策的盲目性,使经营管理者易于选择最优方案,作出正确决策。

物流成本预测是根据物流有关成本数据和物流企业具体的发展情况,运用一定的技术方法,对未来的物流成本水平及其变动趋势作出科学的估计。物流成本预测是物流成本决策、物流成本计划和物流成本控制的基础工作,它可以提高物流成本管理的科学性和预见性。物流成本预测包括物流各功能环节的成本预测,比如仓储环节的库存预测、流通环节的加工预测、运输环节的货物周转量预测等。

二、物流成本预测的作用

物流成本预测能使企业对未来的物流成本水平及其变化趋势做到"心中有数",并能与物流成本分析一起为企业的物流成本决策提供科学的依据,以减少物流成本决策中的主观性和盲目性。

(一)物流成本预测为企业物流成本决策提供依据

通过成本预测,掌握未来的成本水平及其变动趋势,有助于把未知因素转化为已知因素,帮助管理者提高自觉性,减少盲目性;作出生产经营活动中所可能出现的有利与不利情况的全面和系统分析,还可避免成本决策的片面性和局限性。有了科学的成本决策,就可以编制出正确的成本计划;而且,成本预测的过程,同时也是为成本计划提供系统的客观指引的过程,这一点足可以使成本计划建立在客观实际的基础之上。如果将成本预测与成本决策和成本计划联系起来看的话,其关系是:预测是决策与计划的基础和前提条件,决策和计划则是预测的产物。

(二)物流成本预测为确定目标成本打下基础

成本预测为降低产品成本指明方向和奋斗目标。企业在做好市场预测、利润预测之后,能否提高经济效益以及提高多少,完全取决于成本降低多少。为了降低成本,必须根据企业实际情况组织全面预测,寻找方向和途径,并由此力求实现预期的奋斗目标,降低产品成本。

(三)物流成本预测可确定最佳的物流成本投入方案

伴随社会主义市场经济的进一步发展,企业的成本管理工作也不断有所提高。单靠事后的计算分析已经远远不能适应客观的需要。成本工作的重点必须相应地转到事前控制上。这一观念的形成将对促进企业合理地降低成本、提高经济效益具有非常重要的作用。

三、物流成本预测的分类

（一）按预测的期限,可以分为长期预测和短期预测

长期预测指对一年以上期间进行的预测,如三年或五年。由于预测的周期太长,有许多不确定因素的影响,所以预测结果不一定准确,需要根据新的补充信息不断地进行修正和补充。短期预测指一年以下的预测,如按月、按季或按年。短期预测,由于预测周期短,不确定因素少,故预测结果通常比较准确。

（二）按物流各功能环节,可分为采购成本的预测、运输成本的预测、仓储成本的预测、配送成本的预测等

采购成本预测指的是企业在进行采购前,对采购将发生的系列费用进行预测,有助于采购成本预算的编制和采购成本的控制。运输成本的预测,指的是企业在编制运输成本计划之前,根据企业相关的经济技术条件等,对影响运输成本的相关因素进行分析和测算,从而对企业未来运输成本的变动趋势进行估算和推测,从而规划未来一定时期的运输成本水平和成本目标。它为企业制定运输成本计划和运输成本决策提供科学依据。仓储成本的预测指的是对有关仓储环节的物流活动所发生的各项成本进行预测,为企业编制仓储活动的资金计划、合理调整库存管理计划提供决策依据。配送成本的预测,指的是对配送环节的各项费用进行测算,为配送环节的资金筹措以及配送中心的布局等提供决策支持。

（三）按预测对象的范围,可分为宏观预测和微观预测

宏观预测指的是对整个物流行业的综合的总体的成本预测,比如对整个流通各领域的物流活动的耗费进行预测。微观预测指的是对个别的具体的物流企业或物流活动所产生的成本进行预测等,其范围较窄,预测内容较为具体。

四、物流成本预测的步骤

企业在进行物流成本预测时,通常分为以下几个具体步骤:
(1) 确定预测目标。
(2) 搜集预测资料。
(3) 建立预测模型。
(4) 评价与修正预测值。

第二节　物流成本预测的方法

物流成本预测的方法,大体上可分为定性预测和定量预测。

一、定性预测

定性预测指的是预测者依靠熟悉业务知识、具有丰富经验和综合分析能力的人员或专家等,根据已经掌握的历史资料和直观材料,运用个人的经验和分析判断能力,对事物的未来发展做出性质和程度上的判断,然后再通过一定的形式综合各方面的意见,作为预测的主要依据。

定性预测的方法主要有:德尔菲法、主观概率法、集合意见法、厂长(经理)评判意见法、推销人员估计法、消费水平预测法和对比类推法等。

定性预测的优点是注重事物发展在性质方面的预测,具有较大的灵活性,易于充分发挥人的主观能动作用,且简单迅速,省时省费用。其缺点是易受主观因素的影响,比较注重人的经验和主观判断能力,从而易受人的知识、经验和能力大小的束缚和限制,尤其是缺乏对事物发展在数量上的精确描述。

(一)专家会议法

专家会议法是指邀请有关方面的专家,通过会议的形式,对市场未来需求趋势或某个产品的发展前景作出判断,并在专家们分析判断的基础上,综合专家们的意见,进行市场预测的方法。

1. 专家的选择

(1) 专家要有丰富的经验和广博的知识。专家一般应具有较高的学历,有丰富的与预测课题相关的工作经验,思维判断能力敏锐,语言表达能力较强。

(2) 专家要有代表性。要由各方面专家组成,如有市场营销专家、管理专家、生产技术专家等。例如:对材料价格市场行情预测,可请材料设备采购人员、计划人员、经营人员等;对工料消耗分析,可请技术人员、施工管理人员、材料管理人员、劳资人员等;估计工程成本,可请预算人员、经营人员、施工管理人员等。

(3) 专家要有一定的市场调查和市场预测方面的知识和经验。

2. 专家会议法的实施步骤

(1) 邀请专家参加会议。8~12位为宜。

(2) 会议主持人提出预测题目,要求大家充分发表意见,提出各种各样的方案。

(3) 强调会议上不要批评别人的方案,大家畅谈自己的方案,敞开思想,方案多多益善。

(4) 会议结束后,主持人再对各种方案进行比较、评价、归类,最后确定预测方案。

例 7.1　B 建筑公司承建位于某市的商住楼的主体结构工程(框剪结构)的施工(以下简称 H 工程),建筑面积 10 000 平方米,20 层,工期 2021 年 1 月至 2022 年 2 月。公司在施工之前将进行 H 工程的成本预测工作。试采用专家会议法预测成本。

解:该公司召开由本公司的 9 位专业人员参加的预测会议,预测 H 工程的成本。各位专家的意见分别为:485、500、512、475、480、495、493、510、506(单位:元/米^2)。由于结果相差较大,经反复讨论,意见集中在 480(3 人)、495(3 人)、510(3 人),采用上述方法确定预测成本(y)为 $y=(480×3+495×3+510×3)÷9=495$ 元/米^2。

专家会议法的优缺点:

优点:(1) 专家集体在一起讨论可互相启发,取长补短,发挥专家的创造性思维,能把调查预测与讨论研究结合起来分析,考虑的影响因素全面细致。(2) 节省预测的人力与时间,能在较短的时间内获得比较正确的预测结果。

缺点:(1) 参加会议的专家往往受人数的限制使代表性不充分;(2) 预测时可能受心理因素的影响;(3) 对于一些机密等级较高的问题,不宜在预测会上讨论;(4) 较多地占用了专家的时间。

(二) 德尔菲法

德尔菲法是根据有专业知识的人的直接经验,采用系统的程序,互不见面和反复进行的方式,对某一未来问题进行判断的一种方法。首先,草拟调查提纲,提供背景资料,轮番征询不同专家的预测意见,最后再汇总调查结果。对于调查结果,要整理出书面意见和报表。这种方法,具有匿名性,费用不高,节省时间。采用德尔菲法要比一个专家的判断预测或一组专家开会讨论得出的预测方案准确一些,一般用于较长期的预测。

例 7.2　B 建筑公司承建位于某市的商住楼的主体结构工程(框剪结构)的施工(以下简称 H 工程),建筑面积 10 000 平方米,20 层,工期 2021 年 1 月至 2022 年 2 月。公司在施工之前将进行 H 工程的成本预测工作。用德尔菲法对未来建材价格的变化做出预测。

解:建筑材料价格受到通货膨胀的影响,尤其对基建规模的变化很敏感,实际上很难有一个简单方便的数学模型描述它。对于施工企业来说,预测材料价格变化的最好方法是采用德尔菲法。具体的做法是以每年初或年末,采用专家调查法预测 1~2 年内的价格变动情况(通常是以上涨或下降的百分率表示)。由于单位工程的工期往往在 2 年内,选择预测期为 1 年和 2 年可以满足实际需要。

在本例中,B 公司指定由经营科组织和领导进行专家调查,对未来 1 年内建材价格变化进行预测。选择的专家分布在该市的建筑行业主管部门、建材业主管部门及建材企业、建行等,共 10 人。给专家发送的征询函的内容有:

(1) 征询的目的和要求,即要求专家预测 2021 年建材价格平均变化率;

(2) 向专家提供一些必要的资料供预测时参考,主要有 2015 年至 2020 年的建材价格行情、基建规模;物价指数和建材供求情况。

经过四轮征询,最后的结果中专家意见集中在 8%、9%(2 人)、9.5%(2 人)、10.5%(2 人)、11%(2 人)和 12%,采用平均法求得预测值。

(三) 主观概率法

主观概率法是指专家会议法和专家调查法(德尔菲法)相结合的方法。即允许专家在预测时可以提出几个估计值,并评定估计值出现的可能性(概率)。然后,计算各个专家预测值的期望值。最后,对所有专家预测期望值求平均值,即为预测结果。

二、定量预测法

定量预测是指根据过去和现在的资料,运用一定的数学方法,建立预测模型,对未来的变化数值做出预测。定量预测法大致分为趋势预测法和因果预测法两类。趋势预测法是指按时间顺序排列有关的历史成本资料,运用一定的数学方法和模型进行加工计算并预测的各类方法。具体包括简单平均法、加权平均法和指数平滑法等。因果预测法是指根据成本与其相关因素之间的内在联系,建立数学模型并进行分析预测的各种方法。具体包括高低点法、本量利分析法、投入产出分析法、回归分析法等。

(一) 高低点法

高低点法是指以历史成本资料中产量最高和最低两个时期的成本数据为依据,借以推算成本的固定部分和变动部分,用来预测计划期内产量变化条件下的总成本水平。其数学模型如下:

$$Y = a + bX$$
$$b = (Y_{高} - Y_{低}) \div (X_{高} - X_{低})$$
$$a = Y_{高} - bX_{高} = Y_{低} - bX_{低}$$

其中:Y 为总成本;X 为产品产量;a 为固定成本总额;b 为单位变动成本;$Y_{高}$ 表示最高点的成本;$Y_{低}$ 表示最低点的成本;$X_{高}$ 表示最高点产量;$X_{低}$ 表示最低点产量。

例 7.3 华安机床厂只产销甲机床,其近 5 年的产量及历史成本数据见表 7-1。若计划年度(2021 年)产量为 120 台。要求:采用高低点法预测华安机床厂 2021 年甲机床的总成本和单位成本。

表 7-1　华安机床成本数据表

年度	2016	2017	2018	2019	2020
产量/台	20	80	60	40	100
成本总额/元	16 000	29 200	32 400	26 800	46 000

解：设 $Y=a+bX$，其中，a 为固定成本；b 为单位变动成本；X 为产量；Y 为总成本。

$$Y_1=a+bX_1$$
$$Y_2=a+bX_2$$
$$b=\frac{Y_2-Y_1}{X_2-X_1}$$
$$a=Y_2-bX_2$$

$$b=\frac{46\,000-16\,000}{100-20}=375(元/台)$$

$$a=Y_2-bX_2=46\,000-375\times100=8\,500(元)$$

$$Y=a+bX=8\,500+375\times120=53\,500(元)$$

高低点法分解成本简便易行，有助于管理人员迅速确定成本关系。但这种方法只以诸多历史数据中的最高点和最低点两种情况来取代其他数据，进而确定一条直线，并以该直线代表所有历史数据。如果最高点和最低点是偏离较大的点，它们所代表的可能是非典型的成本与业务量关系，其结果将是不太准确的。

尽管从经济理论上讲，成本函数很少是线性的，通常是二次或三次曲线。但在进行成本性态分析时，我们假设在相关范围内，成本和成本动因之间的关系是线性或近似线性的。

（二）回归分析法

回归分析法是研究变量之间相互关系的一种数理统计方法。它是先从变量的资料中，找出变量之间的内在联系，加以模型化，形成经验公式，即回归方程。运用这个方程，根据自变量的变化来预测变量的数值。

例 7.4　华安机床厂只产销甲机床，其近 5 年的产量及历史成本数据见表 7-2。若计划年度（2021年）产量为 120 台。要求：采用回归分析法预测华安机床厂 2021 年甲机床的总成本和单位成本。

表 7-2　华安机床成本数据表

年度	2016	2017	2018	2019	2020
产量/台	20	80	60	40	100
成本总额/元	16 000	29 200	32 400	26 800	46 000

解：设 $Y=a+bX$，其中，a 为固定成本；b 为单位变动成本；X 为产量；Y 为总成本。

$$a=\frac{\sum Y-b\sum X}{n}$$

$$b=\frac{n\sum XY-\sum X\cdot\sum Y}{n\sum X^2-(\sum X)^2}$$

相关系数：r

$$r=\frac{n\sum XY-\sum X\sum Y}{\sqrt{n\sum X^2-(\sum X)^2}\cdot\sqrt{n\sum Y^2-(\sum Y)^2}}$$

其中：r 的取值范围是 $[-1,1]$。r 越趋于 1 表示关系越密切；r 越趋于 0 表示关系越不密切。$r=1$，成本总额与产量完全相关；$r\geq 0.8$，成本总额与产量密切相关。

回归直线法使用了误差平方和最小的原理，相对于高低点法，其结果更为精确，但其计算过程繁琐，适用于计算机操作。

（三）移动平均法

移动平均法是指用一组最近的实际数据值来预测未来一期或几期产品成本的预测数的一种常用方法。移动平均法根据预测时使用的各元素的权重不同，可以分为简单移动平均法和加权移动平均法。

1. 简单移动平均法

例 7.5 假定某企业 1～6 月份成本资料如表 7-3 所示。

表 7-3 某企业 1～6 月份成本资料

月份	成本/元	3 期移动平均	变动趋势
1	270		
2	305		
3	295		
4	300	290	
5	325	300	300－290＝10
6	335	306.7	306.7－300＝6.7
7		320	320－306.7＝13.3

2. 加权平均法

加权平均法是指在简单移动平均的基础上，给固定跨越期限内的每个变量值加权计算加权平均数的方法。其原理是：历史各期产品需求的数据信息对预测未来期内的需求量的作用是不一样的。除了以 n 为周期的周期性变化外，远离目标期的变量值的影响力相对较低，故应给予较低的权重。

$$y_{(预测未来期成本)} = \frac{\sum(y_i \cdot f)}{\sum f}$$

表 7-4 成本移动加权平均值

月份	成本/元	3期移动加权平均	变动趋势
1	270		
2	305		
3	295		
4	300	(270×1+305×2+295×3)÷6=294.17	
5	325	(305×1+295×2+300×3)÷6=299.17	5
6	335	(295×1+300×2+325×3)÷6=311.67	12.5
7		(300×1+325×2+335×3)÷6=325.83	14.16

(四) 指数平滑法

指数平滑法是根据本期的实际数和以前对本期的预测数来确定下期预测数的一种方法,它是以过去的发展规律来反映未来的变化趋势。

计算公式:

$$M_{t+1} = \alpha \cdot X_t + (1-\alpha) \cdot M_t$$

其中:M_{t+1} 为下期成本预测值;M_t 为本期成本预测值;X_t 为本期成本实际值;α 称为加权因子或平滑系数,取值范围是 $0 < \alpha < 1$。

例 7.6 某企业在 2021 年 4 月的实际成本为 500 万元,3 月份对 4 月份预测的成本值为 480 万元,假定 $\alpha = 0.3$,则 2021 年 5 月的成本预测值为

$$M_5 = 0.3 \times 500 + (1-0.3) \times 480 = 486(万元)$$

优点:连续预测时,只需贮存最低限度的数据,只要有了本期的实际数据及预测值就可以推算出下期的预测值。

例 7.7 假定仍沿用例 7.5 的数据,1 月份的成本预测值为 280 万元,用指数平滑法预测 7 月份成本。

表 7-5 成本预测值

月份	成本/元	$\alpha \cdot X_t (\alpha=0.3)$	$(1-\alpha) \cdot M_t$	M_t
1	270	0.3×270	0.7×280	280
2	305	0.3×305	0.7×277	277
3	295	0.3×295	0.7×285.4	285.4
4	300	0.3×300	0.7×288.28	288.28
5	325	0.3×325	0.7×291.8	291.8
6	335	0.3×335	0.7×301.76	301.76
7				311.73

第三节　物流成本决策

对于大多数企业来说,物流是其经营的一项关键性成本因素;物流决策及管理水平对成本的影响越来越明显。特别是在当今全球经济一体化的大背景下,企业的经营视角已不再局限于某个地区,而转向全球贸易,原材料与零部件的供应、产品的分销及设施选址等问题都需要企业审时度势,一些细微的差错就可能导致无法挽回的损失。长期以来积累的经验使企业懂得,物流成本决策不仅是成本管理的重要职能,还是企业生产经营决策体系中的重要组成部分。而且,由于物流成本决策所考虑的是价值问题,更具体地讲是资金耗费的经济合理性问题,因此物流成本决策具有更大的综合性,对其他生产经营决策起着指导和约束作用。

物流成本决策是指使用决策理论,根据物流成本分析与物流成本预测所得的相关数据、结论及其他资料,运用定性与定量的方法,选择最佳成本方案的过程。具体来说,就是以物流成本分析和预测的结果等为基础建立适当的目标,拟订几种可以达到该目标的方案,根据成本效益评价,从这几个方案中选出最优方案的过程。

一、物流成本决策的重要性

伴随着市场经济的不断发展,物流成本决策对企业的生存和发展有着越来越重要的作用。

(一) 物流成本决策是企业管理体制改革的客观要求

企业自主经营、自负盈亏的性质决定了企业必须对经营结果负责,对企业自身与广大员工负责。在物流生产过程中势必要做出正确的决策。没有这一点,且不说发展,即使生存问题也要受到影响。

(二) 物流成本决策是企业提高经济效益的迫切需要

企业为了增强自身的竞争能力和适应能力,必须不断研究改进物流过程和降低物流成本的方法,不断提高经济效益,并从中求得发展。严格地讲,这一切都有赖于科学的物流成本决策。

(三) 物流成本决策是企业内外部环境条件变化的必然结果

一方面,随着生产的社会性愈加强烈,企业外部环境条件处于急剧的变化之中,为了适应这种形势,企业必须从节约资金耗费的角度来规划企业活动;另一方面,生产的高技术与大规模越来越明显,生产投资额不断升高,耗费也日益巨大。因此,企业应对自身的物流活动进行合理控制,而这又要依赖物流成本决策。

(四)物流成本决策是现代化成本管理的重要特征

近年来,管理科学的进步已对成本管理产生了重大影响,人们已经认识到单一的计划管理和行政手段远远不能满足现代化生产经营管理的需要。应用新理论、采取新方法、更新传统的成本管理方式也就顺理成章了。在目前阶段,这种更新已经显示出其必要性并确有可能付诸实施,这也是现代化成本管理的重要标志。

二、物流成本决策的步骤

(一)确定决策目标

决策目标是决策分析的出发点和归结点。决策目标是根据所要解决的问题来确定的,做出任何一项决策之前首先应该弄清楚要解决什么问题,因此做出物流成本决策之前的关键一步就是要明确决策目标,并尽量将决策目标具体化、定量化。

(二)收集相关资料

收集与进行该项物流成本决策有关的所有成本资料及其他资料,是决策是否可靠的基础。一般来讲,全面、真实、具体是资料收集工作的基本要求。若做不到这些,决策便很难保证正确可信。

(三)拟订可行方案

物流成本决策的可行方案就是指保证成本目标实现、具备实施条件的措施。进行决策,必须拟订多个可行方案,通过定量与定性分析结合的方式对所有可行方案做出初步的判断与评价,从中选择出最优方案。换言之,一个成功的决策应该以一定数量(当然应各自具备一定的质量)的可行性方案作为保证。

拟订可行方案时,一般应把握两个基本原则:(1)保持方案的全面完整性;(2)满足方案之间的互斥性。当然,在实际工作中,这些原则可以根据具体情况,灵活掌握应用。

(四)做出选优决策

对各种可行方案,应在比较分析之后根据一定的标准,采取科学合理的方法进行筛选,做出成本最优化决策。

对可行方案的选优决策主要应把握两点:一是确定合理的优劣评价标准,包括成本标准和效益标准;二是选取适宜的抉择方法,包括定量方法和定性方法。

(五)实施决策方案并进行追踪分析

在选出最优方案之后,就要进行决策方案的实施。在决策方案的实施过程中,企业应重点关注两方面的问题:(1)方案得到真正落实的时间、落实的情况、与之前确定的决策目标是否一致;(2)方案是否出现与决策目标偏差的情况,若有,应及时找出原因,对原来的方案进行调整。

三、以物流总成本最低为依据的决策方法

由于各类物流成本之间存在效益背反关系,一类物流成本的下降往往以其他物流成本的上升为代价。在进行物流成本决策时,绝不能只关注某一类物流成本,而必须在物流成本分析与预测的基础之上,将各类物流成本综合在一起考虑,以物流总成本最低作为方案取舍的标准。因此,以物流总成本最低为依据的决策方法就是在物流系统所要提供的各物流功能服务水平既定的前提下,对各类物流成本进行权衡,将能够实现物流总成本最低的方案作为最佳方案。

(一) 各类物流成本之间的效益背反关系

物流各项功能活动始终处于一个既矛盾又统一的系统中。物流成本之间的这种效益背反关系决定了企业管理层在进行物流决策时,必须在各种物流成本之间进行权衡,并以物流总成本最低作为选择物流运作方案的依据。

例如,运输成本与仓储成本及库存持有成本之间的效益背反关系。我们知道企业对运输的要求是运费最低、运输时间最短、运输速度最快;对仓储的要求是仓库建设和运营成本最低、降低库存水平、加快库存周转,最理想的目标是实现零库存。从运输和仓储本身来看,这些要求是企业所要达到的最理想目标。但是,从物流的角度来看,任何一个企业的运输系统和仓储系统都不可能同时达到上述目标,二者是互相影响的,它们的目标甚至是矛盾的。在企业年销售量相对稳定的情况下,如果要想降低运输成本,就要增加每次的运输批量,运输批量达到经济规模,运输成本最低。但随着运输批量的增加,与仓储活动相关的成本就会逐渐上升,这恰好体现了二者之间的效益背反关系。若想要使企业物流总成本达到最低,就应找到这两种成本的交点,在交点处的运输批量虽然对运输来讲不是最大运量,对仓储来讲也不是最小库存量,但此时的物流总成本达到了最小值,因此,它是整个物流系统的最佳方案,如图 7-1 所示。

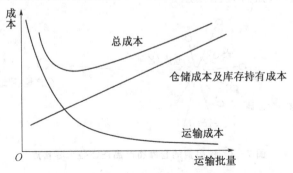

图 7-1 运输成本与仓储成本及库存持有成本之间的关系

又如，包装成本与其他各类物流成本之间的效益背反关系。现代社会不仅对产品本身质量的要求越来越高，对产品包装的要求也在不断提升。高质量的包装不仅可以有效地保护产品，还能更好地促进销售。同时，高质量的包装必然带来包装成本的上升。但是，我们放眼整个物流大系统，包装成本的提升会带来其他物流成本的下降。其原因有二：一是高质量的包装可以提高其他物流作业（如运输、仓储、装卸搬运）的效率，降低对这些作业的要求；二是高质量的包装可以降低这些作业过程中可能产生的损耗。同样，降低包装成本也会带来其他物流成本的提升。因此，在进行物流决策时，必须将包装成本与其他物流成本统筹考虑，权衡利弊，以寻求总成本最低的物流运作方案。

（二）以物流总成本最低为依据进行物流成本决策

各类物流成本之间的效益背反关系决定了一类成本的降低会带来另一类甚至另几类成本的增加，因此进行物流成本决策就是通过计算不同备选方案下，物流总成本的数值，将物流总成本最低的那个方案作为最优方案。

例如，某生产企业位于某地区的甲地，而其产品的零售点主要分布于该地区的乙地，此时，企业在产品的销售过程中，至少会形成两个方案。

方案一：企业将产品按顾客需求直接送往各个零售点，如图 7-2 所示。

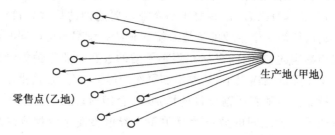

图 7-2　企业将产品直接送往各个零售点

方案二：企业在乙地租赁一家仓库，将产品批量运至仓库，再由仓库按顾客需求送往各个零售点，如图 7-3 所示。

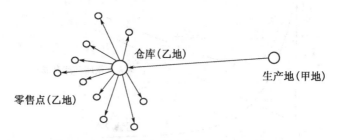

图 7-3　由租赁的仓库将产品送往各个零售点

不同的方案会产生不同的成本,企业到底应该如何选择?下面我们来看具体实例。

例 7.8 根据以上资料,企业如果选择方案一,必须按照零售点的要求小批量、多批次地供货。据统计,该企业平均每年运输 1 800 次,每次的运输量平均在 250 件左右,每件产品的平均运输成本为 9 元,即每次运输的平均成本为 2 250 元。

企业如果选择方案二,则先将产品以 9 000 件/次的批量从甲地运往乙地的仓库,此时,由于运输批量的加大及运输距离的缩短,每件产品的运输成本降至 3 元,每批产品的运输成本为 27 000 元。在产品进入仓库后,企业再根据零售点的要求将产品配送至各个零售点,此时每次依然运送 250 件,一年平均运送 1 800 次,每件产品的运输成本降为 2 元,那么每次从仓库至各个零售点的运输成本为 500 元。

但是,选择方案二就要在乙地租赁仓库。假设一年中租赁仓库的空间成本为 600 元/米^3,需租赁 1 200 米^3,仓库中的仓储作业年耗费成本为 480 000 元,库存持有成本为 220 000 元/年。

根据以上资料,企业应如何选择?

根据方案一,企业一年的物流成本就是运输成本,物流成本总额为

$$(9\times250)\times1\,800=4\,050\,000(元)$$

根据方案二,企业一年的物流成本除了运输成本外,还要相应地增加仓储成本,因此,物流成本总额为

运输成本=$(3+2)\times250\times1\,800=2\,250\,000$(元)
仓储成本=$(600\times1\,200)+480\,000+220\,000=1\,420\,000$(元)
物流总成本=$2\,250\,000+1\,420\,000=3\,670\,000$(元)

由于方案二的物流总成本低于方案一的物流总成本,因此企业应当选择方案二。

从例 7.8 可以看出,方案二比方案一的运输成本更节约,但运输成本的降低是以仓储成本的增加为代价的。因此,这里特别强调的是,企业是否决定选择方案二绝不能单纯以运输成本的降低作为考虑依据,还应考虑它所带来的仓储成本的增加。总之,企业应结合其他物流活动慎重考虑。

四、利用量、本、利分析法进行物流成本决策

(一) 量、本、利分析法的概念

量、本、利分析法也称本、量、利分析法,是进行成本、营业量、利润三者关系分析的简称。它是指在成本性态分析的基础上,运用数学模型和图式,对固定成本、变动成本、营业量、单价、营业收入、营业利润等变量因素之间的依存关系进行具

体的分析,揭示其内在规律性联系,以便为企业进行物流成本决策和目标控制提供有效信息的一种定量分析方法。

(二) 量、本、利分析法的基本模型

量、本、利分析所考虑的因素主要包括固定成本 a、单位变动成本 b、营业量 x、单价 p、营业收入 px 及营业利润 P 等,这些变量因素之间的关系可以表示为

营业利润＝营业收入－营业成本＝营业收入－(固定成本＋变动成本)

即

$$P = px - (a + bx) = (p - b)x - a$$

上述公式是建立量、本、利分析基本模型的基础,也是量、本、利分析的基本公式。

量、本、利分析法中最重要的就是盈亏平衡点的确定。所谓盈亏平衡点,就是企业的目标利润为零时,企业处于不盈不亏状态下的营业收入和营业成本的交汇点。这一点的营业量称为盈亏平衡点营业量,这一点的营业收入称为盈亏平衡点营业收入,具体如图7-4所示。

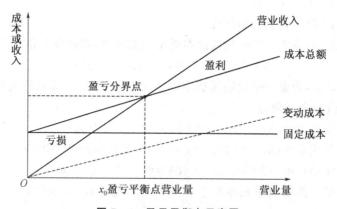

图7-4 盈亏平衡点示意图

图7-4中,以 Y 轴表示收入或成本,以 X 轴表示营业量。当企业的营业量恰好为盈亏平衡点的营业量,企业处于盈亏平衡状态,既不盈利也不亏损。当企业的营业量高于盈亏平衡点营业量,企业进入盈利状态,即可获得盈利。反之,当企业的营业量低于盈亏平衡点营业量,企业则处于亏损状态。

盈亏平衡点的作用是构造量、本、利三者关系的数量模型,并根据数量模型求解得出盈亏平衡点的营业量、营业收入及对企业不同经营状态下的变量因素进行预测与决策。在这里,量、本、利三者之间的数量关系分为两种情况。

1. 不考虑税金的情况

如果不考虑税金的关系,则量、本、利之间的数量关系就是量、本、利的基本公式。

$$P = Y - C_T = px - (a + bx)$$

式中：P 为利润；Y 为营业收入；C_T 为总成本；p 为单价；x 为营业量；a 为固定成本；b 为单位变动成本。

盈亏平衡时：

$$Y - C_T = 0$$

$$x_0 = \frac{a}{p - b}$$

式中：x_0 为盈亏平衡点营业量，也叫保本点营业量，简称保本点。保本点的营业收入为

保本点营业收入＝单价×保本点营业量

即

$$Y_0 = p \cdot x_0$$

2. 考虑销售税金（营业税）的情况

如果考虑税金的关系，则量、本、利之间的数量关系用公式表示为

$$P = Y(1 - r) - C_T = px(1 - r) - (a + bx)$$

式中：r 为营业税税率。

盈亏平衡时：

$$Y(1 - r) - C_T = 0$$

即

$$p \cdot x_0 (1 - r) - (a + b \cdot x_0) = 0$$

$$x_0 = \frac{a}{p(1 - r) - b}$$

此时保本点的营业收入为

保本点营业收入＝单价×（1－税率）×保本点营业量

即

$$Y_0 = p(1 - r) \cdot x_0$$

（三）量、本、利分析法在物流成本决策中的应用

通过对某项物流作业的量、本、利分析，可以帮助企业进行以下决策。

1. 确定物流作业的盈亏平衡点

不考虑税金的情况下物流作业盈亏平衡时的业务量：

$$x_0 = \frac{a}{p - b}$$

当单价 p 上涨，其他因素不变时，x_0 降低，物流作业盈利区域会扩大，企业经营状况则向好的方向发展。

当单位变动成本 b 上涨，其他因素不变时，x_0 提高，物流作业亏损区域会扩

大,企业经营状况则向不利的方向发展。

当固定成本 a 上涨,其他因素不变时,x_0 提高,物流作业亏损区域会扩大,企业经营状况则向不利的方向发展。

根据物流作业盈亏平衡点业务量的计算公式,可进一步得出物流作业盈亏平衡时的营业额:

$$Y_0 = p \cdot x_0$$

2. 确定某项物流作业可以获得的利润额

通过量、本、利分析法的公式,企业可以计算出在目前经营状态下从某项物流作业中获得的利润额:

$$P = px - (a + bx)$$
$$P = (p - b)x - a$$

从上式中可以看出,企业从某项物流作业中可获得的利润额等于该项物流作业单价与单位变动成本之间的差额乘以业务量后再减去固定成本。这里的物流作业单价与单位变动成本之间的差额是量、本、利分析法中的一个十分重要的概念,即单位边际贡献,而单位边际贡献与业务量的乘积,则被称为边际贡献。所以,上述公式表明:当某项物流作业的边际贡献刚好弥补固定成本时,该项物流作业所带来的利润为零,此时的业务量为盈亏平衡点业务量。当该项物流作业的实际业务量超过盈亏平衡点的业务量时,才能给企业带来利润。

企业利润还有另一层含义,就是净利润。净利润是物流作业在一定时期内要实现的税后利润,是企业可以实际支配的利润。上缴所得税后的净利润的计算公式如下:

$$P_{净} = P(1 - t_R)$$

式中:t_R 为所得税税率。

例7.9 华盛物流运输公司位于华北交通枢纽地带,该公司主要承揽各种普通货物的运输业务,上一年运输业务资料如下:运输单价为 700 元/千吨公里,单位变动成本为 550 元/千吨公里,固定成本为 63 万元/年。请问:

(1) 该公司运输业务的盈亏平衡点营业量是多少? 达到盈亏平衡点时的营业额是多少?

(2) 如果该公司本年度计划完成 6 000 千吨公里的运输业务,公司是否能够盈利? 利润是多少? 如果企业上缴所得税税率为 25%,企业净利润是多少?

首先,根据公式,确定该公司运输作业的盈亏平衡点:

$$x_0 = \frac{a}{p - b} = \frac{630\,000}{700 - 550} = 4\,200(千吨公里)$$

达到盈亏平衡点时的营业额:

$$Y_0 = p \cdot x_0 = 700 \times 4\,200 = 2\,940\,000(元)$$

该公司本年度计划完成 6 000 千吨公里的运输业务,高于盈亏平衡点的业务量 4 200 千吨公里,显然公司能够盈利。

企业利润为
$$P = px - (a+bx) = 700 \times 6\,000 - (630\,000 + 550 \times 6\,000) = 270\,000(元)$$

企业净利润为
$$P_{净} = P \times (1 - t_R) = 270\,000 \times (1 - 25\%) = 202\,500(元)$$

3. 在实现目标利润的前提下,确定物流作业所要达到的业务量和营业额

实现目标利润(TP)的业务量和营业额是指在单价和成本水平保持不变的情况下,为保证预先已经确定的目标利润能够实现而必须达到的业务量(x_2)或营业额(Y_2)。

$$x_2 = \frac{a + TP}{p - b}$$

式中:TP 为目标利润。

$$Y_2 = \frac{a + TP}{p - b} \cdot P$$

当企业以实现目标净利润($TP_{净}$)为前提,确定某项物流作业的业务量(x_3)和营业额(Y_3)时,其计算公式如下:

$$x_3 = \frac{a + \dfrac{TP_{净}}{1 - t_R}}{p - b}$$

式中:$TP_{净}$ 为目标净利润。

$$Y_3 = \frac{a + \dfrac{TP_{净}}{1 - t_R}}{p - b} \cdot P$$

例 7.10 沿用例 7.9 的数据资料,在上述条件不变的情况下,该公司本年度要实现 45 万元的目标利润,其业务量应达到多少?营业额要达到多少?

根据公式,确定实现目标利润 45 万元应达到的业务量:

$$x_2 = \frac{a + TP}{p - b} = \frac{630\,000 + 450\,000}{700 - 550} = 7\,200(千吨公里)$$

此时的营业额为

$$Y_2 = \frac{a + TP}{p - b} \cdot P = \frac{630\,000 + 450\,000}{700 - 550} \times 700 = 5\,040\,000(元)$$

如果企业在上缴所得税税率为 25% 的条件下,仍然要实现 45 万元的目标净利润,那么该公司的业务量应达到多少?营业额又要达到多少?

根据公式,确定实现 45 万元目标净利润的业务量及营业额:

$$x_3 = \frac{a + \dfrac{TP_{净}}{1 - t_R}}{p - b} = \frac{630\,000 + \dfrac{450\,000}{1 - 25\%}}{700 - 550} = 8\,200(千吨公里)$$

$$Y_3 = \frac{a + \dfrac{TP_{净}}{1-t_R}}{p-b} \cdot P = \frac{630\,000 + \dfrac{450\,000}{1-25\%}}{700-550} \times 700 = 5\,740\,000(元)$$

4. 在实现目标利润的前提下,确定物流作业单价

在其他要素不变的情况下,企业要想实现预定的目标利润(TP),必然要提高物流作业单价(P_T)水平,其计算公式如下:

$$P_T = \frac{TP + bx + a}{x}$$

例 7.11 沿用例 7.9 的数据资料,在上述条件不变的情况下,该公司仍然完成 6 000 千吨公里的运输计划,同时要实现 45 万元的目标利润,其运输单价应定在什么水平?

确定企业在完成 6 000 千吨公里运输计划,实现 45 万元目标利润时的单价水平为

$$P_T = \frac{TP + bx + a}{x} = \frac{450\,000 + 550 \times 6\,000 + 630\,000}{6\,000} = 730(元)$$

在考虑税金(营业税、所得税)的情况下,若仍要实现上述条件,物流作业单价的计算公式如下:

$$P_T = \frac{\dfrac{TP_{净}}{1-t_R} + bx + a}{x(1-r)}$$

式中:t_R 为所得税税率;r 为营业税税率。

5. 在实现目标利润的前提下,确定物流成本水平

在其他要素不变的情况下,企业还可通过量、本、利分析法确定将物流作业成本控制在什么水平才能实现企业的目标利润(TP)。确定固定成本(a_T)和单位变动成本(b_T)的计算公式如下:

$$a_T = (p-b)x - TP$$

$$b_T = P - \frac{a + TP}{x}$$

例 7.12 沿用例 7.9 的数据资料,在上述条件不变的情况下,该公司仍然完成 6 000 千吨公里的运输计划,同时要实现 45 万元的目标利润,其固定成本或单位变动成本各应控制在什么水平?

首先,确定实现上述目标时的固定成本:

$$a_T = (p-b)x - TP = (700-550) \times 6\,000 - 450\,000 = 450\,000(元)$$

该公司若要实现上述目标,其固定成本则必须要控制在 450 000 元。

其次,根据公式,确定实现上述目标时的单位变动成本:

$$b_T = P - \frac{a + TP}{x} = 700 - \frac{630\,000 + 450\,000}{6\,000} = 520(元)$$

该公司若要实现上述目标,其单位变动成本则必须控制在 520 元。

在考虑税金(营业税、所得税)的情况下,若仍要实现上述条件,其固定成本或单位变动成本的计算公式如下:

$$a_T = [p(1-r) - b]x - \frac{TP_\text{净}}{1-t_R}$$

$$b_T = P(1-r) - \frac{a + \dfrac{TP_\text{净}}{1-t_R}}{x}$$

(四)量、本、利分析法应用举例

例 7.13 宏达物流公司主要承揽各种普通货物的运输业务,运输业务的单位变动成本为 150 元/千吨公里,固定成本为 20 万元/月,运输单价为 200 元/千吨公里,营业税率为 5%。表 7-6 给出了该公司最近 3 个月的固定成本总额的数据资料,表 7-7 给出了该公司最近 3 个月的单位变动成本的数据资料,请根据这些资料完成下列要求。

表 7-6 宏达物流公司第三季度固定成本数据资料

成本项目	7月份	8月份	9月份
固定成本总额/元	193 000	190 000	187 000

表 7-7 宏达物流公司第三季度单位变动成本数据资料

成本项目	7月	8月	9月
单位变动成本/元	145	148	153

(1) 若该公司 10 月完成业务量为 6 000 千吨公里的运输计划,公司是否能够盈利?盈利多少?

依题意:

①算盈亏平衡点业务量:

$$x_0 = \frac{a}{p(1-r) - b} = \frac{200\,000}{200(1-5\%) - 150} = 5\,000(\text{千吨公里})$$

②比较盈亏平衡点业务量与计划业务量。我们已经了解到,10 月该公司计划业务量为 6 000 千吨公里,大于盈亏平衡点业务量 5 000 千吨公里,所以公司能够盈利。

③计算目标利润：

$$P = p(1-r)x - (a+bx) = 200(1-5\%) \times 6\,000 - 200\,000 - 150 \times 6\,000$$
$$= 1\,140\,000 - 200\,000 - 900\,000 = 40\,000(元)$$

④结论。如果该公司10月完成6 000千吨公里的运输计划，将会给公司带来40 000元的利润。

(2) 如果在上述条件不变的情况下，公司要实现50 000元的利润，则该公司10月的固定成本应控制在什么水平？

依题意：

①算固定成本总额。依据题目中的资料，根据公式：

$$a_T = [p(1-r) - b]x - TP = [200(1-5\%) - 150] \times 6\,000 - 50\,000$$
$$= 190\,000(元)$$

②分析比较，得出结论。根据计算得知，宏达物流公司要想实现50 000元的目标利润，必须将固定成本控制在190 000元。由表7-6得知，第三季度固定成本平均值在190 000元，而且呈逐月下降趋势。经过比较分析，该公司10月将固定成本控制在190 000元是可行的。

(3) 如果在其他条件不变的情况下，公司要实现58 000元的利润，10月的变动成本和单位变动成本应控制在什么水平？

依题意：

①计算变动成本和单位变动成本。依据上述题目中的资料，根据公式：

$$变动成本 = P(1-r)x - a - TP = 200(1-5\%) \times 6\,000 - 200\,000 - 58\,000$$
$$= 882\,000(元)$$

$$b_T = P(1-r) - \frac{a+TP}{x} = 200(1-5\%) - \frac{200\,000 + 58\,000}{6\,000} = 147(元)$$

或

$$单位变动成本\ b_T = 882\,000 \div 6\,000 = 147(元)$$

②分析比较，得出结论。根据计算得知，宏达物流公司要想实现58 000元的目标利润，在其他条件不变的情况下，必须将单位变动成本控制在147元。由表7-7得知，该公司第三季度单位变动成本平均值在148.7元，而且呈逐月上升趋势。在这样的情况下，应及时联系有关部门，对成本上升原因进行调查与分析。

如果10月要将单位变动成本控制在147元，应尽快组织协调好各相关部门，进一步加强成本管理与控制，并及时采取有效降低成本的对策。

(4) 如果在其他条件不变的情况下，公司要实现60 000元的利润，10月的单价应控制在什么水平？

依题意：

①计算目标单价。依据上述题目中的资料，根据公式：

$$P_T = \frac{TP+bx+a}{x(1-r)} = \frac{60\ 000+150\times 6\ 000+200\ 000}{6\ 000(1-5\%)} = 203.5(元)$$

②分析比较,得出结论。根据计算得知,宏达物流公司在其他条件不变的情况下,要想实现 60 000 元的目标利润,至少要将单价提高至 203.5 元。但目前绝大多数物流公司在提高服务质量的前提下维持着现有的运输价格。因此,在激烈的市场竞争中,为了保证市场占有率,宏达物流公司不宜盲目提价。

(5) 如果在其他条件不变的情况下,公司以 6 000 千吨公里作为盈亏平衡点,将单价降低 10 元,企业是否仍能获利?

依题意:

①计算目标单价。依据上述题目中的资料,公司完成 6 000 千吨公里运输任务时的利润为零,根据公式:

$$P_T = \frac{TP+bx+a}{x(1-r)} = \frac{0+150\times 6\ 000+200\ 000}{6\ 000(1-5\%)} = 193(元)$$

②分析比较,得出结论。根据计算得知,宏达物流公司在其他条件不变的情况下,若以 6 000 千吨公里作为盈亏平衡点,其目标单价应为 193 元,即降价幅度应控制在 7 元,而该公司若要降价 10 元,则不能获利。

五、决策树法

(一) 决策树法的概念

在风险型决策中,决策树是一种常见的决策方法。

决策树由一个决策图和可能的结果(包括资源成本和风险)组成,用来创建到达目标的规划。决策树建立并用来辅助决策,是一种特殊的树结构。决策树法是一个利用像树一样的图形或决策模型的决策支持工具,包括随机事件结果,资源代价和实用性。它是一个算法显示的方法。决策树经常在运筹学中使用,特别是在决策分析中,它帮助确定一个最可能达到目标的策略。决策树的另一个使用是作为计算条件概率的描述性手段。

决策树的五个组成要素为:决策结点、方案分枝、状态结点、概率分枝和结果点。

(二) 决策树法的原理

决策树法利用了概率论的原理,并且利用一种树形图作为分析工具。其基本原理是用决策点代表决策问题,用方案分枝代表可供选择的方案,用概率分枝代表方案可能出现的各种结果,经过对各种方案在各种结果条件下损益值的计算比较,为决策者提供决策依据。

该方法是一种用树形图来描述各方案在未来收益的计算、比较以及选择的方法,其决策是以期望值为标准的。对未来可能会遇到好几种不同的情况,每种情况均有出现的可能,人们现在无法确定,但是可以根据以前的资料来推断各种自然状态出现的概率。在这样的条件下,人们计算的各种方案在未来的经济效果只能是考虑到各种自然状态出现的概率的期望值,与未来的实际收益不会完全相等。

如果一个决策树只在树的根部有一决策点,则称为单级决策;若一个决策不仅在树的根部有决策点,而且在树的中间也有决策点,则称为多级决策。如图7-5所示。

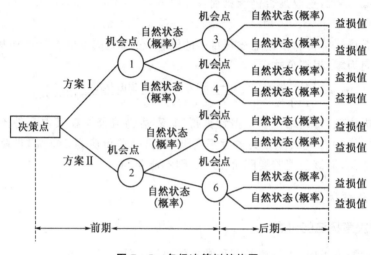

图 7-5 多级决策树结构图

(三)决策树法的步骤

第一步:绘制决策树。从左到右层层展开。

第二步:计算期望值。从右到左依次计算。

第三步:剪枝决策。逐一比较各方案的期望值,将期望值小的方案剪掉,仅保留期望值最大的一个方案。

例 7.14 某企业开发新产品,需对 A、B、C 三个方案进行决策。三个方案的有效利用期均按 6 年计,所需投资:A 方案为 2 000 万元,B 方案为 1 600 万元,C 方案为 1 000 万元。据估计,该产品市场需求量最高的概率为 0.5,需求量一般的概率为 0.3,需求量低的概率为 0.2。各方案每年的损益值如表 7-8 所示。问题:应选择哪个投资方案?

表 7-8　各方案基本情况

	需求高 0.5	需求一般 0.3	需求低 0.2
A 项目/万元	1 000	400	100
B 项目/万元	800	250	80
C 项目/万元	500	150	50

解：画决策树

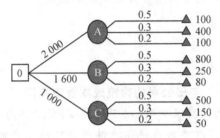

图 7-6　决策树

A、B、C 三个状态结点所对应的期望值的计算：

A：$(1\,000\times0.5+400\times0.3+100\times0.2)\times6=3\,840$（万元）

B：$(800\times0.5+250\times0.3+80\times0.2)\times6=2\,946$（万元）

C：$(500\times0.5+150\times0.3+50\times0.2)\times6=1\,830$（万元）

方案 A 的期望值：$3\,840-2\,000=1\,840$（万元）

方案 B 的期望值：$2\,946-1\,600=1\,346$（万元）

方案 C 的期望值：$1\,830-1\,000=830$（万元）

因为方案 A 的期望值最大，所以方案 A 最合适。

（四）决策树法的优缺点

决策树法是管理人员和决策分析人员经常采用的一种行之有效的决策工具。它具有下列优点：

(1) 决策树列出了决策问题的全部可行方案和可能出现的各种自然状态，以及各可行方法在各种不同状态下的期望值。

(2) 能直观地显示整个决策问题在时间和决策顺序上不同阶段的决策过程。

(3) 在应用于复杂的多阶段决策时，阶段明显，层次清楚，便于决策机构集体研究，可以周密地思考各种因素，有利于作出正确的决策。

当然，决策树法也不是十全十美的，它也有缺点，如使用范围有限，无法适用于一些不能用数量表示的决策；对各种方案的出现概率的确定有时主观性较大，可能导致决策失误；等等。

思考题

1. 简述物流成本预测的含义和程序。
2. 简述物流成本预测的方法。
3. 简述物流成本决策的含义和步骤。
4. 举例说明各类物流成本之间存在的效益背反关系。
5. 如何利用量、本、利分析法进行物流成本决策?

案例分析

丰田公司的物流成本管理案例

同方环球(天津)物流有限公司(以下简称 TFGL)作为丰田在我国汽车企业的物流业务总包,全面管理丰田系统供应链所涉及的生产零部件、整车和售后零件等厂外物流。作为第三方物流公司,TFGL 在确保物流品质、帮助丰田有效控制物流成本方面拥有一套完善的管理机制。

一、丰田物流模式的特点

整车物流和零部件物流虽然在操作上有很多不同,但从丰田的管理模式来看,二者具有以下共同特点:

(1) 月度内的物流量平准。
(2) 设置区域中心,尽可能采用主辅路线结合的物流模式。
(3) 月度内物流点和物流线路稳定。
(4) 物流准时率要求非常高。

1. 物流承运商管理原则

TFGL 是第三方物流公司,主要负责物流企划、物流计划的制订、物流运行监控和物流成本控制,具体的物流操作由外包的物流承运商执行。TFGL 对物流承运商的管理原则如下:

为避免由于物流原因影响企业的生产、销售的情况发生,要求物流承运商理解丰田的生产方式,并具有较高的运行管理能力和服务水平。为此,TFGL 采取了一些必要的措施:

(1) TPS 评价

TFGL 把理解生产方式作为物流承运的首要条件,并按照丰田生产方式的要求,制作了详细的评价表。TPS(Toyota production system)评价是丰田生产方式对承运商最基本的要求,包括对承运商的运输安全、运输品质、环保、人才培养和运输风险控制等过程管理的全面评价。通过评价,不仅淘汰了不合格的承运商,也使达到要求的承运商明确自己的不足之处。

（2）必要的风险控制

在同一类型的物流区域内，使用两家物流商，尽可能降低风险。

2. 对物流承运商进行循序渐进的培养

在实际的物流运行中，承运商会遇到很多问题，如车辆漏雨、品质受损、频繁的碰撞事故、物流延迟等。出现问题并不是坏事，需要找到引发问题的主要原因。在TFGL的监督和指导下制定具体措施，同时，在逐步改善的过程中，承运商的运行管理能力得到了提高。

3. 建立长期合作的伙伴关系

对入围的物流承运商，TFGL秉承丰田体系一贯的友好合作思想，不会因为运输事故多或物流价格高就更换承运商，而是采取长期合作的方式，共同改善。

（1）承运商的物流车辆初期投入大，需要较长的回收期；

（2）TFGL视承运商的问题为自己的问题，更换承运商并不能从根本上解决问题；

（3）长期合作的承运商能更好地配合TFGL推进改善活动，如导入GPS、节能驾驶等。

二、丰田的物流成本控制

在维持良好合作关系的基础上，TFGL通过以下方法科学系统地控制物流成本。

1. 成本企划

每当出现新类型的物流线路或进行物流战略调整时，前期的企划往往是今后物流成本控制的关键。企划方案需要全面了解企业物流量、物流模式、包装形态、供应商分布、物流大致成本等各方面的信息，此外，还要考虑到企业和供应商的稼动差、企业的装卸货和场内面积等物流限制条件。TFGL在前期企划中遵守以下原则：

（1）自始至终采用翔实可信的数据；

（2）在综合分析评价后，分别制定一种或几种可行方案，并推荐最优的方案；

（3）各方案最终都归结反映为成本数据；

（4）向企业说明各方案的优劣，并尊重企业的选择。

从以上几点可以看出，方案中的数据大多涉及丰田的企业战略，所以TFGL和企业之间必须充分互信，而且要有良好的日常沟通渠道。

2. 原单位管理

原单位管理是丰口物流管理的一大特色，也是丰田物流成本控制的基础。

丰田把构成物流的成本因素分解，并把这些因素分为两类：一类是固定不变（如车辆投资、人工）或相对稳定（如燃油价格）的项目，丰田称之为原单位；另一类是随着月度线路调整而发生变动(如行驶距离、车头投入数量、司机数量等)的项目,丰田称之为月度变动信息。

为了使原单位保持合理性及竞争优势,原单位的管理遵循以下原则:

(1) 所有的原单位一律通过招标产生

在企划方案的基础上,TFGL 向 TPS 合格的物流承运商进行招标。把物流稳定期的物流量、车辆投入、行驶距离等月度基本信息告知承运商,并提供标准版的报价书进行原单位询价。

由于招标是非常耗时费力的工作,因此只是在新类型的物流需求出现时才会进行原单位招标,如果是同一区域因为物流点增加导致的线路调整,原则上沿用既有的物流原单位。

(2) 定期调整

考虑到原单位因素中燃油费用受市场影响波动较大,而且在运行总费用中的比重较大,TFGL 会定期(4 次/年)根据官方公布的燃油价格对变动金额予以反映。对于车船税、养路费等"其他固定费"项目,承运商每年有两次机会提出调整。

(3) 合理的利润空间

原单位项目中的"管理费"是承运商的利润来源。合理的管理费是运输品质的基本保障,TFGL 会确保该费用的合理性,但同时要求承运商要通过运营及管理的改善来增加盈利,并消化人工等成本的上升。

3. 月度调整路线至最优状态

随着各物流点的月度间物流量的变动,区域内物流路线的最优组合也会发生变动。TFGL 会根据企业提供的物流计划、上月的积载率状况以及成本 KPI 分析得出的改善点,调整月度变动信息,以维持最低的物流成本。

4. 成本 KPI 导向改善

对于安全、品质、成本、环保、准时率等物流指标,TFGL 建立了 KPI 体系进行监控,并向丰田进行月次报告,同时也向承运商公开成本以外的数据。其中成本 KPI 主要包括:RMB/台(台:指丰田生产的汽车/发动机台数)、RMB/km·m^3、RMB/趟等项目。通过成本 KPI 管理,不仅便于进行纵向、横向比较,也为物流的改善提供了最直观的依据。

5. 协同效应降低物流费用

TFGL 作为一个平台,管理着丰田在我国各企业的物流资源,在与各企业协调的基础上,通过整合资源,充分利用协同效应,大大降低了物流费用。例如,统一购买运输保险,降低保险费用;通过共同物流,提高车辆的积载率,减少运行车辆的投入,从而达到降低费用的目的。在共同物流的费用分担上,各企业按照物流量的比率支付物流费。在具体物流操作中,TFGL 主要从两个方面实现共同物流:不同企业在同一区域内共同集货、配送;互为起点和终点的对流物流。

以上措施表明，丰田汽车物流成本控制的基本思想是使物流成本构成明细化、数据化，通过管理和调整各明细项目的变动来控制整体物流费用。虽然TFGL 管理下的丰田物流成本水平在行业未做比较，但其通过成本企划、精细的原单位管理、成本 KPI 导向的改善以及协同效应等方法系统化、科学化的物流成本控制，对即将或正在进行物流外包的企业具有一定的借鉴意义。

资料来源：姬杨.丰田汽车的物流成本管理[J].城市建设理论研究(电子版),2014(36).

技能训练

1. 凯达公司 2021 年上半年的设备维修费与机器的运转小时数的数据如表 7-9 所示。

表 7-9　凯达公司 2021 年上半年的设备维修费

月份	1	2	3	4	5	6
业务量/千机器小时	7	8	5	9	10	6
维修费/元	210	215	200	220	230	205

请用高低点法做出以业务量为自变量的、可用于反映维修成本性态的直线方程。

2. 仍然沿用表 7-9 的数据资料，以业务量为自变量，利用回归直线法求解用于反映维修成本性态的直线方程。

3. 龙源物流公司加工车间 20**年 1~12 月的维修成本的历史数据如表 7-10 所示。

表 7-10　龙源物流公司 20** 年维修成本数据表

月份	机器工时 X_i/小时	维修成本 Y_i/元	月份	机器工时 X_i/小时	维修成本 Y_i/元
1	1 200	900	7	700	720
2	1 300	910	8	800	780
3	1 150	840	9	950	750
4	1 050	850	10	1 100	890
5	900	820	11	1 250	920
6	800	730	12	1 400	930

要求：在相关系数 $r=0.93$ 的条件下，利用一元线性回归分析法预测该公司下一年第一季度的维修成本(该季度各月的机器工时预计分别为 1 350 小时、1 420 小时和 1 390 小时)。

4. 保利物流公司流通加工车间20＊＊年度的电费及直接人工小时如表7-11所示。

表7-11　电费及直接人工小时资料表

月份	直接人工小时/小时	电费/元
1	350	1 085
2	420	1 100
3	500	1 500
4	440	1 205
5	430	1 205
6	380	1 100
7	330	1 090
8	410	1 280
9	470	1 400
10	380	1 210
11	300	1 080
12	400	1 230

要求：试用高低点法、回归直线法对混合成本进行分解（假设业务与成本基本正相关）。

5. 顺达空调有限公司位于华北地区，其产品一直供应给华北地区客户。自上年以来，新开辟了华东市场，且销售规模不断扩大。企业一直以来采取的物流方案是将产品按照客户需求直接从公司运往客户所在地的零售点。据统计，上年至本年，公司平均每年向华东地区运输360次，每次运输的货物量平均为1 200件，每件产品的平均运输成本为80元。随着华东市场销售规模的快速扩大，企业运输成本越来越高。因此，本年年底，公司召开专门会议研究是否在华东地区租赁一家仓库，将产品批量运至仓库，再由仓库按顾客需求送往各个零售点。企业如果租赁2 000平方米的仓库，则可储存产品18 000件，企业可以先将产品以18 000件/次的批量运往华东地区的仓库，此时，由于运输批量的加大及运输距离的集中，每件产品的运输成本降至30元。在产品进入仓库后，企业再根据客户的需求将产品配送至各个零售点，此时每次依然运送1 200件，一年平均运送360次，每件产品的运输成本降为20元。

但是，企业如果在华东地区租赁仓库2 000平方米，那么每年需要支付租赁仓库的空间成本为1 800元/米^2，仓库中的仓储作业年耗费成本4 500 000元，库存持有成本为 2 500 000 元/年。

要求:按照物流总成本最低的原则确定该企业是否选择在华东地区租赁仓库?

6. 立达运输公司 20＊＊年 6 月计划运输周转量为 5 000 千吨公里,单位运价为 600 元/千吨公里,单位变动成本为 465 元/千吨公里,每月固定成本总额为 42 万元,营业税税率为 5%,所得税税率为 25%。

要求:

(1) 计算该企业 6 月盈亏平衡点营业量和盈亏平衡点营业额。

(2) 判断该企业 6 月完成工作计划是否能够获利,获利多少,上缴所得税后的净利润是多少。

(3) 若其他条件不变,当企业以完成计划工作量作为盈亏平衡点时,单位变动成本的上升空间至少是多少?

(4) 若企业降价 50 元,其他条件不变,当企业完成计划工作量时,该运输企业是否仍能获利?

7. 通达物流公司的物流服务单价为 70 元/件,20＊＊年的成本资料如下。

直接成本:直接材料 25 元/件,直接人工 5 元/件。

间接成本:固定成本 80 000 元/年,变动成本 6 元/件。

销售成本:固定成本 40 000 元/年,变动成本 7 元/件。

要求:

(1) 如下一年的目标利润为 70 000 元,该企业物流服务的业务量必须达到多少?

(2) 如该企业最大物流处理量为 5 000 件/年,则企业利润最多能达到多少?

(3) 如该企业最大物流处理量为 5 000 件/年,且必须完成 70 000 元的目标利润,那么在固定成本不变的情况下,单位变动成本至少要降低多少?

第8章 物流成本预算管理

1. 理解物流成本预算的含义、作用；
2. 掌握物流成本预算的方法。

●导入案例

苏州新苏纶预算管理

现代化的管理方法就是重视全过程管理，重视企业内部协同管理。预算管理是一套行之有效的综合性企业管理方法，它将事前预测、事中控制和事后分析相结合，将企业的整体目标在部门之间有规划地进行分解，实现对企业业务全过程的管理，实现对企业各部门的协同管理，以提高企业的经济效益，实现企业的经营目标。

企业要实现预算管理，首先应根据企业现阶段的发展水平和管理需求选择其预算管理模式。新苏纶是一个传统的纺织企业，市场相对稳定，整个企业处于稳步发展阶段。在这一时期，采用扩大销售的方法来提高企业的利润不是非常有效，因此，提高企业利润的重心就放在加强成本费用的管理上。

为与企业的发展阶段相适应，新苏纶在进行预算管理时，采用以成本费用为中心的预算管理模式，对企业的成本费用进行事前、事中和事后管理。为实现以成本、费用为中心的预算管理模式，新苏纶设计了预算管理框架。

新苏纶采用零基预算的方法，每月由各部门对其资金收支情况进行预算，总会计师和总经理确认预算合理以后，财务部门将全企业的预算进行汇总，形成全企业的月份资金使用总预算。

预算是建立在对企业业务情况的一定假设基础上的，而企业的实际业务情况不一定能在假设范围内，因此各部门有时需要根据业务发展态势调整本月预算。

出现这种情况时,要求追加用款的部门填写《月度用款追加计划申请表》,说明申请追加用款的理由及金额,总经理审批通过后,方可加入预算范围内。

公司对预算的执行情况采用双轨制进行记录,即对每一笔支出,需要财务人员填制凭证,在总账子系统中自动登记总账和明细账。同时,经手人都必须填写《申请领用支票及申请付款工作联系单》,并在《限额费用使用手册》上进行登记,控制成本费用的发生。《限额费用使用手册》类似于为预算管理所设计的责任会计账。

月末对限额费用使用手册进行汇总,得到《资金费用使用汇总表》,随后将汇总表和预算进行比较,找出两者的差异,并进一步分析差异形成的原因。新苏纶对各部门的费用支出在进行预算的基础上进行了有效的控制,对整个企业的成本费用起到了非常好的监控作用。而且,事后的差异分析为各部门的业绩考核提供了依据,企业的奖惩制度有了实行的基础。

第一节　物流成本预算

一、物流成本预算的概念

预算指企业或个人未来的一定时期内经营、资本、财务等各方面的收入、支出、现金流的总体计划。它将各种经济活动用货币的形式表现出来。每一个责任中心都有一个预算,它是为执行本中心的任务和完成财务目标所需各种资财的财务计划。预算包含的内容不仅仅是预测,它还涉及有计划地巧妙处理所有变量,这些变量决定着公司未来努力达到某一有利地位的绩效。

物流成本预算是根据物流成本决策所确定的方案、预算期的物流任务、降低物流成本的要求以及有关资料,通过一定的程序,运用一定的方法,以货币形式规定预算期物流各环节耗费水平和成本水平,并提出保证成本预算顺利实现所采取的措施。

二、物流成本预算的作用

(一)物流成本预算可以使计划目标进一步明确化、具体化

物流成本预算加强了计划目标的可比性,在计划执行过程中作为依据即时明确地提供偏差信息,以便管理层采取有效措施,扩大收益或减少损失。同时,物流成本预算使计划目标明确化,便于个人与组织理解和把握,帮助其了解自身在企业整体工作中的地位和作用,从而强化了计划目标的指导性和激励性。

(二)物流成本预算可以协调企业的物流活动

通过编制物流成本预算可以把各组织层次、部门、个人和环节的目标有机地

结合起来,明确它们之间的数量关系,有助于各个部门和经营环节通过正式渠道加强内部沟通并互相协调其努力,从整个物流系统的角度紧密配合,取得最大的经济效益。

(三) 物流成本预算是控制日常物流活动的标准

各项物流活动进展如何,是否符合预定进程,能否实现计划目标,都需要根据一定的标准进行分析和判断,以便及时采取措施。有了物流成本预算,有关部门和单位就可以以预算为依据,通过计量、对比,及时提供实际执行结果与预算标准之间的差异数额,分析其原因,采取有效的措施,保证预算任务和目标的顺利实现。

(四) 物流成本预算是评价物流工作业绩的依据

物流成本预算在确立组织内部各部门、环节、个人行动目标的同时,也进一步明确了他们所承担的经济责任,使之能够被客观评价并具有可考核性,即通过实际数与预算数的比较分析,可以检查评价各部门、个人和环节的经济责任和计划任务的完成情况。

三、预算编制的程序

预算编制的程序模式有自上而下式、自下而上式和上下结合式三种方式,它们分别适用于不同的企业环境和管理风格,各具特点。

(一) 自上而下式

这种方式是由企业物流管理部门按照战略管理需要制定预算,各物流分部只是预算执行主体。其最大好处在于能保证企业整体利益,同时考虑企业战略发展需要。但在这种方式下,权力高度集中在管理部门,不能发挥各分部自身的管理主动性和创造性,给员工的感觉是"上面强加给我们的预算",不利于"人本管理"及企业未来长远的发展。

(二) 自下而上式

这种方式是由各物流分部编制并上报预算,管理部门只对预算负有最终审批权。其优点是有利于提高分部的主动性,充分体现了分权和"人本管理",能使员工感觉到"这是我们自己的预算"。但是这种方式也存在不足,太多的参与和讨论会导致犹豫不决和耽搁,同时不利于分部营利潜能的最大限度发挥。如分部经理往往会故意压低其预算,只在上期基础上"适当"增长,以保持逐期增长的业绩。

（三）上下结合式

这种方式综合了上述两种方式的优点,在预算编制过程中,经历了自上而下和自下而上的往复。一般而言,预算目标应自上而下下达,预算编制则应自下而上地体现目标的具体落实,各责任部门通过编制预算,需要明确"应该完成什么,应该完成多少"的问题。这种方式的优点是能够有效保证企业物流总目标的实现,又能发挥各分部的主动性,统一、明确地分解目标,体现了公平、公正的原则。

第二节 物流成本预算的常用方法

一、弹性预算

（一）固定预算的含义

固定预算（静态预算），是指在编制预算时,只根据预算期内正常、可实现的某一固定的业务量（如生产量、销售量等）水平作为唯一基础来编制预算的方法。固定预算的适用范围:经营业务稳定,生产产品产销量稳定,能准确预测产品需求及产品成本的企业,也可用于编制固定费用预算。它是按照预算期内可能实现的经营活动水平确定相应的固定预算数来编制预算的方法。它是最传统的,也是最基本的预算编制方法。

固定预算法的优点是简便易行。固定预算法其缺点主要有:(1) 过于机械呆板。因为编制预算的业务量基础是事先假定的某一个业务量,不论预算期内业务量水平可能发生哪些变动,都只按事先确定的某一个业务量水平作为编制预算的基础。(2) 可比性差。这是固定预算方法的致命弱点。当实际的业务量与编制预算所根据的预计业务量发生较大差异时,有关预算指标的实际数与预算数就会因业务量基础不同而失去可比性。因此,按照固定预算方法编制的预算不利于正确地控制、考核和评价企业预算的执行情况。

（二）弹性预算的含义

弹性预算,又叫可变预算,通常随着销售量的变化而变化,主要用于费用预算。其基本思路是按固定费用(在一定范围内不随产量变化的费用)和变动费用(随产量变化的费用)分别编制固定预算和可变预算,以确保预算的灵活性。变动费用主要根据单位成本来控制,固定费用可按数额加以控制。正是由于这种预算可以随着业务量的变化而反映各业务量水平下的支出控制数,具有一定的伸缩性,因而称为"弹性预算"。它是固定预算的对称,又称变动预算,是指在成本按其性态分类的基础上,以业务量、成本和利润之间的依存关系为依据,按照预算期可预见的各种业务量水平,编制能够适应不同业务量预算的方法。

用弹性预算的方法来编制成本预算时,其关键在于把所有的成本划分为变动成本与固定成本两大部分。变动成本主要根据单位业务量来控制,固定成本则按总额控制。成本的弹性预算方式如下:

成本的弹性预算＝固定成本预算数＋$\sum$(单位变动成本预算数×预计业务量)

(三) 弹性预算的编制步骤

(1) 选择和确定各种经营活动的计量单位消耗量、人工小时、机器工时等。

(2) 预测和确定可能达到的各种经营活动业务量。在确定经济活动业务量时,要与各业务部门共同协调,一般可按正常经营活动水平的70%～120%之间范围确定,也可按过去历史资料中的最低业务量和最高业务量为上下限,然后再在其中划分若干等级,这样编出的弹性预算较为实用。

(3) 根据成本性态和业务量之间的依存关系,将企业生产成本划分为变动和固定两个类别,并逐项确定各项费用与业务量之间的关系。

(4) 计算各种业务量水平下的预测数据,并用一定的方式表示,形成某一项的弹性预算。

例 8.1 某公司销售部门某产品在正常情况下,全年销售额预计为 5 000 件。要求在其70%至120%之间按间隔10%的销售量以及按表8-1中的各项成本费用的标准编制其弹性预算。

表 8-1 各项成本费用

成本项目	费用与销售量的关系
销货佣金	按销量每件支付2元津贴
包装费	按销量每件支付1元津贴
装卸费	基本工资2 100元,另按销售每件支付1.5元津贴
管理人员工资	基本工资30 000元,另按销售每件支付0.1元津贴
保险费	2 000元
广告费	30 000元
办公费	40 000元

根据表8-1所列资料,按照弹性预算的编制步骤,编制该销售部门的推销及管理费用弹性预算如表8-2所示。

表 8-2　该销售部门推销及管理费用弹性预算表

费用项目	单位变动费用/(元/件)	销售量					
		35 000	40 000	45 000	50 000	55 000	60 000
变动费用：							
销货佣金	2.00	70 000	80 000	90 000	100 000	110 000	120 000
包装费	1.00	35 000	40 000	45 000	50 000	55 000	60 000
装卸费	1.50	53 500	60 000	67 500	75 000	82 500	90 000
管理人员	0.10	3 500	4 000	4 500	5 000	5 500	6 000
小计		162 000	184 000	207 000	230 000	253 000	276 000
固定费用：							
装卸费		2 100	2 100	2 100	2 100	2 100	2 100
管理人员		30 000	30 000	30 000	30 000	30 000	30 000
保险费		2 000	2 000	2 000	2 000	2 000	2 000
广告费		30 000	30 000	30 000	30 000	30 000	30 000
办公费		40 000	40 000	40 000	40 000	40 000	40 000
小计		104 100	104 100	104 100	104 100	104 100	104 100
合计		266 100	288 100	311 100	334 100	357 100	380 100

（四）弹性预算的优缺点及适用范围

弹性预算的优点：一方面能够适应不同经营活动情况的变化，扩大了预算的范围，可以更好地发挥预算的控制作用，避免了在实际情况发生变化时，对预算作频繁的修改；另一方面能够使预算对实际执行情况的评价与考核建立在更加客观可比的基础上。

弹性预算的缺点：用多水平法弹性预算评价和考核实际成本时，往往需要使用插补法来计算"实际业务量的预算成本"，比较麻烦。

弹性预算的适用范围：这种方法适用于各项随业务量变化而变化的项目支出，如学校的货物采购项目，由于学生的招生规模变化很大，因而可以根据预算年度计划招生人数、在校学生人数测算应添置的课桌凳、床的数量、教学楼防护维修或其他采购项目。

二、零基预算

零基预算是与增量预算相对的。传统的增量预算，一般是以基期的各种物流费用项目的实际开支数为基础，结合预算期内可能会使各种物流费用项目发生变动的有关因素,如业务量的增减等,然后确定预算期内应增减的数额,即在原有的基础上增加或减少一定的百分率来编制物流预算。这种方法过分受基期的约束,往往不能做到实事求是、精打细算,会造成较大的浪费,使企业的物流资源运用效率下降。

零基预算是"以零为基础的编制预算和计划的方法",是指在编制预算时对于所有的物流成本预算支出均以零为基础,不考虑前期的情况如何,重新研究分析每项预算是否有必要支出和支出数额的大小。一切预算收支都建立在成本效益分析的基础上,重新审查每项物流活动对实现企业目标的意义和效果,重新对各项物流活动进行优先次序排列,依据每项物流活动的重要程度和优先次序分配资金和其他资源,以此达到效益最大化。

零基预算过程就是对企业的所有物流活动进行再评价,看看哪些活动的资金应该取消,哪些活动的资金应该增加,哪些活动的资金应该减少,哪些活动的资金应当维持目前的水平,等等。

编制物流零基预算大体可以分为以下三个步骤:

(一) 提出物流预算目标

物流预算目标即由企业物流各部门和员工根据本企业在预算期内的总体经营目标和各部门应当完成的任务,在充分沟通酝酿的基础上提出必须安排的物流费用项目,并为每一物流费用项目编制一套开支方案,明确费用开支的目的和确切金额。

(二) 进行成本效益分析

成本效益分析即对每一个预算项目的所得与花费进行比较,以其计算、对比的结果衡量评价各预算项目的经济效益,在权衡各个物流费用开支项目轻重缓急的基础上,决定对所有预算项目资金分配的先后顺序。

(三) 分配资金,落实预算

分配资金即根据以上确定的预算项目的先后次序,将企业物流活动在预算期内可动用的资金或其他经济资源在有关项目之间进行合理分配,既保证优先预算项目的资金需要,又要使预算期内各项物流经营活动得以均衡协调发展。

例 8.2 假定某公司采用零基预算法编制下一年度物流费用预算,具体过程如下:

第一步,由物流部门根据企业下年度利润目标、销售目标和成本目标,以及物流部门具体承担的物流经营任务的要求,提出计划期各项费用及其水平,如表 8-3 所示。

表 8-3 计划期各项费用及其水平

单位：元

物流部门人员工资及福利费	300 000	仓库挑选、整理、保管费	20 000
物流设施设备折旧费	60 000	广告宣传费	400 000
生产要素采购费用	40 000	物流信息费	200 000

第二步，根据有关历史资料，对各种费用进行成本效益分析。

生产要素采购费用和仓库挑选、整理、保管费属于变动性物流费用，与特定的业务量相联系，是完成计划规定的物流业务活动必不可少的开支。

物流设施设备折旧费和物流部门人员工资及福利费属于约束性固定成本，仍是企业必不可少的开支项目。

广告宣传费和物流信息费属于酌量性固定成本，根据以往有关的平均费用金额和相应的平均收益金额计算成本效益比率，如表 8-4 所示。

表 8-4 计算成本效益比例

项目	平均费用金额/元	平均收益金额/元	成本效益比例/%
广告宣传费	20 000	600 000	30
物流信息费	15 000	300 000	20

第三步，安排各项费用的开支顺序。

生产要素采购费用和仓库挑选、整理、保管费是必须支出项目，需全额保证，列为第一层次。物流设施设备折旧费和人员工资福利费，列为第二层次。广告宣传费成本收益水平高于物流信息费，列为第三层次。物流信息费列为第四层次。

最后，分配现有资金和落实预算，如果企业物流部门费用预算总额为 900 000 元，则分配结果如表 8-5 所示。

表 8-5 分配现有资金和落实预算

单位：元

生产要素采购费用	40 000	广告宣传费	288 000
仓库挑选、整理、保管费	20 000	物流信息费	192 000
物流部门人员工资及福利费	300 000		
物流设施设备折旧费	60 000		
以上费用小计	420 000		

其中，

广告宣传费＝(900 000－420 000)×30÷50＝288 000(元)

物流信息费＝(900 000－420 000)×20÷50＝192 000(元)

零基预算的优点是不受历史资料和现行预算的限制，对一切物流业务活动及其费用开支都要像组织第一次创立一样，以零为起点来考虑其必要性和重要程度，然后重新分配企业的物流预算资金。因此，这种预算方式有利于提高员工的成本控制意识、可以有效地压缩经费开支，提高资金的使用效果和合理性。当然，零基预算法的工作量较增量预算繁重，所以企业可以每隔几年编制一次物流零基预算，而在其他时间仍编制增量预算。

三、滚动预算

滚动预算是与定期预算相对的。通常情况下，物流成本预算的预算期是1年，以便和会计年度相配合，对预算执行结果进行分析和评价。但是，这种固定以1年为期的预算在实际运用中存在诸多缺陷。比如，由于对预算年度中靠后月份的物流经营活动无法准确预测，企业在编制物流预算时只能对其进行大致的估计和推测，这就使预算数往往不能符合实际情况，给预算执行造成很大的困难。再如，固定期间的预算，在执行一段时期后，往往会使管理人员只考虑剩余月份的物流经济活动，因而缺乏长远打算。

为了解决定期预算的上述问题，企业可采用滚动预算的方法编制物流成本预算。这种方法要求预算始终保持12个月的时间跨度，其中前几个月的预算详细完整，后几个月的预算可以笼统概括一些。每过1个月(或季度)，就根据新的情况修订调整后几个月的预算使之逐渐细化，并在原有的预算期末补充1个月(或季度)的预算，逐期向后滚动。

滚动预算编制的示意图，如图8-1所示。

由于滚动预算的预算期不是固定的，而是连续不断的，故又被称为永续预算。这种预算方法符合企业持续经营的一般假设，使预算具有连续性和完整性，能够帮助管理者通过动态的预算过程，对企业未来较长一段时间的物流经营活动做出详细而全面的考虑。

此外，滚动预算方法符合人们对事物的认识过程，允许对预算做出调整和修正以适应变化了的实际情况，从而提高了预算的科学性和有效性。

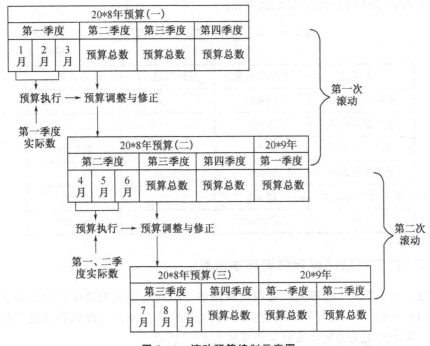

图 8-1 滚动预算编制示意图

第三节 按不同成本对象编制物流成本预算

一、按物流范围编制物流成本预算

按照物流范围编制的物流成本预算可以规划出计划期内各物流领域中的物流成本支出数目,从而作为各个领域的物流运营者降低物流成本的目标。以制造企业物流系统为例,按物流范围编制的物流成本预算在内容上可以包括供应物流成本预算、生产物流成本预算、销售物流成本预算、退货物流成本预算和废弃物流成本预算等内容,如表 8-6 所示。

在如表 8-6 所示按物流范围编制物流成本预算时,应注意几个问题:

(1) 预计增减比率的确定。该增减比率要考虑到物流业务量的变化,一般来讲,当业务量预计增加时,物流成本预算也会有所增加;同时还要考虑物流成本控制和降低的因素。

(2) 对每一项物流成本预算,应采用一定的技术方法对其进行细化。例如,将供应物流成本预算细化为材料费、人工费、折旧费、办公费等。

(3) 不同领域的物流成本预算除了可按年度编制以外,也可先按季、月编制,然后汇总编制年度预算。如果企业物流量较大,且不同月份的物流业务量增减变化较为明显,最好先按季分月编制预算。

表8-6 按物流范围的物流成本预算

单位:元

成本项目	上年实际数	预计增减/%	本年预算数
供应物流成本	80 000	－10	72 000
生产物流成本	120 000	－5	114 000
销售物流成本	150 000	＋8	162 000
退货物流成本	8 000	－50	4 000
废弃物流成本	10 000	－10	9 000
合计	368 000		361 000

二、按物流功能编制物流成本预算

按不同的物流功能编制的费用预算能够将不同功能的物流成本指标落实到具体的物流部门,从而有利于明确责任,提高物流部门及人员降低物流成本的积极性。按物流功能编制物流成本预算如表8-7所示。

表8-7 按物流功能的物流成本预算

单位:元

成本项目		上年实际数	本年预算数
物品流通费	包装费	60 000	64 000
	运输费	200 000	250 000
	仓储费	160 000	180 000
	装卸费	50 000	60 000
	流通加工费	—	—
	配送费	—	—
	合计	470 000	554 000
信息流通费		10 000	11 000
物流管理费		40 000	40 000
总计		520 000	605 000

(一) 包装成本预算的编制

包装成本是指商品包装过程中所发生的费用,它可分为直接包装费和间接包装费。直接包装费是指与商品包装业务量大小直接有关的各种费用,包括直接材料费、直接人工费和直接经费。间接包装费是指与各种商品包装有关的共同费用,如间接人工费和间接经费等。由于直接包装费随包装件数的增减而成比例增减,因此,直接包装费一般属于变动费用;相反,间接包装费则属于固定费用,但也有一部分间接包装费是半变动费用,如电费、煤气费、水费等。

在编制某类商品的包装成本预算时,先分析各类费用的变化特点,将其分类或分解成变动费用和固定费用两类,然后编制预算数据。直接包装费可按商品的包装件数乘以该商品每件的直接包装费计算确定。间接包装费可根据历史水平,结合计划期业务量的变动确定一个费用总额,然后按标准在各种包装对象之间进行分摊。

(二) 运输成本预算的编制

运输成本包括营业运输费和自营运输费两个部分。营业运输费是指利用营业性运输工具进行运输所支付的费用,自营运输费则是用自备运输工具进行运输所发生的费用,这两种费用在支付对象、支付形式及项目构成方面都有较大的差别。因而,必须区别对待,分别编制预算。

关于营业运输费预算的编制。在进行营业运输时,其运输费是直接以劳务费的形式支付给承运单位(运输企业)的。营业运输费实质上是一种完全的变动费用,因此这种运输费预算的编制较为简单。如果企业采用汽车运输,运输费可按汽车标准运输率乘以运输吨千米计算确定;如果采用火车运输,运输费可按铁路标准运输率乘以运输吨千米数计算确定;水路、航空运输等的运输费,依此类推计算。

自营运输费尽管费用项目比较复杂,但在构成上可分为:随运输业务量增减成比例增减的变动运输费,如燃料费、维修费、轮胎费等;不随运输业务量成比例变化的固定运输费,如运输工具的折旧费、保险费、养路费等。为了有效地实施预算控制,在编制自营运输费预算之前,首先需区分变动运输费和固定运输费,然后分别编制变动运输费和固定运输费预算,最后汇总形成运输费用预算数据。

例 8.3 某企业采用自营运输方式,预计本年度运输业务量将为 300 万吨千米。根据上年实际情况及本年变化因素,编制本年度运输成本预算如表 8-8 所示。

表 8-8 企业自营运输成本预算

单位:元

成本项目		上年实际数	本年预算数
物品流通费	包装费	60 000	64 000
	运输费	200 000	250 000
	仓储费	160 000	180 000
	装卸费	50 000	60 000
	流通加工费	—	—
	配送费		
	合计	470 000	554 000
信息流通费		10 000	11 000
物流管理费		40 000	40 000
总计		520 000	605 000

(三) 仓储成本预算的编制

仓储成本预算也是物流成本预算的重要组成部分。根据所使用的仓库是否归本企业所有,可将仓储形式分为自营仓储和营业仓储。由于自营仓储与营业仓储所支付的费用在形式与内容上都有很大的差别,不可等同对待,所以在编制仓储费预算时,也要分别编制营业仓储费预算和自营仓储费预算。

如果使用营业性仓储设备储存保管商品,只需向仓储企业支付一笔保管费,对于委托仓储的单位来说,所支付的保管费就是仓储费。仓储费的多少,往往因储存商品的价值大小、保管条件的好坏以及仓库网点所处的地理位置不同而有所不同。

自营仓储费预算的编制较营业仓储费预算复杂。这是因为自营仓储费包括的内容比营业仓储费多,计算起来比较麻烦。编制自营仓储费预算,也要区分变动仓储费和固定仓储费。属于变动仓储费的一般有转库搬运费、检验费、包装费、挑选整理费、临时人工工资及福利费、库存物资损耗等;属于固定仓储费的一般有仓储设备折旧费、修理费、管理人员的工资及福利费、保险费等。仓储费用中也有一部分是半变动费用,如其他人工费、材料费、动力费、水费、取暖费等。

自营仓储费预算可按月、季和年度编制。不论是月度、季度,还是年度预算,费用的计算方法基本相同。可根据上年统计数据结合考虑预算期的变化因素进行计算,然后编成预算表。

(四)装卸搬运成本预算的编制

装卸搬运费是指伴随商品包装、运输、保管、流通加工等业务而发生的商品在一定范围内进行水平或垂直移动所需要的费用。可以分为包装装卸搬运费、运输装卸搬运费、保管装卸搬运费和流通加工装卸搬运费等。如果在实际业务中单独计算装卸搬运费或进行这种分离很困难,也可以将装卸搬运费预算分别计算在相应的费用中,这样装卸搬运成本预算就包括在相应的费用预算中。

可以独立计算的装卸搬运费预算,也需区分变动费用和固定费用,分别编制预算再汇总形成装卸搬运成本预算数据。

(五)信息流通费预算的编制

信息流通费是指因处理、传输有关的物流信息而产生的费用,包括与订货处理、储存处理、为客户服务等有关的费用。在企业中,要将传输、处理的信息分为与物流有关的信息和物流以外的信息是十分困难的,但是把信息的传输处理所需要的费用进行上述分类,从物流成本的计算上讲却是十分重要的。物流信息流通费预算可以按其在全部信息费用中所占比例,结合物流业务量进行编制。

(六)物流管理费预算的编制

物流管理费是指进行物流的计划、调整、控制、监督、考核等活动所需要的费用。它既包括企业物流管理部门的管理费,也包括作业现场管理费。物流管理费多属于固定成本,其预算可按部门分别编制后汇总形成物流管理费预算数据。

思考题

1. 物流成本预算的作用是什么?
2. 物流成本预算的方法有哪些?各有何优缺点?

案例分析

SF 的精细化预算管理

全面预算管理是连接决策和控制的桥梁,是企业整合资源以提高资金使用效率的有效手段。通过预算管理,企业的经营目标变得明晰和可预见。尽管对于一个高速成长的企业而言,事前设定的预算指标体系在执行过程中可能面临诸多变化,但为了贯彻和监控公司战略目标的制定和实施,SF 速运集团(以下简称 SF)稳步推行了预算管理制度,并取得了较好的成效。

1. 预算组织机构

全面预算管理的组织机构包括预算管理委员会、预算管理领导小组、各区部预算工作组。

(1) 总部的预算管理委员会是实施全面预算管理的最高决策和管理机构，全面负责全网络预算工作，以预算会议的形式审议各所属单位的预算草案。其具体职责包括预算体系的建立、预算编报方法的确定、预算编报的指导、预算的审议和确定等。由总裁担任总部预算管理委员会主任，委员包括总部、各中心的总监和总部常委。

(2) 预算管理委员会下设预算管理领导小组，负责日常事务的处理，由总部财务总监兼任预算管理领导小组组长，由总部总裁办公室主任、财务中心会计处负责人任副组长，总部各中心职能处室负责人为成员。其具体职责包括负责制定预算管理的制度、规定和政策；负责制定预算编制的方针、程序、方法，负责安排预算编制的日程和预算编制的要求，负责组织预算模板的制定和审查，负责组织预算编制的培训和指导，负责组织预算的汇总和审议。

(3) 各区部成立预算工作组，全面负责本区部预算的编制、汇总、上报和落实等工作，由区部总经理任组长，区部财务负责人任副组长，组员包括区部各职能部门负责人和分部经理。

2. 预算体系的内容

全面预算包括业务预算、管理预算、投资预算和财务预算四部分内容。

(1) 业务预算也称经营预算，是对公司未来一年经营业务所取得的收入和成本进行的测算和规划。业务预算的编制应从最基层的经营单位做起。各点部应按照业务员一一核定；各分部应按照各点部一一核定；各区部应按照每个分部进行核定，逐级汇总上报，最后由总部营运中心按照每个区部进行核定，汇总后的业务预算各项指标必须同时满足总部总体目标的要求。

(2) 管理预算也称费用预算，是指根据业务预算和目标利润的要求，本着节约的原则，对计划期内各个单位、各个部门、各一环节必须发生的费用支出所做出的预计和规划，具体包括管理费用预算、营业费用预算和财务费用预算。费用预算采用逐级汇总的方式进行，由总部综合中心、财务中心和其他有关的中心负责审核确定，地区按照预算模板及编制要求进行。

(3) 投资预算也称资本支出预算，是指对企业在日常经营管理过程中购置资产、基建工程、装修工程、IT项目建设、对外投资等活动所做出的测算和规划，具体包括资产购置预算、基建工程预算、装修工程预算、IT项目预算、对外投资预算等。

(4) 财务预算是根据以上各项预算，由财务部门进行加工、汇总整理后编制的，用来综合反映计划年度的经营成果、财务状况、资金状况的预算，包括预计损益表、预计现金流量表、预计资产负债表等内容。

3. 预算编制流程

(1) 目标规划阶段

SF最高决策机构对SF未来1～3年的发展做出规划,制定《SF 3年发展规划纲要》,在此基础上对预算年度的业务增长指标和利润指标提出要求;财务中心根据确定的业务增长指标和利润指标,测算成本目标和费用目标;营销部门在市场预测的基础上,根据目标规划对营销进行策划、对营销模式进行规划、对业务的新增长点进行挖掘,制定《营销业务发展计划书》,从营销方面对业务发展目标进行论证;营运中心根据SF的发展规划,结合营销部门的业务规划和市场分析,在总结上年各地预算执行结果的基础上,对公司预算年度的业务发展做出合理预期,制定《业务发展计划书》。

(2) 目标确定阶段

营运中心根据本中心的各项规划书,对预算年度的业务发展目标和成本目标的调整提出要求和说明,提交预算管理委员会讨论通过;综合中心根据《人力资源规划书》和本中心的其他计划书,对预算年度的费用目标提出调整要求和说明,提交预算管理委员会讨论通过;其他中心对本中心的工作规划进行陈述和说明,提交预算管理委员会讨论通过;根据对预算年度目标的修订,财务中心对修订后的目标重新进行测算,得出调整后的利润目标,并将最终结果提交预算管理委员会讨论通过,形成预算年度的确定目标。

(3) 目标分解落实阶段

通过总部和区部、区部和分部、分部和点部的相互沟通,一方面是公司的各级经营管理者了解和掌握公司预算整体的发展思路、经营策略、市场定位、业务发展重点等的主要途径;另一方面是上级了解下级的经营情况、经营特点、特殊需求、存在问题、解决方案等的主要途径。经过互动式沟通,公司上下目标一致、思想一致、行动一致,确保总体目标的实现。对于地区来讲,目标分解的过程也是地区进行业务规划的过程。地区根据总部整体的发展规划、业务经营计划和各个中心的规划,结合当地的实际情况,对本地区的业务经营、网络建设、市场开发、人力资源等进行规划,制定相应的方案,配合总部的整体战略制定当地具体的战术。

(4) 预算编制阶段

预算编制采取"先自上而下,再自下而上"的方法。"自上而下"包含两个过程:第一,根据公司整体的经营目标,结合各地的实际情况,进行横向和纵向对比分析,在充分论证的基础上,对各区进行指标分解测算,可以直接下达各个地区,也可以不下达地区只作为审核地区预算的依据。第二,根据总部分解的指标,结合各地区实际进行目标规划,将地区的目标在地区范围按照分部和职能部门进行分解,形成各分部和职能部门的指标;各分部再将整个分部的指标在各个经营网点进行分解，形成各个网点的经营指标；依次层层分解，直到分解到各岗位甚至人员。"自下而上"也包括两个过程：第一，由各个地区在总结上年工作的基础上，充分分析内外部经营环境和经营条件，根据总部下达的指标要求，制定出本地区整体的经营目标；根据本地区经营目标的要求，由所属的分部、点部根据自身的经营能力、市场发展潜力等因素，制定本分部、点部的经营目标和全面预算。第二，各地区部结合本区部的目标要求，对各分部、点部的全面预算进行论证和调整，最终达到区部经营目标的要求，各区部将分部的预算汇总后，编制形成区部的全面预算，报总部审批。总部的预算管理委员会对地区上报的预算进行审议，对于不符合总部要求的，由地区根据预算管理委员会的要求进行调整，直至符合要求为止。

(5) 预算审核阶段

各地区将预算草案上报财务中心，财务中心初步审核后分别将各项预算分发给分管的处室进行审核；总部各分管处室对地区的预算草案按照上市要求进行审核，对不能满足编制要求或指标确定的不合理、不科学、不够积极先进的，应提出具体要求，直接和地区负责编报该项预算的部门沟通，要求地区修改，直至最后确定；经总部归口中心处室最终审核通过后，将最终定稿的预算返回给财务中心，由财务中心汇总，合并后回传给地区财务部；地区财务部根据总部财务中心返回的预算，提交地区预算工作小组讨论确认，将最终确认的预算草案报财务中心备审。

(6) 预算审议确认阶段

预算审议分地区进行，由地区总经理先对预算年度的目标规划进行陈述，同时对预算草案进行说明；总部相关处室负责对所管的预算项目进行补充说明，对有问题的预算指标进行进一步论证，地区负责解释说明；总部预算管理委员会成员对预算发表意见，对有问题的指标提出修改意见，地区按照审议的意见和建议对预算进行修改；地区将修改后的预算报总部分管处室确认，并将确认后的预算报总部财务中心；财务中心根据预算审议的修改建议，审核地区上报的预算，对于不能满足审议和要求的，返回地区重新调整；财务中心将调整后的预算提交总裁办公室最终确认，形成地区年度预算，同时将确定的年度预算按照分管内容，转发给相关的中心和处室；总裁办公室负责组织召开全网络工作总结大会，与地区总经理签订目标责任状。

4. 预算变更

预算变更主要是指因企业经营的复杂性、内外部条件和环境的多变性等产生的在日常经营和管理中发生的一些重大的、不可预知的经济事项，从而影响到预算总体的变化，使原有预算严重脱离实际，对考核和管理已失去意义，必须对原有预算进行新的调整和编报。预算变更涉及国家宏观经济政策调整、市场价格变化、公司组织结构调整、工资制度和绩效考核模式变动、营运模式的调整、业务增长超出预算范围的调整、新区设立、战略性投资等方面。

为强调预算变更的严肃性,每半年对预算变更一次。预算的变更必须经过预算管理委员会审议,形成决议以后才可以进行。预算的变更视同预算编制,由总部预算管理领导小组统一组织进行,财务中心负责整体预算的统一变更。

5. 预算额度调剂

预算额度调剂是指在年度预算审议通过后,由于实际情况发生变化,企业需要对预算的项目之间的额度进行调整,或者对预算的实施时间进行调整。预算额度的调剂一般不改变预算年度公司预算总额,而是将预算额度在年度内不同期间、不同部门或不同预算项目之间进行调整。

(1) 预算额度在项目间的调剂

原则上,一经审定、分解和执行后,各预算项目之间不得修改和调整。尤其是一些专项支出,更应保证专款专用,不得挪作他用。对于已经预算但因各种原因不再执行或开展的项目,应予以消减预算。对于事先未预计到实际必须开展的项目,应通过项目管理单独编报项目预算。对于日常的经营管理支出已经确定预算后,必须严格按照预算执行。

(2) 预算额度在时间上的调剂

由于实际情况发生变化,一些预算支出需要提前发生或推迟发生,企业需要对原有预算在时间上进行调整的,分以下情况执行:对于日常费用开支,允许费用向后递延,本期的费用额度没有用完,可以递延到以后时期,但是不得提前使用预算指标;对于资产购置预算或项目预算,可根据项目的进展和实际需要,提前或延后使用预算指标;无论是提前或延后使用预算指标,均不得增加预算额度,如因特殊情况需要追加预算的,应按照项目管理的规定办理。

(3) 预算在部门之间的调剂

对于收入、成本预算,地区可根据预算执行的情况,每半年调整一次;对于费用预算,地区在不增加额度的前提下可在部门之间自行进行调剂,每半年调整一次,报总部财务中心和相关处室备案,但成本、营业费用和管理费用之间不允许相互调剂;对于资产采购预算,地区可根据实际情况和需要,在不增加预算的前提下,自行在部门之间进行调剂,报总部财务中心和相关处室备案。营运用和行政用的设备和资产不允许相互调剂。

思考:SF 是如何实现预算管理精细化的?通过学习本案例,你得到了什么启示?

资料来源:吴可夫、杨雨清.SF 的预算管理怎样才能实现精细化?[EB/OL].(2010-05-08)https://www.docin.com/p-370608974.html.

技能训练

1. 光明运输公司维修车间正常情况下,通常每月消耗工时为 30 000 小时,其他各项成本费用资料如表 8-9。

表 8-9 成本费用资料表

序号	项目	固定费用/元	变动费用/(元/工时)
1	车间维护费	5 200	
2	折旧	8 200	
3	管理费	7 500	
4	保险费	6 600	
5	财产税	2 100	
6	材料费用		0.42
7	维护费用		0.40
8	水电费		0.50
9	机物料消耗		0.38
10	工人工资		0.60

要求:采用列表法在正常工时 90%~120% 的变动范围内,以 10% 的变动间隔来编制弹性预算表。

2. 华明流通加工企业通常每月正常工时为 30 000 小时,其他各项成本费用资料如表 8-10 所示。

表 8-10 成本费用资料表

序号	项目	固定费用/元	变动费用/(元/工时)
1	维护费	4 200	0.50
2	折旧	8 500	
3	管理费	7 500	
4	材料费		0.32
5	水电费		0.50
6	机物料消耗		0.18
7	工人工资	1 000	0.60

要求：利用公式法编制该企业的成本计算公式，并计算当消耗工时为正常工时的90%和110%时该企业的总成本。

3. 某物流公司现有一个6个月的产品流通加工生产任务，产品需要在加工车间生产，每件产品需要5小时加工，有关资料如下：

（1）车间现有200名工人，每天正常工作8小时，每小时的工资8元。

（2）如果正常时间不能完成任务可以加班生产，每小时的工资10元，每位工人每月加班时间不得超过60小时。

（3）工厂可以提供原材料外协加工，每月最多1 000件，每件产品的加工费1～2月为85元，3～6月为80元。

（4）可以延期交货，但6个月的总生产任务必须完成。每件产品延期1个月必须支付延期费用8元。

（5）已知1月月初有300件库存产品，为了预防产品需求量的波动，工厂决定每月月末最少要库存一定数量的产品（安全库存量），每月最大库存量不超过800件，每件产品1个月的储存费为1.2元。

（6）如果当月工人不够可以雇用新工人，对雇用工人除了支付工资外还要额外支付技术培训费800元。如果当月工人有剩余，工厂必须支付每人每月基本生活费400元。

（7）设备正常生产和加班生产的折旧费均为每小时6元。

（8）产品月末交货。6个月的需求量、每月正常生产天数、安全存量及每件产品其他费用如表8-11所示。

请根据以上资料制订6个月总成本最低的生产计划。

表8-11　6个月总成本最低的生产计划

	1月	2月	3月	4月	5月	6月
各期预测需求量/件	6 520	8 350	6 420	7 350	8 150	7 000
正常工作日/天	22	19	21	20	22	21
期末最小存量（安全存量）	350	450	400	580	350	400
每件产品的加工燃料消耗/元	0.8	1.0	0.8	0.5	0.6	0.7

第 9 章 物流成本分析

> 1. 熟悉物流成本分析的目的、程序；
> 2. 掌握物流成本分析的方法；
> 3. 理解物流成本结构分析的步骤；
> 4. 理解物物流成本比率分析。

第一节 物流成本分析概述

物流成本分析是利用物流成本核算资料与其他相关资料，全面分析物流成本水平及其构成的变动情况，系统研究影响成本升降的因素及形成原因，寻求降低成本的途径，挖掘降低成本的潜力，以取得更大经济效益的活动。

一、成本分析的目的

物流成本分析的主要目的是在实现既定的顾客服务水平的条件下，降低企业的物流成本，提高企业的竞争力。物流成本分析不只是对过去成本管理工作的总结和评价，更重要的是通过对过去企业物流成本支出规律的了解，正确评价企业物流成本计划的执行结果，揭示物流成本升降变动的原因，为编制物流成本预算和成本决策提供重要依据，指导未来成本管理工作。通过物流成本分析可以实现以下目的：

（一）检查企业物流成本计划执行的情况

健全的物流成本管理，要求事先按物流成本构成内容制订企业物流成本计划，期末通过各项物流成本的实际消耗与计划水平的比较，可以分析实际脱离计划的水平，进而评价企业物流成本计划执行的好坏。同时，根据实际脱离计划的偏差，进一步分析计划制订得是否科学合理，计划执行环节是否存在疏漏，从而为进一步提高计划制订水平和计划执行力度提供依据。

(二)查找企业物流成本升降的原因

通过对物流成本的横向和纵向比较,可以明确企业物流成本同以前年度和其他企业比是上升了还是下降了,通过企业物流成本内部结构的分析,进一步明确影响物流成本升降的具体成本项目有哪些,从更深层次探寻企业物流成本升降的原因,为企业控制和降低物流成本提供依据。

(三)寻求进一步降低企业物流成本的途径和方法

在对物流成本进行分析的过程中,可以了解到企业物流总成本及具体物流成本的增减情况,对增幅较大的物流成本项目,往往需做深层次的分析,以便明确较大增幅的物流成本是否带来了较多的物流收益或提供了较高水平的物流服务,否则,应详细分析物流成本增长的原因,并对增幅较大的物流成本,有针对性地采取降低成本的方法和措施。对负增长的物流成本,也并不意味着物流成本没有下降的潜力,同样需要分析物流成本和物流收益及物流服务水平之间的关系,若物流成本较小幅度的下降却带来了物流收益和物流服务水平较大幅度的下降,则应进一步分析物流成本是否有进一步下降的潜力,下降的具体举措和方法有哪些。

物流成本分析绝不是表象层次的分析和评价,分析时,物流成本无论是不变、上升还是下降,其背后都可能隐藏着物流成本进一步降低的潜力,都应积极寻求进一步降低物流成本的方法和途径。

二、成本分析的一般程序

物流成本分析工作程序是由分析人员根据分析目的、分析方法和特定分析对象设计确定的。尽管由于不同的人、不同的目的、不同数据范围、不同分析方法决定了不存在唯一通用分析程序,但物流成本分析工作也应该是有目的、有步骤、按程序进行的。一般应遵循以下基本程序:

(一)明确分析目的、选择确定分析标准

要明确物流成本分析的目的是为了了解物流成本计划的执行情况,还是为了评价本企业物流成本水平在行业内所处的水平。针对不同的分析目的,选择确定对比判断的基准。

(二)拟订分析计划

根据成本分析的要求,拟订分析工作计划,列出分析提纲,明确分析的主要问题和要求、分析时间、参加人员、所需资料、分析形式、调查内容以及组织分工等。

(三) 收集资料

收集与成本有关的各种计划资料、定额资料、核算资料等，必要时还要进行专门的调查研究，收集有关信息，以保证分析结果的准确性。

(四) 分析对比

在占有资料、信息的基础上，采用技术分析的方法，对成本指标进行分析，找出差距，查明原因。

(五) 总结改善

对分析的结果进行综合概括，写出书面分析报告，提出问题的改善措施并实施改善。

物流成本分析的过程实际上是一个定量分析与定性评价相结合的过程。定量分析是为确定物流成本指标变动幅度及其各因素影响程度而对物流成本变动数量的分析；定性分析是为揭示影响成本费用各因素的性质、内在联系及其变动趋势而对物流成本变动性质的分析。在物流成本分析评价的过程中，除了要获取数据信息，进行定量分析外，还应对整个评价过程进行定性分析，说明有关比率或指标值的内涵，解释其趋势及变动原因，帮助物流管理者进行决策。

三、企业物流成本技术分析方法

(一) 比较分析法

比较分析法是将实际达到的数据与特定的各种标准相比较，从数量上确定差异，并进行差异分析或趋势分析的一种分析方法。差异分析是通过差异来揭示成绩或差异，做出评价，找出产生差异的原因及其对差异的影响程度，为今后改进物流成本管理指引方向。趋势分析是将实际达到的结果，与不同时期企业物流成本同类指标的历史数据进行对比，从而确定物流成本变化趋势。比较的方法有横向比较法和纵向比较法。

1. 横向比较法

横向比较法是将实际达到的结果与某一标准进行比较。企业编制的比较物流成本表就是一种横向比较。选择最近两期的数据并列编制的比较物流成本表可以做差异分析，选择数期的数据并列编制的比较物流成本表可做趋势分析。现以甲企业物流成本表的部分数据为例，以表 9-1 列示其比较物流成本表。

表 9-1 甲企业比较物流成本表

单位：万元

成本项目		2021年度	2020年度	增加（减少）	
				金额	百分比
物流功能成本	运输成本	20	18	2	11.11%
	仓储成本	10	11	−1	−9.09%
	包装成本	6	6	0	0
	装卸搬运成本	11	9	2	22.22%
	流通加工成本	8	7	1	14.29%
	物流信息成本	9	8	1	12.50%
	物流管理成本	12	10	2	20.0%
	合计	76	69	7	10.14%
存货相关成本	流动资金占用成本	6	7	−1	−14.29%
	存货风险成本	2	3	−1	−33.33%
	存货保险成本	3	3	0	0
	合计	11	13	−2	−15.38%
其他成本		—	—	—	—
物流成本合计		87	82	5	6.10%

2. 纵向比较法

纵向比较法是以物流成本表的某一关键项目为基数项目，以其金额为100，而将其余项目的金额分别除以关键项目金额，计算出百分比。这个百分比表示各项目的比重，通过比重对各项目做出判断和分析。企业编制的只有百分比而没有金额的共同比物流成本表，就是纵向分析的一种重要形式。共同比物流成本表通常以物流总成本作为基数。仍以甲企业为例，编制共同比物流成本表，如表 9-2 所示。

表9-2　甲企业共同比物流成本表

%

成本项目		2021年度
物流功能成本	运输成本	22.99
	仓储成本	11.49
	包装成本	6.90
	装卸搬运成本	12.64
	流通加工成本	9.20
	物流信息成本	10.34
	物流管理成本	13.79
	合计	87.35
存货相关成本	流动资金占用成本	6.90
	存货风险成本	2.30
	存货保险成本	3.45
	合计	12.65
其他成本		—
物流成本合计		100

共同比物流成本表也可用于几个会计期间的比较，为此而编制的物流成本表称为比较共同比物流成本表。它通过物流成本表各项目所占百分比的比较，不仅可以看出其差异，而且通过数期比较，还可以看出其变化趋势。其主要优点是便于对不同时期物流成本表的相同项目进行比较，从而可以观察到相同项目变化的一般趋势。仍以甲企业为例，编制比较共同比物流成本表，如表9-3所示。

表9-3　甲企业比较共同比物流成本表

%

成本项目		2021年度	2020年度
物流功能成本	运输成本	22.99	21.95
	仓储成本	11.49	13.41
	包装成本	6.90	7.32
	装卸搬运成本	12.64	10.98
	流通加工成本	9.20	8.54

续表 9 - 3

成本项目		2021 年度	2020 年度
物流功能成本	物流信息成本	10.34	9.76
	物流管理成本	13.79	12.19
	合计	87.35	84.15
存货相关成本	流动资金占用成本	6.90	8.54
	存货风险成本	2.30	3.66
	存货保险成本	3.45	3.65
	合计	12.65	15.85
其他成本		—	—
物流成本合计		100	100

采用比较分析法时,应注意对比指标的可比性与指标差异的确定。指标可比性指对比指标采用的计量单位、计价标准、时间单位、指标内容和计算方法等都应具有可比的基础和条件。在同类企业比较物流成本指标时,还必须考虑它们在技术经济上的可比性。指标差异的确定是指差异如果是绝对数,则采用两个指标相减的差额来表示;如果是相对数,则将两个基本点指标相除,取其两者的比率来表示。

(二) 比率分析法

比率分析法是通过计算、比较经济指标的比率,来确定相对数差异的一种分析方法。比率是相对数,采用这种方法,要把分析对比的数值变成相对数,计算出各种不同的比率,然后进行比较,从确定的比率差异中发现问题。在物流成本评价中,比率分析法是指在物流成本表的不同项目之间,或在物流成本表与其他财务报表的有关项目之间进行对比分析,以计算出的比率反映各项目之间的相互关系,据此评价企业的物流成本水平。

由于比率是由密切关联的两个或两个以上的相关数字计算出来的相对数,排除了规模的影响,所以通过比率分析,往往利用一个或几个比率就可以揭示出企业的物流成本水平。例如,物流成本与销售收入的比率,可以反映出单位销售额的物流成本水平,便于不同规模企业的比较。比率分析法比比较分析法更具有科学性和可比性,它可以适用于不同经营规模企业之间的对比。

(三) 因素分析法

因素分析法是依据分析指标与其影响因素的关系,从数量上确定各因素对分析指标影响方向和影响程度的一种方法。

1. 具体分析方法

在测定有关因素对某一物流成本指标的影响时,首先要以基期物流成本指标为基础,把各个因素的基期按照一定的次序依次以实际数来替代,每替代一个,就得出一个新的结果。在按次序替代第一个因素时,假定其他因素不变即保持基期水平。在按次序逐个替代其他因素时,在已替代过的因素的实际数基础上进行,其余尚未替代过的因素,仍保持基期水平,如此替代下去,最后一次替代指标就是实际指标。将每次替代后的指标与该因素替代前的指标相比较,两者的差额就是某一因素的影响程度。将各个因素的影响数值相加,就是实际指标与基期指标之间的总差异。

因素分析法的具体方法包括连环替代法、定基替代法、差额计算法和指标分解法。这里主要介绍连环替代法和差额计算法两种方法。

(1) 连环替代法。连环替代法是指确定影响因素,并按照一定的替换次序逐个因素替换,计算出各因素对物流成本相关指标影响程度的一种计算方法。

例 9.1 A 企业本年度和上年度存货占用自有资金所发生的机会成本、存货平均余额和企业内部收益率资料如表 9-4 所示。

表 9-4 A 企业隐形物流成本情况一览表

项目	本年度	上年度	差异
机会成本/万元	1.125	1	0.125
存货平均余额/万元	25	20	5
内部收益率/%	4.5	5	−0.5

从表 9-4 可以看出,本年度与上年度机会成本的差异数为 0.125 万元。机会成本的计算公式如下:

存货占用自有资金所发生的机会成本 = 存货平均余额 × 内部收益率

按上述计算公式,则

上年度存货占用自有资金所发生的机会成本 = 20 × 5% = 1(万元)

(式 9.1)

第一次替代:以本年度存货平均余额替代

存货占用自有资金所发生的机会成本 = 25 × 5% = 1.25(万元) (式 9.2)

第二次替代:以本年度内部收益率替代

存货占用自有资金所发生的机会成本 = 25 × 4.5% = 1.125(万元) (式 9.3)

根据上述计算结果,可以计算出存货平均余额和内部收益率两个因素变动对本年度和上年度存货占用自有资金所发生的机会成本差异数的影响:

存货平均余额对差异的影响数 = (式 9.2) − (式 9.1) = 1.25 − 1
= 0.25(万元)

内部收益率对差异的影响数=(式 9.3)-(式 9.2)=1.125-1.25
$$=-0.125(万元)$$

汇总各因素的影响数=存货平均余额影响数+内部收益率影响数
$$=0.25-0.125=0.125(万元)$$

根据上述计算可以得出如下评价:本年度存货占用自有资金所发生的机会成本比上年度增加 0.125 万元,其主要原因是:本年度存货平均余额比上年度增加 5 万元,从而使本年度存货占用自有资金所发生的机会成本比上年度增加了 0.25 万元;本年度内部收益率比上年度降低了 0.5%,从而使本年度存货占用自有资金所发生的机会成本比上年度减少了 0.125 万元。因此,降低存货余额是今后努力的方向。

(2) 差额计算法。差额计算法是因素分析法实际运用的一种简化形式。它的计算程序是:首先,计算各个因素的差额;其次,如果影响因素是两个,那么以第一个因素的差额乘以第二个因素的上年数(或计划数等其他数值),求出第一个因素的影响程度,以第二个因素的差额乘以第一个因素的本年数(或实际数等其他数值),求出第二个因素的影响程度;最后,汇总各个因素对物流成本指标差异数的影响。

仍以表 9-4 的资料为例。

第一步,计算各因素的差额:

存货平均余额差异=本年度存货平均余额-上年度存货平均余额
$$=25-20=5(万元)$$

内部收益率差异=本年度内部收益率-上年度内部收益率
$$=4.5\%-5\%=-0.5\%$$

第二步,计算各因素的变动对存货占用自有资金所发生的机会成本的影响数额:

存货平均余额变动的影响额=存货平均余额差异×上年度内部收益率
$$=5\times5\%=0.25(万元)$$

内部收益率变动的影响额=内部收益率差异×本年度存货平均余额
$$=(-0.5\%)\times25=-0.125(万元)$$

第三部,汇总各个因素的影响数:

存货占用自有资金所发生的机会成本的差异额=0.25-0.125=0.125(万元)

2. 因素分析法在使用时应该注意以下几个问题

要按照影响因素与物流成本指标之间的因果关系,确定影响因素,并依据各个影响因素的依存关系确定计算公式。只有按照因果关系确定影响因素,才能说明物流成本指标的变动是由哪些因素变化所导致的结果。

计算过程的假设性。在分析计算各个因素的影响数时,假设影响数是在某一因素变化而其他因素不变的情况下得出的,这是一个假设,但它是分别计算各个因素影响数的前提条件。

因素替代的顺序性。在运用因素分析法时,要按照影响因素和物流成本相关指标的因果关系,确定合理的替代顺序,且每次分析时,都要按照相同的替代顺序进行计算,才能保证因素影响数的可比性。

确定替代顺序的原则:先数量指标,后质量指标;先实物量指标,后货币量(价格)指标;先主要指标,后次要指标。例如:"产量"是数量指标,"单耗"和"单价"都是质量指标;而"单耗"和"单价"中,"单耗"是实物量指标,"单价"是货币量指标。所以替代顺序为:材料成本=产量×单耗×单价。

第二节 企业物流成本结构分析

物流成本结构分析是以共同比物流成本表和比较共同比物流成本表的形式,来反映不同物流成本项目以及范围物流成本和支付形态物流成本在物流总成本中所占的百分比,以及该百分比在企业不同时期的比较、与其他企业之间的比较,进而明确企业降低物流成本的取向,了解物流成本结构的变化趋势,把握企业物流成本结构的合理性。

一、物流成本结构分析思路

(一)计算结构百分比

企业物流成本计算对象包括三个维度,即物流成本项目维度、物流范围维度和物流成本支付形态维度,在计算物流成本结构百分比的过程中,应根据企业实际和物流成本管理的具体要求,选择上述一个或全部维度,分别计算结构百分比,并以共同比物流成本表的形式来反映。

(二)与企业上期和行业内其他企业做比较

在计算出企业本期物流成本结构百分比后,应分别计算出企业上期以及行业内其他企业相同维度或相同项目的物流成本的结构百分比,并以比较共同比物流成本表的形式反映,以便和企业本期进行比对。

(三)根据计算结果进行分析评价

对于共同比物流成本表的结果,要分析在整个物流成本的构成中,哪个或哪几个具体的物流成本项目或范围物流成本或支付形态物流成本所占的比重最大,明确成本改进的取向,并针对这个或这几个具体的项目做进一步深入的分析,指明问题所在。对于比较共同比物流成本表,通过比较企业本期和上期有关项目的结构百分比,分析不同年度企业各项目比重的变化,针对结构比重差异比较大的项目做进一步分析,从中发现问题;通过比较企业和行业内其他企业各项目的结构百分比,尤其是通过与行业标杆企业的比较,明确企业当前物流成本的项目结构是否合理,若有关项目结构差异较大,应分析具体原因。

二、物流成本项目结构分析

按成本项目构成将物流成本分为物流功能成本和存货相关成本,其中物流功能成本又包括运输成本、仓储成本、包装成本、装卸搬运成本、流通加工成本、物流信息成本和物流管理成本;存货相关成本包括流动资金占用成本、存货风险成本和存货保险成本。物流成本项目结构分析就是要分析上述各具体成本项目在物流总成本中所占的比重,以便对物流成本管理工作做出评价。

(一)物流成本项目结构的总体分析

分析物流成本项目结构,首先应分析在物流总成本中,物流功能成本和存货相关成本所占的比重。

例 9.2 甲企业和行业标杆企业乙企业的有关资料见表 9-5,进行物流成本项目结构的总体分析。

表 9-5 甲、乙企业物流成本信息表

单位:万元

成本项目		甲企业 2021 年度	甲企业 2020 年度	乙企业 2021 年度
物流功能成本	运输成本	20	18	16
	仓储成本	10	11	12
	包装成本	6	6	7
	装卸搬运成本	11	9	12
	流通加工成本	8	7	8
	物流信息成本	9	8	11
	物流管理成本	12	10	10
	合计	76	69	76
存货相关成本	流动资金占用成本	6	7	5
	存货风险成本	2	3	2
	存货保险成本	3	3	2
	合计	11	13	9
其他成本		—	—	—
物流成本合计		87	82	85

根据上述资料,编制甲企业 2020 年度、2021 年度及乙企业 2021 年度物流成本项目结构总体分析表,如表 9-6 所示。

表 9-6　甲企业、乙企业比较共同比物流成本表

%

成本项目	甲企业 2021 年度比重	甲企业 2020 年度比重	乙企业 2021 年度比重
物流功能成本	87.36	84.15	89.41
存货相关成本	12.64	15.85	10.59
物流总成本	100	100	100

根据表 9-6 的资料,可做如下分析:

(1) 2021 年度甲企业物流成本的总体构成中物流功能成本占 87.36%,存货相关成本占 12.64%。从表层看,物流功能成本在物流总成本中占有相当大的比重,是今后降低和控制物流成本的主要取向,但存货相关成本是否有下降潜力,仍需做进一步的细化分析后才能确定。

(2) 与 2020 年度相比,甲企业 2021 年物流功能成本和存货相关成本在物流总成本中所占的比重差异不大,物流功能成本比重上升了 3.21%,存货相关成本比重下降了 3.21%,具体原因需做进一步分析。

(3) 2021 年甲企业与乙企业相比,物流功能成本和存货相关成本在物流总成本中所占的比重差异也不大,物流功能成本比重比乙企业少了 2.05%,存货相关成本比重比乙企业多了 2.05%,与乙企业相比,甲企业存货相关成本比重上升,初步分析有可能甲企业期末存货余额加大,导致流动资金占用成本上升,但具体原因仍需做进一步分析。

(二) 物流成本项目结构的具体分析:物流功能成本项目结构分析

仍以表 9-5 的有关资料为依据,编制甲企业 2020 年度、2021 年度及乙企业 2021 年度物流功能成本项目结构分析表,如表 9-7 所示。

表 9-7　甲企业、乙企业比较共同比物流功能成本项目结构分析表

%

成本项目	甲企业 2021 年度比重	甲企业 2020 年度比重	乙企业 2021 年度比重
运输成本	26.32	26.09	21.05
仓储成本	13.16	15.94	15.79
包装成本	7.89	8.70	9.21
装卸搬运成本	14.47	13.04	15.79

续表9-7

成本项目	甲企业2021年度比重	甲企业2020年度比重	乙企业2021年度比重
流通加工成本	10.53	10.14	10.53
物流信息成本	11.84	11.59	14.47
物流管理成本	15.79	14.50	13.16
物流功能成本合计	100	100	100

根据表9-7的资料,可做如下分析:

(1)甲企业2021年物流功能成本中运输成本所占比重最大,为26.32%,其次为物流管理成本、装卸搬运成本和仓储成本,其比重分别为15.79%、14.47%、13.16%。上述四项成本合计占物流功能成本的69.74%,因此有必要对上述四项成本从物流范围和支付形态方面做进一步的分析。

(2)与2020年相比,甲企业2021年各成本项目占物流功能成本的比重差异不大,说明物流功能成本构成结构相对稳定,比重变化趋势不明显。

(3)2021年甲企业与乙企业相比,除运输成本和物流信息成本在物流功能成本中所占比重有一定差异外,其他各项成本所占比重差异不大,其中运输成本所占比重甲企业比乙企业高5.27%,物流信息成本所占比重甲企业比乙企业低2.63%,说明进一步分析甲企业运输成本的构成及产生原因极为必要。甲企业物流信息成本所占比重比乙企业低,可能有两个原因:一是甲企业物流信息成本控制较好;二是甲企业运用信息化手段进行物流成本管理程度低,所以需要结合企业实际情况做具体分析。

(三)物流成本项目结构的具体分析:存货相关成本项目结构分析

仍以表9-5的有关资料为依据,编制甲企业2020度、2021度及乙企业2021年度存货相关成本项目结构分析表,如表9-8所示。

表9-8 甲企业、乙企业比较共同比存货相关成本项目结构分析表

%

成本项目	甲企业2021年度比重	甲企业2020年度比重	乙企业2021年度比重
流动资金占用成本	54.55	53.85	55.56
存货风险成本	18.18	23.08	22.22
存货保险成本	27.27	23.07	22.22
存货相关成本合计	100	100	100

根据表9-8的资料,可做如下分析:

(1)甲企业2021存货相关成本中,流动资金占用成本所占比重最大,达54.55%,所以,要想降低存货相关成本进而降低物流总成本,应首先从降低流动资金占用成本入手,详细分析影响流动资金占用成本的各个因素及影响程度,这需要做进一步分析。

(2)与2020相比,甲企业2021有关项目占存货相关成本的比重差异不大,说明存货相关成本构成结构相对稳定,比重变化趋势不明显。

(3)2021甲企业与乙企业相比,流动资金占用成本在存货相关成本中所占的比重差异不大,说明流动资金占用成本水平相对合理,存货风险成本和存货保险成本在存货相关成本中所占的比重有一定差异,这种差异反映了企业存货保管水平和风险意识的不同。

(四)物流成本项目结构的进一步分析:相关物流功能成本物流范围结构分析和物流成本支付形态结构分析

前面的分析中,我们认为,需要对物流功能成本中所占比重较大的运输成本、物流管理成本、装卸搬运成本和仓储成本做进一步的分析,下面我们以运输成本为例进一步分析其物流范围结构和支付形态结构。甲、乙企业有关物流成本信息资料见表9-9、表9-10。

表9-9 甲、乙企业有关物流成本信息一览表

单位:万元

项目		甲企业2021年度	甲企业2020年度	乙企业2021年度
运输成本	供应物流	10	10	10
	企业内物流	1.0	2	
	销售物流	7.5	6	6
	回收物流	1.0		
	废弃物物流	0.5		
	小计	20.0	18	16
物流管理成本	供应物流	4.0	3	4
	企业内物流	3.0	3	2
	销售物流	4.0	4	4
	回收物流	0.5		
	废弃物物流	0.5		
	小计	12.0	10	10

续表 9-9

项目		甲企业 2021 年度	甲企业 2020 年度	乙企业 2021 年度
装卸搬运成本	供应物流	4.0	4	6
	企业内物流	2.0	1	2
	销售物流	4.0	4	4
	回收物流	0.5		
	废弃物物流	0.5		
	小计	11.0	9	12
仓储成本	企业内物流	10.0	11	12
合计		53.0	48	50

表 9-10 甲、乙企业有关物流成本信息一览表

单位:万元

项目		甲企业 2021 年度	甲企业 2020 年度	乙企业 2021 年度
运输成本	人工费	13	10	8
	维护费	5	6	6
	一般经费	2	2	2
	小计	20	18	16
物流管理成本	人工费	7	5.0	4
	维护费	1	0.5	1
	一般经费	4	4.5	5
	小计	12	10.0	10
装卸搬运成本	人工费	5.0	4	5
	维护费	4.5	4	5
	一般经费	1.5	1	2
	小计	11.0	9	12
仓储成本	人工费	3.5	4	4
	维护费	5.0	6	6
	一般经费	1.5	1	2
	小计	10.0	11	12
合计		53.0	48.0	50

根据上述资料,分别对有关物流功能成本做进一步分析。

(1) 运输成本物流范围结构分析。根据表 9-9 的有关资料,编制甲企业 2020、2021 年度及乙企业 2021 年度运输成本物流范围的结构分析表,如表 9-11 所示。

表 9-11 甲、乙企业运输成本物流范围结构分析表

%

项目		甲企业 2021 年度比重	甲企业 2020 年度比重	乙企业 2021 年度比重
运输成本	供应物流	50.0	55.56	62.5
	企业内物流	5.0	11.11	
	销售物流	37.5	33.33	37.5
	回收物流	5.0		
	废弃物物流	2.5		
	合计	100.0	100.00	100.0

根据表 9-11 的资料,可做如下分析:

① 甲企业 2021 年度运输成本中,供应物流成本和销售物流成本所占比重很大,分别为 50% 和 37.5%,合计达 87.5%。同时,由于企业内部也发生一部分短途运输业务,所以企业内运输成本在运输成本总额中也占有一定比重。另外,2021 年度企业也发生了退货、返修以及废旧物品处理等运输业务。不过,就比重而言,供应和销售阶段运输成本所占比重最大,应成为成本降低的取向。

② 与 2020 年度相比,甲企业 2021 年度各物流范围运输成本占总运输成本的比重差异不大。

③ 2021 年度甲企业与乙企业相比,供应物流运输成本占总运输成本的比重有一定差异,甲企业比乙企业少 12.5 个百分点,但乙企业 2021 年度在企业内物流、回收物流和废弃物物流阶段未发生运输成本。另外,甲、乙两企业销售物流运输成本占总运输成本的比重持平,均为 37.5%。

(2) 运输成本支付形态结构分析。根据表 9-10 的有关资料,编制甲企业 2020、2021 年度及乙企业 2021 年度运输成本支付形态结构分析表,如表 9-12 所示。

表 9-12　甲乙企业运输成本支付形态结构分析表

%

	项目	甲企业 2021 年度比重	甲企业 2020 年度比重	乙企业 2021 年度比重
运输成本	人工费	65	55.56	50.0
	维护费	25	33.33	37.5
	一般经费	10	11.11	12.5
	小计	100	100	100.0

根据表 9-12 的资料,可做如下分析:

①甲企业 2021 年度运输成本中,人工费和维护费所占比重最大,分别为 65% 和 25%,合计达 90%,要想降低运输成本,应首先从降低人工费和维护费入手,应详细分析人工费和维护费的支出明细,寻找成本下降点。

②与 2020 年度相比,甲企业 2021 年度人工费支出占运输成本的比重高出近 10 个百分点,应进一步分析人工费支出增加的原因,明确是由于增加了司机,人头数增加导致了人工费支出的增加,还是由于人工费列支和控制方面存在问题,应将 2021 年度人工费支出明细与 2020 年度做详细比对,寻找原因。

③2021 年度甲企业与乙企业相比,人工费占运输成本的比重有一定差异,甲企业比乙企业高 15 个百分点,进一步说明了 2021 年度甲企业人工费支出可能存在一定问题,应做进一步分析。

(3) 物流管理成本物流范围结构分析。根据表 9-9 的有关资料,编制甲企业 2020、2021 年度及乙企业 2020 年度物流管理成本物流范围结构分析表,如表 9-13 所示。

表 9-13　甲、乙企业物流管理成本物流范围结构分析表

%

	项目	甲企业 2021 年度比重	甲企业 2020 年度比重	乙企业 2021 年度比重
物流管理成本	供应物流	33.33	30	40
	企业内物流	25.00	30	20
	销售物流	33.33	40	40
	回收物流	4.17		
	废弃物物流	4.17		
	小计	100.00	100	100

根据表 9-13 的资料,可做如下分析:

①甲企业 2021 年度物流管理成本中,供应物流、销售物流和企业内物流成本

所占比重较大,分别为 33.33%,33.33%和 25.00%,合计达 91.66%,同时,甲企业 2021 年度也发生了退货、返修以及废旧物品处理等业务,所以物流管理成本在回收物流和废弃物物流阶段也发生了一定支出。

② 与 2020 年度相比,2021 年度甲企业销售物流范围管理成本占物流管理总成本的比重下降 6.67 个百分点,下降原因有可能与销售物流业务减少有关,也可能与成本控制有关,详细原因应做进一步分析。

③ 2021 年度甲企业与乙企业相比,各物流范围成本占物流管理总成本的比重差异不大,说明企业物流管理工作集中体现在供应、企业内和销售物流三个阶段。

(4)物流管理成本支付形态结构分析。根据表 9-10 的有关资料,编制甲企业 2020、2021 年度及乙企业 2021 年度物流管理成本支付形态结构分析表,如表 9-14 所示。

表 9-14 甲、乙企业物流管理成本支付形态结构分析表

%

项目		甲企业 2021 年度比重	甲企业 2020 年度比重	乙企业 2021 年度比重
物流管理成本	人工费	58.33	50	40
	维护费	8.33	5	10
	一般经费	33.34	45	50
	小计	100.00	100	100

根据表 9-14 的资料,可做如下分析:

① 甲企业 2021 年物流管理成本中,人工费和一般经费所占比重最大,分别为 58.33%和 33.34%,合计达 91.67%,所以,要想降低物流管理成本,首先应从降低人工费和一般经费入手,详细分析人工费和一般经费的支出明细,逐一查明各明细支出是否合理。

② 与 2020 年相比,甲企业 2021 年度一般经费支出占物流管理成本的比重低近 12 个百分点,说明企业 2021 年度一般经费支出的控制较好。

③ 2021 年度甲企业与乙企业相比,各支付形态成本占物流管理成本的比重有一定差异。就人工费支出比重而言,甲企业比乙企业高 18.33 个百分点;就一般经费支出而言,甲企业比乙企业低 16.66 个百分点。应进一步分析这种支付形态结构是否合理。

(5)装卸搬运成本物流范围结构分析。根据表 9-9 的有关资料,编制甲企业 2020、2021 年度及乙企业 2021 年度装卸搬运成本物流范围结构分析表,如表 9-15 所示。

表 9-15 甲、乙企业装卸搬运成本物流范围结构分析表

%

项目		甲企业2021年度比重	甲企业2020年度比重	乙企业2021年度比重
装卸搬运成本	供应物流	36.36	44.44	50.00
	企业内物流	18.18	11.11	16.67
	销售物流	36.36	44.45	33.33
	回收物流	4.55		
	废弃物物流	4.55		
	小计	100.00	100.00	100.00

根据表 9-15 的资料,可做如下分析:

①甲企业 2021 年度装卸搬运成本中,供应物流和销售物流所占比重最大,均为 36.36%,合计达 72.72%,同时,甲企业 2021 年度也发生了退货、返修以及废旧物品处理等业务,所以装卸搬运成本在回收物流和废弃物物流阶段也发生了一定支出。

②与 2020 年度相比,甲企业 2021 年度在剔除回收物流和废弃物物流的影响因素后,各物流范围成本占装卸搬运总成本的比重大致相当,说明装卸搬运业务主要集中在供应物流和销售物流阶段。

③ 2021 年度甲企业与乙企业相比,供应物流成本占装卸搬运总成本的比重下降了 13.64 个百分点,从表 9-15 的数据可看出,下降的比重基本由回收物流和废弃物物流所占比重抵补。

(6)装卸搬运成本支付形态结构分析。根据表 9-10 的有关资料,编制甲企业 2020、2021 年度及乙企业 2021 年度装卸搬运成本支付形态结构分析表,如表 9-16 所示。

表 9-16 甲、乙企业装卸搬运成本支付形态结构分析表

%

项目		甲企业2021年度比重	甲企业2020年度比重	乙企业2021年度比重
装卸搬运成本	人工费	45.45	44.44	41.67
	维护费	40.91	44.44	41.67
	一般经费	13.64	11.12	16.66
	小计	100.00	100.00	100.00

根据表 9-16 的资料,可做如下分析:

①甲企业 2021 年度装卸搬运成本中,人工费和维护费所占比重最大,分别为

45.45%和40.91%,合计达86.36%,所以,要想降低装卸搬运成本,应首先从降低人工费和维护费入手,要详细分析人工费和维护费的支出明细,逐一查明各明细支出是否合理。当然,还应考虑是否由于业务需要,增加了装卸搬运设施和人员等。

②与2020年度相比,甲企业2021年度各支付形态支出占装卸搬运成本的比重大致相当,说明比重变化较平稳。

③2021年度甲企业与乙企业相比,各支付形态成本占装卸搬运成本的比重大致相当,说明各结构支出较合理。

(7) 仓储成本支付形态结构分析。根据表9-10的有关资料,编制甲企业2020、2021年度及乙企业2021年度仓储成本支付形态结构分析表,如表9-17所示。

表9-17 甲、乙企业仓储成本支付形态结构分析表

%

项目		甲企业2021年度比重	甲企业2020年度比重	乙企业2021年度比重
仓储成本	人工费	35	36.36	33.33
	维护费	50	54.55	50.00
	一般经费	15	9.09	16.67
	小计	100	100.00	100.00

根据表9-17的资料,可做如下分析:

①甲企业2021年度仓储成本中,人工费和维护费所占比重很大,分别为35%和50%,合计达85%。维护费所占比重较大,可能是由于仓储折旧费和维修费支出较多,具体原因应详细分析。

②与2020年度相比,甲企业2021年度各支付形态成本占仓储成本的比重大致相当,说明比重变化较平稳。

③2021年度甲企业与乙企业相比,各支付形态成本占仓储成本的比重大致相当,说明各结构支出较合理。

三、物流范围成本结构分析

按物流范围划分可将物流成本分为供应物流成本、企业内物流成本、销售物流成本、回收物流成本和废弃物物流成本,物流范围成本结构分析就是要分析各范围物流成本在物流总成本中所占的比重,并对比重较大的物流范围成本做进一步分析,以确定物流成本的改进取向。

(一) 物流范围成本结构的总体分析

分析物流范围成本结构,首先应分析在物流总成本中,各物流范围成本所占

的比重。

例 9.3 现以丙企业和丁企业的有关资料为例进行物流范围成本结构分析,资料见表 9-18。

表 9-18 丙、丁企业物流成本信息表

单位:万元

物流范围成本	丙企业 2021 年度	丙企业 2020 年度	丁企业 2021 年度
供应物流成本	50	45	52
企业内物流成本	15	12	16
销售物流成本	40	40	43
回收物流成本	2		
废弃物物流成本	1		
合计	108	97	111

根据上述资料,编制丙企业 2020、2021 年度及丁企业 2020 年度物流范围成本结构总体分析表,如表 9-19 所示。

表 9-19 丙、丁企业物流范围成本结构总体分析表

单位:万元

物流范围成本	丙企业 2021 年度比重	丙企业 2020 年度比重	丁企业 2021 年度比重
供应物流成本	46.30	46.39	46.85
企业内物流成本	13.89	12.37	14.41
销售物流成本	37.04	41.24	38.74
回收物流成本	1.85		
废弃物物流成本	0.92		
合计	100.00	100.00	100.00

根据表 9-19 的资料,可做如下分析:

(1) 在丙企业 2021 年度物流成本的总体构成中,供应物流和销售物流成本所占比重最大,分别为 46.30% 和 37.04%,合计达 83.34%。从这一层面看,企业物流成本支出的重点主要发生在供应和销售物流阶段,因此,供应物流成本和销售物流成本是成本降低的主要取向,应对其支出明细做进一步分析,必要时,也应对企业内物流成本做一定分析。

(2) 与 2020 年度相比,丙企业 2021 年度各物流范围成本在物流总成本中所占的比重差异不大,说明两年间物流范围成本支出结构变动趋势不明显。

(3) 2021年度丙企业与丁企业相比,各物流范围成本在物流总成本中所占的比重大致相当,说明丙企业物流范围成本支出结构相对合理。

(二) 物流范围成本结构的具体分析:物流范围成本支付形态结构分析

根据以上所做的物流范围成本结构的总体分析,我们对供应物流成本和销售物流成本做进一步分析。丙企业2020、2021年度及丁企业2021年度供应物流及销售物流成本有关支付形态资料见表9-20。

表9-20 丙、丁企业物流范围成本支付形态信息一览表

单位:万元

物流范围成本		丙企业2021年度	丙企业2020年度	丁企业2021年度
供应物流成本	自营	40	45	52
	委托	10		
	小计	50	45	52
销售物流成本	自营	35	40	43
	委托	5		
	小计	40	40	43
合计		90	85	95

(1) 供应物流成本支付形态结构分析。根据表9-20的有关资料,编制丙企业2020、2021年度及丁企业2021年度供应物流成本支付形态结构分析表,如表9-21所示。

表9-21 丙、丁企业供应物流成本支付形态结构分析表

%

供应物流成本	丙企业2021年度比重	丙企业2020年度比重	丁企业2021年度比重
自营	80	100	100
委托	20		
小计	100	100	100

根据表9-21的资料,可做如下分析:

①丙企业2021年度供应物流成本的总体构成中自营和委托成本的比重分别为80%和20%,应对自营和委托成本的构成内容做进一步分析。

②与2020年度以及丁企业2021年度相比,丙企业2021年度供应物流阶段发生了委托成本支出,说明丙企业2021年物流业务运作方式发生了改变,这种运作方式的改变是否合理,是否符合成本效益原则,还应结合收入情况和成本控制

情况做进一步分析。

（2）销售物流成本支付形态结构分析。根据表 9-20 的有关资料，编制丙企业 2020、2021 年度及丁企业 2021 年度销售物流成本支付形态结构分析表，如表 9-22 所示。

表 9-22　丙、丁企业销售物流成本支付形态结构分析表

%

销售物流成本	丙企业 2021 年度比重	丙企业 2020 年度比重	丁企业 2021 年度比重
自营	87.5	100	100
委托	12.5		
小计	100.0	100	100

根据表 9-22 的资料，可做如下分析：

①丙企业 2021 年度销售物流成本的总体构成中自营和委托成本的比重分别为 87.5% 和 12.5%。应对自营和委托成本的构成内容做进一步分析。

②与 2020 年度以及丁企业 2021 年度相比，丙企业 2021 年度销售物流阶段发生了委托成本支出，说明丙企业 2021 年度物流业务运作方式发生了改变，这种运作方式的改变是否合理，是否符合成本效益原则，还应结合收入情况和成本控制情况做进一步分析。

（三）物流范围成本结构的进一步分析：自营物流成本项目结构分析

根据前面的分析可知，自营物流成本项目结构分析，又包括自营物流成本在供应阶段和在销售阶段构成情况的分析。丙企业 2020、2021 年度及丁企业 2021 年度自营物流成本在供应及销售阶段有关成本项目资料见表 9-23。

表 9-23　丙、丁企业自营物流成本在供应及销售物流阶段信息一览表

单位：万元

物流范围成本		丙企业 2021 年度	丙企业 2020 年度	丁企业 2021 年度
供应物流	运输成本	20	25	25
	装卸搬运成本	10	12	15
	物流信息成本	4	3	5
	物流管理成本	6	5	7
	小计	40	45	52

续表 9-23

物流范围成本		丙企业 2021 年度	丙企业 2020 年度	丁企业 2021 年度
销售物流	运输成本	14	20	22
	装卸搬运成本	5	10	7
	流通加工成本	3	2	
	物流信息成本	5	3	6
	物流管理成本	8	5	8
	小计	35	40	43
合计		75	85	95

（1）自营物流成本在供应阶段成本项目构成。根据表 9-23 的资料，编制丙企业 2020、2021 年度及丁企业 2021 年度自营物流成本在供应阶段成本项目构成表，如表 9-24 所示。

表 9-24 丙、丁企业自营物流成本在供应阶段成本项目构成表

%

供应物流成本	丙企业 2021 年度比重	丙企业 2020 年度比重	丁企业 2021 年度比重
运输成本	50	55.56	48.08
装卸搬运成本	25	26.67	28.85
物流信息成本	10	6.67	9.62
物流管理成本	15	11.10	13.45
小计	100	100.00	100.00

根据表 9-24 的资料，可做如下分析：

①丙企业 2021 年度自营物流成本在供应物流阶段成本项目构成比例中，运输成本和装卸搬运成本所占比重较大，分别为 50% 和 25%，物流信息成本和物流管理成本所占比重相对较低，但也分别达到了 10% 和 15%，因此有必要对上述各项目物流成本进一步分析其细化的支付形态，尤其是运输成本，了解其人工费、维护费和一般经费的具体构成内容，从而明确物流成本改进的取向。

②与 2020 年度相比，丙企业 2021 年度自营物流成本在供应阶段各成本项目占成本项目合计的比重相差不大，2021 年度运输成本所占比重比 2020 年度低 5.56 个百分点，物流信息成本和物流管理成本所占比重分别比 2020 年度高 3.3 和 3.9 个百分点，这种差异是否合理，可根据管理需要做进一步分析。

③与丁企业相比，丙企业 2021 年度自营物流成本在供应阶段各成本项目占成本项目合计的比重基本持平，说明这样一种结构分布较合理。

(2) 自营物流成本在销售阶段成本项目构成。根据表 9-23 的资料,编制丙企业 2020、2021 年度及丁企业 2021 年度自营物流成本在销售阶段成本项目构成表,见表 9-25。

表 9-25 丙企业、丁企业自营物流成本在销售阶段成本项目构成表

%

销售物流成本	丙企业 2021 年度比重	丙企业 2020 年度比重	丁企业 2021 年度比重
运输成本	40.00	50.0	51.16
装卸搬运成本	14.29	25.0	16.28
流通加工成本	8.57	5.0	
物流信息成本	14.29	7.5	13.95
物流管理成本	22.85	12.5	18.61
小计	100.00	100.0	100.00

根据表 9-25 的资料,可做如下分析:

①丙企业 2021 年度自营物流成本在销售物流阶段成本项目构成比例中,运输成本和物流管理成本所占比重较大,分别为 40.00% 和 22.85%,其次为装卸搬运成本和物流信息成本,其比重均为 14.29%,也发生了一部分流通加工成本。为进一步了解各成本项目的支付形态,也可根据需要对有关项目成本的支付形态做进一步分析和确认。

②与 2020 年度相比,丙企业 2021 年度自营物流成本在销售阶段各成本项目占成本项目合计的比重相差较大,其中 2021 年度运输成本和装卸搬运成本所占比重均比 2020 年度降低了约 10 个百分点,物流信息成本和物流管理成本所占比重分别比 2020 年度上升了 6.79 个和 10.35 个百分点,两个年度间这种支出结构差异应引起重视,应具体分析是否与企业物流成本管理策略改变有关,分析物流信息成本和物流管理成本支出比重上升是否合理。

③与丁企业相比,丙企业 2021 年度运输成本支出比重比丁企业降低了 11.16 个百分点,物流管理成本支出比重比丁企业上升了 4.24 个百分点,进一步说明了丙企业 2021 年度物流成本管理和经营策略可能发生改变,应进一步获取企业物流成本管理及运作方面的信息做分析。

(四) 物流范围成本结构的进一步分析:委托物流成本项目结构分析

由前面的分析可知,委托物流成本项目结构分析,又包括委托物流成本在供应阶段和在销售阶段构成情况的分析。根据丙企业及丁企业有关物流成本资料可知,丙企业 2020 年度及丁企业 2021 年度未发生委托物流成本支出,只有丙企业 2021 年度发生了委托物流成本支出。丙企业 2021 年度委托物流成本在供应

及销售阶段有关成本项目资料及结构百分比见表9-26。

表9-26 丙企业2021年委托物流成本在供应及销售阶段成本信息一览表

委托物流成本		2021年成本/万元	2021年成本比重/%	完成同样业务预计自营物流成本/万元	预计自营比委托成本高/万元
供应物流	运输成本	7	70	8	1
	装卸搬运成本	3	30	2.5	-0.5
	小计	10	100	10.5	0.5
销售物流	运输成本	4	80	4.5	0.5
	装卸搬运成本	1	20	0.8	-0.2
	小计	5	100	5.3	0.3

根据表9-26的计算结果，可知无论在供应阶段还是销售阶段，运输成本在委托物流成本中占有较大比重，丙企业2020年未发生委托物流成本，可能意味着2021年丙企业首次将部分物流业务进行外包。实际上，由于不同企业及业务物流外包的程度可能不同，对于企业委托物流成本支出是否合理，进行这种简单的结构分析意义不大。从控制物流成本的角度看，企业应将委托物流成本与完成同样物流业务所需要的自营物流成本进行比较，从而确定外包物流是否合算。从表9-26中可知，无论在供应阶段还是销售阶段，完成运输业务预计自营物流成本均比委托物流成本高，说明将运输业务外包较为合算，而装卸搬运业务预计自营物流成本支出均比委托物流成本低，说明企业自营装卸搬运业务更为节省成本。当然，这只是依据数据所做的较为简单的分析，更深入的分析还应结合企业物流管理战略进行。

四、物流成本支付形态结构分析

按支付形态可将物流成本划分为自营物流成本和委托物流成本，其中自营物流成本又可以分为材料费、人工费、维护费、一般经费和特别经费。物流成本支付形态结构分析就是要分析各支付形态成本在物流总成本中所占的比重，了解各支付形态成本支出结构，为降低物流成本提供依据。

（一）物流成本支付形态结构的总体分析

分析物流成本支付形态结构，首先应分析在物流总成本中，自营和委托物流成本所占的比重。

例 9.4 以 E 企业和 F 企业的有关资料为例进行分析,具体资料见表 9-27。

表 9-27　E、F 企业物流成本信息表

单位:万元

物流范围成本		E 企业 2021 年度	E 企业 2020 年度	F 企业 2021 年度
自营物流成本	材料费	1.5	1	1
	人工费	13.0	12	10
	维护费	17.0	18	15
	一般经费	5.5	5	6
	特别经费	3.0	2	3
	小计	40.0	38	35
委托物流成本		15.0	10	13
合计		55.0	48	48

根据上述资料,编制 E 企业 2020、2021 年度及 F 企业 2021 年度物流成本支付形态结构总体分析表,如表 9-28 所示。

表 9-28　E 企业、F 企业物流成本支付形态结构总体分析表

%

物流支付形态成本	E 企业 2021 年度比重	E 企业 2020 年度比重	F 企业 2021 年度比重
自营物流成本	72.73	79.17	72.92
委托物流成本	27.27	20.83	27.08
合计	100.00	100.00	100.00

根据表 9-28 的资料,可做如下分析:

(1) E 企业 2021 年度物流成本总体构成中自营和委托物流成本所占比重分别为 72.73% 和 27.27%,说明 E 企业已将一部分物流业务进行了外包,且占有相当比重,应对委托物流成本与完成同等物流业务量的预计自营物流成本进行比较,以确定外包物流业务是否合算。对所占比重较大的自营物流成本也应进一步分析其具体的支付形态,从而确定物流成本降低的取向。

(2) 与 2020 年度相比,E 企业 2021 年度自营物流成本支出比重下降 6.44 个百分点,委托物流成本支出比重上升 6.44 个百分点,说明企业 2021 年物流外包业务程度加大,这种运作策略是否合理,还应做进一步分析。

(3) 2021 年 E 企业与 F 企业相比,各物流支付形态成本在物流总成本中所占比重大致相当,说明 E 企业物流成本支付形态结构相对合理。

（二）物流成本支付形态结构的具体分析：自营物流成本支付形态结构分析

根据表 9-27 的资料，编制 E 企业 2020、2021 年度及 F 企业 2021 年度自营物流成本支付形态结构分析表，如表 9-29 所示。

表 9-29　E 企业、F 企业自营物流成本支付形态结构分析表

%

自营物流支付形态成本	E 企业 2021 年度比重	E 企业 2020 年度比重	F 企业 2021 年度比重
材料费	3.75	2.63	2.86
人工费	32.50	31.58	28.57
维护费	42.50	47.37	42.86
一般经费	13.75	13.16	17.14
特别经费	7.50	5.26	8.57
小计	100.00	100.00	100.00

根据表 9-29 的资料，可做如下分析：

（1）E 企业 2021 年自营物流成本中，维护费和人工费支出比重较大，分别为 42.50% 和 32.50%。其次为一般经费和特别经费，其支出比重分别为 13.75% 和 7.50%。企业可根据实际情况，选择对其中一部分或全部支付形态成本做进一步分析。此处我们选择对维护费进行进一步分析。

（2）与 2020 年度相比，E 企业 2021 年度除了维护费支出比重有所下降外，其他支付形态比重变化不大，说明自营物流成本各支付形态结构相对稳定。

（3）与 F 企业相比，E 企业 2021 年度人工费支出比重略有上升，一般经费支出比重略有下降，这两种形态费用支出的此消彼长是否合理，还需做进一步分析。但总体来说，2021 年度 E 企业和 F 企业的支付形态比重差异不大，说明 E 企业 2021 年度支付形态结构相对合理。

（三）物流成本支付形态结构的具体分析：委托物流成本支付形态结构分析

根据表 9-28 的资料可知，E 企业 2021 年度与 2020 年度以及与 F 企业 2021 年度相比，委托物流成本在自营物流成本中所占比重基本相当，说明这种支出结构相对稳定和合理。由于委托物流成本的支付有时是不分具体成本项目的整体支付方式，有时是按具体成本项目来支付，分析委托物流成本中各成本项目所占比重意义不大，将委托物流成本与完成同等业务量的预计自营物流成本做比较分析，更具意义。

（四）物流成本支付形态结构的进一步分析

根据前面分析结果，物流成本支付形态结构的进一步分析，主要是对维护费、

人工费和特别经费做进一步分析。现以 E 企业 2020 年、2021 年及 F 企业 2021 年度维护费为例进行分析。具体成本项目资料见表 9-30。

表 9-30 E、F 企业自营物流成本支付形态及项目成本一览表

单位：万元

物流支付形态项目成本		E 企业 2021 年度	E 企业 2020 年度	F 企业 2021 年度
维护费	运输成本	4.0	4	4.0
	仓储成本	8.0	10	7.0
	包装成本	0.5	1	0.5
	装卸搬运成本	1.5	1	1.0
	流通加工成本	1.0	1	0.5
	物流信息成本	2.0	1	2.0
	小计	17.0	18	15.0
人工费	运输成本	3.0	2	2.0
	仓储成本	1.5	2.0	1.5
	包装成本	2.0	2.0	1.5
	装卸搬运成本	3.0	2.5	2.5
	流通加工成本	1.0	1.0	0.5
	物流信息成本	1.5	1.5	1.0
	物流管理成本	1.0	1.0	1.0
	小计	13.0	12.0	10.0
特别经费	流动资金占用成本	2.0	1.0	2.0
	存货风险成本	0.4	0.3	0.5
	存货保险成本	0.6	0.7	0.5
	小计	3.0	2.0	3.0
合计		33.0	32.0	28.0

(1) 维护费用成本项目结构分析。根据表 9-30 的资料，编制 E 企业、F 企业维护费成本项目结构一览表，见表 9-31。

表 9-31　E、F 企业维护费成本项目结构一览表

%

维护费项目成本	E 企业 2021 年度比重	E 企业 2020 年度比重	F 企业 2021 年度比重
运输成本	23.53	22.22	26.67
仓储成本	47.06	55.56	46.67
包装成本	2.94	5.56	3.33
装卸搬运成本	8.82	5.56	6.67
流通加工成本	5.88	5.56	3.33
物流信息成本	11.77	5.54	13.33
小计	100	100	100

根据表 9-31，可做如下分析：

① E 企业 2021 年度维护费总额中，仓储成本和运输成本所占比重较大，分别为 47.06% 和 23.53%，其余依次为物流信息成本、装卸搬运成本、流通加工成本和包装成本。因维护费的具体构成内容又包括维修费、折旧费、租赁费等内容，所以有必要对支出比重较大的仓储及运输成本按维护费的支出细目逐一进行分析，以判定各项支出是否合理。

② 与 2020 年度相比，E 企业 2021 年度各项目成本占维护费的比重中，仓储成本比重下降了 8.5 个百分点，应进一步分析企业 2020 年度是否对仓库进行了大修；物流信息成本比重上升了 6.23 个百分点，应进一步分析企业 2021 年度是否投入了新的物流信息软件及设施，其他项目成本占维护费的比重差异不大，支出结构相对稳定。

③ 与 F 企业相比，E 企业 2021 年度维护费中各项目成本所占比重差异不大，说明这种支出结构相对合理。

(2) 人工费成本项目结构分析。根据表 9-30 的有关资料，编制 E 企业及 F 企业人工费成本项目结构一览表，如表 9-32 所示。

表 9-32　E、F 企业人工费成本项目结构一览表

%

人工费项目成本	E 企业 2021 年度比重	E 企业 2020 年度比重	F 企业 2021 年度比重
运输成本	23.08	16.67	20
仓储成本	11.54	16.67	15
包装成本	15.38	16.67	15

续表 9-32

人工费项目成本	E企业2021年度比重	E企业2020年度比重	F企业2021年度比重
装卸搬运成本	23.08	20.83	25
流通加工成本	7.69	8.33	5
物流信息成本	11.54	12.50	10
物流管理成本	7.69	8.33	10
小计	100.00	100.00	100

根据表9-32,可做如下分析:

① E企业2021年度人工费支出总额中,运输成本和装卸搬运成本所占比重最大,均为23.08%;另外,包装成本、仓储成本、物流信息成本所占比重均在10%以上。就整个支出结构而言,各成本项目支出较为均衡。当然,不同项目成本中,人工费对应的人数相差较大,人均人工费支出也有较大差异。各项支出是否合理,还应结合以前年度和其他企业的支出情况做进一步分析。

② 与2020年度相比,E企业2021年度人工费支出中,运输成本比重上升了6.41个百分点,仓储成本比重下降了5.13个百分点,其他项目成本比重变化不大。初步分析,E企业2021年度可能增加了司机人数或提高了司机人工费支出,同时减少了仓库保管人员或降低了仓储人员人工费支出。这种调整是否合理,应做进一步分析。

③ 与F企业相比,E企业2021年度人工费支出中,各成本项目结构差异不大,说明这种支出结构相对合理。

(3) 特别经费成本项目结构分析。根据表9-30的有关资料,编制E企业及F企业特别经费成本项目结构一览表,如表9-33所示。

表9-33 E、F企业特别经费成本项目结构一览表

%

特别经费项目成本	E企业2021年度比重	E企业2020年度比重	F企业2021年度比重
流动资金占用成本	66.67	50	66.67
存货风险成本	13.33	15	16.67
存货保险成本	20.00	35	16.66
小计	100.00	100	100.00

根据表9-33,可做如下分析:

① E企业2021年度特别经费支出中,流动资金占用成本所占比重最大,达66.67%,所以应对流动资金占用成本做进一步分析。流动资金占用成本又受资

金占用水平和利率的影响，所以，有必要运用因素分析法分别分析资金占用水平和利率水平对流动资金占用成本的影响，以便为存货成本管理提供依据。

②与 2020 年度相比，E 企业 2021 年度流动资金占用成本所占比重高 16.67 个百分点，初步说明 E 企业 2020 年度存货管理水平好于 2021 年度。

③与 F 企业相比，E 企业 2021 年度特别经费中各项目成本所占比重大致相当，说明这种支出结构较合理。

在本节，我们分别以物流成本项目、物流范围和物流成本支付形态三个维度作为分析起点，对其结构进行了总体分析、具体分析和进一步分析。结构分析的主要目的在于寻找降低企业物流成本的切入点，并通过与企业前期和其他企业的比较，分析结构的稳定性和合理性。结构分析的主要思路是以某一成本计算对象作为分析起点，层层展开，层层推进，一般需要经过三个层次的分析，找到影响企业物流成本的最基本、最重要的因素。当然，仅仅依靠结构分析所得出的评价也是最本原和最表层的，还需要结合其他分析方法和有关管理信息，做进一步分析和评价。同时，企业也没有必要分别以物流成本项目、物流范围和物流成本支付形态三个维度作为分析起点——进行分析，而应结合企业的实际情况和管理重点，选择以其中一个或两个维度为起点进行分析。

另外，本节介绍的内容及相关案例均是以生产企业或流通企业为背景，而物流企业由于不涉及物流范围成本，所以在对物流企业有关成本结构进行分析和评价时，仅需要按照成本项目和支付形态两个维度展开进行，选择其中一个维度作为分析起点，逐一展开分析至另一个维度细目即可。

第三节　物流成本增减变动分析和趋势分析

物流成本增减变动和趋势分析是企业在不同期间、实际与计划、企业和其他企业之间的差异分析和企业在若干期间发展趋势分析。与结构分析相比，两者最大的区别是：结构分析是纵向分析，增减变动和趋势分析是横向分析。

一、物流成本增减变动和趋势分析思路

（一）计算物流成本增减变动绝对额和相对额以及若干期间物流成本的趋势百分比

无论是计算增减变动额还是趋势百分比，均可根据企业实际情况和物流成本管理要求，在物流成本项目、物流范围和物流成本支付形态三个维度中选择一个维度作为计算和分析起点，层层展开分析，这一点与结构分析的思路一致。

（二）根据计算结果进行分析评价

在对物流成本增减变动情况进行评价时，应从不同的维度出发，分析在物流

成本总额中,哪些具体项目增减变动幅度最大,并对增减变动幅度较大的项目做具体和进一步的分析,找出成本上升或下降的真正原因;在对物流成本变动趋势进行分析时,应分别按物流成本项目、物流范围和物流成本支付形态三个维度,来评价其趋势变动情况,说明这种趋势变动是否合理。要注意,任何分析都不能仅仅基于数字表面提供的信息,还应结合其他分析方法及企业管理信息做进一步分析。

二、物流成本增减变动分析

在物流成本增减变动分析中,我们也分别以物流成本项目、物流范围和物流成本支付形态三个维度为起点,逐一分别进行分析,评价企业物流成本增减变动是否合理,寻找降低企业物流成本的切入点。在选择的分析案例中,以企业上一年度和行业其他企业的物流成本作为比较标准,以物流成本项目作为起点进行分析。

(一)物流成本项目增减变动分析

1. 物流成本项目增减变动的总体分析

例 9.5 仍以表 9-5 甲企业和乙企业的有关资料作为分析依据。根据表 9-5,编制甲企业物流项目成本增减变动分析表,见表 9-34。

表 9-34 甲企业物流项目成本增减变动分析表

金额单位:万元

成本项目		甲企业2021年度	甲企业2020年度	乙企业2021年度	甲企业2021年度比2020年度增减		甲企业2021年度比乙企业2021年度增减	
					金额	百分比/%	金额	百分比/%
物流功能成本	运输成本	20	18	16	2	11.11	4	25.00
	仓储成本	10	11	12	−1	−9.09	−2	−16.67
	包装成本	6	6	7	0	0	−1	−14.29
	装卸搬运成本	11	9	12	2	22.22	−1	−8.33
	流通加工成本	8	7	8	1	14.29	0	0
	物流信息成本	9	8	11	1	12.50	−2	−18.18
	物流管理成本	12	10	10	2	20.00	2	20.00
	小计	76	69	76	7	10.14	0	0

续表 9-34

成本项目		甲企业 2021 年度	甲企业 2020 年度	乙企业 2021 年度	甲企业 2021 年度比 2020 年度增减		甲企业 2021 年度比乙企业 2021 年度增减	
					金额	百分比/%	金额	百分比/%
存货相关成本	流动资金占用成本	6	7	5	−1	−14.29	1	20
	存货风险成本	2	3	2	−1	−33.33	0	0
	存货保险成本	3	3	2	0	0	1	50
	小计	11	13	9	−2	−15.38	2	22.22
其他成本								
物流成本合计		87	82	85	5	6.10	2	2.35

根据表 9-34，可做如下分析：

(1) 甲企业 2021 年物流总成本比 2020 年增长 6.10%，比乙企业 2021 年高 2.35%，其中对于物流功能成本，甲企业 2021 年比 2020 年增长 10.14%，与乙企业持平；对于存货相关成本，甲企业 2021 年比 2020 年下降 15.38%，比乙企业高 22.22%。物流总成本的增长是否合理，还应结合收益的增长情况做进一步分析。

(2) 在物流功能成本中，甲企业 2021 年与 2020 年相比，除仓储成本下降了 9.09 个百分点，包装成本持平，其他各项功能成本均大幅增长，增长幅度均在 10% 以上；甲企业 2021 年与乙企业比较，运输成本高 25.00%，物流管理成本高 20.00%，流通加工成本持平，其他各项成本均大幅下降。综合甲企业 2021 年与 2020 年及与乙企业 2021 年各项成本的比较情况，其运输成本和物流管理成本均大幅增长，运输成本分别增长 11.11% 和 25.00%，物流管理成本均增长 20.00%，所以有必要对这两项成本做进一步分析。

(3) 在存货相关成本中，甲企业 2021 年度与 2020 年度相比，除存货保险成本持平，流动资金占用成本和存货风险成本均大幅下降，说明甲企业 2021 年度资金和存货管理水平有所提高；甲企业 2021 年度与乙企业相比，存货风险成本持平，流动资金占用成本和存货保险成本增幅较大，说明甲企业与标杆企业相比，资金和存货管理水平有进一步提升的潜力，所以，有必要对流动资金占用成本运用因素分析法做进一步分析。

2. 物流成本项目增减变动的具体分析

在物流成本项目增减变动的总体分析中，认为有必要对运输成本、物流管理成本和流动资金占用成本做进一步分析，下面一一进行分析。

(1) 运输成本和物流管理成本支付形态增减变动分析。这里，仍选择甲、乙企业作为分析案例。甲、乙企业有关资料详见表 9-10。根据表 9-10 的有关信息,编制甲企业运输成本和物流管理成本支付形态增减变动分析表,如表 9-35 所示。

表 9-35　甲企业运输成本和物流管理成本支付形态增减变动分析表

单位:万元

成本项目		甲企业2021年度	甲企业2020年度	乙企业2021年度	甲企业2021年度比2020年度增减		甲企业2021年度比乙企业2021年度增减	
					金额	百分比/%	金额	百分比/%
运输成本	人工费	13	10.0	8	3.0	30.00	5	62.50
	维护费	5	6.0	6	-1.0	-16.67	-1	-16.67
	一般经费	2	2.0	2	0	0	0	0
	小计	20	18.0	16	2.0	11.11	4	25.00
物流管理成本	人工费	7	5.0	4	2.0	40.00	3	75.00
	维护费	1	0.5	1	0.5	100.00	0	0
	一般经费	4	4.5	5	-0.5	-11.11	-1	-20.00
	小计	12	10.0	10	2.0	20.00	2	20.00

根据表 9-35,可做如下分析:

①对于运输成本,甲企业 2021 年度比 2020 年度增长 11.11%,比乙企业 2021 年度高 25.00%。从表 9-35 可看出,主要是由于人工费的大幅增长,与 2020 年度和乙企业 2021 年度相比,分别增长 30.00% 和 62.50%。应进一步分析运输成本中人工费增长的原因。一般说来,在运输量没有出现较大变化,且维护费和一般经费都没有增长的情形下,人工费的大幅增长可能存在一定问题,应查明原因,明确是记账或计算错误,还是增加了员工福利,或是增加了司机,增加司机后工作量是否饱和等,应对人工费支出按人头、支出明细逐一进行核对检查。

②对于物流管理成本,甲企业 2021 年度比 2020 年度以及比乙企业 2021 年度均增长了 20.00%。从表 9-35 可看出,其主要原因也是人工费的大幅增长。与 2020 年度和乙企业 2021 年度相比,分别增长了 40.00% 和 75.00%。所以,也应对物流管理成本的人工费支出做详细分析。鉴于运输成本和物流管理成本人工费支出均有大幅增长,可能是甲企业 2021 年度工资政策、员工福利待遇发生变化,也可能是记账方法发生改变,详细原因应做进一步分析。

(2) 运输业务和物流管理业务物流范围成本增减变动分析。甲、乙企业有关资料详见表 9-9。根据表 9-9 的有关信息,编制甲企业运输业务和物流管理业务物流范围成本变动分析表,如表 9-36 所示。

表 9-36 甲企业运输业务和物流管理业务物流范围成本变动分析表

单位:万元

成本项目		甲企业2021年度	甲企业2020年度	乙企业2021年度	甲企业2021年度比2020年度增减		甲企业2021年度比乙企业2021年度增减	
					金额	百分比/%	金额	百分比/%
运输成本	供应物流	10.0	10	10	0	0	0	0
	企业内物流	1.0	2		−1.0	−50		
	销售物流	7.5	6	6	1.5	25	1.5	25
	回收物流	1.0						
	废弃物物流	0.5						
	小计	20.0	18	16	2.0	11.11	4.0	25
物流管理成本	供应物流	4.0	3	4	1.0	33.33	0	0
	企业内物流	3.0	3	2	0	0	1.0	50
	销售物流	4.0	4	4	0	0	0	0
	回收物流	0.5						
	废弃物物流	0.5						
	小计	12.0	10	10	2.0	20.00	2.0	20

根据表 9-36,可做如下分析:

①对于运输成本,甲企业 2021 年度比 2020 年度增长 11.11%,比乙企业 2021 年度高 25%,从表 9-36 可看出,主要是由于销售阶段运输成本增长造成的,甲企业 2021 年度销售阶段运输成本比 2020 年度及比乙企业 2021 年度均增长 25%,所以应对销售环节的运输业务做进一步分析,分析各项支出明细,明确成本改进取向。

②对于物流管理成本,甲企业 2021 年度比 2020 年度以及比乙企业 2021 年度均增长了 20.00%,从表 9-36 可看出,甲企业 2021 年度供应阶段物流管理成本比 2020 年度增长了 33.33%,甲企业 2021 年度企业内物流阶段物流管理成本比乙企业高 50%。所以,有必要对甲企业物流管理成本在供应物流和企业内物流的支出情况做进一步分析。由于物流管理成本对于物流范围对象而言,多数是间接成本,需要按照作业成本法的思路进行分配,这里有资源动因和作业动因的统计问题,因此,分析物流管理成本在不同物流范围阶段的发生情况,有时会受统计和计算等因素的影响,应考虑这一问题。

(3)流动资金占用成本增减变动分析。根据表 9-34 的有关信息可知,甲企业 2021 年度、甲企业 2020 年度、乙企业 2021 年度流动资金占用成本分别为 6 万元、7 万元、5 万元。经查明细资料得知,甲、乙企业流动资金占用成本包括两部分内容:一是支付银行流动资金借款利息支出;二是存货占用自有资金所发生的机会成本,有关详细资料分别如表 9-37、表 9-38 所示。

表 9-37 甲企业、乙企业流动资金占用成本明细表

单位:万元

流动资金占用成本	甲企业 2021 年度	甲企业 2020 年度	乙企业 2021 年度	甲企业 2021 年比 2020 年增减		2021 年甲企业比乙企业 2021 年增减	
				金额	百分比/%	金额	百分比/%
流动资金贷款利息支出	2	3	2	-1	-33.33	0	0
存货占用自有资金所发生的机会成本	4	4	3	0	0	1	33.33
合计	6	7	5	-1	-14.29	1	20

表 9-38 甲、乙企业流动资金占用成本相关信息表

项目	甲企业 2021 年度	甲企业 2020 年度	乙企业 2021 年度
流动资金贷款额度/万元	32	40	
流动资金贷款利率/%	6.25	7.5	
存货平均余额/万元	80		50
企业内部收益率/%	5		6

根据表 9-37,可以看出,甲企业 2021 年流动资金占用成本比 2020 年减少 14.29 个百分点,主要是由于流动资金贷款利息支出 2021 年比 2020 年下降了 33.33 个百分点,所以应运用因素分析法对甲企业 2020 年和 2021 年的流动资金贷款利息支出做进一步分析;2021 年甲企业与乙企业相比,流动资金占用成本增长了 20 个百分点,主要是由于存货占用自有资金所发生的机会成本 2021 年比 2020 年增长了 33.33 个百分点,也应运用因素分析法对 2021 年甲企业和乙企业的机会成本做进一步分析。

根据表 9-38 的信息,分别分析如下:

①甲企业 2021 年与 2020 年比较贷款利息变动分析。

流动资金贷款利息=流动资金贷款额度×流动资金贷款利率

2020 年流动资金贷款利息=40×7.5%=3(万元)

2021 年流动资金贷款利息=32×6.25%=2(万元)

2021 年流动资金贷款利息与 2020 年差异额=2-3=-1(万元)

流动资金贷款额变动的影响额＝32×7.5％－40×7.5％＝－0.6(万元)

流动资金贷款利率变动的影响额＝32×6.25％－32×7.5％＝－0.4(万元)

根据上述计算可看出,甲企业流动资金贷款利息支出 2021 年度比 2020 年度减少了 1 万元,其中因贷款额度减少使利息支出减少了 0.6 万元,因贷款利率下调使利息支出少了 0.4 万元。

② 2021 年度甲企业比对乙企业存货占用自有资金所发生的机会成本变动分析。

存货占用自有资金所发生的机会成本＝存货平均余额×企业内部收益率

乙企业存货占用自有资金所发生的机会成本＝50×6％＝3(万元)

甲企业存货占用自有资金所发生的机会成本＝80×5％＝4(万元)

甲企业存货占用自有资金所发生的机会成本与乙企业差异＝4－3＝1(万元)

计算存货平均余额变动的影响额＝80×6％－50×6％＝1.8(万元)

计算企业内部收益率变动的影响额＝80×5％－80×6％＝－0.8(万元)

根据上述计算可知,2021 年度甲企业存货占用自有资金所发生的机会成本比乙企业增加了 1 万元,其中因存货平均余额增加使机会成本增加了 1.8 万元,因内部收益率下降使机会成本支出减少了 0.8 万元。所以,相比标杆企业,甲企业仍应进一步加强存货管理,减少存货库存水平。

(二) 物流范围成本增减变动分析

1. 物流范围成本增减变动的总体分析

例 9.6 以表 9-18 丙企业和丁企业的有关资料作为分析依据。根据表 9-18,编制丙企业物流范围成本增减变动分析表,见表 9-38。

表 9-38 丙企业物流范围成本增减变动分析表

单位:万元

物流范围成本	丙企业2021年度	丙企业2020年度	丁企业2021年度	丙企业 2021 年度比 2020 年度增减		2021 年丙企业比丁企业增减	
				金额	百分比/％	金额	百分比/％
供应物流成本	50	45	52	5	11.11	－2	－3.85
企业内物流成本	15	12	16	3	25.00	－1	－6.25
销售物流成本	40	40	43	0	0	－3	－6.98
回收物流成本	2			2		2	
废弃物流成本	1			1		1	
合计	108	97	111	11	11.34	－3	－2.70

根据表 9-38,可做如下分析:

丙企业 2021 年度物流总成本比 2020 年度增长 11.34 个百分点,其主要原因是供应物流成本增长了 11.11 个百分点,企业内物流成本增长了 25.00 个百分点。所以,有必要对丙企业 2021 年度供应物流和企业内物流成本做进一步分析。丙企业 2021 年度物流总成本比丁企业减少 2.70 个百分点,初步说明与丁企业相比,丙企业物流成本水平控制较好,但还应结合其他收益和管理信息做进一步分析,明确成本降低是否同步或更大幅度地降低了收益水平。

2. 物流范围成本增减变动的具体分析

根据上述分析结果,需要对供应物流成本和企业内物流成本从支付形态和成本项目两个维度进行具体分析。此处具体分析省略。

(三)物流支付形态成本增减变动分析

1. 物流支付形态成本增减变动的总体分析

例 9.7 以表 9-27 中 E 企业和 F 企业的有关资料作为分析依据,根据表 9-27,编制 E 企业物流支付形态成本增减变动分析表,见表 9-39。

表 9-39　E 企业物流支付形态成本增减变动分析表

单位:万元

物流范围支付形态成本		E企业 2021 年度	E企业 2020 年度	F企业 2021 年度	E企业 2021 年度比 2020 年度增减		2021 年度 E企业比 F企业增减	
					金额	百分比/%	金额	百分比/%
自营物流成本	材料费	1.5	1	1	0.5	50.00	0.5	50.00
	人工费	13.0	12	10	1.0	8.33	3.0	30.00
	维护费	17.0	18	15	-1.0	-5.56	2.0	13.33
	一般经费	5.5	5	6	0.5	10.00	-0.5	-8.33
	特别经费	3.0	2	3	1.0	50.00		
	小计	40.0	38	35	2.0	5.26	5.0	14.29
委托物流成本		15.0	10	13	5.0	50.00	2.0	15.39
合计		55.0	48	48	7.0	14.58	7.0	14.58

根据表 9-39,可做如下分析:

E 企业 2021 年度物流总成本比 2020 年度及比 F 企业同期均增长了 14.58 个百分点,其中委托物流成本比上年增长 50 个百分点,比 F 企业增长 15.39 个百分点,有必要对委托物流成本做进一步分析。分析一般从以下三个方面进行:一是委托物流成本增长是否伴随着委托物流业务量的增长;二是同等委托业务量由企业自行完成支付的成本和由其他第三方完成支付的费用孰高孰低；三是不同第三方物流机构受托完成物流业务，其费用支出是否有较大差异，企业是否选择了收费较低的物流机构。企业在委托物流成本增幅较大时，一般可以从上述三个方面做分析，从而明确从哪些方面进一步降低委托物流成本。对于自营物流成本，E企业2021年度比2020年度增长了5.26个百分点，除了维护费有所下降外，其他各支付形态成本均有较大幅度上升，其中材料费和特别经费升幅最大，均达50个百分点；E企业2021年度自营物流成本比F企业同期增长14.29个百分点，其中特别经费持平，一般经费有所下降，材料费和人工费增幅较大，分别达50.00%和30.00%。综上所述，需要对E企业2021年度自营物流成本中材料费和人工费做具体分析，明确是哪些物流业务导致了材料费和人工费的大幅增长。

2. 物流支付形态成本增减变动的具体分析

以材料费分析为例，根据进一步获取的E、F企业材料费相关信息，编制E企业自营物流成本中材料费增减变动分析表，见表9-40。

表9-40 E企业材料费增减变动分析表

单位：万元

物流支付形态成本		E企业2021年度	E企业2020年度	F企业2021年度	E企业2021年度比2020年度增减		2021年度E企业比F企业增减	
					金额	百分比/%	金额	百分比/%
材料费	包装成本	0.5	0.5	0.5	0	0	0	0
	流通加工成本	1.0	0.5	0.5	0.5	100	0.5	100
	合计	1.5	1.0	1.0	0.5	50	0.5	50

根据表9-40，做如下分析：

E企业2021年度材料费支出比2020年度和F企业2021年度均增长50%，经分析得知，在材料费的具体支出项目中，包装成本与2020年度及F企业2021年度持平，增长的主要原因是流通加工成本的大幅增长，无论是同比2020年度还是同比F企业2021年度，增幅均达到100%。对材料费而言，成本增加主要有两个原因：一是材料价格上调，二是材料数量增加。鉴于2021年度E企业同比F企业材料成本仍有100%的上升，说明2021年度E企业材料成本的上升中价格上调不是主要影响因素，所以初步断定可能是因为使用量的增加导致使用材料数量增加，从而使材料成本有大幅上升，应对材料保管和使用情况做进一步分析，明确是否存在问题。

三、物流成本趋势分析

物流成本趋势分析是按照物流成本计算对象的三个维度,逐一对每个维度的具体项目选取连续数期的数据进行比较,以观察其发展变化趋势,为企业未来物流成本管理决策和制订物流成本计划提供依据。下面对物流成本计算对象的三个维度逐一进行趋势分析。

(一)物流项目成本趋势分析

例 9.8 这里以 P 企业作为分析案例。已知 P 企业 2019 年度、2020 年度和 2021 年度物流项目成本信息如表 9-41 所示。

表 9-41　P 企业 2019 年度、2020 年度、2021 年度物流项目成本信息表

单位:万元

成本项目		2019 年度	2020 年度	2021 年度
物流功能成本	运输成本	21	20	18
	仓储成本	11	10	11
	包装成本	7	6	6
	装卸搬运成本	12	11	9
	流通加工成本	9	8	7
	物流信息成本	9	9	8
	物流管理成本	13	12	10
	合计	82	76	69
存货相关成本	流动资金占用成本	7	6	7
	存货风险成本	2	2	3
	存货保险成本	3	3	3
	合计	12	11	13
其他成本				
物流成本合计		94	87	82

根据表 9-41 的信息,对 P 企业物流项目成本进行趋势分析,其定基和环比趋势分析表分别见表 9-42 和表 9-43。

表9-42　P企业物流项目成本趋势分析（定基）

%

	成本项目	2019年度	2020年度	2021年度
物流功能成本	运输成本	100	95.24	85.71
	仓储成本	100	90.91	100.00
	包装成本	100	85.71	85.71
	装卸搬运成本	100	91.67	75.00
	流通加工成本	100	88.89	77.78
	物流信息成本	100	100.00	88.89
	物流管理成本	100	92.31	76.92
	小计	100	92.68	84.15
存货相关成本	流动资金占用成本	100	85.71	100.00
	存货风险成本	100	100.00	150.00
	存货保险成本	100	100.00	100.00
	小计	100	91.67	108.33
	其他成本			
	物流成本合计	100	92.55	87.23

表9-43　P企业物流项目成本趋势分析（环比）

%

	成本项目	2019年度	2020年度	2021年度
物流功能成本	运输成本	100	95.24	90.00
	仓储成本	100	90.91	110.00
	包装成本	100	85.71	100.00
	装卸搬运成本	100	91.67	81.82
	流通加工成本	100	88.89	87.50
	物流信息成本	100	100.00	88.89
	物流管理成本	100	92.31	83.33
	合计	100	92.68	90.79

续表 9-43

	成本项目	2019年度	2020年度	2021年度
存货相关成本	流动资金占用成本	100	85.71	116.67
	存货风险成本	100	100.00	150.00
	存货保险成本	100	100.00	100.00
	合计	100	91.67	118.18
	其他成本			
	物流成本合计	100	92.55	94.25

根据表 9-42 和表 9-43，可做如下分析：

(1) P 企业物流成本在 2019 年度、2020 年度和 2021 年度三年间呈下降趋势。从定基百分比看，三年分别为 100%、92.55% 和 87.23%；从环比百分比看，三年分别为 100%、92.55% 和 94.25%。假定三年间物流业务量变化不大，则说明企业物流成本控制水平较高。

(2) P 企业物流功能成本在 2019 年度、2020 年度和 2021 年度三年间变动趋势和物流总成本变动趋势一致，也呈下降趋势。从定基百分比看，三年分别为 100%、92.68% 和 84.15%；从环比百分比看，三年分别为 100%、92.68% 和 90.79%。其中运输成本、装卸搬运成本、流通加工成本、物流管理成本在三年间均呈下降趋势；仓储成本 2020 年度比 2019 年度有一定幅度下降，但 2021 年度又升至 2019 年度水平；包装成本 2020 年度和 2021 年度持平，两年均比 2019 年度有较大幅度下降；物流信息成本 2019 年度和 2020 年度持平，2021 年度较前两年有较大幅度下降。总体来说，企业物流功能成本在三年间呈下降趋势，初步认定企业物流功能成本控制水平较高。

(3) P 企业存货相关成本在 2019 年度、2020 年度和 2021 年度三年间呈现先降后升的趋势。从定基百分比看，三年分别为 100%、91.67% 和 108.33%；从环比百分比看，三年分别为 100%、91.67% 和 118.18%。其中存货保险成本在三年间水平相当；存货风险成本 2019 年度和 2020 年度水平持平，2021 年度较前两年有较大幅度提升；流动资金占用成本 2020 年度较 2019 年度有较大幅度下降，2021 年度又升至 2019 年度水平。要想了解存货相关成本变动趋势的详细信息，需要获取更长期间的成本资料进行分析。

(二) 物流范围成本趋势分析

例 9.9 这里以 Q 企业作为分析案例，已知 Q 企业 2019 年度、2020 年度和 2021 年度物流范围成本信息如表 9-44 所示。

表 9-44　Q 企业 2019 年度、2020 年度、2021 年度物流范围成本信息表

单位：万元

物流范围成本	2019 年度	2020 年度	2021 年度
供应物流成本	40	45	50
企业内物流成本	10	12	15
销售物流成本	38	40	40
回收物流成本			2
废弃物物流成本			1
合计	88	97	108

根据表 9-44 的信息，对 Q 企业物流范围成本进行趋势分析，其定基和环比趋势分析表分别见表 9-45 和表 9-46。

表 9-45　Q 企业物流范围成本趋势分析（定基）

%

物流范围成本	2019 年度	2020 年度	2021 年度
供应物流成本	100	112.5	125.00
企业内物流成本	100	120.00	150.00
销售物流成本	100	105.26	105.26
回收物流成本			
废弃物物流成本			
合计	100	110.23	122.73

表 9-46　Q 企业物流范围成本趋势分析（环比）

%

物流范围成本	2019 年度	2020 年度	2021 年度
供应物流成本	100	112.50	111.11
企业内物流成本	100	120.00	125.00
销售物流成本	100	105.26	100.00
回收物流成本			
废弃物物流成本			
合计	100	110.23	111.34

根据表 9-45 和表 9-46,可做如下分析:

Q 企业物流总成本在 2019 年度、2020 年度和 2021 年度三年间呈递增趋势。从定基百分比看,分别为 100%、110.23%、和 122.73%;从环比百分比看,分别为 100%、110.23% 和 111.34%。从各物流范围成本看,供应物流和企业内物流成本在三年间均呈递增趋势;销售物流成本在 2019 年度和 2020 年度持平,两年比 2019 年度均有小幅提升;回收和废弃物物流成本三年间仅在 2021 年度发生一定支出额,尚无法做趋势分析。总体看,各范围物流成本三年间呈增长趋势,应进一步分析成本增长是否伴随着业务量的同步增长。

(三)物流支付形态成本趋势分析

例 9.10 以 M 企业为例。已知 M 企业 2019 年度、2020 年度和 2021 年度物流支付形态成本信息如表 9-47 所示。

表 9-47 M 企业 2019 年度、2020 年度、2021 年度物流支付形态成本信息表

单位:万元

物流范围成本		2019 年度	2020 年度	2021 年度
自营物流成本	材料费	1.0	1	1.5
	人工费	10.0	12	13.0
	维护费	15.0	18	17.0
	一般经费	4.0	5	5.5
	特别经费	1.5	2	3.0
	小计	31.5	38	40.0
委托物流成本		8.0	10	15.0
合计		39.5	48	55.0

根据表 9-47 的信息,对 M 企业物流支付形态成本进行趋势分析,其定基和环比趋势分析表分别见表 9-48 和表 9-49。

表 9-48　M 企业物流支付形态成本趋势分析（定基）

%

物流范围成本		2019 年度	2020 年度	2021 年度
自营物流成本	材料费	100	100.00	150.00
	人工费	100	120.00	130.00
	维护费	100	120.00	113.33
	一般经费	100	125.00	137.50
	特别经费	100	133.33	200.00
	小计	100	120.63	126.98
委托物流成本		100	125.00	187.50
合计		100	121.52	139.24

表 9-49　M 企业物流支付形态成本趋势分析（环比）

%

物流范围成本		2019 年度	2020 年度	2021 年度
自营物流成本	材料费	100	100.00	150.00
	人工费	100	120.00	108.33
	维护费	100	120.00	94.44
	一般经费	100	125.00	110.00
	特别经费	100	133.33	150.00
	小计	100	120.63	105.26
委托物流成本		100	125.00	150.00
合计		100	121.52	114.58

根据表 9-48 和表 9-49，可做如下分析：

(1) M 企业在 2019 年度、2020 年度和 2021 年度三年间物流总成本呈递增趋势。从定基百分比看，三年分别为 100%、121.52% 和 139.24%；从环比百分比看，三年分别为 100%、121.52% 和 114.58%。其中，自营物流成本和委托物流成本在三年间变动趋势和物流总成本基本相同，均呈递增趋势。物流成本的增长并不能简单认为在物流成本控制环节出现问题，还应结合物流业务量、物流收益等指标做进一步分析。

(2) 在 M 企业自营物流成本中，人工费、一般经费和特别经费在 2019、2020 和 2021 年三年间均呈递增趋势，材料费 2019 年和 2020 年持平，2021 年较前两年有较大幅度增长,维护费 2020 年较 2019 年有较大幅度增长,2021 年有所下降,但仍高于 2019 年度的水平。自营物流成本中各支付形态成本的增长原因,需根据明细资料做进一步分析,例如人工费、材料费需从单价、数量方面进一步分析;维护费和一般经费需要查阅维修费、折旧费、租赁费、办公费等支出内容;特别经费主要分析资金占用情况和存货管理情况。成本的递增并不必然意味着成本管理方面存在问题,应与企业收益、发展战略等因素密切结合加以分析。

第四节　物流成本比率分析

如果说结构分析、增减变动分析和趋势分析法更侧重于在企业物流成本表内部的成本项目间进行分析,那么比率分析法则是突破企业物流成本表的具体内容,将物流总成本与利润表中的有关项目及有关非财务数据进行对比,计算出相关比率,建立物流成本与其他财务和非财务指标之间的比对关系,并通过这种比对,从另一层面来评价企业物流成本水平。

一、物流成本比率分析的思路

(一) 计算物流成本与其他相关项目的比值

主要有四类比率指标:一是物流成本与数量指标的比率;二是物流成本与成本费用类指标的比率;三是物流成本与收入类指标的比率;四是物流成本与利润类指标的比率。相关项目主要来自利润表,少数来自其他统计资料,其中既有财务数据,也有非财务数据。

(二) 根据计算结果进行评价

在对每一个成本比率指标进行分析时,都应明确指标的适用范围、使用的前提条件等,并采用比较分析的方法,与企业前期、计划水平比较,与行业平均水平、先进水平比较,进而来评价企业的物流成本水平。

二、物流成本与数量指标的比率分析

在物流成本与数量指标的比率分析中,物流成本指物流总成本,数量指标指产品数量,对于生产制造企业而言,产品数量既包括完工产品数量,也包括销售产品数量。

(一) 单位产品物流成本指标公式、含义

公式:单位产品物流成本＝物流成本÷产品数量

指标含义:该指标反映单位产品所耗用的物流成本水平。当产品数量指完工产品数量时,该指标反映单位完工产品所耗用的物流成本水平;当产品数量指已

销商品数量时,该指标反映单位已销商品所耗用的物流成本水平。

该指标适用于企业在不改变生产及销售产品种类的前提下,本期比率与上期或计划比率的比较;也适用于生产或销售同一种或同几种产品的不同企业之间的比较。一般来说,该指标不适用于物流企业。若企业只生产或销售一种产品,则利用该指标进行分析最有意义,分析结果也较为可靠。

使用该指标的前提是将物流成本在不同产品以及同一产品的完工产品和在产品之间进行分配,分别计算出不同产品以及完工产品的物流成本。

(二)单位产品物流成本指标分析案例

例 9.11 已知 N 企业为一生产制造企业,生产甲、乙两种产品,2021 年年末 150 件甲产品全部完工并实现销售,乙产品 200 件,其中 150 件完工并实现销售,另外 50 件尚未完工(完工程度约为 60%)。同时,经查阅会计资料及相关资料得知,2021 年甲产品发生了 15 000 元物流成本,乙产品发生了 18 000 元物流成本;2020 年销售甲产品 120 件,发生物流成本 14 400 元,销售乙产品 140 件,发生物流成本 15 400 元。

根据上述资料,计算和分析如下:

(1)由于 2021 年乙产品发生了 18 000 元物流成本,其中包含 50 件尚未完工产品的物流成本,所以应计算出 150 件完工并实现销售的产品所分摊的物流成本。为简便起见,在这里仅以约当产量分配法计算出 150 件完工并实现销售的乙产品所分摊的物流成本。

$$150 \text{ 件完工并实现销售的乙产品物流成本} = 18\,000 \div (150 + 50 \times 60\%) \times 150 = 15\,000 (元)$$

(2)编制甲、乙产品 2020 年及 2021 年物流成本对比分析表,见表 9-50。

表 9-50 甲、乙产品 2020 年及 2021 年物流成本对比分析表

年度 \ 物流成本	甲产品			乙产品			总物流成本/元
	物流成本/元	件数	单位物流成本/元	物流成本/元	件数	单位物流成本/元	
2020 年	14 400	120	120	15 400	140	110	29 800
2021 年	15 000	150	100	15 000	150	100	30 000
2021 年同比 2020 年增长/%	4.17		−16.67	−2.60		−9.09	0.67

根据表 9-50,做如下分析:

N 企业 2021 年总物流成本比 2020 年增长 0.67 个百分点,其中甲产品增长了 4.17 个百分点,乙产品减少了 2.60 个百分点。进一步分析单位物流成本可以

发现,甲产品单位物流成本 2021 年比 2020 年下降了 16.67 个百分点,乙产品单位物流成本 2021 年比 2020 年下降了 9.09 个百分点,说明 N 企业 2021 年物流成本控制较好,尽管总物流成本同比上年增长了 0.67 个百分点,但具体到不同产品及其单位物流成本,2021 年同比 2020 年均有较大幅度下降。

三、物流成本与成本费用类指标的比率分析

物流成本与成本费用类指标的比率分析,主要包括物流成本与主营业务成本、期间费用和企业总成本三类指标的比率分析。

(一) 物流成本与主营业务成本的比率分析

1. 物流成本与主营业务成本比率指标公式、含义

公式:物流成本与主营业务成本比率＝物流成本÷主营业务成本

指标含义:物流成本是因物的流动而发生的不包含物本身价值的成本支出,主营业务成本是已实现销售的包含物初始价值及增值价值的成本支出。两者之间比率反映企业一定时期内单位已销售产品成本的物流成本比率。对物流企业而言,主营业务成本用于反映对外支付的委托物流成本,因此,物流成本与主营业务成本的比率反映了物流企业所发生的物流成本总额与委托物流成本的比率关系。

该指标适用于经营单品种或多品种产品的生产制造、流通企业用于分析单位已销产品成本的物流成本比率,也适用于经营单品种或多品种产品的物流企业用于分析单位委托物流成本的物流比率。既可以进行全部产品物流成本与主营业务成本比率的分析,也可用于单个产品的物流成本与主营业务成本比率分析。无论是进行全部还是单个产品的比率分析,只有在比较对象之间的产品是同类产品的条件下,该指标才更具有比较意义。

计算该比率的目的,是为了通过与不同时期、同行业内不同企业的比较,说明这种比率是否合理,进而评价企业物流成本水平是否合理。并不存在合理的比率作为标杆比率,也并不是比率越小越好,在有些情形下,这一比率很低,却并不必然意味着物流成本控制较好。

2. 物流成本与主营业务成本比率指标的分析案例

例 9.12 仍以 N 企业作为案例进行分析。

2020 年 N 企业销售甲产品 120 件,发生物流成本 14 400 元,主营业务成本 230 000 元;销售乙产品 140 件,发生物流成本 15 400 元,主营业务成本 280 000 元。2021 年销售甲产品 150 件,发生物流成本 15 000 元,主营业务成本 260 000 元;销售乙产品 150 件,发生物流成本 18 000 元,主营业务成本 320 000 元。

根据上述资料,计算和分析如下:

首先,编制 N 企业 2020 年、2021 年物流成本与主营业务成本比率分析表,见

表 9-51。

表 9-51　N 企业 2020 年、2021 年物流成本与主营业务成本比率分析表

单位：元

年度	项目	物流成本	主营业务成本	比率
2020 年	甲产品	14 400	230 000	0.063
	乙产品	15 400	280 000	0.055
	合计	29 800	510 000	0.058
2021 年	甲产品	15 000	260 000	0.058
	乙产品	18 000	320 000	0.056
	合计	33 000	580 000	0.057
2020 年比 2021 年增长/%	甲产品	4.17	13.04	-7.940
	乙产品	16.88	14.29	1.820
	合计	10.74	13.73	-1.720

其次，根据表 9-51，做如下分析：

N 企业 2021 年物流成本比 2020 年增长了 10.74 个百分点，其中甲产品增加了 4.17 个百分点，乙产品增加了 16.88 个百分点。

N 企业 2021 年主营业务成本比 2020 年增长了 13.73 个百分点，其中甲产品增加了 13.04 个百分点，乙产品增加了 14.29 个百分点。

N 企业 2021 年每单位主营业务成本发生 0.057 个单位物流成本，比 2020 年下降 1.72 个百分点。其中甲产品每单位主营业务成本发生 0.058 个单位物流成本，比 2020 年下降 7.94 个百分点；乙产品每单位主营业务成本发生 0.056 个单位物流成本，比 2020 年增长 1.820 个百分点。因此，在 2020 年、2021 年两年间相关要素价格变化不大的前提下，甲、乙两种产品物流成本与主营业务成本的比率总体来说较合理和稳定，说明 N 企业的物流成本控制较好。

（二）物流成本与期间费用的比率分析

1. 物流成本与期间费用比率指标公式、含义

公式：物流成本与期间费用比率＝物流成本÷（销售费用＋财务费用＋管理费用）

指标含义：该指标反映企业一定期间内发生的自营物流成本占期间费用的比重。企业期间费用包括销售费用、财务费用和管理费用三部分内容。企业自营物流成本的计算，主要来自期间费用的相关内容。

该指标适用于生产制造、流通及物流企业一定期间内物流成本与期间费用的比率分析,可用于同一企业不同期间的比较,也可用于行业内不同企业之间的比较。

2. 物流成本与期间费用比率指标的分析案例

例 9.13 2020 年 N 企业发生物流成本 29 800 元,期间费用中管理费用 28 000 元,销售费用 18 000 元,财务费用 15 000 元;2021 年发生物流成本 33 000 元,期间费用中管理费用 32 000 元,销售费用 20 000 元,财务费用 15 000 元。

根据上述资料,计算和分析如下:

第一,编制 N 企业 2020 年、2021 年物流成本与期间费用比率一览表,见表 9-52。

表 9-52 N 企业 2020 年、2021 年物流成本与期间费用比率一览表

年度 \ 项目	物流成本	期间费用	比率
2020 年	29 800 元	61 000 元	48.85%
2021 年	33 000 元	67 000 元	49.25%
2021 年比 2020 年增长	10.74%	9.84%	0.82%

2020 年期间费用 = 28 000 + 18 000 + 15 000 = 61 000(元)
2021 年期间费用 = 32 000 + 20 000 + 15 000 = 67 000(元)

第二,根据表 9-52 做如下分析:

N 企业 2021 年物流成本比 2020 年增长了 10.74 个百分点,期间费用 2021 年比 2020 年增长了 9.84 个百分点。

N 企业 2021 年物流成本占期间费用的比重为 49.25%,比 2020 年的 48.85% 增长了 0.82%,这一比重两年基本持平。从这一角度看,2021 年物流成本占期间费用的比重较为稳定和合理。当然,为了进一步说明这种比重是否合理,N 企业还可以通过与同行业的其他企业进行比较来做进一步的分析。

(三)物流成本与企业总成本的比率分析

1. 物流成本与企业总成本比率指标公式、含义

公式:物流成本与企业总成本比率 = 物流成本 ÷(主营业务成本 + 销售费用 + 财务费用 + 管理费用 + 营业外支出 + 其他业务成本)

指标含义:该指标反映企业物流成本在总成本中所占的比重,是一种结构百分比的概念。企业物流成本的构成内容几乎全部包含在总成本的范畴之内,通过较长期间这种结构百分比的趋势分析,或通过同行业的多个不同企业间这种结构百分比的比较分析,可以确定这种结构百分比的大致区间。

该指标适用于生产制造、流通及物流企业一定期间内物流成本与企业总成本的比率分析,可用于同一企业不同期间的比较,也可用于行业内不同企业之间的比较。

2. 物流成本与企业总成本比率指标的分析案例

例9.14 2020年N企业发生物流成本29 800元,主营业务成本510 000元,期间费用中管理费用28 000元,销售费用18 000元,财务费用15 000元,未发生营业外支出和其他业务成本;2021年发生物流成本33 000元,主营业务成本580 000元,期间费用中管理费用32 000元,销售费用20 000元,财务费用28 000元,营业外支出3 000元,未发生其他业务成本。

根据上述资料,计算和分析如下:

首先,计算N企业2020年及2021年企业总成本。

2020年企业总成本=510 000+28 000+18 000+15 000=571 000(元)

2021年企业总成本=580 000+32 000+20 000+28 000+3 000=663 000(元)

其次,编制N企业2020年及2021年物流成本与企业总成本比率分析表,见表9-53。

表9-53 N企业2020年、2021年物流成本与企业总成本比率分析表

年度＼项目	物流成本	企业总成本	比率
2020年	29 800元	571 000元	5.22%
2021年	33 000元	663 000元	4.98%
2021年比2020年增长	10.74%	16.11%	－4.60%

最后,根据表9-53分析如下:

N企业2021年物流成本比2020年增长10.74个百分点,企业总成本2021年比2020年增长16.11个百分点,企业总成本的增幅超过物流成本的增幅。

N企业2021年物流成本占企业总成本的比重为4.98%,较2020年5.22%有小幅度下跌,说明物流成本占企业总成本的比重两年间较为稳定,且2021年物流成本控制较好。

四、物流成本与收入类指标的比率分析

物流成本与收入类指标的比率分析,主要指物流成本与主营业务收入的比率分析。

(一) 物流成本与主营业务收入比率指标公式、含义

公式:单位销售收入物流成本率=物流成本÷主营业务收入

指标含义:该指标主要反映单位销售收入所发生的物流成本。对于生产制造企业和流通企业而言,主营业务收入主要指企业销售产品所实现的收入;对于物流企业而言,主营业务收入主要指提供物流服务所实现的收入。按照收入成本的配比原则,该指标反映了获取一定收入所付出的成本代价。

该指标适用于生产制造、流通和物流企业用于评价单位营业收入发生的物流成本。可用于同一企业不同期间的比较,也可用于行业内不同企业之间的比较。

(二)物流成本与主营业务收入比率指标分析案例

例 9.15 2020 年 N 企业发生物流成本 29 800 元,主营业务收入 612 000 元,2021 年发生物流成本 33 000 元,主营业务收入 696 000 元。另经查阅其他资料得知,企业两年间在产品定价和营销方面差异不大。

根据上述资料,对 N 企业物流成本与主营业务收入比率指标进行分析。

首先,编制 N 企业 2020 年、2021 年物流成本与主营业务收入比率分析表,见表 9-54。

表 9-54 N 企业 2020 年、2021 年物流成本与主营业务收入比率分析表

年度　　　　项目	物流成本	主营业务收入	比率
2020 年	29 800 元	612 000 元	4.87%
2021 年	33 000 元	696 000 元	4.74%
2021 年比 2020 年增长	10.74%	13.73%	-2.67%

其次,根据表 9-54 做如下分析:

N 企业 2021 年物流成本比 2020 年增长 10.74 个百分点,主营业务收入 2021 年比 2020 年增长 13.73 个百分点,增幅超过物流成本的增幅。

N 企业 2021 年主营业务收入的物流成本比率为 4.74%,比 2020 年的 4.87% 下降了 2.67 个百分点,在产品价格和营销状况没有显著变化的情况下,说明企业 2021 年主营业务收入的物流成本水平较为合理和稳定,物流成本控制较好。

五、物流成本与利润类指标的比率分析

物流成本与利润类指标的比率分析,主要指物流成本与利润总额的比率分析。

(一)物流成本与利润总额比率指标公式、含义

公式:物流成本利润率=利润总额÷物流成本。

指标含义:该指标反映每单位物流成本所获取的利润额,反映了物流成本的

赢利能力。物流成本利润率指标值越大,说明单位物流成本的获利能力越强。物流成本与利润总额之间是此消彼长的关系,物流成本耗费大必然获利少。因此,该指标既可以评价企业的获利能力,也可以评价企业对物流成本的控制能力和管理水平。

该指标适用于生产制造、流通和物流企业用于评价单位物流成本的获利能力。可用于同一企业不同期间的比较,也可用于行业内不同企业之间的比较。该比率能真实地反映出物流成本投入与企业总产出之间的关系,适用于任何类型企业用于获利能力和物流成本管理水平的评价。

使用该指标时要考虑可比性。不同比较对象间利润总额基本构成要素的内容和含义要大致相同,若遇大额特殊偶然因素,应予剔除。指标分子利润总额中所包含的赢利因素应与物流成本相对应,对与物流成本无关的其他业务利润和投资收益应予剔除。

(二)物流成本利润率指标的分析案例

例 9.16 2020 年 N 企业发生物流成本 29 800 元,主营业务收入 612 000 元,主营业务成本 510 000 元,期间费用中管理费用 28 000 元,销售费用 18 000 元,财务费用 15 000 元,未发生营业外支出项目;2021 年发生物流成本 33 000 元,主营业务收入 696 000 元,主营业务成本 580 000 元,期间费用中管理费用 32 000 元,销售费用 20 000 元,财务费用 28 000 元,营业外支出 3 000 元。

根据上述资料,计算和分析如下:

首先,计算 N 企业 2020 年及 2021 年企业利润总额。

2020 年企业利润总额 = 612 000 − 510 000 − 28 000 − 18 000 − 15 000
　　　　　　　　　　 = 41 000(元)

2021 年企业利润总额 = 696 000 − 580 000 − 32 000 − 20 000 − 28 000 − 3 000
　　　　　　　　　　 = 33 000(元)

其次,编制 N 企业 2020 年、2021 年物流成本利润率分析表,见表 9-55。

表 9-55　N 企业 2020 年、2021 年物流成本利润率分析表

	物流成本	利润总额	利润率
2020 年	29 800 元	41 000 元	1.38
2021 年	33 000 元	33 000 元	1.00
2021 年比 2020 年增长	10.74%	−19.51%	−27.54%

最后,根据表 9-55 做如下分析:

N 企业 2021 年物流成本比 2020 年增长 10.74 个百分点,利润总额 2021 年比 2020 年下降了 19.51 个百分点。企业 2021 年物流成本与利润总额呈反方向变化。

N企业2021年物流成本利润率为1,说明企业2021年每单位物流成本可以实现1个单位利润额,而2020年企业每单位物流成本可以实现1.38个单位利润额,2021年单位物流成本利润率比2020年下降27.54个百分点,说明企业2021年物流成本的获利水平有所下降。

任何一种物流成本比率指标都可以在一定限度和范围内揭示和说明一定问题,尤其是比率指标在与企业以前期间或与同行业其他企业的比较过程中,更有利于企业分析自身物流管理方面存在的问题。但与此同时,由于每种比率指标又都有其局限性和缺陷,所以,在应用物流成本比率指标时,应结合企业自身实际;尽可能剔除会计核算中因会计政策或管理策略发生变化以及一些非正常的偶然因素的影响,在此前提下,计算各有关物流成本比率指标并加以分析。在计算和分析的过程中,可比性原则是必须考虑和应用的重要原则。对会计数据尤其是利润表中的数据不加分析地拿来应用,多数情形下并不能真实地反映企业物流成本管理的现状,也不能客观地揭示存在的问题。

思考题

1. 物流成本分析的含义及目的是什么?
2. 企业物流成本分析的技术方法有哪些?简述这些方法的特点。
3. 如何进行物流成本结构分析、增减变动分析和趋势分析?
4. 物流成本比率指标有几类?各类主要指标的公式和含义是什么?

技能训练

1. 瑞丰股份有限公司本年度计划产销某产品10万件,固定成本总额为30万元,计划利润为10万元。实际执行结果是:产销该产品12万件,固定成本总额、单位变动成本及售价均无变动,实现利润12万元。试评价该公司本年度的利润计划完成情况。

2. 顺达运输公司维修部门的维修费用资料如表9-56所示。

表9-56 维修费用资料表

项目	维修工时/小时	
	40 000	60 000
维修费用/元	72 000	90 000

当维修工时为 40 000 小时的时候,其维修费用分解如表 9-57 所示。

表 9-57 维修费用分解表

单位:元

项目	费用
租金(固定)	30 000
维修材料、配件成本(变动)	12 000
工资费用(混合)	30 000
合计	72 000

要求:
(1) 计算维修工时为 60 000 小时的维修材料和配件成本。
(2) 计算维修工时为 60 000 小时的工资费用。
(3) 计算维修部门的固定费用总额。
(4) 建立维修部门维修费用的计算公式。
(5) 估计维修部门维修工时为 50 000 小时的维修费用。

3. 百利物流公司配送加工甲产品,20**年10月的产量及其他有关材料成本的资料如表 9-58 所示。

表 9-58 产量及其他有关材料成本的资料

项目	计划数	实际数
产量/件	300	250
单耗/(千克/件)	50	52
单价/(元/千克)	10	12

要求:采用因素分析法分析各因素变动对材料成本变化的影响程度,并撰写材料成本分析报告。

第10章 物流成本控制

学习指导

1. 掌握物流成本控制的含义及分类；
2. 理解物流成本控制的原则和程序；
3. 理解物流成本控制的方法，重点掌握目标成本法、标准成本法及成本差异的计算与分析等的应用。

➡ 导入案例

美的集团成本领先战略分析

在当今市场竞争日益激烈的环境下，美的空调、压缩机、电风扇、微电机等九大主导产品产销量仍均居全国前三名，究其原因，其成本领先战略发挥了巨大作用，为美的提供了强大的竞争力，本文对美的集团成本领先战略的实施进行论述和分析，借鉴其成功的经验，为我国实行成本领先战略的企业提供一些启示。

一、美的集团成本领先战略介绍

（一）成本领先战略定义

成本领先战略也称低成本战略。当成本领先的企业的价格相当于或低于其竞争厂商时，它的低成本地位就会转化为高收益。尽管一个成本领先的企业是依赖其成本上的领先地位来取得竞争优势的，而它要成为经济效益高于平均水平的超群者，则必须与其竞争厂商相比，在产品别具一格的基础上取得的价值相等或价值近似的有利地位。成本领先战略的成功取决于企业日复一日地实际实施该战略的技能。

成本领先是企业努力发现和挖掘所有的资源优势，特别强调生产规模和出售一种标准化的产品，在行业内保持整体成本领先战略，从而以行业最低价格为其产品定价的竞争战略。成本领先战略也称作低成本战略，它的理论基石是规模效益和经验效益，它要求企业的产品必须具有较高的市场占有率。

(二) 美的集团成本领先战略

美的集团的前身是1968年由何享健先生集资5 000元在北窖创办的一家乡镇企业。1980年进入家电行业,1981年正式注册使用"美的"商标;1993年成立美的集团。目前,美的集团员工13万人,旗下拥有美的、小天鹅、威灵、华凌等十余个品牌,跻身全球白色家电制造商前五名,成为中国最有价值的家电品牌。探寻美的成功之路,成本领先战略是其制胜的法宝。

1. 技术创新

成本领先不仅仅是简单的生产费用的节约,在激烈的市场竞争中,要想保持成本上的优势,必须依托技术创新。1985年,美的进入空调行业。1998年收购东芝万家乐进入空调压缩机领域。2004年,美的与东芝开利组建合资公司,联合开发国际领先的直流变频技术和相关产品,这意味着美的已经掌握了空调生产的两项核心技术:压缩机和控制器,建立了拥有完全自主知识产权的变频空调技术产业链。美的不断在研发方面加大投入,成立制冷研究院及技术专家委员会,建设国内一流的研发基地和实验中心,使美的空调的研发能力达到世界先进水平,引领中国空调产业不断升级,向美国、日本等发达国家输出最先进的变频技术,实现了我国家电行业向全球制造业产业链高端转移的飞跃。

2. 规模经济

1980年,美的进入家电行业,面对国内、国际巨大的市场需求,企业从大规模生产经营中获得竞争优势,实现单品的规模经济和多品协同的范围经济。美的实现规模经济的途径包括:一是沿着企业既有主导产品的价值链进行纵向一体化合并。例如,美的"微波炉产业链"包括产业链上游的磁控管公司和变压器公司,在做大家用微波炉市场后,又进军工业微波炉、烤箱、微波路面养护机械市场。二是通过进入与企业产品基础具有协同效应的市场从事多元化生产。美的是从生产电风扇开始进入家电行业,后来生产空调、冰箱、微波炉、洗衣机等产品。目前,美的集团拥有中国最大最完整的空调产业链、微波炉产业链、小家电产品群和厨房家电产品群。

3. 效率驱动

2011年,在全球制造业遭遇严冬的季节,美的集团提出了"成本效率管控""效率驱动"方案。系统推进美的在组织、机制和管理上的变革与创新,以再造新的成本优势审时度势,"没有最好,只有更好"的管理理念使美的集团在成本领先战略的应用上不断迈向新的台阶。美的以前的盈利模式属于"要素驱动型",靠大规模、低成本获利。但是这种模式已经与当前大的经济环境不相适应,传统家电市场的国内、国际需求量都不能和10年前相提并论,企业不能单靠规模获取利润,而要回归到如何降低成本、提高效率的根本上,企业对成本管理由"要素驱动"转变为"效率驱动"。比如,以前是贴牌生产,现在要做原始设计商,要向价值链高端移动,以前一个部门100个人,现在能否降到50个人;库存周转率能否再提高,交货期能否再次缩短。让美的全体员工参与到降低成本,提高效率的活动中,将各项成本指标一一分解,以求建立全员、全方位、全过程的责任成本管理体系,将企业不同产品的生产、管理、营销进行整合,实现资源共享与协同,提高企业生产效率、管理效率、营销效率。

应用这一方案,美的把空调、冰箱、洗衣机的营销进行了整合,整合后销售规模扩大,营销费用降低,2011年上半年公司销售费用率同比下降3%,管理费用下降了0.5%。

二、美的集团成本领先战略影响

成本领先战略是美的集团能够保持竞争优势的关键。美的集团通过着眼于技术创新、管理创新、规模经济、供应链管理、自主品牌、效率驱动等高层次的管理要素来实现成本的降低,对企业形成了良性的影响,打造出了可持续的成本优势,在激烈的市场竞争中立于不败之地。

(一)整合了价值链

对于制造业而言,仓储成本和物流成本在总成本中所占比重很大。美的集团利用信息平台,对业务链后端的供应体系进行优化。为供应商安装先进的财务软件,实现供应商管理库存,即VMI运作模式。在美的需要零配件时,通过互联网下订单,供应商确认后,进行资金划拨、取货等工作。在此之前,所有的库存成本都由供应商承担。实行VMI模式后,美的零部件库存由原来平均的5~7天存货水平,降低至3天左右。资金占用降低,美的原有的100多个仓库精简为8个区域仓。仓储成本直线下降,美的集团流通环节的成本降低了15%~20%。

美的在关注业务链后端供应体系的同时,对前端销售体系的管理也在不断改进。在经销商管理环节上,美的利用销售管理系统可以统计到经销商的销售信息,为经销商管理库存。这样的结果是,经销商不用备货了。美的对自己要生产多少产品也做到了心中有数,经销商缺货,美的会及时送货。通过这种存货管理上的前移,美的可以有效地削减产品存货,成品库存周转率提高,使企业资金风险下降,加速资金周转。以美的空调为例,库存周转次数提高一次,可以直接为美的空调节省超过2 000万元人民币的费用。

美的针对供应链的库存问题,利用信息化技术手段,在网络平台上实现资源共享,信息及时传递。一方面,从原材料的库存管理做起,与供应商建立战略合作伙伴关系,追求零库存标准;另一方面,针对销售商,采用适时适量的生产方式,按市场需求生产所需产品,建立合理库存。对供应链的前端、后端实施全过程控制,加速资金流、物资流的周转,提高企业经济效益,实现供应链整合的成本优势。

(二)实现了总成本领先

在不同的发展阶段,美的始终坚持与企业发展相匹配的成本领先战略,不断赋予其新的内涵。以空调产品为例,美的在其发展过程中经历了粗放式经营的行业"扩张阶段",也经历了以产能规模与产品技术为基础的"规模效益阶段"。目前,在与行业其他巨头的竞争中,依靠的是总成本领先,而不仅仅是技术领先,或者是规模效益。

在市场竞争进入白热化阶段之后,核心品牌的综合实力都在伯仲之间,以产能为核心的成本效益不会构成企业核心的竞争优势,任何一个环节的失误都可能会引起连锁反应。这种竞争不再是某一优势的比拼,而是综合实力的比拼,企业要实现在产品研发、采购生产、渠道管理、内部信息管理、资本及品牌重组、市场营销、售后服务等各个产业环节上协调发展,从而形成以产能和效率为基础的总成本领先的战略优势。

三、美的集团成本领先战略的启示

对于目前正处于日益激烈的市场竞争环境,美的集团战略的成功实施为我国企业提供了很多的有益经验和启示。

(一)从战略视角规划成本管理

美的的运作模式是以市场为核心,从战略视角规划成本管理,通过成本领先,带动技术与品牌的发展,在降低成本的同时,确保产品功能和质量的提高,以建立和保持企业长期的竞争优势。在市场经济条件下,价格是由市场决定的,企业应根据市场选择具有竞争力的价格,依据价格和企业利润倒推产品成本。为了降低成本,企业应从设计开发阶段考虑,通过技术创新降低产品成本,如果产品设计不合理,不必要的成本被固化其中,势必造成后期无法消除的浪费。为了保持总成本领先,企业应在设计环节、材料采购环节、生产环节、销售环节、售后服务环节对成本进行全过程控制。传统的成本管理重在控制生产阶段的耗费,在范围上局限于企业内部。美的的成本领先战略超越了这一局限,成本管理体现在价值链的所有环节,包括上游供应商和下游经销商的企业间信息交换系统,使其相作用,共同进行成本控制。

(二)成本领先战略实施的与时俱进

如果认为成本领先战略已经过时,则是对该战略的一种误解,实施成本领先战略,努力建设节约型社会,以较少的物力、人力投入生产具有高附加值的产品,是中国制造业的发展趋势。成本领先战略的应用要与企业的发展相匹配,要随着外部经济环境以及企业内部条件的变化适时调整,不能以静止的眼光看待企业原有的成本优势。如果成本降低削弱了企业的竞争地位,这种成本降低方法是不可取的。从美的集团的发展壮大可以看出,成本领先战略的核心是依靠技术创新、管理创新和自主品牌。

资料来源:百度文库。

第一节 物流成本控制概述

一、物流成本控制的含义及分类

(一) 物流成本控制的含义

物流成本控制是指运用系统工程的原理对企业在生产经营过程中发生的各种物流耗费进行计算、调节和监督的过程,也是一个发现薄弱环节、挖掘内部潜力、寻找一切可能降低物流成本途径的过程。科学地组织实施物流成本控制,可以促进企业改善经营管理,转变经营机制,全面提高企业素质,使企业在市场竞争的环境下生存、发展和壮大。它以成本作为控制的手段,通过制定成本总水平指标值、可比产品成本降低率以及成本中心控制成本的责任等,达到对物流经济活动实施有效控制的目的的一系列管理活动与过程。

(二) 物流成本控制的分类

1. 绝对成本控制和相对成本控制

物流成本控制分为绝对成本控制和相对成本控制。绝对成本控制指降低物流成本支出的绝对额。相对成本控制指成本降低,包括统筹安排成本、数量和收入的相互关系,以求收入的增长超过物流成本的增长,实现物流成本的相对节约。

2. 事前控制、事中控制、事后控制

成本事前控制是整个成本控制活动中最重要的环节,它直接影响以后各作业流程成本的高低。事前成本控制活动主要有物流配送中心的建设控制,物流设施、设备的配备控制,物流作业过程改进控制等。

成本的事中控制是对物流作业过程实际劳动耗费的控制,包括设备耗费的控制、人工耗费的控制、劳动工具耗费和其他费用支出的控制等方面。

成本的事后控制是通过定期对过去某一段时间成本控制的总结、反馈来控制成本。

通过成本控制,可以及时发现存在的问题,采取纠正措施,保证成本目标的实现。

成本控制反对"秋后算账"和"死后验尸"的做法,提倡预先控制和过程控制。因此,成本控制必须遵循预先控制和过程控制的原则,并在成本发生之前或在发生的过程中去考虑和研究为什么要发生这项成本,应不应该发生,应该发生多少,应该由谁来发生,应该在什么地方发生,是否必要,研究后应对过程活动进行监视、测量、分析和改进。

二、物流成本控制的原则

物流成本控需要遵循成本控制原则。成本控制原则是指进行成本控制必须遵循的基本要求。主要有以下原则：

（一）全面控制原则

成本控制要对成本形成的全过程、发生的各项费用及其全员进行控制。为了适应现代成本会计的发展，必须实行全员管理成本，使决策层和所有部门、单位都重视成本，人人关心成本，提高全员成本效益意识和素质。传统的成本管理思想认为，成本管理是专设的成本管理机构和管理人员的职责，但事实上成本是在各部门、各环节中发生的，与每个员工息息相关。因此，成本的管理与控制不仅是成本管理机构的责任，也是每个部门，每个员工的责任。成本控制要全方位、全过程控制，包括物流活动前后对影响成本的各有关因素进行分析研究、物流活动的确定、物流活动过程中发生的全部费用的控制，以及事后的成本分析。

（二）坚持标准、明确责任原则

标准是成本控制的依据，必须严格遵守。为了有效地实施成本控制，要围绕目标成本，逐级落实经济责任，建立目标责任制、质量目标责任制、技术目标责任制、物资供应目标责任制、销售目标责任制、成本目标责任制、财务成果目标责任制等。

（三）讲求经济效益原则

成本控制绝不能片面地追求成本的降低而忽视服务的数量和质量。如果成本控制不能体现上述要求，也不能认为实现了成本控制的目的。

（四）责权利相结合原则

企业在进行成本管理时，要建立一套全员适用的责、权、利相配套的管理体制，以进行约束和激励。对成本管理体系中的每个部门、每个环节、每个员工的工作职责和范围要进行明确的界定，制定目标成本，并且细化和深化，使每一个环节和每一个要素都有分目标，形成部门和个人的成本责任目标，并赋予相应的权利，确保充分有效地履行职责。同时成本管理的领导者要对各部门、各班组人员在成本控制中的绩效进行定期检查和考核，实行有奖有罚的制度，调动全体职工控制成本、降低成本的积极性和主动性，形成职工自主管理意识。

（五）例外管理原则

例外管理原则是指物流企业在全面控制的基础上，对那些重要的、不正常的、不符合常规的关键性成本差异集中精力重点处理，深入分析、追根究底、查明原因,并及时采取控制措施。一般说来,对于那些超过或低于标准10%以上的项目,都可以考虑列作例外控制的项目。此外,对于企业的长期获利能力有重大影响的项目,也应予以密切注意。例外情况的常用判定有以下要点:第一,重要性;第二,特殊性;第三,一贯性。

(六) 日常控制与定期控制相结合原则

日常控制的特点是具有及时性和针对性,时效性强。定期控制的特点是具有全面性和系统性,综合性强。日常控制是定期控制的基础,定期控制是日常控制的深化。两者相结合,能够扬长避短,更有效地进行成本控制。

(七) 单项控制和综合控制相结合原则

要实现成本目标,必须对每个成本项目进行控制。单项成本目标都实现了,整个企业成本目标的实现就有了保证。同时,还要全面研究各种要素对成本水平的影响,实施综合控制。要把专业人员进行的控制和职工群众参加的控制结合起来。专业控制是各车间、部门的专业人员对成本实施的控制,它能对产品形成过程进行连续、系统、全面地控制。职工群众控制是广大职工对成本实施的控制,它能对每个具体环节进行及时、具体、有效地控制,把二者结合起来就能形成一个上下结合、纵横交错的成本控制网络。

三、物流成本控制的程序

(一) 制定成本标准

成本标准是成本控制的准绳,成本标准首先包括成本计划中规定的各项指标。但成本计划中的一些指标都比较综合,还不能满足具体控制的要求,这就必须规定一系列具体的标准。确定这些标准的方法,大致有三种:

1. 计划指标分解法

计划指标分解法即将大指标分解为小指标。分解时,可以按部门、单位分解,也可以按不同产品和各种产品的工艺阶段或零部件进行分解,若更细致一点,还可以按工序进行分解。

2. 预算法

预算法就是用制定预算的办法来制定控制标准,有的企业基本上是根据季度的生产销售计划来制订较短期(如月份)的费用开支预算,并把它作为成本控制的标准。采用这种方法特别要注意从实际出发来制订预算。

3. 定额法

定额法就是建立起定额和费用开支限额,并将这些定额和限额作为控制标准来进行控制。在企业里,凡是能建立定额的地方,都应把定额建立起来,如材料消耗定额、工时定额等等。实行定额控制的办法有利于成本控制的具体化和经常化。

在采用上述方法确定成本控制标准时,一定要进行充分的调查研究和科学计算。同时还要正确处理成本指标与其他技术经济指标(质量、生产效率)的关系,从完成企业的总体目标出发,经过综合平衡,防止片面性。

(二) 监督成本的形成

监督成本的形成就是根据控制标准,对成本形成的各个项目,经常进行检查、评比和监督。不仅要检查指标本身的执行情况,而且要检查和监督影响指标的各项条件,如设备、工艺、工具、工人技术水平、工作环境等。所以,成本日常控制要与物流作业控制等结合起来进行。

成本日常控制的主要方面有:

1. 材料费用的日常控制

车间施工员和技术检查员要监督按图纸、工艺、工装要求进行操作,实行首件检查,防止成批报废。车间设备员要按工艺规程规定的要求监督设备维修和使用情况,不合要求不能开工生产。供应部门材料员要按规定的品种、规格、材质实行限额发料,监督领料、补料、退料等制度的执行。生产调度人员要控制生产批量,合理下料,合理投料,监督期量标准的执行。车间材料费的日常控制,一般由车间材料核算员负责,它要经常收集材料,分析对比,追踪原因,并会同有关部门和人员提出改进措施。

2. 工资费用的日常控制

它主要是车间劳资员对生产现场的工时定额出勤率、工时利用率、劳动组织的调整、奖金、津贴等的监督和控制。此外,生产调度人员要监督车间内部作业计划的合理安排,要合理投产、合理派工、控制窝工、停工、加班、加点等。车间劳资员(或定额员)对上述有关指标负责控制和核算,分析偏差,寻找原因。

3. 间接费用的日常控制

车间经费、企业管理费的项目很多,发生的情况各异。有定额的按定额控制,没有定额的按各项费用预算进行控制,如采用费用开支手册、企业内费用券(又叫本票、企业内流通券)等形式来实行控制。各个部门、车间、班组分别由有关人员负责控制和监督,并提出改进意见。

(三) 及时纠正偏差

针对成本差异发生的原因,查明责任者,分别情况,分别轻重缓急,提出改进措施,加以贯彻执行。对于重大差异项目的纠正,一般采用下列程序:

(1) 提出课题。从各种成本超支的原因中提出降低成本的课题。这些课题首先应当是那些成本降低潜力大、各方关心、可能实行的项目。提出课题的要求,包括课题的目的、内容、理由、根据和预期达到的经济效益。

(2) 讨论和决策。课题选定以后，应发动有关部门和人员进行广泛的研究和讨论。对重大课题，可能要提出多种解决方案，然后进行各种方案的对比分析，从中选出最优方案。

(3) 确定方案实施的方法步骤及负责执行的部门和人员。

(4) 贯彻执行确定的方案。在执行过程中也要及时加以监督检查。方案实现以后，还要检查方案实现后的经济效益，衡量是否达到了预期的目标。

四、物流成本控制的方法

开展成本控制活动的目的就是防止资源的浪费，使成本降到尽可能低的水平，并保持已降低的成本水平。它是成本管理的一部分，致力于满足成本要求，即满足顾客、最高管理者、相关方以及法律法规等对组织的成本要求。成本控制的对象是成本发生的过程，包括设计过程、采购过程、生产和服务提供过程、销售过程、物流过程、售后服务过程、管理过程、后勤保障过程等所发生的成本控制。成本控制的结果应能使被控制的成本达到规定的要求。为使成本控制达到规定的、预期的成本要求，就必须采取适宜的和有效的措施，包括作业、成本工程和成本管理技术和方法。如 VE 价值工程、IE 工业工程、ABC 作业成本法、ABM 作业成本管理、SC 标准成本法、目标成本法、CD 降低成本法、CVP 本—量—利分析、SCM 战略成本管理、质量成本管理、环境成本管理、存货管理、成本预警、动量工程、成本控制方案等等。

第二节 目标成本法

一、目标成本的概念

目标成本是指企业在一定时期内为保证目标利润实现，并作为合成中心全体职工奋斗目标而设定的一种预计成本，它是成本预测与目标管理方法相结合的产物。在这里引用"合成"概念，意在说明预算要经多部门、众多员工的追求。也就是将成本水平控制作为工作的目标，目标成本的表现形式很多，如计划成本、标准成本或定额成本等，一般情况下要比实际成本更加合理和科学。

制定目标成本时，既要考虑本单位的设备条件、原材料的供应情况、设计的生产能力和职工的素质及技术水平等，同时还要重视企业的外部条件，例如，市场对本企业的产品的需求情况、国内外同行的成本资料等。目标成本管理是企业目标管理的重要组成部分，推行目标成本管理可以促使企业加强成本核算，人人关心成本，更好地贯彻经济责任制，对于激励全体职工努力做好工作的积极性，促进成本进一步下降有重要意义。同时目标成本也是进行有效成本比较分析的一种尺度,查明产生成本差异的原因,并有利实行例外管理原则,将成本管理的重点放在重大脱离目标成本的事项上。目标成本管理的实施也能促使企业上下各级各部门和领导与职工之间的协调一致,相互配合,围绕一个共同的目标而努力。

二、目标成本法的原理

为了更有效地实现供应链管理的目标,使客户需求得到最大程度的满足,成本管理应从战略的高度分析,与战略目标相结合,使成本管理与企业经营管理全过程的资源消耗和资源配置协调起来,因而产生了适应供应链管理的目标成本法。

目标成本法是一种全过程、全方位、全人员的成本管理方法。全过程是指供应链产品生产到售后服务的一切活动,包括供应商、制造商、分销商在内的各个环节;全方位是指从生产过程管理到后勤保障、质量控制、企业战略、员工培训、财务监督等企业内部各职能部门各方面的工作以及企业竞争环境的评估、内外部价值链、供应链管理、知识管理等。全人员是指从高层经理人员到中层管理人员、基层服务人员、一线生产员工。目标成本法在作业成本法的基础上来考查作业的效率、人员的业绩、产品的成本,弄清楚每一项资源的来龙去脉,每一项作业对整体目标的贡献。总之,传统成本法局限于事后的成本反映,而没有对成本形成的全过程进行监控;作业成本法局限于对现有作业的成本监控,没有将供应链的作业环节与客户的需求紧密结合。而目标成本法则保证供应链成员企业的产品以特定的功能、成本及质量生产,然后以特定的价格销售,并获得令人满意的利润。

三、目标成本法的实施程序

(一) 以市场为导向设定目标成本

1. 根据新品计划和目标售价编制新品开发提案

一般新品上市前就要正式开始目标成本规划,每种新品设一名负责产品开发的经理,以产品开发经理为中心,对产品计划构想加以推敲。编制新品开发提案,内容包括新品样式规格、开发计划、目标售价及预计销量等。

其中,目标售价及预计销量是与业务部门充分讨论(考虑市场变化趋势、竞争产品情况、新品所增加新机能的价值等)后加以确定。开发提案经高级主管所组成的产品规划委员会核准后,即进入制定目标成本阶段。

2. 采用超部门团队方式,利用价值工程寻求最佳产品设计组合

进入开发设计阶段,为实现产品规划的目标,以产品开发经理为中心,结合各部门一些人员加入,组成跨职能的成本规划委员会;成员包括来自设计、生产技术、采购、业务、管理、会计等部门的人员,是一个超越职能领域的横向组织,开展具体的成本规划活动,共同合作以达到目标。成本规划活动目标分解到各设计部后,各设计部就可以从事产品价值和价值工程分析。根据产品规划书,设计出产品原型。结合原型,把成本降低的目标分解到各个产品构件上。在分析各构件是否能满足性能的基础上,运用价值工程降低成本。如果成本的降低能够达到目标成本的要求,就可以转入基本设计阶段,否则还需要运用价值工程重新加以调整,以达到要求。

进入基本设计阶段,运用同样的方法,挤压成本,转入详细设计,最后进入工序设计。在工序设计阶段,成本降低额达到后,挤压成本暂时告一段落,可以转入试生产。试生产阶段是对前期成本规划与管理工作的分析与评价,致力于解决可能存在的潜在问题。一旦在试生产阶段发现产品成本超过目标成本要求,就得重新返回设计阶段,运用价值工程进行再次改进。只有在目标成本达到的前提下,才能进入最后的生产。

(二) 在设计阶段实现目标成本,计算成本差距

目标成本与公司目前相关估计产品成本(即在现有技术条件下,不积极从事降低成本活动下产生的成本)相比较,可以确定成本差距。由于新品开发往往很多都是借用件,并非全部零部件都会变更,通常变更需要重估的只是一部分,所以目前相关产品成本可以现有产品加减其变更部分成本差额算出。目标成本与估计成本的差额为成本差距(成本规划目标),它是需要通过设计活动降低的成本目标值。

(三) 在生产阶段运用持续改善成本法以达到设定的目标成本

新品进入生产阶段三个月后,检查目标成本的实际达成情况,进行成本规划实绩的评估,确认责任归属,以评价目标成本规划活动的成果。至此,新品目标成本规划活动正式告一段落。进入生产阶段,成本管理即转向成本维持和持续改善,使之能够对成本对象耗费企业资源的状况更适当地加以计量和核算,使目标成本处于正常控制状态。

四、目标成本法的形式

供应链成员企业间的合作关系不同,所选择的目标成本法也不一样。一般说来,目标成本法主要有三种形式,即基于价格的目标成本法、基于价值的目标成本法、基于作业成本管理的目标成本法。

（一）基于价格的目标成本法

这种方法最适用于契约型供应链关系，而且供应链客户的需求相对稳定。在这种情况下，供应链企业所提供的产品或服务变化较少，也就很少引入新产品。目标成本法的主要任务就是在获取准确的市场信息的基础上，明确产品的市场接受价格和所能得到的利润，并且为供应链成员的利益分配提供较为合理的方案。

在基于价格的目标成本法的实施过程中，供应链成员企业之间达成利益水平和分配时间的一致是最具成效和最关键的步骤。应该使所有的供应链成员都获得利益，但利益总和不得超过最大许可的产品成本。而且，达成的价格应能充分保障供应链成员企业的长期利益和可持续发展。

（二）基于价值的目标成本法

通常，市场需求变化较快，需要供应链有相当的柔性和灵活性，特别是在交易型供应链关系的情况下，往往采用这种方法。为了满足客户的需要，要求供应链企业向市场提供具有差异性的高价值的产品，这些产品的生命周期也多半不长，这就增大了供应链运作的风险。因此，必须重构供应链，以使其供应链成员企业的核心能力与客户的现实需求完全匹配。有效地实施基于价值的目标成本法，通过对客户需求的快速反应，能够实质性地增强供应链的整体竞争能力。然而，为了实现供应链成员企业冲突的最小化以及减少参与供应链合作的阻力，链上成员企业必须始终保持公平的合作关系。

基于价值的目标成本法以所能实现的价值为导向，进行目标成本管理，即按照供应链上各种作业活动创造价值的比例分摊目标成本。这种按比例分摊的成本成为支付给供应链成员企业的价格。一旦确定了供应链作业活动的价格或成本，就可以运用这种目标成本法来识别能够在许可成本水平完成供应链作业活动的成员企业，并由最有能力完成作业活动的成员企业构建供应链，共同运作，直到客户需求发生进一步的变化需要重构供应链为止。

许多供应链成员企业发现它们始终处于客户需求不断变化的环境中，变换供应链成员的成本非常高。要使供应链存续与发展，成员企业必须找到满足总在变化的客户需求的方法。在这样的环境条件下，基于价值的目标成本法仍可按照价值比例分摊法在供应链作业活动间分配成本。但是，供应链成员企业必须共同参与重构活动，以保证每个成员的价值贡献正好与许可的目标成本相一致。

（三）基于作业成本管理的目标成本法

这种方法适用于紧密型或一体化型供应链关系，要求供应链客户的需求是一致的、稳定的和已知的，通过协同安排实现供应链关系的长期稳定。为有效运用这种方法，要求供应链能够控制和减少总成本，并使得成员企业都能由此而获益。

因此，供应链成员企业必须尽最大的努力以建立跨企业的供应链作业成本模型，并通过对整体供应链的作业分析，找出其中不增值的部分，进而从供应链作业成本模型中扣除不增值作业，以设计联合改善成本管理的作业方案，实现供应链总成本的合理化。

目标成本法的作用在于激发和整合成员企业的努力，以连续提升供应链的成本竞争力。因此，基于作业成本管理的目标成本法实质上是以成本加成定价法的方式运作，供应链成员企业之间的价格由去除浪费后的完成供应链作业活动的成本加市场利润构成。这种定价方法促使供应链成员企业剔除基于自身利益的无效作业活动。诚然，供应链成员企业通过"利益共享"获得的利益必须足以使它们致力于供应链关系的完善与发展，而不为优化局部成本的力量所左右。

五、制定物流目标成本的步骤

物流目标成本控制是成本控制与目标管理在物流活动中的有机结合，它能及时反映实际物流成本与物流目标成本的偏差，以便采取有效措施加以纠正。制定物流目标成本的步骤如下：

（一）设置物流总目标成本

企业最高管理层应结合企业发展战略和企业的实际情况，制定计划期要实现的物流服务利润，确定物流成本总目标。这个总目标要分解到各级职能部门，直到最基层。

（二）明确物流组织结构

对每个目标和子目标，根据物流组织结构要求，建立责任中心，明确其应完成的任务和应承担的责任与应享有的权利。

（三）设置下级物流目标成本

根据物流资金、人力等资源情况，上下级协商、合作，拟定考核下级的目标成本。在这个过程中，可能需要修订总目标成本。

（四）研究物流目标成本可行性

物流目标成本的制定不可能一次就成功，需要对初步设置的物流目标成本进行分析、判断。对不可行物流目标成本要从最高层开始重新制定，直到可行为止。在反复循环的过程中，使物流目标成本得以完善。

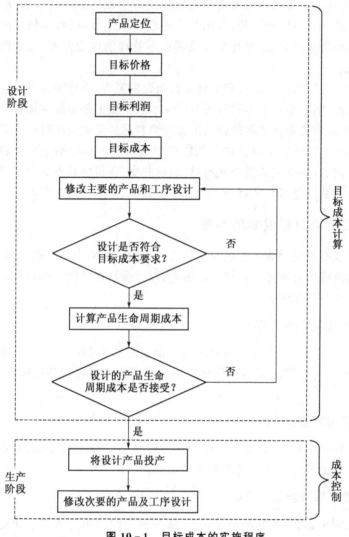

图 10-1　目标成本的实施程序

(五) 分解物流目标成本

对物流目标成本的分解，需从以下几个方面进行：

(1) 将物流目标成本分解为直接材料费用目标、直接人工费用目标、制造费用目标等。

(2) 将物流目标成本分解到各级具体责任中心或责任人。

(3) 将物流目标成本分解为年度目标成本、季度目标成本、月度目标成本等。

物流目标成本的分解也需要多次循环、不断修订。

六、物流目标成本的测算

在进行物流目标成本控制时,首先需要测算物流目标成本。物流目标成本测算一般包括预计服务收入、确定目标利润和确定目标成本三个步骤。

(一) 预计服务收入

物流企业的服务(产品)收入主要受服务(产品)目标单价和业务量(产量)的影响。对于企业推出的新业务(新产品),其服务(产品)目标单价和业务量(产量)的测算可运用下列两种方法。

1. 消费者需求研究方法

企业在一项新业务或新产品推出前必须要进行市场研究,具体包括对政治、经济、人口、产业等宏观或总体性资料进行收集与预测;对过去、目前和未来的顾客进行系统的消费者需求调查;选取特定消费者群体对他们的需求进行深入研究。

2. 竞争者分析方法

竞争者分析方法主要是收集竞争对手及其产品或服务的资料与未来计划,具体包括竞争对手现有产品或服务情况,未来可能会推出哪些产品或服务,竞争对手产品或服务的质量、水准如何,竞争对手产品或服务有哪些特色,价格情况如何等。

(二) 确定目标利润

任何一种新的服务(产品)都可能因不同的市场需求、价格政策、成本结构、所需投入资本、服务(产品)质量等因素造成不同的目标利润。因此,确定目标利润可采取下列方法。

1. 目标利润率法

目标利润率法是利用经营相同或相似业务的物流企业的平均利润率来预计本企业利润。计算公式为

目标利润=预计服务收入×同类企业平均营业利润率

或

目标利润=本企业净资产×同类企业平均净资产利润率

或

目标利润=本企业总资产×同类企业平均资产利润率

2. 上年利润基数法

本年利润是上年利润的延续,但随着竞争环境的改变和企业自身的进步,企业管理层将会提出利润增长率的要求,并以此为依据确定目标利润。计算公式为

目标利润=上年利润×(1+利润增长率)

(三) 确定目标成本

目标成本包含两个层次的含义：一是总体目标成本，是指企业预计服务收入减去目标利润后的数值；二是单位目标成本，是指目标单价减去单位目标利润后的数值。

$$总体目标成本 = 预计服务收入 - 目标利润$$
$$单位目标成本 = 目标单价 - 单位目标利润$$

按上述方法计算出的目标成本，只是一个初步的设想，仅仅提供了一个分析问题的合乎需要的起点，它不一定完全符合实际，在物流目标成本制定过程中，还需要对其可行性进行分析，并不断进行修正。

目标成本的可行性分析，是指对初步测算得出的目标成本是否切实可行做出分析和判断。分析时，企业主要根据自身实际成本的变化趋势和同类企业的成本水平，充分考虑本企业成本节约的潜力，对某一时期的成本总水平做出预计，看其与目标成本的水平是否大体一致。经过测算，如果预计目标成本是可行的，则将其分解，下达到有关部门和单位。如果经过反复测算、挖潜，仍不能达到目标成本，就要考虑放弃该产品并设法安排剩余的生产能力，如果从全局看不宜停产该产品，也要限定产量，并确定亏损限额。

一种产品的总体目标成本确定后，可按成本要素如直接材料成本、直接人工成本、其他直接成本和间接成本等细分制定每一个成本要素的目标成本，也可按产品的各部分功能分别制定各部分功能的目标成本。

例 10.1 开运物流公司上年年底着手制订下年成本控制计划。该公司预计本年业务量为 50 000 件，服务价格为 20 元/件。假设同类物流企业的平均营业利润率为 20%，试测算该企业目标总成本和目标单位成本。

依题意：

$$该企业预计服务收入 = 服务价格 \times 预计业务量 = 20 \times 50\,000 = 1\,000\,000(元)$$
$$目标利润 = 预计服务收入 \times 同类企业平均利润率$$
$$= 1\,000\,000 \times 20\% = 200\,000(元)$$
$$目标总成本 = 1\,000\,000 - 200\,000 = 800\,000(元)$$
$$目标单位成本 = 800\,000 \div 50\,000 = 16(元/件)$$

开运物流公司本年将以 800 000 元作为总目标成本，以 16 元/件作为单位目标成本。

七、目标成本的分解

目标成本的分解是指将企业总体的目标成本值进行分解，将其落实到企业内部各单位、各部门的过程，目的在于明确责任，确定未来各单位、各部门的奋斗目标。分解目标成本时应结合企业的实际情况进行。通常可以先将总体目标成本分解到各种产品,然后将各产品的目标成本分解到各车间或工序。

如果某企业属于多品种作业的企业,在这种情况下,应先将企业总体目标成本分解为各作业的目标成本,分解方法在确定每种作业目标销售利润率的基础上,倒推每种作业的目标成本,最终将各作业的目标成本的合计值与企业总体目标成本进行比较并综合平衡,进而确定每种作业的目标成本。这种方法从每种作业的自身盈利状况出发,直接与企业总体目标成本进行比较,无论是企业的总体目标成本还是各作业的目标成本均可采用倒扣法予以确定,在考虑应交税金的情况下计算公式如下:

企业总体目标成本或每种作业的目标成本＝预计营业收入－应交税金－目标利润

例 10.2 开运物流公司本年年底着手制订来年成本控制计划,该公司预计下一年业务量为 50 000 件,平均服务价格 20 元/件,预计应交流转税(包括营业税、城市维护建设税及教育费附加等)税率为 6.5%。假设同类物流企业的平均服务利润率为 20%,试测算该企业总体目标成本和目标单位成本。

又设该企业服务品种分为两类:一类是普通服务,预计下一年业务量为 40 000 件,平均服务价格是 15 元/件,平均服务利润率为 18%;另一类是特殊服务,预计下一年业务量为 10 000 件,平均服务价格是 40 元/件,平均服务利润率为 30%。两类服务应缴税率均为 6.5%。请问在这种情况下,该企业测算的总体目标成本是否合理?

依题意:

企业总体目标成本＝预计营业收入－应交税金－目标利润
$$= 50\,000 \times 20 - 50\,000 \times 20 \times 6.5\% - 50\,000 \times 20 \times 20\%$$
$$= 735\,000(元)$$

目标单位成本＝735 000÷50 000＝14.7(元/件)

普通服务目标成本＝40 000×15－40 000×15×6.5%－40 000×15×18%
$$= 453\,000(元)$$

特殊服务目标成本＝10 000×40－10 000×40×6.5%－10 000×40×30%
$$= 254\,000(元)$$

按各类服务测算的目标总成本＝453 000＋254 000
$$= 707\,000(元) < 735\,000(元)$$

说明:虽然不同服务种类的销售利润率与物流企业的平均服务利润率不一致,但以此测算的总体目标成本为 707 000 元,低于企业规定的总体目标成本 735 000 元,因此,该企业规定的总体目标成本是合理的,应将各类作业目标成本的预计值纳入企业成本计划。

第三节 标准成本控制法

一、标准成本控制法的含义

标准成本控制法是指以事先制定的标准成本为依据,对生产中实际发生的费用进行全面的控制和考核的一种成本控制方法。采用标准成本控制法,首先要制定出合理的单位产品直接材料成本、直接人工成本、变动制造费用和固定制造费用的各项标准。通常是按加工程序,通过技术分析、工时测定等来确定。标准成本可以是基本标准成本、理想标准成本、正常标准成本、预期标准成本等。标准成本法下,对实际成本的控制采用揭示实际成本脱离标准成本的方法进行。差异的揭示应按成本项目,分别数量差异和价格差异来计算。具体可分为材料数量差异、材料价格差异、人工效率差异、工资率差异、变动制造费用耗费差异、变动制造费用效率差异、固定制造费用预算差异、固定制造费用产量差异等。在标准成本控制法下,对发生的各项差异数,要及时研究和分析其原因,以便能对产品成本进行更有效的监督和控制,并及时总结经验和采取措施,防止各种浪费和损失,以达到降低成本和增加盈利的目的。

(一) 标准成本的含义

标准成本是对产品或作业未来成本的理性预期。标准成本产生于预算过程。发现并分析实际成本对标准成本的偏离是成本控制的一项重要内容。除了业绩考核,标准成本还具有其他的功效,包括产品定价、项目投标、业务外包、生产技术的选择等。

(二) 标准成本的分类

1. 理想标准成本和正常标准成本

标准成本按其制定所根据的生产技术和经营管理水平,分为理想标准成本和正常标准成本。

理想标准成本是指在最优的生产条件下,利用现有规模和设备能达到的最低成本,是理论上的业绩标准、生产要素的理想价格和可能实现的最高生产能力的利用水平。理想的业绩标准是指生产过程中毫无技术浪费时的生产要素消耗量,最熟练的工人全力以赴工作、不存在废品损失和停工时间等条件下可能实现的最优业绩。最高生产能力的利用水平是指理论上可能达到的设备利用程度,只扣除不可避免的机器修理、改换品种、调整设备的时间,而不考虑产品销路不畅、生产技术故障造成的损失。这种标准是"工厂的极乐世界",很难成为现实,即使出现也不可能持久。它的主要用途是提供一个完美无缺的目标,揭示成本下降的潜力,不能作为考核的依据。

正常标准成本是指在效率良好的条件下,根据下期一般应该发生的生产要素消耗量、预计价格和预计生产经营能力利用程度制定出的标准成本。把难以避免的损耗和低效率等情况也计算在内,使之切实可行。正常标准成本的特点:(1)客观性和科学性;(2)现实性;(3)激励性;(4)稳定性。

表 10-1 理想标准成本和正常标准成本的对比

种类	含义	依据	用途
理想标准成本	是指在最优条件下,利用现有的规模和设备能够达到的最低成本	理论上的业绩标准;生产要素的理想价格;可能实现的最高生产经营能力利用水平	揭示实际成本下降的潜力,不能作为考核依据
正常标准成本	是指在效率良好的条件下,根据下期一般应该发生的生产要素消耗量、预计价格和预计生产经营能力利用程度制定出来的标准成本	考虑了生产经营过程中难以避免的损耗和低效率	实际工作中广泛使用正常标准成本

注意:正常标准成本从数量上看,它应大于理想标准成本,但又小于历史平均水平,是要经过努力才能达到的一种标准,因而可以调动职工的积极性。在标准成本系统中广泛使用正常标准成本。

2. 现行标准成本和基本标准成本

标准成本按其适用期,分为现行标准成本和基本标准成本。

现行标准成本是指根据其适用期间应该发生的价格、效率和生产经营能力利用程度等预计的标准成本。它是在现有生产技术条件下进行有效经营的基础上,根据下一期最有可能发生的生产要素的消耗量、预计价格和预计生产经营能力利用程度制定出来的标准成本。

基本标准成本是指一经制定,只要生产的基本条件无重大变化,就不予变动的一种标准成本。这种标准成本一经制定,长期保持不变,它可以使各个时期的实际成本与同一标准成本进行比较,以反映成本的变化。

表 10-2　现行标准成本和基本标准成本的对比

分类标准	种类	含义	依据	用途
按适用期分类	现行标准成本	是指根据其适用期间应该发生的价格、效率和生产经营能力利用程度等预计的标准成本	应该发生的价格、效率和生产经营能力利用程度	可以作为评价实际成本的依据，也可以用来对存货和销货成本进行计价
	基本标准成本	是指一经制定，只要生产的基本条件无重大变化，就不予变动的一种标准成本	生产的基本条件无重大变化	与各期实际成本进行对比，可以反映成本变动的趋势，但不宜用来直接评价工作效率和成本控制的有效性

注意：所谓生产基本条件的重大变化，是指产品的物理结构的变化，重要原材料和劳动力价格的重要变化，生产技术和工艺的根本变化。只有这些条件发生变化，基本标准成本才需要修订。由于市场供求变化导致的售价变化和生产经营能力利用程度变化，由于工作方法改变而引起的效率变化等，不属于生产基本条件的重大变化。

三、标准成本的制定

（一）直接材料标准成本的制定

某单位产品耗用的直接材料的标准成本是由材料的用量标准和价格标准两项因素决定的。

材料的价格标准通常采用企业制定的计划价格。企业在制定计划价格时，通常是以订货合同的价格为基础，并考虑将来各种变化情况，按各种材料分别计算的。

材料的用量标准是指单位产品耗用原料及主要材料的数量，通常也称为材料消耗定额。材料的用量标准应根据企业产品的设计、生产和工艺的现状，结合企业经营管理水平的情况和降低成本任务的要求，考虑材料在使用过程中发生的必要损耗，并按照产品的零部件来制定各种原料及主要材料的消耗定额。

因此，直接材料标准成本可利用下述公式计算：

单位产品耗用的第 i 种材料的标准成本 ＝ 材料 i 的价格标准 × 材料 i 的用量标准

单位产品直接材料的标准成本 ＝ $\sum$（材料 i 的价格标准 × 材料 i 的用量标准）

（二）直接人工标准成本的规定

直接人工标准成本是由直接人工的价格标准和直接人工用量标准两项因素决定的。

直接人工的价格标准就是标准工资率，通常由劳动工资部门根据用工情况制定，当采用计时工资时，标准工资率就是单位工时标准工资率，它是由标准工资总额除以标准总工时来计算的，即：

$$标准工资率 = 标准工资总额 \div 标准总工时$$

人工用量标准就是工时用量标准，也称工时消耗定额，是指企业在现有的生产技术条件、工艺方法和技术水平的基础上，考虑提高劳动生产率的要求，采用一定的方法，按照产品生产加工所经过的程序，确定的单位产品所需耗用的生产工人工时数。在制定工时消耗定额时，还要考虑生产工人必要的休息和生理上所需时间，以及机器设备的停工清理时间，使制定的工时消耗定额既合理又先进，从而达到成本控制的目的。

因此，直接人工标准成本可按照下面的公式来计算：

$$单位产品直接人工标准成本 = 标准工资率 \times 工时用量标准$$

（三）制造费用标准成本的制定

制造费用的标准成本是由制造费用价格标准和制造费用用量标准两项因素决定的。

制造费用价格标准，也就是制造费用的分配率标准。其计算公式为

$$制造费用分配率标准 = 标准制造费用总额 \div 标准总工时$$

制造费用用量标准就是工时用量标准，其含义与直接人工用量标准相同。

制造费用标准成本计算公式为：

$$制造费用标准成本 = 工时用量标准 \times 制造费用分配率标准$$

成本按照其性态，分为变动成本和固定成本。前者随着产量的变动而变动，后者相对固定，不随产量的变动而变动。所以，制定制造费用标准成本时，也应分别制定变动制造费用的标准成本和固定制造费用的标准成本。

（四）单位产品标准成本卡

制定了上述各项内容的标准成本后，企业通常要为每一产品设置一张标准成本卡，并在该卡中分别列明各项成本的用量标准与价格标准，通过直接汇总的方法来得出单位产品的标准成本。

四、成本差异分析

（一）变动成本差异

1. 直接材料成本差异分析

直接材料实际成本与标准成本之间的差额，是直接材料成本差异。该项差异形成的基本原因有两个：一个是材料价格脱离标准（价差），另一个是材料用量脱离标准（量差）。有关计算公式如下：

$$材料价格差异＝实际数量×（实际价格－标准价格）$$
$$材料数量差异＝（实际数量－标准数量）×标准价格$$
$$直接材料成本差异＝价格差异＋数量差异$$

材料价格差异是在采购过程中形成的，采购部门未能按标准价格进货的原因主要有：供应厂家价格变动、未按经济采购批量进货、未能及时订货造成的紧急订货、采购时舍近求远使运费和途耗增加、不必要的快速运输方式、违反合同被罚款、承接紧急订货造成额外采购等等。

材料数量差异是在材料耗用过程中形成的。形成的具体原因有：操作疏忽造成废品和废料增加、工人用料不精心、操作技术改进而节省材料、新工人上岗造成多用料、机器或工具不适用造成用料增加等。有时多用料并非生产部门的责任，如购入材料质量低劣、规格不符也会使用料超过标准；又如加工工艺变更、检验过严也会使数量差异加大。

2. 直接人工成本差异分析

直接人工成本差异是指直接人工实际成本与标准成本之间的差额。它也被区分为"价差"和"量差"两部分。价差是指实际工资率脱离标准工资率，其差额按实际工时计算确定的金额，又称为工资率差异。量差是指实际工时脱离标准工时，其差额按标准工资率计算确定的金额，又称人工效率差异。有关计算公式如下：

$$工资率差异＝实际工时×（实际工资率－标准工资率）$$
$$人工效率差异＝（实际工时－标准工时）×标准工资率$$
$$直接人工成本差异＝工资率差异＋人工效率差异$$

工资率差异形成的原因，包括直接生产工人升级或降级使用、奖励制度未产生实效、工资率调整、加班或使用临时工、出勤率变化等。直接人工效率差异形成的原因，包括工作环境不良、工人经验不足、劳动情绪不佳、新工人上岗太多、机器或工具选用不当、设备故障较多、作业计划安排不当、产量太少无法发挥批量节约优势等。

3. 变动制造费用差异分析

变动制造费用的差异是指实际变动制造费用与标准变动制造费用之间的差

额。它也可以分解为"价差"和"量差"两部分,价差是指变动制造费用的实际小时分配率脱离标准,按实际工时计算的金额,称为耗费差异。量差是指实际工时脱离标准工时,按标准的小时费用率计算确定的金额,称为变动费用效率差异。有关计算公式如下:

变动费用耗费差异＝实际工时×(变动费用实际分配率－变动费用标准分配率)

变动费用效率差异＝(实际工时－标准工时)×变动费用标准分配率

变动费用成本差异＝变动费用耗费差异＋变动费用效率差异

变动制造费用的耗费差异是部门经理的责任,他们有责任将变动费用控制在弹性预算限额之内。变动制造费用效率差异形成的原因与人工效率差异的相同。

(二) 固定制造费用差异

1. 二因素分析法

二因素分析法是将固定制造费用差异分为耗费差异和能量差异。

固定制造费用耗费差异＝固定制造费用实际数－固定制造费用预算数

固定制造费用能量差异＝固定制造费用预算数－固定制造费用标准成本

＝(生产能量－实际产量标准工时)×固定制造费用标准分配率

2. 三因素分析法

三因素分析法是将固定制造费用的成本差异分为耗费差异、效率差异和闲置能量差异三部分。耗费差异的计算与二因素分析法相同。不同的是将二因素分析法中的"能量差异"进一步分解为两部分:一部分是实际工时未达到标准能量而形成的闲置能量差异;另一部分是实际工时脱离标准工时而形成的效率差异。有关计算公式如下:

耗费差异＝固定制造费用实际数－固定制造费用预算数

＝固定制造费用实际数－固定制造费用标准分配率×生产能量

闲置能量差异＝固定制造费用预算－实际工时×固定制造费用标准分配率

＝(生产能量－实际工时)×固定制造费用标准分配率

效率差异＝(实际工时－实际产量标准工时)×固定制造费用标准分配率

五、成本差异分析举例

例 10.3 某企业使用 A 材料生产甲产品,其直接材料和直接人工的标准成本资料如下:本月实际耗用材料 4 600 千克,材料实际成本 19 320 千克。本月实际用工 6 400 小时,人工成本 33 600 元。本期购进的材料全部用于生产,共生产甲产品 2 000 件。

标准成本资料如下:

表 10-3 标准成本资料

成本项目	价格标准	数量标准	标准成本/(元/件)
直接材料	4(元/千克)	2(千克/件)	8
直接人工	5(元/小时)	3(小时/件)	15

要求：
(1) 计算本月份的材料数量差异与材料价格差异。
(2) 计算本月份的人工工资率差异与人工效率差异。

解：(1) 材料数量差异＝(4 600－2 000×2)×4＝600×4
　　　　　　　　　＝2 400(元)(不利差异)
材料价格差异＝(19 320÷4 600－4)×4 600＝(4.2－4)×4 600
　　　　　　＝920(元)(不利差异)
(2) 人工工资率差异＝(33 600÷6 400－5)×6 400＝(5.25－5)×6 400
　　　　　　　　　＝1 600(元)(不利差异)
人工效率差异＝(6 400－2 000×3)×5＝400×5＝2 000(元)(不利差异)

例 10.4 某企业生产 B 产品，实际产量 4 000 件，使用工时 8 400 小时，实际发生变动制造费用 5 208 元，单位产品标准工时为 2 小时/件，标准变动制造费用分配率为 0.6 元/小时。要求：
(1) 计算 B 产品变动制造费用总差异。
(2) 计算 B 产品的变动制造费用开支差异和效率差异。

解：(1) 变动制造费用总差异＝5 208－4 000×2×0.6＝5 208－4 800
　　　　　　　　　　　　　＝408(元)(不利差异)
(2) 变动制造费用开支差异＝(5 208÷8 400－0.6)×8 400
　　　　　　　　　　　　＝(0.62－0.6)×8 400＝168(元)(不利差异)
变动制造费用效率差异＝(8 400－4 000×2)×0.6＝240(元)(不利差异)

例 10.5 某企业固定制造费用预算总额为 15 000 元。该企业正常生产应完成机器小时为 10 000 小时，固定制造费用标准分配率为 1.5 元/小时。固定制造费用实际发生额为 15 500 元，其他有关资料见例 10.4。要求：
(1) 用二因素法计算固定制造费用的预算差异与能量差异。
(2) 用三因素法计算固定制造费用的耗费差异、能力差异和效率差异。

解：(1) 二因素分析法：
固定制造费用预算差异＝15 500－15 000＝500(元)(不利差异)
固定制造费用能量差异＝1.5×(10 000－8 000)＝3 000(元)(不利差异)
固定制造费用总差异＝预算差异＋能量差异＝500＋3 000
　　　　　　　　　＝3 500(元)(不利差异)

(2) 三因素分析法：

固定制造费用预算差异＝15 500－15 000＝500(元)(不利差异)
固定制造费用能力差异＝1.5×(10 000－8 400)＝2 400(元)(不利差异)
固定制造费用效率差异＝1.5×(8 400－8 000)＝600(元)(不利差异)
固定制造费用总差异＝预算差异＋能力差异＋效率差异
　　　　　　　　　＝500＋2 400＋600＝3 500(元)(不利差异)

六、标准成本的用途

(一) 作为成本控制的依据

成本控制的标准有两类：一类是以历史上曾经达到的水平为依据；另一类是以应该发生的成本为依据，如各种标准成本。

(二) 代替实际成本作为存货计价的依据

由于标准成本中已去除了各种不合理因素，以它为依据，进行材料在产品和产成品的计价，可使存货计价建立在更加健全的基础上。而以实际成本计价，往往同样实物形态的存货有不同的计价标准，不能反映其真实的价值。

(三) 作为经营决策的成本信息

由于标准成本代表了成本要素的合理近似值，因而可以作为定价依据，并可作为本量利分析的原始数据资料，以及估算产品未来成本的依据。

(四) 作为登记账簿的计价标准

使用标准成本来记录材料、在产品和销售账户，可以简化日常的账务处理和报表的编制工作。在标准成本系统中，上述账户按标准成本入账，使账务处理及时简单，减少了许多费用的分配计算。

第四节　责任成本法

一、责任成本法的意义

责任成本是指责任单位能对其进行预测、计量和控制的各项可控成本之和。它是以具体的责任单位(部门、单位或个人)为对象，以其承担的责任为范围所归集的成本，也就是特定责任中心的全部可控成本。责任成本是按照"谁负责、谁承担"的原则，以责任单位为计算对象来归集的，所反映的是责任单位与各种成本费用的关系。

采用责任成本法，对于合理确定与划分各物流部门的责任成本、明确各物流部门的成本控制责任范围,进而从总体上有效地控制物流成本有着重要的意义。

(一) 使物流成本的控制有了切实保障

建立责任成本制可将各责任部门、责任人的责任成本与其自身的经济效益密切结合,可将降低成本的目标落实到各个具体物流部门及个人,使其自觉地把成本管理纳入本部门或个人的本职工作范围,使成本管理落到实处。

(二) 使物流成本的控制有了主动力

建立责任成本制可促使企业内部各物流部门及个人主动寻求降低成本的方法,积极采用新材料、新工艺、新能源、新设备,充分依靠科学技术来降低物流成本。

二、物流责任成本控制的过程

(一) 合理划分物流责任中心及成本责任单位

确定责任成本的前提是划分物流责任中心及成本责任单位(以下简称为责任单位)。

责任单位是指由一个主要负责人承担着规定责任并具有相应权利的内部物流单位。作为物流活动中心必须有十分明确的、由其控制的物流活动范围。

企业物流责任中心通常可分为三大类:物流成本(费用)中心、物流利润中心和物流投资中心。

1. 物流成本(费用)中心

物流成本(费用)中心是指对物流成本进行归集、分配,对物流成本能加以控制、考核的责任单位,即对物流成本具有可控性的责任单位。这里的可控性是与具体的责任中心相联系的,而不是某一个成本项目所固有的性质。物流成本中心的成本项目一般可分为直接成本和间接成本两类,前者可以直接计入物流成本的相应成本项目,后者则需要通过一定的方法、根据一定的标准分配后才能计入物流成本。一般来说,直接成本是变动的、可控的,间接成本是固定的、不可控的。但这种说法也不是绝对的。例如,运输部门各车队运输车辆的折旧,虽然可以计入各车队的直接成本,但它却是固定的(在直线折旧法下)、不可控的,因为一般情况下,各车队无权决定购入或出售车辆,也无法控制车辆折旧的发生。

此外,还应予以注意的是,可控成本与不可控成本在一定条件下是可以互相转化的,二者的划分也不是绝对的。例如,材料的仓储费,如果是由仓库将材料仓储费按比例分配给其他责任单位,那么对被分摊的责任单位来讲,这笔材料仓储费就是一种不可控成本,因为他们无法控制仓储费的多少。但如果仓储费按照各责任单位领取材料的多少和价值高低来收取,那么这笔仓储费对各责任单位来讲就是可控的,同时还可进一步促使各责任单位努力降低材料消耗,在保证物流质量的前提下,降低物流成本。

2. 物流利润中心

物流利润中心是指既负责物流收入、支出,又负责管理一定数量资产的物流责任单位,即对物流收入、成本的发生都能加以控制的责任单位。作为物流利润中心,其领导者必须具有控制物流服务价格、物流业务和所有相关费用的权力。

物流利润中心可分为两类:一是实际物流利润中心,二是内部人为物流利润中心。前者是能直接对外发生经济往来,在银行独立开户的相对独立的责任单位,其成本和收入都是实实在在的。后者是在企业内部各部门之间提供物流服务,其收入按内部转移价格结算,物流成本按其实际发生额转移,因而其收支都是虚构的,但其对物流成本的控制和考核却起到了实实在在的作用。

3. 物流投资中心

物流投资中心是指既负责收入、成本,又负责投资的物流责任单位,它不但要计算利润,还要计算投资回收率。例如,某一物流公司可以作为一个物流投资中心,通过转让给运输部门、装卸部门、包装部门和仓储部门的房屋、设备、存货的价值和各自所提供的利润,考核其投资回收率。而在这里,运输部门、装卸部门、包装部门和仓储部门就作为物流利润中心被考核。而各部门下属的具体工作小组或单位,则被作为物流成本(费用)中心被考核。

这里需要强调的是,责任单位的划分不在于单位大小,凡在成本管理上需要、责任可以分清、其成本管理业绩可以单独考核的单位都可以划分为责任单位。

由于物流企业或企业物流部门内部各个活动环节相互紧密衔接和相互交叉,形成一个纵横交错、复杂严密的网络,因此责任单位还可按照其平行或垂直关系划分为横向责任单位和纵向责任单位。

(1) 横向责任单位。横向责任单位是指企业为了满足生产经营管理上的需要而设置的平行职能机构。它们之间的关系是协作关系,而非隶属关系。横向责任单位主要包括供应部门、生产部门、运输部门、设计部门、设备管理部门、销售部门等。

上述各部门内部下属的平行职能单位之间,也可以相对看作横向责任单位,如供应部门内部的采购部门与仓储部门之间互为横向责任单位。横向责任单位的划分,从某种意义上讲,将物流成本在横向责任单位之间的合理分割与责任划分得更加清晰明确。

(2) 纵向责任单位。纵向责任单位是指企业及其职能部门为了适应分级管理需要,自上而下层层设置的各级部门或单位。纵向责任单位之间虽然是隶属关系,但因其在成本的可控性上有其各自的责任与职权,所以有必要在责任单位划分上将其区别出来。以运输部门为例,其纵向责任单位分为公司总部、分公司、车队、单车(司机)等。

（二）确定物流责任目标

这一过程是指把物流成本目标分解到每一责任中心或责任单位，确定其相应的责任目标。各责任中心只对各自的可控成本负责。确定物流责任目标既明确了责任中心的工作任务，也为其提供了业绩考核标准。

（三）建立物流责任计算系统

为考核物流成本履行情况，企业需要建立一套完整的日常记录，计算和考核有关责任预算执行情况，借以评价和考核各有关责任中心或责任单位的工作，并及时反映存在的问题。

责任成本的计算方法有直接计算法和间接计算法两种。

1. 直接计算法

直接计算法是将责任单位的各项责任成本直接加计汇总，以求得该单位责任成本总额的方法。其计算公式为

$$某责任单位责任成本 = 该单位各项责任成本之和$$

这种方法的特点是计算结果较为准确，但工作量较大（需逐笔计算出各项责任成本）。此法适合于所有的责任单位。

2. 间接计算法

间接计算法是以本责任单位的物流成本为基础，扣除该责任单位的不可控成本，再加上从其他责任单位转来的，该由本责任单位负担的责任成本的计算方法。其计算公式为

$$某责任单位责任成本 = 该责任单位发生的全部成本 - 该单位不可控成本 + 其他单位转来的责任成本$$

这种方法不需逐笔计算各责任单位的责任成本，所以计算工作量比直接计算法小。在运用此法时，应合理确认该单位的不可控成本与其他单位转来的责任成本。

（四）建立内部协调制度

各责任中心都有自己部门的利益，为此往往需要建立监督与协调机制来规范各责任中心的运作。例如，为了降低运输成本，运输部门愿意等待大批量的运输，而这样，就会导致货物出库慢、库存量增加。运输成本降低了，而库存成本却提高了。为了协调由此造成的库存成本与运输成本的冲突，在负责绩效考核的主管经理的协调下，公司仓储部门经理与运输部门经理达成以下协议：仓储部门经理允许库存水平高于期望值，只要库存水平超过期望值（可以根据库存目标精确地计算得出），高出部分的库存成本就被计入运输部门的账户，在绩效考核时予以考虑。

(五) 定期编制物流业绩报告

在实际工作中,对责任单位的责任成本评价考核的依据是责任预算和业绩报告。

责任成本的业绩报告是按各责任单位责任成本项目,综合反映其责任预算数、实际数和差异数的报告文件。

业绩报告中的"差异"是按"实际"减去"预算"后的差额,负值为"节约",也称为"有利差异",正值为"超支",也称为"不利差异"。成本差异是评价与考核各责任单位成本管理业绩好坏的重要标志,也是企业进行奖惩的重要依据。

业绩报告应按责任单位层次进行编报。在进行责任预算指标分解时,其顺序是从上级向下级层层分解下达的,从而形成各责任单位的责任预算;在编制业绩报告时,其顺序是从最基层责任单位开始,将责任成本实际数逐级向上汇总,直至企业最高管理层。

每一级责任单位的责任预算和业绩报告,除最基层只编报本级的责任成本之外,其余各级应包括所属单位的责任成本和本级责任成本。

三、责任成本业绩报告编制实例

下面以纵向责任单位为例来说明责任成本业绩报告的编制。

纵向责任单位系统内各单位责任成本的计算,是从最基层逐级向上进行的。一般是从班组(小组)开始,经部门(车间)逐级上报至企业总部。

(一) 班组责任成本业绩报告

例 10.6 宏达物流公司下设运输、仓储、流通加工、包装、装卸搬运等多个部门,其中各部门又下设不同的生产班组,各班组均采用间接计算法来计算其责任成本业绩报告。其中流通加工部门 A 班组责任成本业绩报告如表 10-4 所示。

表 10-4 责任成本业绩报告

项目	实际	预算	差异
生产成本			
直接材料			
原料及主要材料	12 000	12 300	-300
辅助材料	11 600	11 400	+200
燃料	12 120	12 080	+40

续表 10-4

项目	实际	预算	差异
其他材料	1 340	1 350	-10
小计	37 060	37 130	-70
直接人工			
生产工人工资	15 460	14 280	+1 180
生产工人福利费	2 240	2 170	+70
小计	17 700	16 450	+1 250
制造费用			
管理人员工资及福利费	12 140	12 000	+140
折旧	10 450	10 100	+350
水电费	1 730	2 150	-420
其他制造费用	11 650	11 820	-170
小计	35 970	36 070	-100
生产成本合计	90 730	89 650	+1 080
减：折旧	10 450	10 100	+350
废料损失	130		+130
加：修理费	5 280	5 160	+120
责任成本	85 430	84 710	+720

表 10-4 表明，流通加工部门 A 班组本月归集的实际生产成本 90 730 元减去不应由该班组承担的折旧 10 450 元，并减去废料损失（系因供应部门采购有质量问题的材料而发生的工料损失 130 元），再加上从修理车间转来的应由该班组承担的修理费即为 A 班组的责任成本 85 430 元。

从总体上看，A 班组当月责任成本预算执行较差，超支 720 元。但从各成本项目来看，"直接材料"中的"原料及主要材料"和"其他材料"共节约 310 元；"制造费用"中的"水电费"和"其他制造费用"共节约 590 元。"直接人工"实际比预算超支 1 250 元，经查明原因主要是企业提高计件工资单价所致；对于由企业机修车间转来的修理费 5 280 元比预算超支 120 元，还应进一步加以分析，看其是否因本班组对设备操作不当导致维修费用增大，还是机修车间提高了修理费用（如人为多计修理工时等）。对于节约的费用项目也应进一步加以分析，找出节约的原因以巩固取得的成绩。

B 班组和 C 班组责任成本业绩报告在此处省略。

(二) 部门责任成本业绩报告

部门责任成本业绩报告也须按月定期编制。仍以例 10.6 为例,流通加工部门在编制业绩报告时,除归集本部门的责任成本外,还应加上 3 个班组的责任成本。其业绩报告如表 10-5 所示。

表 10-5 责任成本业绩报告

项目	实际	预算	差异
A 班组责任成本	85 430	84 710	+720
B 班组责任成本	69 780	68 920	+860
C 班组责任成本	76 630	76 980	−350
合计	231 840	230 610	+1 230
本部门可控成本			
管理人员工资	25 420	25 300	+120
设备折旧	22 860	22 920	−60
设备维修费	22 530	22 610	−80
水电费	5 650	5 180	+470
办公费	3 100	2 700	+400
低值易耗品摊销	6 860	6 730	+130
合计	86 420	85 440	+980
本部门责任成本合计	318 260	316 050	+2 210

从表 10-5 中可以看出,流通加工部门的 A、B、C 3 个班组中,C 班组的成本业绩是最好的,流通加工部门当月责任成本超支 2 210 元,其中下属 3 个班组共超支 1 230 元,本部门可控成本超支 980 元;A、B 两班组超支合计为 1 580(720+860)元是成本控制的重点。对于流通加工部门可控成本中的超支项目,还应进一步进行详细分析,查找原因,采取措施,加以控制。

(三) 企业总部责任成本业绩报告

企业总部责任成本应包括所属各部门及管理部门的责任成本。所以当企业总部(财会部门)收到所属各部门报送的业绩报告后,应汇总编制企业的责任成本业绩报告。具体见表 10-6。

表 10-6　宏达公司责任成本业绩汇总表

业绩报告	实际	预算	差异
流通加工部门业绩报告			
A 班组责任成本	85 430	84 710	+720
B 班组责任成本	69 780	68 920	+860
C 班组责任成本	76 630	76 980	-350
车间可控成本	86 420	85 440	+980
流通加工部门责任成本合计	318 260	316 050	+2 210
运输部门业绩报告			
…	…	…	…
仓储部门业绩报告			
…	…	…	…
…	…	…	…
公司总部责任成本业绩报告	129 500	130 200	-700
责任成本总计	1 234 450	1 233 400	+1 050
销售收入总额	1 460 450	1 451 290	+9 160
盈利及盈利净增额	226 000	217 890	+8 110

表 10-6 表明，该公司销售收入实际数超出预算 9 160 元，在抵减责任成本超支数 1 050 元后，其盈利额实际数比预算数净增 8 110 元。对销售收入增加数 9 160 元的增收原因，还需要进一步加以分析，如看其是否与责任成本增加有关等。

思考题

1. 物流成本控制的含义是什么？包括哪些内容？
2. 物流成本控制应遵循的原则和基本程序分别是什么？
3. 物流成本控制方法有哪些？分别在什么情况下适用？
4. 制定物流目标成本有哪些步骤？如何进行物流目标成本测算？
5. 简述标准成本的含义、分类以及如何制定标准成本。
6. 如何进行物流成本差异的计算与分析？

> 技能训练

1. 科达运输公司提供的运输业务市场价格为4元/吨公里,该公司预计20＊＊年10月的业务量为500 000吨公里,其行业平均利润率为20%。

要求:计算该公司的目标利润、目标总成本和目标单位成本。

2. 通达物流公司提供甲、乙两种物流业务。预计20＊＊年6月甲业务的作业量是5 000单位,单价为600元/单位,预计应交流转税(包括消费税、城市维护建设税和教育费附加)165 000元;预计乙业务的业务量为5 000单位,单价为400元/单位,应交流转税(包括消费税、城市维护建设税和教育费附加)为110 000元。该公司以同行业先进的营业利润率为标准确定目标利润,假定同行业先进的营业利润率为20%。

要求:预测该公司的总体目标成本,并说明如果该公司结合实际确定的甲业务的目标营业利润率为23%,乙业务的目标营业利润率为18%,在这种情况下,该公司规定的总体目标成本是否合理?

3. 20＊＊年6月,立达物流公司的加工车间甲工位的A产品有关的成本资料如表10-7和表10-8所示。

表10-7 标准成本数据资料

项目	标准价格	标准数量	标准成本/(元/件)
直接材料	6元/千克	3.5千克/件	21
直接人工	8元/小时	4小时/件	32
变动间接费用	3元/小时	4小时/件	12
单位产品标准成本			65

表10-8 实际成本数据资料

摘要	实际价格	实际数量	实际成本/元
耗用直接材料	6.5元/千克	368千克	2 392
耗用直接人工	8.4元/小时	380小时	3 192
支付变动间接费用	2.8元/小时	380小时	1 064
实际成本合计			6 648

另有:该公司本月加工A产品100件。

要求:计算加工A产品的各项成本差异,并进行成本差异分析。

4. 英达物流公司 20＊＊年 4 月提供的甲业务的标准成本资料如表 10-9 所示。

表 10-9 标准成本数据资料

项目	标准价格	标准数量	标准成本/(元/件)
直接材料	9元/千克	50千克/件	450
直接人工	4元/小时	45小时/件	180
变动间接费用	3元/小时	45小时/件	135
单位产品标准成本			765

另有：该公司本月实际产量 20 件，购入材料 1 000 千克，实际材料采购成本 10 000 元；本月实际消耗材料 900 千克，实际耗用工时 875 小时，实际支付工人工资 3 325 元，实际发生变动间接费用 2 800 元。

要求：根据以上资料计算该公司甲业务的各项成本差异，并进行成本差异分析。

第 11 章 物流成本绩效评价

1. 了解绩效的相关概念及绩效管理的作用；
2. 理解关键绩效指标法的含义和基本理论基础；
3. 掌握确定关键绩效指标的基本原则；
4. 了解平衡计分卡的含义和流程；
5. 了解经济增加值的含义及其优缺点。

 导入案例

唐僧师徒的故事

唐僧团队是一个知名的团队，经常在讲课的时候被作为典范来讲，但是这个团队的绩效管理似乎做得并不好。我们来看一下他们的绩效管理的故事。

话说，唐僧团队乘坐飞机去旅游，途中飞机出现故障，需要跳伞。不巧的是，四个人只有三把降落伞。为了做到公平，师傅唐僧对各个徒弟进行了考核，考核过关就可以得到一把降落伞，考核失败，就自己跳下去。

于是，师傅问孙悟空："悟空，天上有几个太阳？"悟空不假思索地答道："一个。"师傅说："好，答对了，给你一把伞。"接着又问沙僧："天上有几个月亮？"沙僧答道："一个。"师傅说："好，也对了，给你一把伞。"八戒一看，心里暗喜："啊哈，这么简单，我也行。"于是，摩拳擦掌，等待师傅出题。师傅的题目出来，八戒却跳下去了，大家知道为什么吗？师傅带的问题是："天上有多少星星？"八戒当时就傻掉了，直接就跳下去了。这是第一次旅游。

过了些日子，师徒四人又乘坐飞机旅游，结果途中，飞机又出现了故障。同样只有三把伞，师傅如法炮制，再次出题考大家，先问悟空："中华人民共和国哪一年成立的？"悟空答道："1949 年 10 月 1 日。"师傅说："好，给你一把。"又问沙僧："中国的人口有多少亿？"沙僧说是 13 亿，师傅说："好的，答对了。"沙僧也得到了一把伞。轮到八戒，师傅的问题是："13 亿人口的名字分别叫什么？"八戒当时晕倒，又一次以自由落体结束旅行。

第三次旅游的时候，飞机再一次出现故障，这时候八戒说："师傅，你别问了，我跳。"然后纵身一跳，师傅双手合十，说："阿弥陀佛，殊不知这次有四把伞。"

点评：这个故事说明绩效考核指标值的设定要在员工的能力范围之内，员工跳一跳可以够得着，如果员工一直跳，却永远也够不着，那么员工的信心就丧失了，考核指标也就失去了本来的意义。很多企业在设定考核指标的时候，喜欢用高指标值强压员工，这个设计的假设是如果指标值设定的不够高的话，员工就没有足够的动力。另外，用一个很高的指标值考核员工，即便员工没有完成100%，而只是完成了80%，也已经远远超出企业的期望了。这种逻辑是强盗逻辑，表现出了管理者的无能和无助，只知道用高指标值强压员工，殊不知，指标背后的行动计划才是真正帮助员工达成目标的手段，而指标值本身不是。其实，设定一个员工经过努力可以达到的指标值，然后，帮助员工制订达成目标的行动计划，并帮助员工去实现，才是经理的价值所在，经理做到了这一点，才是实现了帮助员工成长的目标，才真正体现了经理的价值。

资料来源：百度文库。

第一节 绩效评价概述

一、绩效相关概念

（一）绩效

绩效，从管理学的角度看，是组织期望的结果，是组织为实现其目标而展现在不同层面上的有效输出，它包括个人绩效和组织绩效两个方面。组织绩效实现应在个人绩效实现的基础上，但是个人绩效的实现并不一定保证组织是有绩效的。如果组织的绩效按一定的逻辑关系被层层分解到每一个工作岗位以及每一个人的时候，只要每一个人达成了组织的要求，组织的绩效就实现了。

从字面意思分析，绩效是绩与效的组合。

（1）绩就是业绩，体现企业的利润目标，又包括两部分：目标管理和职责要求。企业要有企业的目标，个人要有个人的目标要求，目标管理能保证企业向着希望的方向前进，实现目标或者超额完成目标可以给予奖励，比如奖金、提成、效益工资等；职责要求就是对员工日常工作的要求，比如业务员除了完成销售目标外，还要做新客户开发、市场分析报告等工作，对这些职责工作也有要求，这个要求的体现形式就是工资。

（2）效就是效率、效果、态度、品行、行为、方法、方式。效是一种行为，体现的是企业的管理成熟度目标。效又包括纪律和品行两方面，纪律包括企业的规章制度、规范等，严守纪律的员工可以得到荣誉和肯定，比如表彰、发奖状/奖杯等；品行指个人的行为,"小用看业绩,大用看品行",只有业绩突出且品行优秀的人员才能够得到晋升和重用。

因此,绩效也指一个组织或个人在一定时期内的投入产出情况。投入指的是人力、物力、时间等物质资源,或个人的情感、情绪等精神资源。产出指的是工作任务在数量、质量及效率方面的完成情况。

(二)绩效管理

绩效管理是指各级管理者和员工为了达到组织目标共同参与的绩效计划制订、绩效辅导沟通、绩效考核评价、绩效结果应用、绩效目标提升的持续循环过程,绩效管理的目的是持续提升个人、部门和组织的绩效。

绩效管理的对象是人,人和机器最大的区别是,人有思想、有情绪,会产生业绩的波动。对人的投资有两大特征:第一风险大,第二收益高。因此,绩效管理是所有工作中最难的一部分,其操作过程尤为复杂。

二、绩效管理的作用

(一)达成目标

绩效考核本质上是一种过程管理,而不是仅仅对结果的考核。它是将中长期的目标分解成年度、季度、月度指标,不断督促员工实现、完成的过程,有效的绩效考核能帮助企业达成目标。

(二)挖掘问题

绩效考核是一个不断制订计划、执行、改正的 PDCA 循环过程,整个绩效管理环节,包括绩效目标设定、绩效要求达成、绩效实施修正、绩效面谈、绩效改进、再制定目标的循环,这也是一个不断地发现问题、改进问题的过程。

(三)分配利益

与利益不挂钩的考核是没有意义的,员工的工资一般都会分为两个部分:固定工资和绩效工资。绩效工资的分配与员工的绩效考核得分息息相关,所以一说起考核,员工的第一反应往往是绩效工资的发放。

(四)促进成长

绩效考核的最终目的并不是单纯地进行利益分配,而是促进企业与员工的共同成长。通过考核发现问题、改进问题,找到差距进行提升,最后达到双赢。

三、绩效的影响因素

(一)影响绩效的主要因素

影响绩效的主要因素有员工技能、外部环境、内部条件以及激励效应。员工技能是指员工具备的核心能力,是内在的因素,经过培训和开发是可以提高的;外部环境是指组织和个人面临的不为组织所左右的因素,是客观因素,我们是完全不能控制的;内部条件是指组织和个人开展工作所需的各种资源,也是客观因素,在一定程度上我们能改变内部条件的制约;激励效应是指组织和个人为达成目标而工作的主动性、积极性,激励效应是主观因素。在影响绩效的四个因素中,只有激励效应是最具有主动性、能动性的因素。人的主动性、积极性提高了,组织和员工会尽力争取内部资源的支持,同时组织和员工技能水平将会逐渐得到提高。因此绩效管理就是通过适当的激励机制激发人的主动性、积极性,激发组织和员工争取内部条件的改善,提升技能水平进而提升个人和组织绩效。

(二)影响绩效的关键因素

影响绩效的关键因素主要有以下五个方面:
(1)工作者本身的态度、工作技能、掌握的知识、IQ、EQ等等;
(2)工作本身的目标、计划、资源需求、过程控制等;
(3)包括流程、协调、组织内部的工作方法;
(4)工作环境,包括文化氛围、自然环境以及工作环境;
(5)管理机制,包括计划、组织、指挥、监督、控制、激励、反馈等。

其中每一个具体因素和细节都可能对绩效产生很大的影响。控制了这些因素就等于也同时控制了绩效。管理者的管理目标实质上也就是这些影响绩效的因素。

绩效评估的是结果的好坏,绩效管理需要探求产生结果的原因,逆向追踪绩效因素。根据对结果的影响作用,不同的因素有不同的影响力。当其他因素都很稳定时,管理者需要关注某一个特定的因素,因为这个因素的变化会对绩效产生直接的重大影响。哪些因素容易变化,对绩效的影响作用大,管理者就需要关注和考核哪些因素。

但要注意的是,过分注重绩效会使员工也只关注绩效而不关注其他东西,这样的坏处是短期内公司会得到大利益但不利于可持续发展。有大格局思维的人才能做成大事。

四、绩效管理的平衡

企业在推行绩效管理的时候,是不是只要人人都有所提升,企业的绩效就一定会提升,个人绩效的组合是不是就能够构成企业绩效呢?实际上,很多企业在绩效管理过程中产生了这样的困惑"每个员工的绩效都不错,但企业的绩效却没有提升甚至是下降了"。"团队绩效与个人绩效之间的差异"这个问题是绩效管理中的核心问题之一。

绩效管理建立在目标管理的基础上,通过目标的层层分解转化,各部门和员工都承担着组织目标的一部分。从理论上讲,各部门、员工绩效的总和就构成企业绩效,员工个人的绩效最优,就应该会实现企业的目标,保证组织绩效最优。然而,在企业管理的实践中很多时候却并不是这样,是什么原因造成了个体绩效与团队绩效的失衡?

(一)绩效失衡的原因

1. 过分强调目标的明确性

当企业过分强调目标的明确性,尤其是强调员工个人目标的明确性时,往往会促使员工寻求狭窄的目标,鼓励员工的短期行为,最终降低企业的绩效。

为了目标明确,设计考核指标时,我们经常要求指标的量化,如客服人员接听客服电话的工作,为了做到量化,要求"电话响三声之内接起电话,有电话记录,记录完整无缺项,缺一项扣 3 分"。指标倒是量化了,我们却无法准确地知道客服人员接听电话使客户产生了多少好感,解决了客户多少实际问题,对客户的忠诚度产生了多大的影响,而这些东西恰恰是客服人员工作中最重要的部分。也许一年当中,客服人员都是严格按照量化的指标去做的,到年终的时候,考核结果全部是优秀。但是,在过程当中,也可能是客服人员对客户态度不友好,或者业务不熟练,使得客户对公司产生不好的印象,而导致客户流失。

2. 过于强调目标的规划性

企业在绩效计划制订时总是希望把所有考核的东西都考虑进去,然后遵照执行,认为这样是最为公平的,而且企业可以对工作进行把控。但是在实际工作中,有计划更有变化,目标无法弹性设计时,往往会使员工不去做额外的努力。

以某企业为例,企业建立了相对规范的绩效考核办法。目标也是层层分解到部门和个人,其中要求销售部门下订单必须留出 60 天的生产期,因为按公司实际情况,交货期最少也要 60 天。一天,销售部门接了一个紧急的订单,交货期只有 50 天,但这是一个非常重要的客户,如果不接单对企业的影响会很大。可在订单评估时,生产部和采购部说什么也不同意接这个订单,他们的理由很充分:一是公司有制度,二是确实有实际困难,如果做不到还会被扣分。闹到最后,总经理出面,答应这个订单不列入考核之后,各部门才同意了接下订单,最终生产部通过极大的努力,后来也按时完成了订单。

3. 过分强调目标到人

过于强调目标分解到个人,就容易导致削弱协作文化,使夹缝中的工作无法实现,集体智慧难以发挥作用。

曾经有学者通过研究发现,专注于自身的利润最大化,会让人们不愿意帮助他人。同样,如果人们专注于自己的某一目标,就可能会减少目标范围外的行为,例如帮助同事,最终影响协作。而且全球协作大背景下,企业内部更是以分工协作形式完成工作,即使是对个人能力要求极高的研发设计人员,也更多地需要团队协作实现任务,而不是个人英雄主义式的。在这样的一个背景下,如果企业过于强调目标要到个人,所谓的多劳多得一定要严格体现在员工的每项工作中,而较少考虑必须依靠集体智慧完成的工作,或者说通过集体而不是个人更能够高效高质完成的工作,或者是夹缝中的工作,就很容易出现个人绩效高而整体绩效低的现象。比如说团队研发的工作,可能每个人都能够从自身的角度或者是分配给自己的工作的角度进行高质量的设计,但是整个团队面向的问题不一定是通过每个人的集合就能实现的,而是需要相互之间碰撞,最终实现"性价比"的最优。

4. 企业过于依赖目标

企业过于依赖目标对员工进行管理,根据目标完成情况兑现奖惩,就难以引导员工设置更为挑战性的目标。企业会发现,在员工讨论目标标准时,员工总是强调可能的困难,不愿意接受更有挑战性的目标,即使是管理者也尽量争取给自己和属下设置更容易实现的目标,而不是应当争取的业绩。

(二)平衡绩效

1. 目标分解:严格执行自上而下

目标在分解的时候一定要强调自上而下的分解过程,首先制定公司的发展目标,明确实现该目标企业需要采取的措施,部门需要承接的目标,部门为了实现这些目标,又需要采取什么样的措施,只有这样才能保证企业的目标真正落实下去。如上面提到的交货期问题,目标的设定要不能仅是从各部门的职责角度出发,生产部就是按时保质生产,而应该按自上而下分解而来,就要求生产部能够保证订单的满足。这样就可以部分解决"过分强调目标到人"的问题,让企业中的每个人把自己的工作与工作的最终目的(企业目的)结合起来。

2. 指标设定:上紧下松

指标的设定应尽可能地量化和明确化,但不能为量化而量化。在设定绩效指标时,越是高层越能体现总体绩效,他们的指标应该是量化的、明确的,甚至说是硬性的,因为他们工作的产出就应该是最终的结果。但是对于有些基层员工,他们的工作没有明确可见的结果,相对而言,一些关键的行为表现对公司而言更有意义。这样对于这类的基层员工,对他们的评估就可以表现出一定的主观性,就可以是量化指标和非量化指标的结合。这样就可以解决"过分强调目标明确性"问题,通过定量与定性的结合,鼓励员工的长期行为,鼓励员工的额外劳动。

3. 结果评估:计划与总结相结合

在制订绩效计划时,企业总是强调这是企业与员工的契约,既然是契约就要事前规定好,让员工知道如何努力,做到什么程度会有什么样的结果。但在实际的工作中,我们很难会预料可能发生的所有工作。但是没有列入绩效计划的工作,员工就不愿意做,如某企业的某项产品质量检测标准根据生产的实际情况需要改进,但是这项工作没有列入当期的绩效计划中,员工不做,而只能放入下一个考核周期。所以绩效评估时,可以是事前计划与事后总结相结合的方式,避免出现未计划的工作不做的问题。

4. 结果计算：个体与团队挂钩

团队的良好绩效是通过全体员工的共同努力才得以实现的，每个人的绩效都是构成团队绩效的一部分，员工个人除了尽力完成个人的绩效目标外，还应该努力配合部门同事的工作，实现总体绩效的提升。个人的优秀只有转化为团队的优秀才能实现其最大价值。所以，企业在制定绩效考核政策时，对员工绩效考核结果的应用上应将其个人绩效成绩与部门绩效成绩进行适当的挂钩。一方面，能促进部门内部的团队协作意识的培养，强化员工对本部门的责任心和荣誉感；另一方面，也能保证部门绩效考核结果与员工个人绩效考核结果的一致性。

5. 结果应用：与公司效益挂钩

大河没水小河干，可以将企业绩效奖金的总额与企业的整体绩效挂钩，企业的整体绩效好，发给员工的总的绩效奖金就多，反之亦然。

通过上面提到的方法可以帮助企业解决"团队绩效与个人绩效之间的差异"，实现企业绩效与个人绩效的平衡，避免"员工绩效好，企业未得利"的尴尬。

五、绩效制定原则

企业的绩效考核一定要做到公平、公开、公正，做到这几点必须遵循以下原则：

（一）目标清晰原则

对员工实行绩效考核的目的是为了让员工实现企业的目标和要求，所以目标一定要清晰。要什么，就考核员工什么。

（二）管理标准量化原则

考核的标准一定要客观，量化是最客观的表述方式。很多时候企业的绩效考核不能推行到位，沦为走过场，都是因为标准太模糊，要求不量化。

（三）具有良好的职业化的心态原则

绩效考核的推行要求企业必须具备相应的文化底蕴，要求员工具备一定的职业素养。事实上，优秀的员工并不惧怕考核，甚至欢迎考核。

（四）与利益、晋升挂钩原则

与薪酬不挂钩的绩效考核是没有意义的，考核必须与利益、与薪酬挂钩，这样才能够引起企业由上至下的重视和认真对待。

（五）具有掌控性、可实现性原则

绩效考核是企业的一种管理行为，是企业表达要求的方式，其过程必须为企业所掌控。

第二节　物流企业绩效评价指标

物流成本绩效评价必须借助于一定的物流成本评价指标,通过各类物流成本评价指标的计算,为物流成本决策和降低物流成本提供依据。同时,还可进一步对物流企业财务管理绩效进行评估。

一、物流成本绩效评价指标

(一) 物流成本率

物流成本率的计算公式为

$$物流成本率 = \frac{物流成本}{销售额} \times 100\%$$

该指标用来说明每单位销售额需要支出的物流成本。在用该指标进行成本分析的时候,可以把物流部门作为独立利润中心进行考核,使物流成本更为直接地与产品事业部门或销售部门经营业绩挂钩,考核产品事业部门或销售部门所发生的物流成本。这里的物流成本是完成物流活动所发生的真实成本。

该指标越高,则说明企业完成相应销售额需要支出的物流成本越高。从企业历年的数据中,大体可以了解其动向。另外,通过与同行业和行业外企业进行比较,可以进一步了解企业的物流成本水平。

(二) 单位成本物流成本率

单位成本物流成本率的计算公式为

$$单位成本物流成本率 = \frac{物流成本}{企业总成本} \times 100\%$$

该指标用来评价企业物流成本占企业总成本的比例。在用该指标进行分析时,把物流部门作为一个成本中心来考核,物流成本为企业物流活动的全部真实成本。该指标一般作为考核企业内部的物流合理化或检查企业是否达到合理化目标的指标来使用。

该指标越大,说明物流成本占企业总成本的比例越大,应分析原因,找出改进的方法。

(三) 单位营业费用物流成本率

单位营业费用物流成本率的计算公式为

$$单位营业费用物流成本率 = \frac{物流成本}{销售费用 + 一般管理费用} \times 100\%$$

该指标用来分析物流成本占营业费用的比例。物流成本也是企业物流活动的全部真实成本,销售费用指企业物流过程中发生的全部支出,一般管理费用指企业日常经营过程中发生的支出。

物流成本占营业费用的比率,可以判断企业物流成本的比例。该指标不受进货成本变动的影响,得出的数值比较稳定,因此适合作为企业物流过程合理化的评价指标。

(四) 物流功能成本率

物流功能成本率的计算公式为

$$物流功能成本率 = \frac{物流功能成本}{物流总成本} \times 100\%$$

该指标用来分析物流各项功能成本占物流总成本的比例。企业应合理计算各项物流功能成本,明确各项物流功能成本在物流总成本中所占的比例,为提高物流过程的管理水平、为企业物流成本控制提供依据。

(五) 产值物流成本率

产值物流成本率的计算公式为

$$产值物流成本率 = \frac{物流成本}{企业总产值} \times 100\%$$

该指标用来分析企业创造单位产值需要支出的物流成本。产值物流成本率是一定时期生产一定数量产品过程中物流成本与企业总产值的比率。该指标表明每生产 100 元产值所耗费的物流成本。一定时期的产值物流成本率反映了该时期物流过程耗费的经济效果,企业投入产出率高,物流成本耗费低,产值物流成本率也就低。通过与不同时期或与计划指标的比较,可以说明企业物流过程耗费经济效果的变动情况。

(六) 物流成本利润率

物流成本利润率是反映物流成本获利能力的一个重要指标,是利润与物流成本之比。其计算公式为

$$物流成本利润率 = \frac{利润总额}{物流成本总额} \times 100\%$$

该指标用来分析一定时期生产和销售一定数量产品所发生的物流成本的总额与获得利润总额的比率,它表明在物流活动中,耗费一定量的资金以获得经济利益的能力。物流效率高,市场竞争能力强,产品成本水平低,获利能力增强,该指标也会相应提高。通过与不同时期或与计划指标的比较,可以说明企业物流资金经济效益的状况。该指标越高,说明物流成本获利能力越强。

在计算物流成本利润率时,必须注意物流成本与利润之间的匹配关系,因为成本与利润一样,包含不同的层次:

$$经营成本=经营费用+营业税金及附加$$
$$营业成本=经营成本+管理费用+财务费用+其他业务成本$$
$$税前成本=营业费用+营业外支出$$
$$税后成本=税前成本+所得税$$

只有将物流成本和利润相互对应起来,才能有效地揭示出物流成本的获利能力。在实践当中,经营成本利润率指标(经营利润与经营成本之比)的重要性最高,它能够反映出主要物流成本的利用效果。

(七) 物流效用增长率

物流效用增长率的计算公式为

$$物流效用增长率=\frac{物流成本本年比上年增长率}{销售额本年比上年增长率}\times 100\%$$

该指标用于分析企业物流成本变化和销售额变化的关系。该指标的合理值应小于1,如果大于1,说明物流成本增加的速度超过销售额的增加速度,应引起企业的重视。

二、物流企业财务绩效评价指标

通过物流成本绩效评价指标的分析,企业可以了解物流成本的变化情况及变化趋势,但是对于物流企业整体资产运行及财务状况则还需通过物流企业财务绩效评价指标进行评价。

(一) 物流企业偿债能力指标

企业的偿债能力指标分为两类:(1) 反映企业短期偿债能力的指标,主要有流动比率、速动比率、现金比率等;(2) 反映企业长期偿债能力的指标,主要有资本周转率、清算价值比率等。

1. 流动比率

流动比率是物流企业的流动资产除以流动负债的比值。其计算公式为

$$流动比率=\frac{流动资产}{流动负债}$$

一般情况下,该指标越大,表明企业短期偿债能力越强。通常,较为合理的流动比率为200%。在运用该指标分析企业短期偿债能力时,还应结合存货的规模大小、周转速度、变现能力和变现价值等指标进行综合分析。如果某一企业虽然流动比率很高,但其存货规模大、周转速度慢,有可能造成存货变现能力弱、变现价值低,那么,该企业的实际短期偿债能力就要比指标反映的弱。例如,某企业流动比率为207.98%,反映了较强的偿债能力,但该企业存货期末余额占流动资产比例高达80%,存货周转率仅为1.33次,这表明了该企业存货周转速度慢、变现

能力相对较弱,会影响其变现价值,导致企业的实际短期偿债能力变弱、偿债风险增大。

2. 速动比率

流动比率虽然可以用来评价流动资产总体的变现能力,但人们还希望获得比流动比率更进一步的有关变现能力的比率指标,这个指标被称为速动比率。

速动比率是从流动资产中扣除存货部分,再除以流动负债的比值。其计算公式为

$$速动比率 = \frac{流动资产 - 存货}{流动负债}$$

一般情况下,该指标越大,表明企业短期偿债能力越强。通常该指标的合理比值为100%,低于100%的速动比率被认为是短期偿债能力偏低。

在计算速动比率时要把存货从流动资产中剔除的主要原因包括以下几个方面:在流动资产中存货的变现速度最慢;由于某种原因,部分存货可能已经损失报废还没有处理;部分存货已经抵押给某债权人;存货估价还存在着成本与合理市价相差悬殊的问题。

综合上述原因,在不希望企业用变卖存货的方式还债及排除使人产生种种误解因素的情况下,把存货从流动资产总额中减去而计算出的速动比率反映的短期偿债能力更加可信。

在运用该指标分析企业短期偿债能力时,还应结合应收账款的规模、周转速度和其他应收款的规模,以及它们的变现能力进行综合分析。如果某企业速动比率虽然很高,但应收账款周转速度慢,且它与企业其他应收款的规模大、变现能力差,那么该企业较为真实的短期偿债能力要比该指标反映的差。

由于预付账款、待摊费用、其他流动资产等指标的变现能力差或无法变现,所以,如果这些指标规模过大,那么在运用流动比率和速动比率分析企业短期偿债能力时,还应扣除这些项目的影响。

3. 现金比率

现金比率表示每单位流动负债有多少现金及现金等价物作为偿还的保证,它反映了企业可用现金及变现方式清偿流动负债的能力。其计算公式为

$$现金比率 = \frac{货币现金 + 短期投资}{流动负债}$$

该指标能真实地反映企业实际的短期偿债能力,该指标值越大,反映企业的短期偿债能力越强,例如,某企业现金比率为24.24%,不算很好,但流动比率和速动比率分别为176.79%和173.27%,且应收账款周转率和存货周转率分别为11.94次和10.07次,说明该企业流动资产变现性较好,总体的短期偿债能力较强。

4. 资本周转率

资本周转率表示可变现的流动资产与长期负债的比例,反映企业清偿长期债务的能力。其计算公式为

$$资本周转率 = \frac{货币现金 + 短期投资 + 应收票据}{长期负债}$$

一般情况下,该指标值越大,表明企业近期的长期偿债能力越强,债权的安全性越好。由于长期负债的偿还期限长,所以,在运用该指标分析企业的长期偿债能力时,还应充分考虑企业未来的现金流入量、经营获利能力和盈利规模的大小。如果企业的资本周转率很高,但未来的发展前景不乐观,即未来可能的现金流入量少、经营获利能力弱,且盈利规模小,那么,企业实际的长期偿债能力将变弱。例如,某企业资本周转率为 48.80%,指标值很小,而且该企业长期负债期末余额达到 47 700 万元,规模较大,说明该企业长期偿债压力较大,但是该企业资本周转情况良好,连续三年总资产周转率达 30% 以上,而且获利能力和积累能力较强,连续三年净资产增长率为 10.85% 以上,连续三年的净利润增长率和总资产利润率分别达 17.42% 以上和 10.82% 以上,从而在一定程度减轻了长期偿债的压力。

5. 清算价值比率

清算价值比率表示企业有形资产与负债的比例,反映企业清偿全部债务的能力。其计算公式为

$$清算价值比率 = \frac{资产总计 - 无形资产及递延资产合计}{负债合计}$$

一般情况下,该指标值越大,表明企业的综合偿债能力越强。由于有形资产的变现能力和变现价值受外部环境的影响较大且很难确定,所以运用该指标分析企业的综合偿债能力时,还需充分考虑有形资产的质量及市场需求情况。如果企业有形资产的变现能力差、变现价值低,那么企业的综合偿债能力就会受到影响。

(二) 物流营运能力指标

营运能力是企业的经营运行能力,反映企业经济资源的开发、使用及资本的有效利用程度。它是通过企业的资金周转状况表现出来的。资金周转状况良好,说明企业经营管理水平高,资金利用效率高。营运能力指标又称资产管理能力指标,包括营业周期、存货周转率、应收账款周转率、物流总资产周转率、物流流动资产周转率、物流固定资产周转率及物流劳动作业效率等。

1. 营业周期

营业周期是指从取得存货开始到销售存货并收回现金为止的这段时间。营业周期的长短取决于存货周转天数和应收账款周转天数。其计算公式为

$$营业周期 = 存货周转天数 + 应收账款周转天数$$

把存货周转天数和应收账款周转天数加在一起计算出来的营业周期,指的是需要多长时间能将期末存货全部变为现金。一般情况下,营业周期短,说明资金周转速度快;营业周期长,说明资金周转速度慢。

2. 存货周转率

存货周转率是企业一定时期销货成本(物流成本)与平均存货的比率。用于反映存货的周转速度,即存货的流动性及存货资金占用量是否合理,促使企业在保证生产经营连续性的同时,提高资金的使用效率,增强企业的短期偿债能力。存货周转率是评价企业购入存货、投入生产、销售收回等各环节管理状况的综合性指标。其计算公式为

$$存货周转率 = \frac{销货成本(物流成本)}{平均存货}$$

用时间表示存货周转率就是存货周转天数。其计算公式为

$$存货周转天数 = \frac{360}{存货周转率}$$

公式中的"销货成本(物流成本)"数据来自利润表,"平均存货"来自资产负债表中的"期初存货"与"期末存货"的平均数。

一般来讲,存货周转速度越快(即存货周转率或存货周转次数越大、存货周转天数越少),存货占用水平越低,流动性越强,存货转化为现金或应收账款的速度就越快,这样会增强企业的短期偿债能力及获利能力。通过存货周转速度分析,有利于找出存货管理中存在的问题,尽可能降低资金占用水平。

存货周转率(存货周转天数)指标的好坏反映存货管理水平,它不仅影响企业的短期偿债能力,也是整个企业管理的重要内容。企业管理者和有条件的外部报表使用者,除了分析批量因素、季节性生产的变化等情况外,还应对存货的结构及影响存货周转速度的重要项目进行分析,如分别计算原材料周转率、产品周转率或某种存货的周转率。

3. 应收账款周转率

应收账款周转率是指年度内应收账款转为现金的平均次数,说明应收账款流动的速度。用时间表示的周转速度是应收账款周转天数,也叫平均应收账款回收期或平均收现期,它表示企业从取得应收账款到收回款项转换为现金所需要的时间。其计算公式为

$$应收账款周转率 = \frac{物流营业收入净额}{平均应收账款}$$

用应收账款周转天数表示为

$$应收账款周转天数 = \frac{360}{应收账款周转率}$$

公式中的"物流营业收入净额"数据来自利润表,是指扣除折扣和折让后的收

入净额。以后的计算也是如此。"平均应收账款"是指未扣除坏账准备的应收账款金额,它是资产负债表中"期初应收账款余额"与"期末应收账款余额"的平均数。

一般来说,应收账款周转率越高,平均收账期越短,说明应收账款的收回越快。否则,企业的营运资金会过多地滞留在应收账款上,影响正常的资金周转。影响该指标正确计算的因素有大量使用分期付款结算方式或大量地使用现金结算方式,这些因素会对该指标计算结果产生较大的影响。

4. 物流总资产周转率

物流总资产周转率代表着物流总资产的营运能力。其计算公式为

$$物流总资产周转率 = \frac{物流营业收入净额}{平均物流资产总额}$$

式中:

$$平均物流资产总额 = \frac{年初资产总额 + 年末资产总额}{2}$$

物流总资产周转率也可以用物流总资产周转天数表示,它与物流总资产周转率的关系为

$$物流总资产周转天数 = \frac{计算期天数}{物流总资产周转率}$$

该项指标反映了物流企业资产总额的周转速度。周转越快,反映全部物流资产的营运能力越强。物流企业可以通过薄利多销的办法,加速物流总资产的周转,带来利润绝对额的增加。

5. 物流流动资产周转率

物流流动资产营运能力的大小主要通过物流流动资产周转率加以反映。其计算公式为

$$物流流动资产周转率 = \frac{物流营业收入净额}{物流流动资产平均占用额}$$

式中:

$$物流流动资产平均占用额 = \frac{年初流动资产 + 年末流动资产}{2}$$

用物流流动资产周转天数表示为

$$物流流动资产周转天数 = \frac{计算期天数}{物流流动资产周转率}$$

物流流动资产周转率反映流动资产的周转速度。加快周转速度,会相对节约流动资产,等于相对扩大资产投入,增强物流企业获利能力;而延缓周转速度,需要补充流动资产参加周转,形成资金浪费,降低物流企业的盈利能力。

物流流动资产周转天数越高说明营运能力越弱。

6. 物流固定资产周转率

物流作业的收入主要来源于物流流动资产的周转,而不是物流固定资产的周转。但是,物流固定资产是实现物流流动资产周转的基础,物流流动资产投资规模、周转额及周转速度在很大程度上取决于物流固定资产的作业经营能力及利用效率。反映物流固定资产营运能力的指标是物流固定资产周转率。其计算公式为

$$物流固定资产周转率 = \frac{物流营业收入净额}{物流固定资产平均占用额}$$

$$= \frac{物流流动资产平均占用额}{物流固定资产平均占用额} \times 物流流动资产周转率$$

式中,物流固定资产平均占用额应按物流固定资产原值计算,因为这样可以剔除因不同企业所采用的折旧方法或折旧年限的不同而产生的差异,从而使企业能够就该指标进行分析和比较。

物流固定资产周转率可以考查企业是否能以相对节约的物流固定资产投资,达到尽可能大的物流流动资产规模及尽可能快的周转速度,从而使企业能够以流动资产投资规模扩大和周转速度加快为手段,实现更多的物流营业收入。该指标越高,说明物流固定资产的营运能力越高。

7. 物流劳动作业效率

物流作业是以人为核心展开的,企业有相当一部分的支出花费在人力资源的获取之上,物流作业人员素质与能力对物流营运能力具有决定性的影响。其计算公式为

$$物流劳动作业效率 = \frac{物流营业收入净额}{从事物流工作的员工人数的平均值}$$

物流劳动作业效率越高,说明每一个从事物流工作的人员创造的物流营业净额越好,因而人力资源利用得越好,物流人力资源的营运能力越强。

(三)物流企业负债能力指标

企业负债能力指标是用来分析企业全部负债与全部资金来源的比率,用以表明企业负债占全部资金的比重及物流企业偿付到期长期债务的能力。

物流企业对一笔债务总是负两种责任:(1)偿还债务本金的责任;(2)支付债务利息的责任。分析一个物流企业的长期偿债能力主要是为了确定该企业偿还债务本金与支付债务利息的能力。

具体的分析方法:通过财务报表中的有关数据来分析权益和资产之间的关系,分析不同权益之间的内在关系,分析权益与收益之间的关系,计算出一系列的比率,管理者可以看出该物流企业的物流资本结构是否合理,评价该物流企业的

长期偿债能力。其主要指标有资产负债率、产权比率和已获利息倍数等。

1. 资产负债率

资产负债率也叫举债经营比率,是负债总额除以资产总额的百分比,可以反映总资产中有多大比例是通过举债来筹资的,也可以衡量企业清算时保护债权人利益的程度。其计算公式为

$$资产负债率 = \frac{负债总额}{物流资产总额} \times 100\%$$

公式中的负债总额不仅包括长期负债,还包括短期负债。这是因为,短期负债作为一个整体,物流企业总是长期占用着,可以视同长期性资本来源的一个部分。公式中的物流资产总额是扣除了累计折旧后的净额。

分析角度不同,对资产负债率的高低看法也不相同。该指标的使用要求具体如下:

(1) 债权人对资产负债率的要求。从债权人的立场看,他们最关心的是各种融资方式安全程度及是否能按期收回本金和利息等。如果股东提供的资本与企业资产总额相比,只占较小的比例,则企业的风险主要由债权人负担,这对债权人来讲是不利的。因此,债权人希望资产负债率越低越好,企业偿债有保证,融给企业的资金不会有太大的风险。

(2) 投资者对资产负债率的要求。从投资者的立场看,投资者所关心的是全部资本利润率是否超过借入资本的利率,即借入资金的利息率。假使全部资本利润率超过利息率,投资人所得到的利润就会加大;如果相反,全部资本利润率低于借入资金利息率,投资人所得到的利润就会减少,则对投资人不利。因为借入资本的多余的利息要用投资人所得的利润份额来弥补,因此,在全部资本利润率高于借入资本利息的前提下,投资人希望资产负债率越高越好,否则相反。

(3) 经营者对资产负债率的要求。从经营者的立场看,如果举债很大,超出债权人心理承受能力,则认为是不保险的,企业就借不到钱。如果一个物流企业不举债,或负债比率很小,说明企业畏缩不前,对前途信心不足,利用债权人资本进行经营活动的能力很差。借款比率越大(当然不是盲目的借款),越是显得企业活力充沛。从成本管理的角度来看,物流企业应当审时度势,全面考虑,在利用资产负债率制定借入资本决策时,必须充分估计预期的利润和增加的风险,在二者之间权衡利害得失,做出正确决策。

2. 产权比率

产权比率也是衡量长期偿债能力的指标之一。这个指标是负债总额与股东权益总额之比率,也称为债务股权比率。其计算公式为

$$产权比率 = \frac{负债总额}{股东权益} \times 100\%$$

所谓的股东权益就是所有者权益。

一方面,该指标反映了由债权人提供的资本和股东提供的资本的相对比率关系,反映企业基本财务结构是否稳定。产权比率高,是高风险、高报酬的财务结构;产权比率低,是低风险、低报酬的财务结构。例如,某物流企业20＊＊年度负债总额为1 160万元,期末所有者权益合计为980万元,则其产权比率为118%,说明该物流企业债权人提供的资本是股东提供资本的1.18倍,如果经营不是很景气,则表明该企业举债经营的程度偏高,财务结构不很稳定。

另一方面,该指标也表明债权人投入的资本受到股东权益的保障程度,或者说是企业清算时对债权人利益的保障程度。国家规定债权人的索偿权在股东前面。例如,该物流企业进行清算,债权人的利益因股东提供的资本所占比重较小而缺乏保障。

3. 已获利息倍数

已获利息倍数也叫利息保障倍数,是指企业息税前利润与利息费用的比率,用以衡量偿付借款利息的能力(运用该公式前提是本金已经能够归还,讨论归还利息的能力)。其计算公式为

$$已获利息倍数 = \frac{息税前利润}{利息费用}$$

公式中的"息税前利润"是指损益表中未扣除利息费用和所得税之前的利润。它可以用"利润总额加利息费用"来测量。由于我国现行利润表"利息费用"都没有单列,而是混在"财务费用"之中,外部报表使用人只好用"利润总额加财务费用"来估计。

公式中的分母"利息费用"是指本期发生的全部应付利息,不仅包括财务费用中的利息费用,还应包括计入固定资产成本的资本化利息。资本化利息虽然不在利润表中扣除,但仍是要偿还的。已获利息倍数的重点是衡量企业支付利息的能力,没有足够大的息税前利润,利息的支付就会发生困难。

已获利息倍数指标反映了企业息税前利润为所需支付债务利息的倍数,倍数越大,偿付债务利息的能力越强。

已获利息倍数的合理确定需要将该企业这一指标与其他物流企业对比分析,来决定本企业的指标水平。同时,最好比较本企业连续几年的该项指标,并选择最低指标年度的数据,作为标准。这是因为,企业在经营好的年头要偿债,而在经营不好的年度也要偿还大约同量的债务。某一个年度利润很高,已获利息倍数就会很高,但不能年年如此,采用指标最低年度的数据,可保证最低的偿债能力。一般情况下应采纳这一原则。

另外,也可以结合这一指标测算长期负债与营运资金的比率,长期债务会随时间延续不断转化短期负债,并需要动用流动资产来偿还,为了使债权人感到安全有保障,应保持长期债务不超过营运资金。

（四）物流企业盈利能力指标

所谓物流企业盈利能力实际上就是指一个物流企业赚取利润的能力，是指投入物流系统的资金（物流成本）的增值能力。不论投资人、债权人还是物流企业中的经理管理人员，都重视和关心本企业的盈利能力。其主要指标包括物流作业净利率、物流作业资产利润率、物流作业净资产利润率等。

1. 物流作业净利率

物流作业净利率是指物流作业利润净额与物流营业收入净额的百分比。其计算公式为

$$物流作业净利率 = \frac{物流作业利润净额}{物流营业收入净额} \times 100\%$$

该指标反映的是物流企业的每元营业收入带来的净利润是多少，表示物流营业收入净额的收益水平。从物流作业净利率的指标关系看，物流作业利润净额与物流作业净利率成正比关系，而物流营业收入净额与物流作业净利率成反比关系。企业在增加营业收入额的同时，必须相应地获得更多的利润，才能使物流作业净利率保持不变或有所提高。分析物流作业净利率的升降变动，可以促使物流企业在扩大营业收入的同时，注意改进经营管理方法，提高盈利水平。

2. 物流作业资产利润率

物流作业资产利润率用来反映物流资产的获利能力，一般以净利率为主要指标。其计算公式为

$$物流作业资产净利率 = \frac{物流作业利润净额}{平均物流资产总额} \times 100\%$$

把一个物流企业一定期间的物流作业利润净额与企业的平均物流资产总额相比较，可以表明企业资产利用的综合效果。指标越高，表明资产的利用效率越高，说明企业在增加收入和节约资金使用等方面取得了良好的效果，否则相反。

物流作业资产净利润率是一个综合指标，企业的资产是由投资人投入或举债形成的。物流作业利润净额与企业物流资产、资产的结构及经营管理水平有着密切的关系。为了正确评价一个物流企业经济效益的高低、挖掘提高利润水平的潜力，可以用该项指标与本企业前期、与计划进行对比，分析形成差异的原因。

3. 物流作业净资产利润率

物流作业净资产利润率的计算公式为

$$物流作业净资产利润率 = \frac{物流作业利润净额}{物流作业平均净资产} \times 100\%$$

企业支出物流成本的最终目的是实现物流系统利润的最大化，要达到这一目的，首先就要最大限度地提高物流作业净资产利润率。因此，物流作业净资产利润率是物流企业盈利能力的核心指标。该指标为正向指标。

由于商品制造企业和商品流通企业的收入与利润的获得来源于多方面,很难分清物流作业带来的收入与利润,因此可以采取内部转移价格的形式来获取与物流作业相关的收入与利润。物流服务提供商的主要业务为向客户提供物流服务,其收入与利润也主要来源于物流作业,因此可以直接使用上述指标。

三、物流成本绩效评价报告的编制

物流成本绩效评价报告是物流成本绩效评价工作的最后步骤。它既可作为物流成本绩效评价工作的总结,还可作为历史资料,以供后来的物流成本绩效评价参考,保证物流成本绩效评价的连续性。报告应主要包括以下三部分内容:

(一)物流成本绩效评价报告的主要指标及其分析

物流成本绩效评价报告的主要数据来源是评价企业物流活动的各项指标,并根据指标编制报表。然后对报表及相应的指标进行分析。

(1)报表整体分析,主要运用水平分析法、垂直分析法及趋势分析法等对报表进行全面分析。

(2)成本效益指标分析,对影响企业物流活动的各项成本效益指标进行分析,特别是进行成本费用利润率指标分析,是物流成本绩效评价的一种重要形式。

(3)基本因素分析,是在报表整体分析和成本效益指标分析的基础上,对一些主要指标的完成情况,从其影响因素角度,深入进行定量分析,确定各因素对其影响的方向和程度,为企业进行正确的物流成本评价提供最基本的依据。

(二)物流成本绩效评价结论

物流成本绩效评价结论是在应用各种成本绩效评价方法进行分析的基础上,将定量分析结果、定性分析判断及实际调查情况结合起来得出的,是对企业整体物流活动绩效的工作总结。

(三)针对存在问题提出可行性措施及建议

分析问题是为了解决问题,因此,物流成本绩效评价必须针对问题提出切实可行的措施,为有效解决问题提供决策依据。

第三节 关键绩效指标法

一、关键绩效指标的含义

关键绩效指标（KPI）是通过对组织内部流程的输入端、输出端的关键参数进行设置、取样、计算、分析，衡量流程绩效的一种目标式量化管理指标，是把企业的战略目标分解为可操作的工作目标的工具，是企业绩效管理的基础。KPI 可以使部门主管明确部门的主要责任，并以此为基础，明确部门人员的业绩衡量指标。建立明确的切实可行的 KPI 体系，是做好绩效管理的关键。关键绩效指标是用于衡量工作人员工作绩效表现的量化指标，是绩效计划的重要组成部分。

KPI 法符合一个重要的管理原理——"二八原理"。在一个企业的价值创造过程中，存在着"80/20"的规律，即 20% 的骨干人员创造企业 80% 的价值；而且在每一位员工身上"二八原理"同样适用，即 80% 的工作任务是由 20% 的关键行为完成的。因此，必须抓住 20% 的关键行为，对之进行分析和衡量，这样就能抓住业绩评价的重心。

二、关键绩效指标法的理论基础

（一）二八原理

二八原理是由意大利经济学家帕累托提出的一个经济学原理，即一个企业在价值创造过程中，每个部门和每一位员工的 80% 的工作任务是由 20% 的关键行为完成的，抓住 20% 的关键，就抓住了主体。二八原理为绩效考核指明了方向，即考核工作的主要精力要放在关键的结果和关键的过程上。于是，所谓的绩效考核，一定放在关键绩效指标上，考核工作一定要围绕关键绩效指标展开。

（二）假设前提

假定人们会采取一切积极的行动努力达到事先确定的目标。假定人们不会主动采取行动以实现目标。假定人们不清楚应采取什么行动来实现目标。假定制定与实施战略与一般员工无关。

（三）考核目的

以战略为中心，指标体系的设计与运用都为组织战略目标的达成服务。以控制为中心，指标体系的设计与运用来源于控制的意图，也是为更有效地控制个人的行为服务。

（四）指标产生

在组织内部自上而下对战略目标进行层层分解产生。通常是自下而上根据个人以往的绩效与目标产生。

（五）指标来源

基于组织战略目标与竞争要求的各项增值性工作产出，来源于特定的程序，即对过去行为与绩效的修改。

（六）指标构成

通过财务与非财务指标相结合，体现如下原则：关注短期效益，兼顾长期发展的原则；指标本身不仅传达了结果，也传递了产生结果的过程；以财务指标为主，非财务指标为辅；注重对过去绩效的评价，且指导绩效改进的出发点是过去的绩效存在的问题。

三、确定关键绩效指标的原则

确定关键绩效指标有一个重要的 SMART 原则。SMART 是 5 个英文单词首字母的缩写：

（1）S 代表具体（specific），指绩效考核要切中特定的工作指标，不能笼统；

（2）M 代表可度量（measurable），指绩效指标是数量化或者行为化的，验证这些绩效指标的数据或者信息是可以获得的；

（3）A 代表可实现（attainable），指绩效指标在付出努力的情况下可以实现，避免设立过高或过低的目标；

（4）R 代表有关联性（relevant），指绩效指标是与上级目标具明确的关联性，最终与公司目标相结合；

（5）T 代表有时限（time-bound），注重完成绩效指标的特定期限。

四、确定关键绩效指标的过程

（一）建立评价指标体系

可按照从宏观到微观的顺序，依次建立各级的指标体系。首先明确企业的战略目标，找出企业的业务重点，并确定这些关键业务领域的关键业绩指标（KPI），从而建立企业级 KPI。接下来，各部门的主管需要依据企业级 KPI 建立部门级 KPI。然后，各部门的主管和部门的 KPI 人员一起再将 KPI 进一步分解为更细的 KPI。这些业绩衡量指标就是员工考核的要素和依据。

（二）设定评价标准

一般来说，指标指的是从哪些方面来对工作进行衡量或评价；而标准指的是在各个指标上分别应该达到什么样的水平。指标解决的是我们需要评价"什么"的问题，标准解决的是要求被评价者做得"怎样"、完成"多少"的问题。

（三）审核关键绩效指标

对关键绩效指标进行审核的目的主要是为了确认这些关键绩效指标是否能够全面、客观地反映被评价对象的工作绩效，以及是否适合评价操作。

五、关键绩效指标的设计误区

当进行 KPI 系统设计时，设计者应遵循 SMART 原则。一般来讲，KPI 的设计者对于这个 SMART 原则是很熟悉的，但是，在实际设计应用的时候，却往往陷入以下误区。

（一）对具体原则理解偏差带来的指标过分细化问题

具体原则的本意是指绩效考核要切中特定的工作指标，不能笼统。但是，不少设计者理解成指标不能笼统的话，就应尽量细化。然而，过分细化的指标可能导致指标不能成为影响企业价值创造的关键驱动因素。比如，天津某化工原料制造企业在其原来的 KPI 考核系统里，对办公室平日负责办公用品发放的文员也设定了一个考核指标："办公用品发放态度"。相关人员对这一指标的解释是，为了取得员工的理解以便操作，对每个员工的工作都设定了指标，并对每个指标都进行了细化，力求达到具体可行。而实际上，这个"办公用品发放态度"指标尽管可以用来衡量文员的工作效果，但它对企业的价值创造并非是"关键"的。因此，将该指标纳入 KPI 系统是不合适的。

（二）对可度量原则理解偏差带来的关键指标遗漏问题

可度量原则是指绩效指标是数量化或者行为化的，验证这些绩效指标的数据或信息是可以获得的。可度量原则是所有 KPI 设计者应注重的一个灵魂性的原则，因为考核的可行性往往与这个原则的遵循有最直接关系。然而，可度量并不是单纯指可量化，可度量原则并不要求所有的 KPI 指标都必须是量化指标。但是，在 KPI 系统实际设计中，一些设计者却过分追求量化，尽力使所有的指标都可以量化。诚然，量化的指标更便于考核和对比，但过分追求指标的量化程度，往往会使一些不可量化的关键指标被遗漏在 KPI 系统之外。比如，销售部门的绝大多数指标是可以量化的，因此应尽量采用量化指标，而人力资源部门的某些工作是很难量化的。这时候，如果仍旧强调指标的可量化性，则会导致一些部门的 KPI 指标数量不足，不能反映其工作中的关键业绩。

（三）对可实现原则理解偏差带来的指标"中庸"问题

可实现原则是指绩效指标在付出努力的情况下可以实现，要避免设立过高或过低的目标。由于过高的目标可能导致员工和企业无论怎样努力都无法完成，这样指标就形同虚设，没有任何意义；而过低的目标设置又起不到激励作用，因此，

KPI 系统的设计者为避免目标设置的两极化,往往都趋于"中庸",通常爱选择均值作为指标。但是,并非所有"中庸"的目标都是合适的,指标的选择需要与行业的成长性、企业的成长性及产品的生命周期结合起来考虑。比如,厦门某软件公司是一个成长型企业,2021 年的销售收入是 800 万元。在制定 2022 年 KPI 体系时,对于销售收入这一指标的确定,最初是定在 1 980 万元。咨询公司介入 KPI 体系设计后,指出这一目标定得太高,很难实现,会丧失激励作用。而后,该企业又通过市场调查,重新估算了 2021 年的销售收入,认为应在 900 万元至 1 300 万元之间,并准备将两者的平均数 1 100 万元作为 KPI 考核指标。咨询公司在综合各方面因素,尤其是分析了公司的成长性后提出,1 100 万元这个看似"中庸"的目标对一个处在成长阶段的公司来说尽管高于上一年的销售收入,但与通过积极努力可以实现的 1 300 万元相比,激励仍显不足。咨询公司建议选择 1 300 万元作为 KPI 指标,该指标是在企业现有实力下,员工们经过努力,而且是经过巨大的努力可以实现的。因此,对于可实现这一原则的理解,指标不仅要可以实现,还必须是经过巨大努力才可以实现的,这样考核才可以起到激励作用。

(四)对现实性原则回避而带来的考核偏离目标的问题

现实性原则指的是绩效指标实实在在,可以证明和观察。由于考核需要费用,而企业本身却是利益驱动性的,很多企业内部 KPI 体系设计者为了迎合企业希望尽量降低成本的想法,对于企业内部一些需要支付一定费用的关键业绩指标,采取了舍弃的做法,以便减少考核难度,降低考核成本,而他们的理由(或者说借口)往往是依据现实性这一原则,提出指标"不可观察和证明"。实际上,在很多情况下,因这个借口被舍弃的指标对企业战略的达成是起到关键作用的。甚至,因这类指标被舍弃得过多导致 KPI 与公司战略目标脱离,它所衡量的职位的努力方向也将与公司战略目标的实现产生分歧。因此,如果由于企业内部的知识资源和技术水平有限暂时无法考核这一类指标,而这类指标又正是影响企业价值创造的关键驱动因素,那么,可以寻求外部帮助,比如聘请外部的专家或咨询公司进行 KPI 系统设计,不能因为费用问题阻止 KPI 指标的正确抉择。

(五)对时限原则理解偏差带来的考核周期过短问题

时限原则是指注重完成绩效指标的特定期限,指标的完成不能遥遥无期。企业内部设计 KPI 系统时,有时会出现这种周期过短问题。有些 KPI 的设计者虽然是企业内的中高层管理人员,但是他们中一些人并没有接受过系统的绩效考核培训,对考核的规律性把握不足,对考核认识不够深入。他们往往认为,为了及时了解员工状况及工作动态,考核的周期是越短越好。这种认识较为偏颇。在实践中,不同的指标应该有不同的考核周期:有些指标是可以短期看到成效的,可以每季度考核一次;而有些指标是需要长时间才可以看出效果的,则可能需要每年考核一次。但是,在一般情况下,KPI指标不推荐每月考核,因为这会浪费大量的人力和物力,打乱正常的工作计划,使考核成为企业的负担,长此以往,考核制度势必流于形式。

六、关键绩效指标的优缺点

(一) 优点

1. 目标明确,有利于公司战略目标的实现

KPI是企业战略目标的层层分解,通过KPI指标的整合和控制,使员工绩效行为与企业目标要求的行为相吻合,不至于出现偏差,有力地保证了公司战略目标的实现。

2. 提出了客户价值理念

KPI提倡的是为企业内外部客户价值实现的思想,对于企业形成以市场为导向的经营思想是有一定的提升的。

3. 有利于组织利益与个人利益达成一致

策略性地指标分解,使公司战略目标成了个人绩效目标,员工个人在实现个人绩效目标的同时,也是在实现公司总体的战略目标,达到两者和谐,公司与员工共赢的结局。

(二) 不足之处

1. KPI指标比较难界定

KPI更多是倾向于定量化的指标,这些定量化的指标是否真正对企业绩效产生关键性的影响,如果没有运用专业化的工具和手段,还真难界定。

2. KPI会使考核者误入机械的考核方式

过分地依赖考核指标,而没有考虑人为因素和弹性因素,会产生一些考核上的争端和异议。

3. KPI并不是针对所有岗位都适用

▶ 案例阅读

制度的力量

这是历史上一个制度建设的著名例证。18世纪末期,英国政府决定把犯了罪的英国人统统发配到澳洲去。

一些私人船主承包从英国往澳洲大规模地运送犯人的工作。英国政府实行的办法是以上船的犯人数支付船主费用。当时那些运送犯人的船只大多是一些很破旧的货船改装的,船上设备简陋,没有什么医疗药品,更没有医生,船主为了牟取暴利,尽可能地多装人,使船上条件十分恶劣。一旦船只离开了岸,船主按人数拿到了政府的钱,对于这些人能否远涉重洋活着到达澳洲就不管不问了。有些船主为了降低费用,甚至故意断水断食。3年以后,英国政府发现:运往澳洲的犯人在船上的死亡率达12%,其中最严重的一艘船上424个犯人死了158个,死亡率高达37%。英国政府花费了大笔资金,却没能达到大批移民的目的。

英国政府想了很多办法。在每一艘船上都派一名政府官员监督,再派一名医生负责犯人的医疗卫生,同时对犯人在船上的生活标准做了硬性的规定。但是,死亡率不仅没有降下来,有的船上的监督官员和医生竟然也不明不白地死了。原来一些船主为了贪图暴利,贿赂官员,如果官员不同流合污就被扔到大海里喂鱼了。政府支出了监督费用,死亡率却依旧很高。

政府又采取新办法,把船主都召集起来进行教育培训,教育他们要珍惜生命,要理解去澳洲开发是为了英国的长远大计,不要把金钱看得比生命还重要。但是情况依然没有好转,死亡率一直居高不下。

一位英国议员认为是那些私人船主钻了制度的空子。而制度的缺陷在于政府给予船主报酬是以上船人数来计算的。他提出从改变制度开始:政府以到澳洲上岸的人数为准计算报酬,不论你在英国上船装了多少人,到了澳洲上岸的时候再清点人数支付报酬。

从此,问题迎刃而解。船主主动请医生跟船,在船上准备药品,改善生活,尽可能地让每一个上船的人都健康地到达澳洲。因为一个人就意味着一份收入。

自从实行上岸计数的办法以后,船上的死亡率降到了1%以下。有些运载几百人的船只经过几个月的航行竟然没有一个人死亡。

点评:这个故事告诉我们,绩效考核的导向作用很重要。企业的绩效导向决定了员工的行为方式,如果企业认为绩效考核是惩罚员工的工具,那么员工的行为就是避免犯错而忽视创造性;忽视创造性,就不能给企业带来战略性增长,那么企业的目标就无法达成。如果企业的绩效导向是组织目标的达成,那么员工的行为就趋于与组织目标保持一致,分解组织目标,理解上级意图,并制订切实可行的计划,与经理达成绩效合作伙伴,在经理的帮助下,不断改善,最终支持组织目标的达成。

资料来源:百度文库。

第四节 平衡记分卡法

一、平衡记分卡的含义

平衡计分卡,源于20世纪90年代初由哈佛商学院的罗伯特·卡普兰和诺朗诺顿研究所所长、美国复兴全球战略集团创始人兼总裁戴维·诺顿所从事的"未来组织绩效衡量方法"这种绩效评价体系。当时该计划的目的,在于找出超越传统以财务量度为主的绩效评价模式,以使组织的"策略"能够转变为"行动"而发展出来的一种全新的组织绩效管理方法。平衡计分卡自创立以来,在国际上,特别是在美国和欧洲,很快引起了理论界和客户界的浓厚兴趣与反响。平衡计分卡被《哈佛商业评论》评为75年来最具影响力的管理工具之一,它打破了传统的单一使用财务指标衡量业绩的方法。而是在财务指标的基础上加入了未来驱动因素,即客户因素、内部经营管理过程和员工的学习成长,在集团战略规划与执行管理方面发挥非常重要的作用。根据解释,平衡计分卡主要是通过图、卡、表来实现战略的规划。

平衡计分卡(简称BSC),就是根据企业组织的战略要求而精心设计的指标体系。按照卡普兰和诺顿的观点,"平衡计分卡是一种绩效管理的工具。它将企业战略目标逐层分解转化为各种具体的相互平衡的绩效考核指标体系,并对这些指标的实现状况进行不同时段的考核,从而为企业战略目标的完成建立起可靠的执行基础"。

实际上,平衡计分卡方法打破了传统的只注重财务指标的业绩管理方法。平衡计分卡认为,传统的财务会计模式只能衡量过去发生的事情(落后的结果因素),但无法评估组织前瞻性的投资(领先的驱动因素)。在工业时代,注重财务指标的管理方法还是有效的。但在信息社会里,传统的业绩管理方法并不全面,组织必须通过在客户、供应商、员工、组织流程、技术和革新等方面的投资,获得持续发展的动力。正是基于这样的认识,平衡计分卡方法认为,组织应从四个角度审视自身业绩:创新与学习、业务流程、顾客、财务。平衡计分卡反映了财务、非财务衡量方法之间的平衡,长期目标与短期目标之间的平衡,外部和内部的平衡,结果和过程平衡,管理业绩和经营业绩的平衡等多个方面。所以能反映组织综合经营状况,使业绩评价趋于平衡和完善,利于组织长期发展。

二、平衡记分卡的本质特征

（一）平衡计分卡是一个系统性的战略管理体系，是根据系统理论建立起来的管理系统

平衡计分卡是一个核心的战略管理与执行的工具，是在对企业总体发展战略达成共识的基础上，通过设计实施，将其四个角度的目标、指针，以及初始行动方案有效地结合在一起的一个战略管理与实施体系。它的主要目的是将企业之战略转化为具体的行动，以创造企业的竞争优势。

（二）平衡计分卡是一种先进的绩效衡量的工具

平衡计分卡将战略分成四个不同角度的运作目标，并依此四个角度分别设计适量的绩效衡量指标。因此，它不但为企业提供了有效运作所必需的各种信息，克服了信息的庞杂性和不对称性的干扰，更重要的是，它为企业提供的这些指标具有可量化、可测度、可评估性，从而更有利于企业进行全面系统的监控，促进企业战略与远景目标的达成。

（三）平衡计分卡作为一种沟通工具，它是整个系统最基础和最强大的特性

一个精心设计的清晰而有效的绩效指标，能够清楚地描述指定的战略并使抽象的远景与战略变得栩栩如生。据调查，实施平衡计分卡之前，不到50%的人说他们知道并理解企业组织的战略。而在实施平衡计分卡一年之后，该比例上升到87%。

（四）平衡计分卡绩效指标之间具有因果关系

平衡计分卡与其他绩效管理系统的差别在于注重因果关系。

三、平衡记分卡的流程

平衡记分卡是一套从四个方面对公司战略管理的绩效进行财务与非财务综合评价的评分卡片，不仅能有效克服传统的财务评估方法的滞后性、偏重短期利益和内部利益以及忽视无形资产收益等诸多缺陷，而且是一个科学的集公司战略管理控制与战略管理的绩效评估于一体的管理系统，其基本原理和流程简述如下：

（1）以组织的共同愿景与战略为内核，运用综合与平衡的哲学思想，依据组织结构，将公司的愿景与战略转化为下属各责任部门在财务、顾客、内部流程、学习与成长四个方面的系列具体目标（即成功的因素），并设置相应的四张计分卡，其基本框架见图11-1。

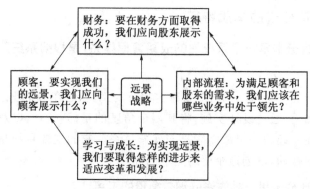

图 11-1 平衡记分卡基本框架图

(2) 依据各责任部门分别在财务、顾客、内部流程、学习与成长四种计量可具体操作的目标,设置对应的绩效评价指标体系,这些指标不仅与公司战略目标高度相关,而且是以先行(leading)与滞后(lagging)两种形式,同时兼顾和平衡公司长期和短期目标、内部与外部利益,综合反映战略管理绩效的财务与非财务信息。

(3) 由各主管部门与责任部门共同商定各项指标的具体评分规则。一般是将各项指标的预算值与实际值进行比较,对应不同范围的差异率,设定不同的评分值。以综合评分的形式,定期考核各责任部门在财务、顾客、内部流程、创新与学习等四个方面的目标执行情况,及时反馈,适时调整战略偏差,或修正原定目标和评价指标,确保公司战略得以顺利与正确地实行。

四、平衡记分卡的设计和实施步骤

在实际应用过程中,企业需要综合考虑所处的行业环境、自身的优势与劣势以及所处的发展阶段、自身的规模与实力等。总结成功实施平衡计分卡企业的经验,一般包括以下步骤:

(一) 公司的愿景与战略的建立与倡导

公司首先要建立愿景与战略,使每一部门可以采用一些绩效衡量指标去完成公司的愿景与战略;另外,也可以考虑建立部门级战略。同时,成立平衡计分卡小组或委员会去解释公司的愿景和战略,并建立财务、客户、内部流程、学习与成长四个方面的具体目标。

(二) 绩效指标体系的设计与建立

本阶段的主要任务是依据企业的战略目标,结合企业的长短期发展的需要,为四类具体的指标找出其最具有意义的绩效衡量指标。并要对所设计的指标自上而下、从内部到外部进行交流,征询各方面的意见,吸收各方面、各层次的建议。这种沟通与协调完成之后,使所设计的指标体系达到平衡,从而能全面反映和代表企业的战略目标。

(三) 加强企业内部沟通与教育

利用各种不同沟通渠道如定期或不定期的刊物、信件、公告栏、标语、会议等让各层管理人员知道公司的愿景、战略、目标与绩效衡量指标。

(四) 确定每年、每季、每月的绩效衡量指标的具体数字,并与公司的计划和预算相结合

注意各类指标间的因果关系、驱动关系与连接关系。

(五) 绩效指标体系的完善与提高

首先对于平衡计分卡在该阶段应重点考查指标体系设计得是否科学,是否能真正反映本企业的实际。其次要关注的是采用平衡计分卡后,对于绩效的评价中的不全面之处,以便补充新的测评指标,从而使平衡计分卡不断完善。最后要关注的是已设计的指标中的不合理之处,要坚决取消或改进,只有经过这种反复认真地改进才能使平衡计分卡更好地为企业战略目标服务。

五、平衡记分卡的优缺点

(一) 优点

平衡计分卡不仅是一种管理手段,也体现了一种管理思想:①有量化的指标才是可以考核的;必须将要考核的指标进行量化。②组织愿景的达成要考核多方面的指标,不仅包括财务要素,还应包括顾客、内部流程、学习与成长。实施平衡计分卡的管理方法主要有以下优点:

(1) 能克服财务评估方法的短期行为;
(2) 使整个组织行动一致,服务于战略目标;
(3) 能有效地将组织的战略转化为组织各层的绩效指标和行动;
(4) 有助于各级员工对组织目标和战略的沟通和理解;
(5) 利于组织和员工的学习成长和核心能力的培养;
(6) 实现组织长远发展;
(7) 通过实施平衡记分卡,提高组织整体管理水平。

(二) 缺点

平衡计分卡并不能在以下两个重要方面发挥推动企业进步的作用:它不适用于战略制定。卡普兰和诺顿特别指出,运用这一方法的前提是,企业应当已经确立了一致认同的战略。它并非是流程改进的方法。类似于体育运动计分卡,平衡计分卡并不告诉如何去做,它只是以定量的方式表明做得怎样。因此,平衡计分

卡不可避免地存在自身的一些缺点。

1. 实施难度大

平衡计分卡的实施要求企业有明确的组织战略；高层管理者具备分解和沟通战略的能力和意愿；中高层管理者具有指标创新的能力和意愿。因此管理基础差的企业不可以直接引入平衡计分卡，必须先提高自己的管理水平，才能循序渐进地引进平衡计分卡。

2. 指标体系的建立较困难

平衡计分卡对传统业绩评价体系的突破就在于它引进了非财务指标，克服了单一依靠财务指标评价的局限性。然而，这又带来了另外的问题，即如何建立非财务指标体系、如何确立非财务指标的标准以及如何评价非财务指标。财务指标的创立是比较容易的，而其他三个方面的指标则比较难以收集，需要企业长期探索和总结。而且不同的企业面临着不同的竞争环境，需要不同的战略，进而设定不同的目标，因此在运用平衡计分卡时，要求企业的管理层根据企业的战略、运营的主要业务和外部环境加以仔细斟酌。

3. 指标数量过多

指标数量过多，指标间的因果关系很难做到真实、明确。平衡计分卡涉及财务、顾客、内部流程、学习与成长四套业绩评价指标，合适的指标数目是23～25个。其中，财务角度5个，客户角度5个，内部流程角度8～10个，学习与成长角度5个。如果指标之间不是呈完全正相关的关系，在评价最终结果的时候，应该选择哪个指标作为评价的依据？如果舍掉部分指标的话，是不是会导致业绩评价的不完整性？这些都是在应用平衡计分卡时要考虑的问题。平衡计分卡对战略的贯彻基于各个指标间明确、真实的因果关系，但贯穿平衡计分卡的因果关系链很难做到真实、可靠，就连它的创立者都认为"要想积累足够的数据去证明平衡计分卡各指标之间存在显著的相关关系和因果关系，可能需要很长的时间，可能要几个月或者几年。在短期内经理对战略影响的评价，不得不依靠主观的定性判断"。而且，如果竞争环境发生了激烈的变化，原来的战略及与之适应的评价指标可能会丧失有效性，从而需要重新修订。

4. 各指标权重的分配比较困难

要对企业业绩进行评价，就必然要综合考虑上述四个层面的因素，这就涉及一个权重分配问题。使问题复杂的是，不但要在不同层面之间分配权重，而且要在同一层面的不同指标之间分配权重。不同的层面及同一层面的不同指标分配的权重不同，将可能会导致不同的评价结果。而且平衡计分卡也没有说明针对不同的发展阶段与战略需要确定指标权重的方法，故而权重的制定并没有一个客观标准，这就不可避免地使得权重的分配有浓厚的主观色彩。

5. 部分指标的量化工作难以落实

部分指标的量化工作，尤其是对于部分很抽象的非财务指标的量化工作非常困难，如客户指标中的客户满意程度和客户保持程度如何量化，再如员工的学习与发展指标及员工对工作的满意度如何量化等。这也使得在评价企业业绩的时候，无可避免地带有主观的因素。

6. 实施成本高

平衡计分卡要求企业从财务、顾客、内部流程、学习与成长四个方面考虑战略目标的实施，并为每个方面制定详细而明确的目标和指标。除了对战略的深刻理解外，还需要消耗大量精力和时间把它分解到部门，并找出恰当的指标。而落实到最后，指标可能会多达15～20个，在考核与数据收集时，也是一个不轻的负担。并且平衡计分卡的执行也是一个耗费资源的过程。一份典型的平衡计分卡需要3～6个月去执行，另外还需要几个月去调整结构，使其规范化，从而总的开发时间经常需要一年或更长的时间。

案例阅读

广东某企业平衡记分卡管理中的苦恼

广东某企业把平衡计分卡作为公司的一项考核制度，开始在这家2 000人规模、年产值数亿元的企业内实施。张小姐作为人力资源部的绩效经理直接负责平衡计分卡的推广事宜。然而，将近一年的时间过去了，平衡计分卡并没有得到顺利实施，反而在公司内部的上上下下有了不少抱怨和怀疑。甚至有人说："原来的考核办法就像是一根绳子，现在想用四根绳子，还不就是拴得再紧点，为少发奖金找借口。""其实，有些公司遇到的情况和现在差不多。因此，不知道这到底是什么问题，是不是因为平衡计分卡真的不适合中国企业。"张小姐说起这些，显得颇有些无奈。

分析：把"战略工具"仅仅用在"员工绩效考核"上，希望这种新的业绩考核方式能解决考核和奖金分配问题。这是实施平衡计分卡最常见的错误。

仅仅是为了员工绩效考核而采用平衡计分卡，是本末倒置的做法。如果平衡计分卡的考核结果只是为了建立相应的薪酬、金钱奖励，甚至像末位淘汰等惩罚制度，员工行为会变成以下模式：考核什么才做什么。因任何考核不可能穷尽所有的工作，而平衡计分卡只强调关键绩效指标，所以有些事无人问津的现象势必会经常发生。不得不把一些无指标的工作利用权力强加给员工之时，就是辛辛苦苦建立起来的体系寿终正寝之日。由此会引发员工对新系统的不信任，继之便是提出质疑：方法和标准不公平，多干了为什么不算成绩？不论再换什么卡，到此都还会失灵。另外，由于员工都想得到好的结果，不想承认自己做得不好，在制定指标值时，经理和员工还会拼命压低指标，一年到头，那些人际关系导向的经理不得不实行平衡主义。企业、经理、员工仍然深陷考核泥潭。

针对这种情况,人力资源管理师培训老师认为:

(1) 员工绩效管理应以企业(或组织)绩效(战略目标)为出发点和准绳,即员工绩效考核设立哪些指标、数值的高低都必须以战略为客观标准;

(2) 由于平衡计分卡只关注"关键绩效指标"(KPI),那些非关键指标要靠"软"性的文化、使命、价值观等来引导,让员工认同"不能只看KPI"的理念;

(3) 金钱奖励和惩罚这种简单的"胡萝卜加大棒"政策,不能发挥员工的所有潜能,反而会致使优秀员工流失。

在现代商业环境下,要想真正充分发挥每位员工的能力、保留好的员工,要靠关乎人性深层的"软性"的东西。经常与员工保持对话,对员工提供帮助、辅导、培训,使其能力不断提高,通过员工的发展实现企业的不断发展才是正确的途径。

资料来源:百度文库。

第五节 经济增加值

一、经济增加值的含义

经济增加值,简称EVA(economic value added),指从税后净营业利润中扣除包括股权和债务的全部投入资本成本后的所得。其核心是资本投入是有成本的,企业的盈利只有高于其资本成本(包括股权成本和债务成本)时才会为股东创造价值。公司每年创造的经济增加值等于税后净营业利润与全部资本成本之间的差额。其中资本成本既包括债务资本的成本,也包括股本资本的成本。从算术角度说,EVA等于税后经营利润减去债务和股本成本,是所有成本被扣除后的剩余收入。EVA是对真正"经济"利润的评价,是表示净营运利润与投资者用同样资本投资其他风险相近的有价证券的最低回报相比,超出或低于后者的量值。

EVA是一种评价企业经营者有效使用资本和为股东创造价值能力,体现企业最终经营目标的经营业绩考核工具。

$$EVA = 税后营业净利润 - 资本总成本$$
$$= 税后营业净利润 - 资本 \times 资本成本率$$

二、经济增加值的作用

经济增加值提供更好的业绩评估标准。经济增加值使管理者做出更明智的决策,因为经济增加值要求考虑包括股本和债务在内所有资本的成本。这一资本费用的概念令管理者更为勤勉,明智地利用资本以迎接挑战,创造竞争力。但考虑资本费用仅是第一步。经济增加值还纠正了误导管理人员的会计曲解。在现行会计方法下,管理者在创新发展及建立品牌方面的努力将降低利润,这使他们盲目扩大生产,促进销售以提高账面利润,而公司体制的升级更新就无从谈起了。管理者提高财务杠杆以粉饰账面的投资收益。根据客户需要制定明确的经济增加值计算方法,通常只对 5～15 个具体科目进行调整。以这一确定的经济增加值衡量标准,管理人员就不会再做虚增账面利润的傻事了,他们能更自如地进行进取性投资以获得长期回报。

(一) 衡量利润

资本费用是 EVA 最突出最重要的一个方面。在传统的会计利润条件下,大多数公司都在获利。但是,许多公司实际上是在损害股东财富,因为所得利润是小于全部资本成本的。EVA 纠正了这个错误,并明确指出,管理人员在运用资本时,必须为资本付费,就像付工资一样。考虑到包括净资产在内的所有资本的成本,EVA 显示了一个企业在每个报表时期创造或损害了的财富价值量。换句话说,EVA 是股东定义的利润。假设股东希望得到 10% 的投资回报率,他们认为只有当他们所分享的税后营运利润超出 10% 的资本金的时候,他们才是在"赚钱"。在此之前的任何事情,都只是为达到企业风险投资的可接受报酬的最低量而努力。

(二) 决策与股东财富一致

思腾思特公司提出了 EVA 衡量指标,帮助管理人员在决策过程中运用两条基本财务原则。第一条原则,任何公司的财务指标必须是最大限度地增加股东财富。第二条原则,一个公司的价值取决于投资者对利润是超出还是低于资本成本的预期程度。从定义上来说,EVA 的可持续性增长将会带来公司市场价值的增值。这条途径在实践中几乎对所有组织都十分有效,从刚起步的公司到大型企业都是如此。EVA 的当前绝对水平并不真正起决定性作用,重要的是 EVA 的增长,正是 EVA 的连续增长为股东财富带来连续增长。

三、经济增加值的特点

(一) 计算时考虑了资本的机会成本

在资本资源稀缺的证券市场上,股东之所以将资本投入某一特定企业而不投入其他企业,是因为他们认为这一企业能够为其带来高于社会一般收益水平的收益,企业收益水平只有在高于一般社会平均收益水平的前提下,才能称为股东创造了价值。机会成本,就是一般收益水平的体现,在经济增加值中采用"绝对额"的形式来描述。按照金融经济学中的价值理论,决定企业价值大小的两个主要因素是净现金流和风险水平,传统财务指标只考虑了前者而未考虑后者,因此会和价值产生背离。EVA 不存在这一问题,因为这些指标都考虑了机会成本的影响,而机会成本高低和"风险水平"在实质上是相同的。

（二）试图通过评估历史来影响未来

这些指标都是"后向"的,它们的计算依据都是已成为事实的历史数据,而企业价值只决定于未来的收益和风险,与过去无关。这些指标的意义在于:对过去进行衡量,并将衡量结果与经理人薪酬挂钩,就可以有效影响经理人在以后价值创造中的行为,从而通过引导经理人的行为来影响未来的价值创造结果。

（三）只有基于长远,指标的评价才有意义

价值创造是一个长期的、连续的过程,单一会计期间的这些指标结果通常不具备实质意义。只有将计算期间拉长到数年或者将一定连续年度的结果综合考查,价值创造结果方可显现。同样,要想通过这些指标促使经理人为股东更多地创造价值,经理人薪酬与指标的挂钩办法也必须立足长远。例如,基于 EVA 的经理人激励制度一般以 5 年为一个评价周期。

（四）计算远比传统指标困难

这些指标的优势是考虑了机会成本,但计算机会成本也是一个难题。

四、经济增加值的误区和缺陷

（一）误区

经济增加值（EVA）与其他衡量经营业绩的指标相比,有两大特点:一是剔除了所有成本。EVA 不仅像会计利润一样扣除了债权成本,而且还扣除了股权资本成本。二是尽量剔除会计失真的影响。传统的评价指标如会计收益都存在某种程度的会计失真,从而歪曲了企业的真实经营业绩。EVA 则对会计信息进行必要的调整,消除了传统会计的稳健性原则所导致的会计数据不合理现象,使调整后的数据更接近现金流,更能反映企业的真实业绩。因此,EVA 更真实、客观地反映了企业真正的经营业绩。

EVA 不能简单地追求数量上的越大越好,而应该是质量约束下的越大越好。经济增加值的质量主要体现在:结构质量,即构成中的经营性经济增加值要占到 75% 以上;投入质量,即投入资本要占到总资产的 65% 以上;效率质量,即投入资本产出的经济增加值越大越有效率;增长质量,即当期比前期越来越好。

（二）缺陷

1. 易形成管理者的短期行为

EVA 指标属于短期财务指标,虽然采用 EVA 能有效地防止管理者的短期行为,但管理者在企业都有一定的任期,为了自身的利益,他们可能只关心任期内各年的 EVA。然而股东财富最大化依赖于未来各期企业创造的经济增加值。若仅仅以实现的经济增加值作为业绩评定指标,企业管理者从自身利益出发,会对保

持或扩大市场份额、降低单位产品成本以及进行必要的研发项目投资缺乏积极性,而这些举措正是保证企业未来经济增加值持续增长的关键因素。从这个角度看,市场份额、单位产品成本、研发项目投资是企业的价值驱动因素,是衡量企业业绩的"超前"指标。因此,在评价企业管理者经营业绩及确定他们的报酬时,不但要考虑当前的 EVA 指标,还要考虑这些超前指标,这样才能激励管理者将自己的决策行为与股东的利益保持一致。同样,当利用 EVA 进行证券分析时,也要充分考虑影响该企业未来 EVA 增长势头的这些超前指标,从而尽可能准确地评估出股票的投资价值。

2. 对非财务信息重视不够

在采用 EVA 进行业绩评价时,EVA 系统对非财务信息重视不够,不能提供像产品、员工、客户以及创新等方面的非财务信息。这让我们很容易联想到平衡计分卡(BSC)。考虑到 EVA 与 BSC 各自的优缺点,可以将 EVA 指标与平衡计分卡相融合创立一种新型的"EVA 综合计分卡"。通过对 EVA 指标的分解和敏感性分析,可以找出对 EVA 影响较大的指标,从而将其他关键的财务指标和非财务指标与 EVA 这一企业价值的衡量标准紧密地联系在一起,形成一条贯穿企业各个方面及层次的因果链,从而构成一种新型的"平衡计分卡"。EVA 被置于综合计分卡的顶端,处于平衡计分中因果链的最终环节,企业发展战略和经营优势都是为实现 EVA 增长的总目标服务。EVA 的增长是企业首要目标,也是成功的标准。在这一目标下,企业及各部门的商业计划不再特立独行,而是必须融入提升 EVA 的进程中。在这里,EVA 就像计分卡上的指南针,其他所有战略和指标都围绕其运行。

3. 反映公司经营收益片面

EVA 指标属于一种经营评价法,纯粹反映企业的经营情况,仅仅关注企业当期的经营情况,没有反映出市场对公司整个未来经营收益预测的修正。在短期内,公司市值会受到很多经营业绩以外因素的影响,包括宏观经济状况、行业状况、资本市场的资金供给状况和许多其他因素。在这种情况下,如果仅仅考虑 EVA 指标,有时候会失之偏颇。如果将股票价格评价与 EVA 指标结合起来,就会比较准确地反映出公司经营业绩以及其发展前景。第一,采用 EVA 指标后,对经营业绩的评价更能反映公司实际经营情况,也就是股价更加能够反映公司的实际情况。第二,两者结合,能够有效地将经营评价法和市场评价有机地结合起来,准确反映高层管理人员的经营业绩。

➲ 案例阅读

一　俄罗斯矿山爆炸

在一次企业季度绩效考核会议上,营销部门经理 A 说:最近的销售做得不太好,我们有一定的责任,但是主要的责任不在我们。竞争对手纷纷推出新产品,比我们的产品好,所以我们也很不好做,研发部门要认真总结。

研发部门经理 B 说:我们最近推出的新产品是少,但是我们也有困难呀!我们的预算太少了,就是少得可怜的预算,也被财务部门削减了。没钱怎么开发新产品呢?

财务部门经理 C 说:我是削减了你们的预算,但是你要知道,公司的成本一直在上升,我们当然没有多少钱投在研发部了。

采购部门经理 D 说:我们的采购成本是上升了 10%,为什么你们知道吗?俄罗斯的一个生产铬的矿山爆炸了,导致不锈钢的价格上升。

这时,A、B、C 三位经理一起说:哦,原来如此,这样说来,我们大家都没有多少责任了,哈哈哈哈……

人力资源经理 F 说:这样说来,我只能去考核俄罗斯的矿山了。

点评:看看故事,再想想自己,是不是该改变一下思维方式了?

资料来源:百度文库。

二　关上你的窗帘

据说美国华盛顿广场有名的杰弗逊纪念馆大厦,因年深日久,墙面出现裂纹。为能保护好这幢大厦,有关专家进行了专门研讨。

最初大家认为损害建筑物表面的元凶是侵蚀的酸雨。专家们进一步研究,却发现对墙体侵蚀最直接的原因,是每天冲洗墙壁所含的清洁剂对建筑物有酸蚀作用。而每天为什么要冲洗墙壁呢?是因为墙壁上每天都有大量的鸟粪。为什么会有那么多鸟粪呢?因为大厦周围聚集了很多燕子。为什么会有那么多燕子呢?因为墙上有很多燕子爱吃的蜘蛛。为什么会有那么多蜘蛛呢?因为大厦四周有蜘蛛喜欢吃的飞虫。为什么有这么多飞虫?因为飞虫在这里繁殖特别快。而飞虫在这里繁殖特别快的原因,是这里的尘埃最适宜飞虫繁殖。为什么这里最适宜飞虫繁殖?因为开着窗帘阳光充足,大量飞虫聚集在此,超常繁殖……

由此发现解决的办法很简单,只要关上整幢大厦的窗帘。此前专家们设计的一套套复杂而又详尽的维护方案也就成了一纸空文。

点评:彼得圣吉在《第五项修炼》里提到,问题的解决方案既有"根本解",也有"症状解","症状解"能迅速消除问题的症状,但只有暂时的作用,而且往往有加深问题的副作用,使问题更难得到根本解决。"根本解"是根本的解决方式,只有通过系统思考,看到问题的整体,才能发现"根本解"。

我们处理绩效问题,若能透过重重迷雾,系统思考,追本溯源,总揽整体,抓住事物的根源,往往能够收到四两拨千斤的功效。就如杰弗逊纪念馆大厦出现的裂纹,只要关上窗帘就能节省几百万美元的维修费用,这是那些专家始料不及的。在遇到重重问题迷雾的时候,你真的能关上你的窗帘吗?

资料来源:百度文库。

思考题

1. 物流成本绩效评价指标有哪些?如何计算?
2. 物流企业财务评价指标有哪些?如何计算应用?
3. 关键绩效指标的理论基础和确定的基本原则有哪些?
4. 平衡记分卡法的含义是什么?
5. 经济增加值的含义和特点是什么?

技能训练

1. 已知光明公司20**年的有关资料如下:

(1) 20**年度企业总产值为2 700万元,销售额为2 000万元,销售额较上年增长了350万元。

(2) 20**年度企业总成本为1 350万元,物流成本总额为405万元,物流成本较上年增加了55万元。在物流总成本中,运输费用为210万元,仓储费用为135万元。

(3) 20**年度销售费用为400万元,管理费用为150万元,利润总额为230万元。

要求:根据以上资料,结合物流成本绩效评价指标进行分析。

2. 已知安吉物流公司20**年有关财务资料如下:

(1) 20**年度期初总资产为500万元,流动资产为50万元;20**年度期末总资产为600万元,流动资产是70万元,其中存货为30万元。

(2) 20**年度负债总额为180万元,期中流动负债为48万元。

(3) 20**年度物流成本为300万元,期初存货为20万元。

(4) 20**年度物流营业收入净额为300万元,年初应收账款余额为25万元,年末应收账款余额为35万元。

(5) 20**年度期初净资产为380万元,期末净资产为420万元,物流利润净额为40万元。

要求：根据以上资料计算该公司的流动比率、速动比率、存货周转率、应收账款周转率、物流流动资产周转率、资产负债率、物流作业净资产利润率、物流总资产净利润率等指标，并就结果进行分析。

3. 已知华达物流公司20＊＊年有关财务资料如下：

(1) 20＊＊年度期初资产为1 680万元，期末资产为2 000万元。

(2) 20＊＊年初流动资产为620万元，年末的流动资产是800万元，流动负债是350万元。

(3) 20＊＊年度物流成本为2 700万元，20＊＊年度期初存货为350万元，期末的存货为200万元。

(4) 20＊＊年度物流营业收入净额为3 100万元，年初应收账款余额为300万元，年末应收账款余额为400万元。

(5) 20＊＊年末负债总额为1 060万元，20＊＊年度期初净资产为880万元，期末净资产为940万元。

(6) 20＊＊年度物流利润净额为136万元，利息费用为80万元，所得税为64万元。

要求：根据以上资料计算该公司的流动比率、速动比率、存货周转率、存货周转天数、应收账款周转率、应收账款周转天数、营业周期、物流总资产周转率、物流流动资产周转率、资产负债率、产权比率、已获利息倍数、物流作业净利率、物流作业资产净利率、物流作业净资产收益率等指标，并就结果进行分析。

参考文献

[1] TechTarget.细数各种关键绩效指标KPI.[EB/OL].(2015-12-21)[2020-10-02].https://searchdatacenter.techtarget.com.cn/9-202971.

[2] 白世贞.现代物流管理[M].北京:人民交通出版社,2005.

[3] 包红霞.物流成本管理[M].北京:科学出版社,2018.

[4] 鲍新中,崔巍.物流成本管理与控制[M].北京:电子工业出版社,2012.

[5] 鲍新中,李晓非.物流成本管理:理论与实务[M].北京:机械工业出版社,2011.

[6] 崔国萍.成本管理会计[M].北京:机械工业出版社,2010.

[7] 戴德明,林钢,赵西卜.财务会计学[M].北京:中国人民大学出版社,2017.

[8] 冯耕中,李雪燕,汪寿阳.物流成本管理[M].北京:中国人民大学出版社,2014.

[9] 傅荣.高级财务会计[M].北京:中国人民大学出版社,2016.

[10] 关善勇.流通加工与配送实务[M].北京:北京师范大学出版社,2011.

[11] 贺飞.作业成本法应用中存在的问题及对策[J].行政事业资产与财务,2014(21):219-220.

[12] 胡洪.浅谈仓储成本的预测与决策[J].物流科技,2014,37(7):118-119.

[13] 贾曦.物流经典故事赏析[M].北京:经济日报出版社,2014.

[14] 蒋长兵.物流概论[M].北京:电子工业出版社,2012.

[15] 刘繁荣,韦家明,吴良勇,等.物流成本分析与控制[M].长沙:湖南师范大学出版社,2014.

[16] 刘徐方.物流成本管理[M].北京:清华大学出版社,2016.

[17] 刘艳霞,杨丽.物流成本分析与控制[M].北京:机械工业出版社,2010.

[18] 路军.物流运输组织与管理[M].北京:国防工业出版社,2010.

[19] 倪凤琴.物流成本管理[M].2版.北京:电子工业出版社,2011.

[20] 彭秀兰.道路物流成本分析与控制实务[M].北京:机械工业出版社,2010.

[21] 平衡计分卡在CMA考试中的地位.[EB/OL].(2012-12-31)[2020-10-02].https://www.chinacma.org/examination/1920.html.

[22]　乔峰.浅析企业的仓储成本控制[J].中国商论,2015(13):11-13.
[23]　申纲领.现代物流管理[M].北京:北京大学出版社,2010.
[24]　宋文官.仓储与配送管理实务[M].北京:高等教育出版社,2010.
[25]　孙瑛,韩杨,刘娜.物流运输管理实务[M].北京:清华大学出版社,2011.
[26]　肖大梅.传统成本核算法与作业成本法应用的对比分析[J].商业会计,2016(8):83-85.
[27]　杨国荣.物流案例与实训[M].北京:北京理工大学出版社,2011.
[28]　杨鹏强.航空货运代理实务[M].北京:中国海关出版社,2010.
[29]　杨头平.企业物流成本控制与优化[M].北京:知识产权出版社,2011.
[30]　仪玉莉.运输管理[M].北京:高等教育出版社,2014.
[31]　易华,李伊松.物流成本管理[M].3版.北京:机械工业出版社,2014.
[32]　云虹.物流成本管理与控制[M].北京:人民交通出版社,2010.
[33]　张翠花.运输业务组织与实施[M].北京:化学工业出版社,2012.
[34]　张津菁.S物流有限公司仓储成本控制研究[D].天津:天津大学,2013.
[35]　张晓焱,杨红,朱庆宝.物流成本管理[M].北京:航空工业出版社,2011.
[36]　赵秉印.企业物流成本预算管理体系构建问题的研究[J].物流技术,2013,32(11):226-228.
[37]　赵刚.物流成本分析与控制[M].成都:四川人民出版社,2009.
[38]　赵钢,周凌云.物流成本分析与控制[M].2版.北京:北京交通大学出版社,2014.
[39]　赵弘志.物流成本管理[M].北京:清华大学出版社,2010.
[40]　赵婷婷,万强.运输作业与管理:功能型图解实操版[M].北京:中国传媒大学出版社,2011.